Contents

A Pawel Adrjan, por enseñarme a descubrir los secretos de la escritura.

Javier Muñoz-Basols

A mi madre y a mis hermanas. A José, por su cariño, su optimismo y su apoyo incondicional.

Yolanda Pérez Sinusía

To my colleagues in the Trinity School Modern Language Department: Laura, Laurence, Gwen, Vandana, Fabienne, Óscar, Alfonso and Janet, for giving me so much joy and inspiration over the years.

Marianne David

Acknowledgements

En primer lugar, nos gustaría agradecer el apoyo prestado por los siguientes escritores que, de manera completamente desinteresada, han colaborado con sus textos para que los estudiantes de español del mundo anglosajón puedan apreciar su excelente prosa: Agustín Sánchez Vidal, Javier Marías, Rosa Montero, Arturo Pérez-Reverte, Santiago Roncagliolo, Luis García Jambrina, José María Merino y Quim Monzó. También nos gustaría extender nuestro agradecimiento a los periodistas y demás miembros del gremio de medios de comunicación: Héctor Luesma Gazol, Maica Rivera, Daniel Méndez (*XLSemanal*), Walter Oppenheimer (corresponsal en el Reino Unido de *El País*), Emili J. Blasco (corresponsal en el Reino Unido del *ABC*), Celia Maza de Pablo (corresponsal en el Reino Unido de *La Razón*), Carmen Fernández Aguilar (*ADN*), Andrés Lajous (*El Universal*, México), Sara García Monge (*ABC*), Elisa Coello, Tereixa Constenla, Rosa Rivas y Ramón Muñoz (*El País*), Mercedes Baztán (*XLSemanal*), María José Nieto Morillo, María Romero, Sonia González, Cristina de Martos, Rodrigo Zuleta y Laura Tardón (*El Mundo*), Carlos Dorat (Agencia DPA), Ana Vaca de Osma Zunzunegui y Manuela Tallón Fernández (Agencia EFE), Marta Robles, Elena Represa, J. Portillo y Ana Matute (*Cinco Días*), Adrián Cobos e Iñaki Berazaluce (*20 minutos*).

Nos sentimos en deuda con las siguientes empresas, organizaciones, instituciones y personas. Las agencias literarias: *Carmen Balcells*, Carina Pons y Ana Paz; *Casanovas & Lynch*, Lourdes Serra; *Acantilado*, Erika Callizo; *Raquel de la Concha*, Ana Lyons, y *Anagrama*, Paula Canal y Jorge Herralde, por gestionar de manera tan eficiente los permisos necesarios. Eucerin, Shiseido Men, Acaí Extract, Dr. Scholl, Garvey, Elgorriaga, Eroski, Movistar, Renfe, Ibercaja, ASELE, el Ministerio Español de Agricultura, Pesca y Alimentación, la Junta de Comunidades de Castilla-La Mancha, la Comunidad de Madrid (www.madrid.org), www.modelocurriculum.net, www.cuentosparadormir.com (Pedro Pablo Sacristán), la Universidad de Buenos Aires, la Universidad Central de Venezuela, el Museo Guggenheim de Nueva York y el Museo de las Ciencias de Valencia. También, por cedernos sus imágenes: Coca-Cola (Fernando Ramos Celestino y Alejandro Melcón Ordóñez), tienda de deportes Sasco, el Ayuntamiento de Salamanca y la Consejería de Medio Ambiente, Wikipedia, Pawel Adrjan, y Marta Muñoz-Basols por compartir sus conocimientos sobre farmacología y poner a nuestra disposición numerosos materiales de contenido científico.

Asimismo nos gustaría darles las gracias a los colegas del departamento de español de la Universidad de Oxford –en especial a Oliver Noble Wood y a Xon de Ros–, de la Escuela Oficial de Idiomas de Madrid, y de Trinity School en Nueva York, cuyos consejos y sugerencias han contribuido a enriquecer este libro. A nuestro principal apoyo en la editorial Routledge, Samantha Vale Noya y Stacey Carter, por todo su entusiasmo durante la elaboración de este proyecto, a Naomi Laredo de Small Print Publishing Services en Cambridge por su minuciosidad profesional en la tarea de edición, a Silvia Xicola-Tugas por sus sugerencias, y a Sofia Kaba-Ferreiro por su excelente trabajo gráfico y artístico.

Y por último, a Pawel Adrjan por leer cada página del libro, por sus comentarios y sugerencias, inagotable paciencia y valiosa ayuda técnica, a nuestras respectivas familias por todo el apoyo prestado durante más de dos años de trabajo, y en especial a los estudiantes de español de la Universidad de Oxford, de las Escuelas Oficiales de Idiomas de la Comunidad de Madrid, la Universidad Carlos III de Madrid y Trinity School, por proporcionarnos la información necesaria para poder escribir este libro.

Introduction

Developing Writing Skills in Spanish provides intermediate and advanced level students with the skills necessary to become competent and confident writers in the Spanish language.

Written completely in Spanish, this book focuses on writing as a craft, helping students to produce different types of texts. With the aid of examples, each chapter covers a specific kind of writing and offers sequenced exercises and activities on sentence structure, word choice, grammar, syntax and punctuation. Contrasting creative writing with analytical or discursive texts, the rich selection of samples featured in the book illustrates different themes, genres, styles, conventions and formats. It includes original material as well as fragments from newspapers, well-known literary works and essays by notable Hispanic authors and journalists.

This book enables non-native Spanish speakers to become more adept at distinguishing between Spanish and English linguistic constructions. In the process of producing their own narrative, descriptive, expository, persuasive, academic, journalistic, legal and scientific texts, students will add cohesion and descriptive detail to their writing by choosing transition words, idiomatic expressions, adjectives and adverbs, and specialized vocabulary from the lists provided in each chapter. They will find practical advice on rewriting, editing and proofreading, and on how to avoid common pitfalls, as well as information on different types of dictionaries and other useful Internet resources. In every chapter and section of the book, step-by-step activities will guide students in crafting cogent and cohesive manuscripts.

Both practical and theoretical in its approach, this book has been designed for classroom instruction. It can also be used as a supplement to grammar texts to reinforce and enrich the Spanish curriculum, as self-study material or simply as a handbook on writing. Self-learners keen on developing their Spanish writing skills will also find this user-friendly book valuable.

Contents

Developing Writing Skills in Spanish is a comprehensive textbook on writing. At the same time, students wishing to produce a certain type of text can consult any one chapter as a self-contained instructional unit, using cross-references to access relevant material and explanations in other chapters.

Each chapter focuses on a particular type of writing and is divided into sections which offer instruction on grammar, sentence structure, vocabulary and other important aspects of the written language. In each section, the sequenced exercises and activities are designed to help the learner assimilate the material covered. An answer key is provided at the back of the book, and additional activities and resources can be found on the book's companion website.

Chapter 1 – *El texto narrativo* (Narrative writing)

The first chapter explores the art of literary and non-literary narration. Comparing and contrasting fragments from both classic works (novels and short stories) and original mini-narratives, it illustrates how different authors handle time and space, plot and context, sequence and development, characterization and dialogue. It presents the various components that make up a narrative, offering techniques for creating both an opening that involves the reader and an appropriate ending, and demonstrating how the author's choice of structure, timeline or point of view conditions the reader's response to the work.

At each juncture, concepts are illustrated through activities on how to use different verb tenses, idiomatic expressions, and direct and indirect speech. Theory is put into practice as students are guided in producing their own short narratives and longer texts.

Chapter 2 – *El texto descriptivo* (Descriptive writing)

Concentrating on descriptive writing, this chapter highlights the adjective as a key element of description, stressing its function, diverse uses and position. A wide array of activities trains students to use adjectives for optimal effect. This chapter shows how the placing of adjectives can create emphasis or irony, poetry or drama and subjective or objective description. Students will learn to distinguish between adjectives that modify people and adjectives modifying things and abstractions. They will also learn to avoid cliché and to develop sensitivity to nuance and detail as they create characters, places and objects that are vivid, dramatic and unique. By the end of this chapter, students will be equipped to characterize concepts and create compelling images.

Chapter 3 – *El texto expositivo* (Expository writing)

This chapter deals with the expository essay, used mostly for academic papers on a variety of topics, and its various objectives: to inform, explain, clarify, classify, compare and develop a thesis or an idea. Students are introduced to the basic elements of the essay – introduction, development, conclusion – and their respective functions within an organized, well-developed text. Using specific exercises and mind maps, students will brainstorm, organize their ideas and construct properly sequenced outlines before beginning to write. As they learn to write their own clear and cogent essays, they are guided by exercises on word choice, transitions, sequencing, and on vocabulary enrichment through avoiding false friends, hackneyed expressions and excessive repetition of common verbs (e.g. *tener*, *poner*, *decir*).

Chapter 4 – *El texto argumentativo* (Persuasive writing)

This chapter deals with persuasive writing. Similar to the expository text in its careful and organized manner of presenting information and ideas, the persuasive text differs in its emphasis on persuasion. Its aim is not merely to inform, but to persuade and convince the reader. In this unit, students learn the function of a good introduction as initiator of the process of developing an argument, and how to build upon it by using a variety of appropriate expressions and diverse types of arguments.

Examples are complemented by activities on analyzing and developing the structure of an argument; recognizing stylistic differences and informal or formal registers; and observing certain conventions regarding point of view. The chapter explains the use of textual markers to introduce, develop and conclude a persuasive text, as well as appropriate terms for expressing agreement and disagreement. Also included are exercises to help students find alternatives for certain verbs (e.g. *hacer*, *haber*, *dar*) and suggested themes which students can use as a starting point for composing their own persuasive texts.

Chapter 5 – *El texto periodístico* (Journalistic writing)

Journalistic writing is a useful skill to acquire, given the enormous reach of the news media. In this chapter, students become familiar with the multiple goals of journalism: to inform, mould public opinion, entertain and sell. They analyze an array of texts, including news stories, opinion articles and interviews, and read different articles on the same event to analyze variations in point of view.

Through a range of activities, students learn to differentiate between an editorial and a column, and between a feature article and an investigative report. They produce headlines and subtitles, and apply the "inverted pyramid" concept to structure a news story that includes answers to six basic questions: what, who, how, when, where and why. In the process, they learn the uses of the Spanish passive voice; how to spot news agencies' incorrect translations from English to Spanish; and practice using "neutral" language to steer clear of bias. As they learn to recognize the stylistic conventions that frame diverse discourses, they produce their own journalistic texts.

Chapter 6 – *El texto publicitario* (The language of advertising)

This chapter focuses on the communicative purpose of advertising: to capture the attention of the consumer. It teaches the various techniques of persuasion used in advertising, such as its reliance on stereotypes, authoritative sources, testimonials, and messages that appeal to the emotions. Students are guided in the production of their own advertising copy with the focus on the structure and components of the publicity message. Working through a variety of activities, students become adept at distinguishing between literal and figurative meaning. They also learn the format and jargon of advertising, with its characteristic syntax, techniques, and emphasis on word play, idiomatic expressions, foreign words, metaphor, metonymy, exaggeration and hyperbole.

Chapter 7 – *El texto jurídico y administrativo* (Legal and administrative documents)

This chapter gives students exposure to the professional, legal and official documents that are needed in every walk of life. Because such documents are written in a particular stilted and formulaic language, which is not easy for non-native Spanish speakers to reproduce, students are introduced to the adjustments they need to make to standard writing practices. Through a series of activities, they learn to distinguish between the various types of official documents, with their different structures or formats, and become acquainted with their linguistic characteristics, i.e. sentences with complex syntax, rigid and archaic constructions, frequent use of the imperative, omitted or misused prepositions, specialized vocabulary, abundant use of Latin expressions, formulaic phrases, etc. Also covered are official letters, with their special headings, salutations and closing formulas; the standard format of a CV/résumé; the structure of a business letter; and job applications and letters of recommendation.

Chapter 8 – *El texto científico-técnico* (Scientific and technical writing)

This chapter illustrates the use of Spanish in scientific and technical writing, and includes such diverse examples as a medical prescription, a stock market report and a scientific paper. Emphasis is placed on clarity and precision, verifiability, rigorous organization of the material and the use of denotative language, as well as on the specialized vocabulary used in specific disciplines such as architecture, biology, economics and medicine. Guided exercises introduce students to the vocabulary of science, social science and technology, and also teach the usage of Spanish words with Latin and Greek prefixes and suffixes. With this training, students are then able to produce their own short texts on scientific and technical topics.

Chapter 9 – *Consejos adicionales para escribir correctamente* (Revising, refining and proofreading)

This chapter recapitulates the material covered in the previous eight chapters and offers advice on how to correct, refine, proofread and revise a text. With the help of checklists on grammar points, spelling, use of accents, structure, content and style, students learn to correct and edit their own writing. The chapter also includes exercises on idioms and punctuation, as well as suggestions regarding helpful dictionaries and Internet resources on writing. Also provided is a chart summarizing expressions and textual markers that are useful when producing any type of written text in Spanish.

Soluciones (Answer key)

The Answer key provides solutions to the exercises and activities found in each chapter.

Website

The book is supplemented by the *Developing Writing Skills in Spanish* companion website (www.developingwritingskills.com). This offers additional online resources, including supplementary exercises for each chapter and model answers to free writing exercises and assignments.

Capítulo 1
El texto narrativo

◆ ¿En qué consiste?

El texto narrativo informa sobre una serie de acciones en el tiempo que pueden ser reales o ficticias. La narración es una de las formas de expresión más utilizadas y se suele combinar con la descripción, la exposición y la argumentación. Antes de que aparecieran los alfabetos y la imprenta, las narraciones se transmitían de forma oral.

Dentro del texto narrativo hay que distinguir, por un lado, entre un ámbito **narrativo no literario**, como es el caso de la prensa, la televisión y la radio (reportajes, noticias, crónicas, etc.), y por otro, uno **literario** (novelas, relatos o cuentos, leyendas, fábulas, etc.), que además de la literatura puede incluir subgéneros de los medios de comunicación, como por ejemplo la televisión (guiones de series), la radio (seriales), el cine (guiones cinematográficos). El género narrativo aparece también en los cómics, en las novelas gráficas, en las anécdotas y en los chistes, ya sean orales o escritos.

Todos estos géneros textuales poseen en común que la información se narra desde un punto de vista concreto, se organiza cronológicamente, y se conecta mediante los personajes, el espacio y la acción. Por lo tanto, aunque cuando hablamos del texto narrativo lo hacemos en general para referirnos a los textos literarios, no es una modalidad exclusiva de la literatura.

1. Los textos narrativos de carácter no literario

Actividad 1

1.a. Indica a qué tipo de texto pertenece cada uno de los siguientes fragmentos.

- ☐ una carta / un correo electrónico a un amigo
- ☐ una novela
- ☐ un chiste
- ☐ un relato / cuento o microrrelato
- ☐ un anuncio publicitario
- ☐ una canción
- [3] un cómic
- ☐ un serial radiofónico
- ☐ un prospecto médico
- ☐ una noticia
- ☐ un guión de televisión o de cine
- ☐ un hecho histórico
- ☐ una receta de cocina

Texto 1

La lechera pragmática

De camino al mercado, la lechera sólo pensaba en las ganas que tenía de beber la fresquísima leche del cántaro. Pero logró resistirse, y al llegar le dieron una suma exorbitante por la mercancía. Ello hizo que, en adelante, no soñara lo que habría soñado si el cántaro se hubiese roto.

Irene Brea *en Por favor, sea breve*

Texto 2

El oculista

Saben aquel que dice que va un tío al oculista y le dice al paciente:
–Por favor, caballero, a ver, ¿qué letra ve en la pizarra?
+ La A.
–A ver, no se precipite, por favor. ¿Qué letra es?
+ La A –dice el paciente.
–Está usted nervioso y me está poniendo nervioso a mí. Por última vez, ¿qué letra es?
+ ¡La A!
El oculista se acerca y dice:
–Pues es verdad, ¡es la A!

Por el humorista Eugenio

Texto 3

LA ESCRITURA A TRAVÉS DE LOS TIEMPOS

Texto 4

El gazpacho

Ingredientes: tomates, aceite de oliva, vinagre, sal, pepinos, pimiento verde, agua, ajo, pan

1. Coloca el pan dentro de un bol con agua.
2. Lava las verduras, córtalas en pequeños trozos y bátelas.
3. Añade un diente de ajo, el pan en remojo, una pizca de sal y un chorrito de aceite y vinagre.
4. Bátelo todo de nuevo y déjalo enfriar en la nevera.

¡Buen provecho!

Texto 5

Origins

Regala a tu piel un cuidado Perfecto.
Descubre Pluscuamperfecto.
Disfruta comprando el suero protector facial "Un Mundo Perfecto".

Texto 6

¡Hola, Javi! ¿Qué tal estás? Hace mucho tiempo que no te escribo y hoy finalmente he decidido vencer la pereza y contarte todo lo que me ha sucedido este verano. ¿Te acuerdas de aquella chica de la que te hablé...?

Texto 7

río abajo corre el agua
río abajo, rumbo al mar
desde el puente
veo el agua del río pasar y pasar

miro abajo y río
de (al) verme pensar:
que yo soy el agua
y tú la ley de gravedad

"Río abajo", Jorge Drexler

Texto 8

El pasado 7 de septiembre fueron detenidos dos hombres encapuchados que intentaban apropiarse de las joyas que tiene la familia Sánchez en la conocida calle Serrano de Madrid. A plena luz del día, maniataron al joyero y empezaron a robar las joyas. El atraco se vio frustrado por la rápida llegada de la policía, ya que el dueño había pulsado una alarma situada debajo del mostrador.

Texto 9

MYCOSTATIN, suspensión oral

Instrucciones de uso y manipulación

No tome este producto:
– Si tiene antecedentes de hipersensibilidad (alergia) a nistatina o a alguno de los demás componentes del medicamento.
– En caso de aparición de irritación o sensibilización, consulte inmediatamente con su médico.
– Si no obtiene una respuesta terapéutica después de 14 días de tomar la suspensión oral, consulte con su médico.
– Aunque se produzca alivio de los síntomas en los primeros días del tratamiento, no debe interrumpirlo hasta completar el ciclo que le ha indicado su médico.

Texto 10

6. CARRETERA. EXTERIOR. DÍA

Vemos en un *flashback* del comienzo de la historia a Ángel intentando coger el cordero en la carretera, pero siempre se le escapa en el último momento.
De pronto oye...

MARI (OFF)

¡¡Tonto!!... ¡¡Tonto!!...
Ángel se vuelve y ve a Mari subida en la moto de motocross, detenida, mirándolo divertida. El cordero se ha parado y mira a Ángel, como retándole.

MARI

Corre, aprovecha ahora que está quieto.

De la película *Tierra* (1996), dirigida por Julio Medem

Texto 11

PERIQUÍN: ¡Qué raro! No hay nadie en la habitación de Mr. Chocolat, ¿qué habrá pasado? Porque hace escasamente un par de horas Mr. Chocolat traspasó a grandes zancadas el jardín de su mansión.Tiene que estar aquí, pero ¿estará vivo? Abriré este armario. ¡Uy! ¡Aquí está! ¡Pero muerto! ¡Pumpa! –hizo el cuerpo al caer al suelo.
MADRE: Por favor, Periquín, ¿te quieres callar? Es que no dejas hablar.
AMIGA: Pero, ¿a qué está jugando este niño?
MADRE: Hija, a las películas de suspense y vamos, menuda tarde me está dando este niño.
PERIQUÍN: ¿Es que no puedo jugar a nada?

Del serial radiofónico *Matilde, Perico y Periquín*, Eduardo Vázquez

Texto 12

Muchos años después, frente al pelotón de fusilamiento, el coronel Aureliano Buendía había de recordar aquella tarde remota en que su padre lo llevó a conocer el hielo. Macondo era entonces una aldea de veinte casas de barro y cañabrava construidas a la orilla de un río de aguas diáfanas que se precipitaban por un lecho de piedras pulidas, blancas y enormes como huevos prehistóricos.

Cien años de soledad, Gabriel García Márquez

Texto 13

El 19 de noviembre de 1493, en su segundo viaje al Nuevo Mundo, descubrió Cristóbal Colón la isla que sus habitantes indígenas llamaban Boriquén y a la que él, en homenaje al príncipe Don Juan, heredero de los Reyes Católicos, llamó San Juan Bautista. No fue sin embargo hasta quince años después, en 1508, cuando Juan Ponce de León, capitán del fuerte de Salvaleón de Higüey en la vecina isla de La Española, obtuvo autorización del gobernante de ésta, Fray Nicolás de Ovando, para colonizar a San Juan. Explorando la isla, descubrió Ponce de León en su costa norte la bahía que llamó Puerto Rico por su amplitud y hermosura (andando el tiempo, la isla y su puerto principal habrían de intercambiar sus nombres). En la margen sur de la bahía, a poca distancia de la costa, fundó el conquistador, en 1509, la primera población española: Villa Caparra.

Literatura y sociedad en Puerto Rico: de los cronistas de Indias a la generación del 98,
José Luis González, México, 1976

1.b. ¿Cuáles de los textos anteriores consideras que no son narrativos?

Actividad 2

Fíjate otra vez en los diferentes textos que han aparecido en la actividad anterior y responde a las siguientes cuestiones.

2.a. Observa el texto 3 de la actividad anterior, narra lo que sucede en cada viñeta e imagina qué ocurre en la última.

2.b. Continúa en unas líneas la carta informal del texto 6.

2.c. Lee de nuevo los textos 8 y 13, y señala cuál es el espacio, los personajes, el tiempo y la acción que se narran.

	Texto 8	Texto 13
ESPACIO:		
PERSONAJES:		
TIEMPO:		
ACCIÓN:		

Actividad 3

3.a. Lee la siguiente entrevista con la escritora Espido Freire y asocia las preguntas que aparecen a continuación con las respuestas.

Espido Freire: "Los premios son para mí una gran responsabilidad"

A –Como filóloga, ¿crees que te pueden condicionar de alguna forma los conocimientos teóricos y técnicos que posees en narrativa?
B –¿Y documentales? ¿Cuánto tiempo te ocupó el informarte históricamente para el argumento de la novela?
C –Cuéntanos lo contenta que estás con el Premio…
D –¿Tuviste en tu adolescencia tu propia *Soria Moria*?
E –¿Nos regalas un ritual de lectura?
F –¿Tu lector ideal, para *Soria Moria*?
G –¿Has utilizado referencias personales reales de algún tipo para crear estas páginas?
H –No se ve dedicatoria en la obra…
I –¿Qué buscabas en *Soria Moria*?
J –¿De dónde llega la inspiración para la obra?

Con *Soria Moria*, la escritora bilbaína es la reciente ganadora del XXXIX Premio de Novela Ateneo de Sevilla. El libro llega al mercado avalado por el galardón y sus sugerentes personajes: unas adolescentes que pertenecen a la alta burguesía británica instalada en Tenerife a finales del siglo XIX que, ante las rígidas normas sociales de sus familias y su clase, buscan refugio en un lugar mítico de los cuentos nórdicos, a salvo del tiempo y la muerte. El tono de sus páginas viene definido, en gran medida, porque "hay mucho sufrimiento contenido, una especie de tensión constante que apenas aflora", en palabras de la propia autora.

P1	*Cuéntanos lo contenta que estás con el Premio…*
R	–Soy una persona que mesura bastante los premios. Tras estos años de experiencia, mi manera de enfrentarme a ellos es muy calmada. Por supuesto, estoy muy satisfecha con el Ateneo, pero para mí supone una responsabilidad más, e implica el comienzo de la andadura de una novela y del que será su intento de supervivencia –que creo que en este caso, el premio alargará–.
P2	

R	–Yo quería hablar de cómo te cambia la vida de manera inesperada y de cómo es imposible prever el futuro. A los adolescentes protagonistas de mi libro, otros les han planeado la suya… pero no saben que están en las puertas de la Primera Guerra Mundial y que eso lo cambiará todo.
P3	
R	–De un par de casualidades. Una de ellas, un viaje a Tenerife del que regreso con un librito institucional en el que se registra la presencia de extranjeros, sobre todo ingleses y alemanes, en la isla de Tenerife. Por otro lado, de una estancia en Noruega: a raíz de ella, uno de mis amigos me habla de la magia que allí asocian a Soria, debido a la creencia en un paraíso imaginario con el nombre de Soria Moria –¡mi amigo no podía creerse que yo viviera a unos kilómetros de esa ciudad!–. Así aparece este mundo extraño del libro.
P4	
R	–No, por lo general parto de la ficción pura. No sé… lo único es que las gatitas que aparecen se llaman como las mías [risas].
P5	
R	–Generalmente, manejo para los libros temas sociales que me interesan desde siempre y que cobran en un momento mucha importancia para mí, no sé por qué. Era el caso de la Primera Guerra Mundial, uno de esos períodos históricos que me apasionan y del que había leído mucho y había buscado información durante años. Además, he vivido en Inglaterra, donde la presencia de los caídos durante la Primera Guerra Mundial era muy importante. Luego, siempre a tu alrededor te facilitan datos cuando se sabe que estás trabajando sobre determinadas temáticas. De todas estas formas, la documentación fue surgiendo de forma muy fluida.
P6	
R	–No hay mujer adolescente que no la haya tenido. Los varones tienen una percepción de todo esto ligeramente distinta, pero en nosotras siempre existe esa idea de la fabulación, del príncipe azul… de una vida distinta.
P7	
R	–No creo que haya un lector ideal. Hay lectores mejores incluso que el propio autor.
P8	
R	–No, eso es simplemente un hecho objetivo. Es la vida la que te condiciona.
P9	
R	–Yo leo en el metro, en los aviones, también leo tumbada… No soy muy defensora de la mitificación de la lectura, ni partidaria de sus rituales.

P10	
R	–Sólo hay un agradecimiento, al amigo noruego que me habló de Soria Moria. Ya no hago dedicatorias, porque de alguna u otra forma, todas las personas a las que he dedicado un libro –y ya son dieciséis– han desaparecido de mi vida. No es que sea supersticiosa, sólo que resulta una coincidencia muy terrible y con algunas cosas... no se juega.

Maica Rivera, "Entrevista a Espido Freire", *Aquí y Ahora*, 06/11/2007

3.b. ¿Qué se narra en la entrevista que acabas de leer? Resúmelo con tus propias palabras.

Actividad 4

4.a. En los dos siguientes textos, el escritor Arturo Pérez-Reverte nos proporciona una serie de valiosos consejos sobre el arte de la escritura. Lee el primer artículo y señala si las afirmaciones que aparecen debajo son verdaderas o falsas.

Carta a un joven escritor (I)

Pues sí, joven colega. Chico o chica. Pensaba en ti mientras tecleaba el artículo de la semana pasada. Recordé tus cartas escritas con amistad y respeto, el manuscrito inédito –quizá demasiado torpe o ingenuo, prematuro en todo caso– que me enviaste alguna vez. Recordé tu solicitud de consejo sobre cómo abordar la escritura. Cómo plantearte una novela seria. Tu justificada ambición de conseguir, algún día, que ese mundo complejo que tienes en la cabeza, hecho de libros leídos, de mirada inteligente, de imaginación y ensueños, se convierta en letra impresa y se multiplique en las vidas de otros, los lectores. Tus lectores.

Vaya por delante que no hay palabras mágicas. No hay truco que abra los escaparates de las librerías. Nada garantiza ver el fruto de tu esfuerzo, esa pasión donde te dejas la piel y la sangre, publicado algún día. Este mundo es así, y tales son las reglas. No hay otra receta que leer, escribir, corregir, tirar folios a la papelera y dedicarle horas, días, meses y años de trabajo duro –Oriana Fallacci me dijo en una ocasión que escribir mata más que las bombas–, sin que tampoco eso garantice nada. Escribir, publicar y que tus novelas sean leídas no depende sólo de eso. Cuenta el talento de cada cual. Y no todos lo tienen: no es lo mismo talento que vocación. Y el adiestramiento. Y la suerte. Hay magníficos escritores con mala suerte, y otros mediocres a quienes sonríe la fortuna. Los que publican en el momento adecuado, y los que no. También ésas son las reglas. Si no las asumes, no te metas. Recuerda algo: las prisas destruyeron a muchos escritores brillantes. Una novela prematura, incluso un éxito prematuro, pueden aniquilarte para siempre. Lo que distingue a un novelista es una mirada propia hacia el mundo y algo que contar sobre ello, así que procura vivir antes. No sólo en los libros o en la barra de un bar, sino afuera, en la vida. Espera a que ésta te deje huellas y cicatrices. A conocer las pasiones que mueven a los seres humanos, los salvan o los pierden. Escribe cuando tengas algo que contar. Tu juventud, tus estudios, tus amores tempranos, los conflictos con tus padres, no importan a nadie. Todos pasamos por ello alguna vez. Sabemos de qué va. Practica con eso, pero déjalo ahí. Sólo harás algo notable si eres un genio precoz, mas no corras el riesgo. Seguramente no es tu caso.

No seas ingenuo, pretencioso o imbécil: jamás escribas para otros escritores, ni sobre la imposibilidad de escribir una novela. Tampoco para los críticos de los suplementos literarios, ni para los amigos. Ni siquiera para un hipotético público futuro. Hazlo sólo si crees poder escribir el libro que a ti te gustaría leer y que nadie escribió nunca. Confía en tu talento, si lo tienes. Si dudas, empieza por reescribir los libros que amas; pero no imitando ni plagiando, sino a la luz de tu propia vida. Enriqueciéndolos con tu mirada original y única, si la tienes. En cualquier caso, no te enfades con quienes no aprecien tu trabajo; tal vez tus textos sean mediocres o poco originales. Ésas también son las reglas. Decía Robert Louis Stevenson que hay una plaga de escritores prescindibles, empeñados en publicar cosas que no interesan a nadie, y encima pretenden que la gente los lea y pague por ello.

Otra cosa. No pidas consejos. Unos te dirán exactamente lo que creen que deseas escuchar; y a otros, los sinceros, los apartarás de tu lado. Esta carrera de fondo se hace en solitario. Si a ciertas alturas no eres capaz de juzgar tú mismo, mal camino llevas. A ese punto sólo llegarás de una forma: leyendo mucho, intensamente. No cualquier cosa, sino todo lo que necesitas. Con lápiz para tomar notas, estudiando trucos narrativos –los hay nobles e innobles–, personajes, ambientes, descripciones, estructura, lenguaje. Ve a ello, aunque seas el más arrogante, con rigurosa humildad profesional. Interroga las novelas de los grandes maestros, los clásicos que lo hicieron como nunca podrás hacerlo tú, y saquea en ellos cuanto necesites, sin complejos ni remordimientos. Desde Homero hasta hoy, todos lo hicieron unos con otros. Y los buenos libros están ahí para eso, a disposición del audaz: son legítimo botín de guerra.

Decía Harold Acton que el verdadero escritor se distingue del aficionado en que aquél está siempre dispuesto a aceptar cuanto mejore su obra, sacrificando el ego a su oficio, mientras que el aficionado se considera perfecto. Y la palabra oficio no es casual. Aunque pueda haber arte en ello, escribir es sobre todo una dura artesanía. Territorio hostil, agotador, donde la musa, la inspiración, el momento de gloria o como quieras llamarlo, no sirve de nada cuando llega, si es que lo hace, y no te encuentra trabajando.

Según el texto ...	**V**	**F**
1. El artículo se dirige a un escritor experimentado.		
2. El esfuerzo le garantiza al escritor la publicación de un libro.		
3. Para escribir no hace falta talento si uno tiene vocación de escritor.		
4. El éxito rápido puede destruir al escritor.		

5. Es aconsejable que el novelista tenga vivencias antes de empezar a escribir.		
6. Si el joven escritor duda de su talento, es mejor que no siga escribiendo.		
7. El autor del texto está de acuerdo con el pensamiento de Robert Louis Stevenson.		
8. El futuro escritor debe seguir los consejos sinceros.		
9. Se recomienda que el joven escritor lea cualquier tipo de literatura y género.		
10. El buen escritor no debe creer que su prosa es perfecta.		

4.b. En los siguientes consejos sobre la escritura, hay dos a los que no se hace referencia directa en el texto. Identifica cuáles son.

- ☐ Dedicarle tiempo a la escritura.
- ☐ Leer mucho.
- ☐ Extraer las ideas más importantes de los libros que se leen.
- ☐ Cuidar el estilo.
- ☐ Tomar notas.
- ☐ Corregir el texto.
- ☐ Revisar la gramática.
- ☐ Observar técnicas narrativas, personajes, ambientes.

4.c. Lee ahora la segunda parte de la carta del escritor Arturo Pérez-Reverte y responde a las preguntas que aparecen más abajo.

Carta a un joven escritor (II)

Hablábamos el otro día de maestros: autores y obras que ningún joven que pretenda escribir novelas tiene excusa para ignorar. Ten presente, si es tu caso, un par de cosas fundamentales. Una, que en la antigüedad clásica casi todo estaba escrito ya. Echa un vistazo y comprobarás que los asuntos que iban a nutrir la literatura universal durante veintiocho siglos aparecen ya en la *Ilíada* y la *Odisea* –relato, éste, de una modernidad asombrosa– y en la tragedia, la comedia y la poesía griegas. De ese modo, quizá te sorprenda averiguar que el primer relato policíaco, con un investigador –el astuto Ulises– buscando huellas en la arena, figura en el primer acto de la tragedia *Ayax* de Sófocles.

Un detalle importante: escribes en español. Quienes lo hacen en otras lenguas son muy respetables, por supuesto; pero cada cual tendrá en la suya, supongo, quien le escriba cartas como ésta. Yo me refiero a ti y a nuestro común idioma castellano. Que tiene, por cierto, la ventaja de contar hoy, entre España y América, con 450 millones de lectores potenciales; gente que puede acceder a tus libros sin necesidad de traducción previa. Pero atención. Esa lengua castellana o española, y los conceptos que expresa, forman parte de un complejo entramado que, en términos generales y con la puesta al día pertinente, podríamos seguir llamando cultura occidental: un mundo que el mestizaje global de hoy no anula, sino que transforma y enriquece. Tú procedes de él, y la mayor parte de tus lectores primarios o inmediatos, también. Es el territorio común, y eso te exige manejar con soltura la parte profesional del oficio: las herramientas específicas, forjadas por el tiempo y el uso, para moverte en ese territorio. Aunque algunos tontos y fatuos lo digan, nadie crea desde la orfandad cultural. Desde la nada. Algunas de esas herramientas son ideas, o cosas así. Para dominarlas debes poseer las bases de una cultura, la tuya, que nace de Grecia y Roma, la latinidad medieval y el contacto con el Islam, el Renacimiento, la Ilustración, los derechos del hombre y las grandes revoluciones. Todo eso hay que leerlo, o conocerlo, al menos. En los clásicos griegos y latinos, en la Biblia y el Corán, comprenderás los fundamentos y los límites del mundo que te hizo. Familiarízate con Homero, Virgilio, los autores teatrales, poetas e historiadores antiguos. También con *La Divina Comedia de Dante*, los *Ensayos de Montaigne* y el teatro completo de Shakespeare. Te sorprenderá la cantidad de asuntos literarios y recursos expresivos que inspiran sus textos. Lo útiles que pueden llegar a ser.

La principal herramienta es el lenguaje. Olvida la funesta palabra estilo, burladero de vacíos charlatanes, y céntrate en que tu lenguaje sea limpio y eficaz. No hay mejor estilo que ése. Y, como herramienta que es, sácale filo en piedras de amolar adecuadas. Si te propones escribir en español, tu osadía sería desmesurada si no te ejercitaras en los clásicos fundamentales de los siglos XVI y XVII: Quevedo, el teatro de Lope y Calderón, la poesía, la novela picaresca, llenarán tus bolsillos de palabras adecuadas y recursos expresivos, enriquecerán tu vocabulario y te darán confianza, atrevimiento. Y una recomendación: cuando leas *El Quijote* no busques una simple narración. Estúdialo despacio, fijándote bien, comparándolo con lo que en ese momento se escribía en el mundo. Busca al autor detrás de cada frase, siente los codazos risueños y cómplices que te da, y comprenderás por qué un texto escrito a principios del siglo XVII sigue siendo tan moderno y universalmente admirado todavía. Termina de filtrar ese lenguaje con la limpieza de Moratín, el arrebato de Espronceda, la melancólica sobriedad de Machado, el coraje de Miguel Hernández, la perfección de Pablo Neruda. Pero recuerda que una novela es, sobre todo, una historia que contar. Una trama y una estructura donde proyectar una mirada sobre uno mismo y sobre el mundo. Y eso no se improvisa. Para controlar este aspecto debes conocer a los grandes novelistas del siglo XIX y principios del XX, allí donde cuajó el arte. Lee a Stendhal, Balzac, Flaubert, Dostoievski, Tolstoi, Dickens, Dumas, Hugo, Conrad y Mann, por lo menos. Como escritor en español que eres, añade sin complejos *La regenta* de Clarín, las novelas de Galdós, Baroja y Valle Inclán. De ahí en adelante lee lo que quieras según gustos y afinidades, maneja diccionarios y patea librerías. Sitúate en tu tiempo y tu propia obra. Y no dejes que te engañen: Agatha Christie escribió una obra maestra, *El asesinato de Rogelio Ackroyd*, tan digna en su género como *Crimen y castigo* en el suyo. Un novelista sólo es bueno si cuenta bien una buena historia. Escribe eso en la dedicatoria cuando me firmes un libro tú a mí.

1. ¿Por qué es relevante escribir en español?
2. ¿Qué se entiende en el texto por cultura occidental?
3. Según el texto, ¿qué diferencias existen entre lenguaje y estilo?
4. ¿Por qué el escritor aconseja leer *El Quijote*?
5. En el texto se recomienda la lectura de diferentes escritores. ¿Hay alguno de los que se mencionan que sea tu preferido? Justifica tu respuesta.

2. Los textos narrativos literarios

En un texto narrativo literario se puede distinguir principalmente una estructura externa y otra interna. La **estructura externa** se refiere a la disposición del texto, por ejemplo mediante capítulos, que pueden estar numerados o llevar un título; secuencias separadas por espacios en blanco; párrafos; o partes que a su vez integran distintos capítulos. Además, toda la información se estructura a partir de los signos de puntuación, palabras en cursiva, mayúsculas, etc.

La **estructura interna** de un texto narrativo se divide en:

- una **introducción**, que enmarca un espacio, un tiempo, una acción y unos personajes;
- un **nudo**, donde se desarrolla una sucesión de hechos;
- un **desenlace**, donde se finaliza la trama.

En los casos en los que el autor ha escogido este orden, hablamos de una estructura **cronológica o lineal**, que comienza en un determinado momento del día o de la historia y termina de manera definitiva.

Si la narración comienza con el nudo de la historia, esta estructura se conoce como ***in medias res***, y si lo hace desde el desenlace como ***in extrema res***. A veces, el desenlace de la narración consiste en volver al comienzo, de tal manera que el protagonista se encuentra en el mismo lugar o situación que al principio. Esto se conoce como **estructura circular**. Cuando se presentan varias historias que se alternan, estamos ante una estructura de **contrapunto**, y cuando dichas historias son diferentes entre sí, se denomina estructura **caleidoscópica**.

Otros autores prefieren estructurar el texto en diferentes estratos o planos que organizan la información:

- **la línea argumental**: la sucesión de acciones acabadas y acontecimientos que hacen que la narración avance.
- **el fondo argumental**: transmite la información relacionada con los personajes (sus sentimientos, sus pensamientos, etc.), lo cual hace que la historia no avance. Se incluyen también evocaciones (como recuerdos) en la información transmitida, y anticipaciones (sueños, imaginaciones, etc.).
- **el escenario**: transmite la información relacionada con el espacio y el tiempo.

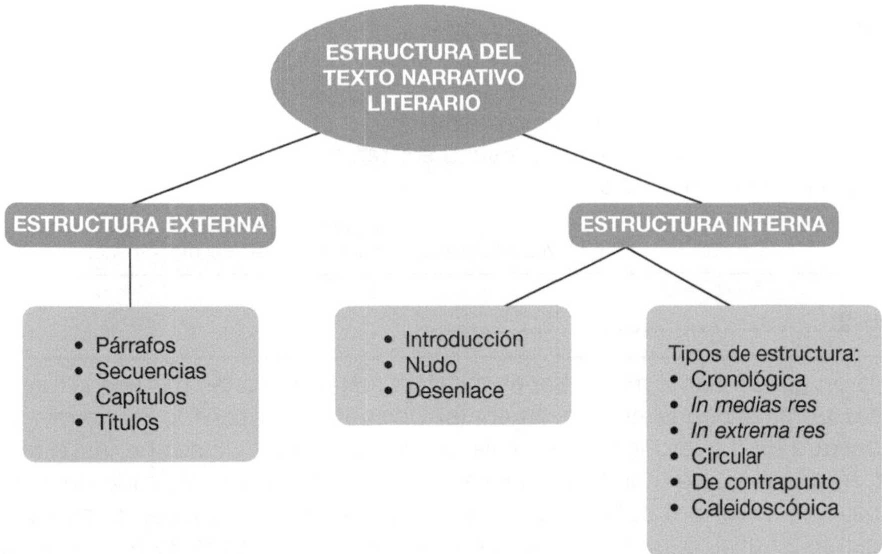

Actividad 5

5.a. Señala cuál de los siguientes textos tiene una estructura cronológica, *in medias res*, circular y de contrapunto.

Texto 1: ....

Hubo una vez una princesa increíblemente rica, bella y sabia. Cansada de pretendientes falsos que se acercaban a ella para conseguir sus riquezas, hizo publicar que se casaría con quien le llevase el regalo más valioso, tierno y sincero a la vez. El palacio se llenó de flores y regalos de todos los tipos y colores, de cartas de amor incomparables y de poetas enamorados. Y entre todos aquellos regalos magníficos, descubrió una piedra; una simple y sucia piedra. Intrigada, hizo llamar a quien se la había regalado. A pesar de su curiosidad, mostró estar muy ofendida cuando apareció el joven, y éste se explicó diciendo:

–Esa piedra representa lo más valioso que os puedo regalar, princesa: es mi corazón. Y también es sincera, porque aún no es vuestro y es duro como una piedra. Sólo cuando se llene de amor se ablandará y será más tierno que ningún otro.

El joven se marchó tranquilamente, dejando a la princesa sorprendida y atrapada. Quedó tan enamorada que llevaba consigo la piedra a todas partes, y durante meses llenó al joven de regalos y atenciones, pero su corazón seguía siendo duro como la piedra en sus manos. Desanimada, terminó por arrojar la piedra al fuego; al momento vio cómo se deshacía la arena, y de aquella piedra tosca surgía una bella figura de oro. Entonces comprendió que ella misma tendría que ser como el fuego, y transformar cuanto tocaba separando lo inútil de lo importante.

Durante los meses siguientes, la princesa se propuso cambiar en el reino, y como con la piedra, dedicó su vida, su sabiduría y sus riquezas a separar lo inútil de lo importante. Acabó con el lujo, las joyas y los excesos, y las gentes del país tuvieron comida y libros. Cuantos trataban con la princesa, salían encantados por su carácter y cercanía, y su sola presencia transmitía tal calor humano y pasión por cuanto hacía, que comenzaron a llamarla cariñosamente "La princesa de fuego".

Y como con la piedra, su fuego deshizo la dura corteza del corazón del joven, que tal y como había prometido, resultó ser tan tierno y justo que hizo feliz a la princesa hasta el fin de sus días.

"La princesa de fuego", Pedro Pablo Sacristán
http://cuentosparadormir.com/infantiles/cuento/la-princesa-de-fuego

Texto 2: ....

El día en que lo iban a matar, Santiago Nasar se levantó a las 5:30 de la mañana para esperar el buque en que llegaba el Obispo. Había soñado que atravesaba un bosque de higuerones donde caía una llovizna tierna, y por un instante fue feliz en el sueño, pero al despertar se sintió por completo salpicado de cagada de pájaros. "Siempre soñaba con árboles", me dijo Plácida Lineros, su madre, evocando 27 años después los pormenores de aquel lunes ingrato. "La semana anterior había soñado que iba solo en un avión de estaño de papel que volaba sin tropezar entre los almendros", me dijo. Tenía una reputación muy bien ganada de intérprete certera de los sueños ajenos, siempre y cuando se los contaran en ayunas, pero no había advertido ningún augurio aciago en esos dos sueños de su hijo que él le había contado en las mañanas que precedieron su muerte.

Crónica de una muerte anunciada, Gabriel García Márquez

Texto 3: ....

–Porque usted comprenderá, pues, Santelices, que si dejamos que todos los pensionistas hicieran lo mismo que usted, nos quedaríamos en la calle. Sí, sí, ya sé lo que me va a decir y le encuentro toda la razón. ¿Cómo cree que le íbamos a negar permiso para clavar unos cuantos, si ha vivido con nosotros tres años y me imagino que ya no se irá más?

"Santelices", José Donoso

Texto 4: ....

Doña Rosa va y viene por entre las mesas del café, tropezando a los clientes con su enorme trasero. Doña Rosa dice con frecuencia 'leñe' y 'nos ha merengao'. Para Doña Rosa, el mundo es su café, y alrededor de su café, todo lo demás. [...]

Don Leonardo es un punto que vive del sable y de planear negocios que después no salen. No es que salgan mal, no; es que simplemente, no salen, ni bien ni mal. Don Leonardo lleva unas corbatas muy lucidas y se da fijador en el pelo, un fijador muy perfumado que huele desde lejos. [...]

A don Jaime Arce, que tiene un gran aire a pesar de todo, no hacen más que protestarle letras. En el café, parece que no, todo se sabe. Don Jaime pidió un crédito a un banco, se lo dieron y firmó unas letras. Después vino lo que vino. Se metió en un negocio donde lo engañaron, se quedó sin un real, le presentaron las letras al cobro y dijo que no podía pagarlas.

La colmena, Camilo José Cela

5.b. Ahora lee el siguiente microrrelato e indica cuál es su estructura interna.

Una vida en llamas

Encendió el televisor y, mientras veía caer el muro de Berlín, los ojos se le inundaron de inesperadas lágrimas, cuyo salado caudal crecía a medida que se derrumbaban las losas de cemento, al compás de la entrecortada voz del comentarista polaco. Pasó toda la noche despierto, tumbado boca arriba en la cama que hacía años que había dejado de compartir.

En cuanto amaneció, se lavó la cara con agua fría y se dirigió al amplio y soleado cuarto que le servía de despacho. Bajó la vista, evitando posar la mirada sobre el diploma adornado con la hoz y el martillo enmarcado en la pared. Tiró del asa del primer cajón de un imponente escritorio de roble macizo, sacó un mechero del bolsillo del albornoz y, sin dudarlo dos veces, prendió fuego a su carné de la policía secreta.

Pawel Adrjan

3. Características del texto narrativo

Los **elementos** que caracterizan un texto narrativo son: el espacio donde tiene lugar la historia; el tiempo; el punto de vista desde el que se narra; los personajes que participan en la historia; y la acción.

El espacio

El **espacio** es el lugar donde transcurre la acción, ya sea un espacio **exterior** (histórico-político, geográfico) o **interior** del personaje (sus pensamientos, recuerdos, sentimientos, etc.). Algunos escritores han creado lugares simbólicos e imaginarios que han marcado un antes y un después en la historia de la literatura. Tal es el caso de "Vetusta" de Leopoldo Alas Clarín, "Región" de Juan Benet o "Macondo" de Gabriel García Márquez. Los adverbios contribuyen a indicar la situación espacial en la narración (a la derecha, a la izquierda, aquí, allí, ahí, etc.).

Actividad 6

6.a. Lee el siguiente texto del escritor Santiago Roncagliolo y subraya todas las referencias que, como en el ejemplo, están relacionadas con el espacio.

Última llamada

Desde los ventanales de la sala VIP, el ejecutivo observa a los que corretean ahí abajo, en la terminal B, como hormiguitas atareadas. La mayoría de la gente viene a recoger amigos y parientes, pero los abrazos de reencuentro no son especialmente efusivos. La terminal B recibe vuelos europeos. La gente que llega aquí nunca estuvo demasiado lejos.

De todos modos, el ejecutivo los observa con interés. No recuerda la última vez que alguien le dio un abrazo. En este preciso instante, ni siquiera sabe si acaba de aterrizar o está esperando para embarcar. Con sorpresa, descubre que le da lo mismo. Lleva media hora apoltronado en un sofá alimentándose de frutos secos y escribiendo números en un portátil. A su alrededor se desparraman diarios en tres idiomas. Podría estar en cualquier parte.

Se acerca a la repisa de los licores y se sirve un whisky en un vaso de plástico. Se lo bebe de un trago y se sirve otro. Se afloja la corbata y sale a pasear. Frente a la sala VIP, los pasajeros de un vuelo retrasado esperan su embarque. Una mujer duerme extendida sobre las butacas. Una chica apoya la cabeza en el regazo de su novio. El ejecutivo bebe un trago de su whisky y le parece que todo a su alrededor ocurre en cámara lenta.

Necesita lavarse la cara. Entra en el baño. En el espejo, se topa con el reflejo de un hombre calvo y bien vestido que llora sentado en un retrete.

El ejecutivo retoma su vaso y continúa su recorrido. Atraviesa chocolaterías, cafeterías, pastelerías y licorerías, sobre todo licorerías. El mundo desde ahí parece un centro comercial para alcohólicos con sobrepeso.

Finalmente, llega a la frontera con la terminal A. Un guardia le pide su pasaporte. El ejecutivo se lo enseña y accede a las puertas de embarque para vuelos intercontinentales. La composición social de los pasajeros sufre una ligera variación en esta área. Hay menos pieles blancas y más acentos. El ejecutivo se detiene en un bar y pide unos cubitos de hielo para su vaso. Luego se acerca al cristal y pega la cara contra él. Contempla el paisaje. Del otro lado de la pista de aterrizaje están construyendo otra terminal. Entre ambos edificios, los aviones cargan y descargan carne humana.

–Perdone, ¿le pasa algo?

El empleado del aeropuerto parece haber salido de la nada. El ejecutivo se fija en la pantalla del mostrador más cercano: es un vuelo a Bogotá. Esos siempre tienen más vigilancia. Discreta pero efectiva.

–¿Va a embarcar en este vuelo?– pregunta el empleado.

El ejecutivo niega con la cabeza. Trata de explicar su presencia ahí. No se le ocurre nada. Finalmente, dice:

–Perdí... algo. En un avión.

–Objetos perdidos. Vale. ¿Era un vuelo europeo o intercontinental?

El ejecutivo no responde. Su hielo se ha vuelto a derretir.

–Si era un vuelo nacional, tendrá que salir y acercarse a la terminal C.

El empleado lo lleva a través de puertas que dicen *No pasar* y lo deposita frente a unas casetas de migración. Según tu pasaporte, tienes que hacer una larga cola o ninguna. El ejecutivo constata que tiene el pasaporte que no hace colas. Sin soltar su vaso, pasa la caseta, y luego las bandas de equipaje. Para no llamar más la atención, se lleva una maleta roja con rueditas. Al franquear la puerta, hay mucha gente de muchos colores. Aquí sí, los recién llegados reciben muchos abrazos.

El ejecutivo arrastra su maleta roja a lo largo de dos terminales. En una de ellas se ve obligado a atravesar un muro de alemanes con bastones de alpinistas. Se siente enano entre ellos. Más adelante, sale al exterior por la puerta giratoria. Forma una cola –más larga que la de migraciones– y toma un taxi para cubrir los 300 metros que lo separan de la terminal C. Es la terminal más pequeña, y la banda de equipajes es accesible a los visitantes. El ejecutivo cruza una puerta automática, la última de todo el aeropuerto.

Objetos perdidos. El ejecutivo se imagina un lugar donde guardan todo lo que desaparece en los aviones: libros, maletas, documentos, juguetes, recuerdos, abrigos, amantes, gafas, amigos, pelotas de fútbol, pasados, futuros. Deja su maleta roja girando en la banda de equipajes y se acerca al escritorio de un guardia.

–¿Puedo ayudarlo?– le pregunta el guardia.

El ejecutivo bebe el último sorbo, tira el vaso al basurero y se apoya en el escritorio. Sabe que ha llegado al final del trayecto.

Santiago Roncagliolo, "Última llamada", *El País*, 16/12/2007

6.b. El final de este cuento puede estar sujeto a diferentes interpretaciones. ¿Por qué crees que el recorrido del protagonista termina en la "sección de objetos perdidos" de un aeropuerto? Justifica tu respuesta.

6.c. Escribe un breve relato de unas 200 palabras en el que se describa un espacio que tenga para ti un significado especial: indica dónde está, qué haces en él, qué objetos se encuentran, etc. Explica por qué es especial para ti.

El tiempo

El **tiempo** de la narración puede ser **externo**, si se refiere al tiempo de la historia contada o al momento y al orden en el que se suceden los hechos narrados, o **interno** o tiempo del discurso, donde el orden y la duración de los hechos no tienen por qué seguir un esquema fijo. Son muchas las maneras de expresar relaciones temporales, ya que los tiempos verbales crean relaciones de anterioridad si retrocedemos a un tiempo anterior (analepsis o *flashback*), de posterioridad, si nos anticipamos a un hecho posterior (prolepsis o *flashforward*), o de simultaneidad, si las acciones ocurren al mismo tiempo. Además, los adverbios temporales refuerzan la progresión temporal de la narración (cuando, mientras, mientras tanto, después, luego, entonces, de pronto, de repente, dentro de, etc.).

Actividad 7

Lee estos fragmentos y señala en cuáles hay anticipaciones o *flashforward* (el narrador se adelanta a un tiempo posterior) y en cuáles se observan evocaciones o *flashback* (el narrador habla de hechos que sucedieron anteriormente).

Texto 1: ....

Esto sucedió cuando yo era muy chico, cuando mi tía Matilde y tío Gustavo y tío Armando, hermanos solteros de mi padre, y él mismo, vivían aún. Ahora están todos muertos. Es decir, prefiero suponer que están todos muertos porque resulta más fácil, y ya es demasiado tarde para atormentarse con preguntas que seguramente no se hicieron en el momento oportuno. No se hicieron porque los acontecimientos parecieron paralizar a los hermanos, dejándolos como ateridos de horror.

"Paseo", José Donoso

Texto 2: ....

Con una última esperanza apretó los párpados, gimiendo por despertar. Durante un segundo creyó que lo lograría, porque otra vez estaba inmóvil en la cama, a salvo del balanceo cabeza abajo. Pero olía la muerte, y cuando abrió los ojos vio la figura ensangrentada del sacrificador que venía hacia él con el cuchillo de piedra en la mano. Alcanzó a cerrar otra vez los párpados, aunque ahora sabía que no iba a despertarse, que estaba despierto, que el sueño maravilloso había sido el otro; absurdo como todos los sueños, un sueño en el que había andado por extrañas avenidas de una ciudad asombrosa, con luces verdes y rojas que ardían sin llama ni humo, con un enorme insecto de metal que zumbaba bajo sus piernas.

"La noche boca arriba", Julio Cortázar

Texto 3: ....

Cuenta que al levantar el borde de la sábana que cubría el rostro del ahogado, en la cenagosa profundidad de pantano de sus ojos abiertos, revivió un barrio de solares ruinosos y tronchados geranios atravesado de punta a punta por silbidos de afilador, un aullido azul. Y que a pesar de las elegantes sienes plateadas, la piel bronceada y los dientes de oro que lucía el cadáver, le reconoció; que todo habían sido espejismos, dijo, en aquel tiempo y en aquellas calles, incluido este trapero que al cabo de treinta años alcanzaba su corrupción final enmascarado de dignidad y dinero.

Si te dicen que caí, Juan Marsé

Texto 4: ....

Vine a Madrid para matar a un hombre a quien no había visto nunca. Me dijeron su nombre, el auténtico, y también algunos de los nombres falsos que había usado a lo largo de su vida secreta, nombres en general irreales, como de novela, de cualquiera de esas novelas sentimentales que leía para matar el tiempo en aquella especie de helado almacén, una torre de ladrillo próxima a los raíles de la estación de Atocha donde pasó algunos días esperándome, porque yo era el hombre que le dijeron que vendría.

Beltenebros, Antonio Muñoz Molina

Actividad 8

8.a. Completa el relato del escritor Luis García Jambrina con los tiempos del pasado que aparecen en el cuadro.

pensábamos • informó • había detenido • he dicho • recibí • era • he cumplido • acercó • temía • encontré • había quedado • dirigí • he podido • sentaba • ponía

Quid Pro Quo

Desde entonces, no he dejado de repetírmelo una y otra vez: ten cuidado con lo que deseas, porque podría cumplirse de la manera más inesperada. Aquella tarde, yo (1) .... con una amiga en un bar del centro, para hablar de las vacaciones de verano, pues (2) .... viajar juntas durante una semana. Cuando ya se iba, me preguntó por mi marido.

–Sigue igual –le contesté–. A veces, créeme, desearía que se muriera.

Después de despedirnos, me (3) .... directamente al metro para volver a casa. No habíamos efectuado aún ninguna parada, cuando se me (4) .... un hombre cuyo aspecto me inquietó.

–Discúlpeme –comenzó a decir–. No (5) .... evitar oír lo que comentaba de su marido.

–¿De qué me habla? –pregunté yo, sorprendida.

–Ya sabe, lo que le contó a su amiga en el bar. Si usted quisiera –añadió, tras una breve pausa–, yo podría convertir sus deseos en realidad.

–¡¿Está usted loco?! –exclamé.

–No se excite –me ordenó él–. Si es por el dinero, podremos llegar a un acuerdo.

–¡Es usted un cabrón! –le grité–. Apártese de mí, si no quiere...

Pero fui yo la que se alejó, aprovechando que el metro se (6) .... en una parada.

Me había olvidado ya del incidente, cuando, días después, me lo (7) .... de nuevo en el bar, donde yo había vuelto a quedar con mi amiga.

–¿Se lo ha pensado mejor? –me preguntó, al tiempo que se (8) .... a mi mesa.

–No hay nada que pensar –le respondí, una vez repuesta de la impresión–. Y que quede bien claro que lo que usted me oyó decir el otro día –me justifiqué– fue sólo una forma de hablar, no exactamente la expresión de un deseo.

–Usted por eso no se preocupe –me replicó–; la dejaré totalmente al margen. Lo único que tiene que hacer es pagarme...

–Pero si ya le (9) .... que no me interesa –lo interrumpí–. ¡Déjeme en paz de una vez!

Por suerte, en ese momento, apareció mi amiga, y el individuo se marchó del bar.

–¿Quién (10) .... ese tipo tan extraño? –inquirió ella, preocupada.

–Un chiflado que me pedía dinero –le expliqué yo.

Las semanas siguientes las pasé sumida en un estado de zozobra. (11) .... encontrármelo en cualquier esquina, pero tampoco podía estar encerrada. Cualquier cosa me (12) .... en tensión. Una mañana, (13) .... una llamada de la policía; después de identificarme, un agente muy amable me comunicó:

–Su marido ha muerto.

–¿Mi marido? ¿muerto? ¿cómo?

–En un accidente de tráfico.

La noticia me dejó anonadada. Al poco rato, volvieron a llamar.

–Yo ya (14) .... mi parte del trato –dijo una voz que no me era desconocida–. Son sólo 3.000 euros. Le doy una hora para dejarlos, dentro de una bolsa, en el contenedor de la basura que hay enfrente de su estudio.

–¿Y por qué debería pagarle?

–Porque tengo pruebas que podrían incriminarla. Los frenos del coche –me (15) ....– han sido manipulados.

–¡No puede ser!

–Si lo sabré yo.

Luis García Jambrina, "Quid Pro Quo", *El País*, 21/07/2009

8.b. Observa el uso de los tiempos del pasado en el texto y completa esta información con las palabras del cuadro.

pretérito perfecto compuesto • pretérito perfecto simple o indefinido • pretérito imperfecto • pretérito pluscuamperfecto

1	Utilizamos el	cuando hablamos de acciones pasadas en un tiempo ya terminado para el hablante.
2	Utilizamos el	cuando hablamos de acciones terminadas relacionadas con el presente.
3	Utilizamos el	cuando hablamos de una acción pasada anterior a otra que ya ha sucedido.
4	Utilizamos el	cuando hablamos de acciones en su desarrollo, hechos habituales o que se repiten en el pasado.

✓ Recuerda que en Hispanoamérica se utiliza mucho más el pretérito indefinido (ej. hablé, hablaste, habló, ...) en lugar del pretérito perfecto compuesto (ej. he hablado, has hablado, ha hablado, ...). Lo mismo ocurre en zonas del norte de España como Galicia y Asturias.

8.c. Busca en el texto los sinónimos del verbo DECIR que aparecen. Hay 15 verbos diferentes en total. Fíjate sobre todo en las respuestas que se dan en los diálogos, como en el ejemplo.

Ej. –Sigue igual –le contesté–. A veces, créeme, desearía que se muriera.

8.d. Señala en el texto las marcas temporales que hacen que el relato progrese, como en el ejemplo.

Ej. *Desde entonces*, no he dejado de repetírmelo una y otra vez...

8.e. Completa este fragmento de la novela *La llave maestra* de Agustín Sánchez Vidal con los tiempos del pasado adecuados.

El comisario John Bielefeld .... (mirar) el reloj mientras .... (tratar) de espabilarse. (Ser) .... las cinco y media de la madrugada. Le .... (bastar) una breve ducha para reconciliarse con su corpulenta envergadura. A medida que .... (aproximarse) al espejo y .... (despejarse) el vaho, éste le .... (devolver) su rostro de rotundos trazos, nariz aplastada de boxeador, la piel curtida y terrosa, los azules ojos mal dormidos al fondo de unas amplias bolsas. (Suspirar) .... , preguntándose qué .... (hacer) él tan lejos de casa y tan cerca de un nuevo embrollo.

(Recoger) .... sus acreditaciones y .... (salir) al pasillo. Mientras .... (esperar) el ascensor se lo .... (pensar) mejor, ... (regresar) a la habitación, ... (abrir) el armario y .... (pulsar) la combinación de la pequeña caja fuerte. (Apartar) .... los tres sobres numerados que .... (haber) en su interior, con el nombre de cada destinatario escrito con la picuda e inconfundible letra de Sara Toledano. Y .... (coger) la pistola. «Tal como vienen las cosas –........................ (pensar)–, más vale andarse con cuidado».

Cuando .... (salir) al vestíbulo del hotel, todo .... (parecer) tranquilo. (Apretar) .... el paso para no dar explicaciones al agente español que .... (servir) de enlace con la delegación americana. Una vez en el patio .... (rechazar) también el concurso del chófer de guardia, que .... (esperar) con un reluciente Mercedes negro. Le .... (pedir) las llaves y .... (disponerse) a conducirlo él mismo.

(Tratar) .... de evitar testigos incómodos. Los preparativos para las futuras conversaciones de paz entre palestinos e israelíes que .... (ir) a celebrarse en Antigua .... (tener) en vilo a toda la ciudad. Sara Toledano sólo .... (parecer) una pieza más de aquel complicado engranaje, una simple asesora del presidente de Estados Unidos. Lo bastante importante, sin embargo, como para encomendarle a él su protección.

La llave maestra, Agustín Sánchez Vidal

Actividad 9

9.a. Además de los tiempos del pasado una historia también se puede narrar mediante el presente histórico. Lee este fragmento de un cuento de Quim Monzó y haz los cambios que creas conveniente para que la narración esté en el pasado.

El cuento

A media tarde el hombre se sienta ante su escritorio, coge una hoja de papel en blanco, la pone en la máquina y empieza a escribir. La frase inicial le sale enseguida. La segunda también. Entre la segunda y la tercera hay unos segundos de duda.

Llena una página, saca la hoja del carro de la máquina y la deja a un lado, con la cara en blanco hacia arriba. A esta primera hoja agrega otra, y luego otra. De vez en cuando relee lo que ha escrito, tacha palabras, cambia el orden de otras dentro de las frases, elimina párrafos, tira hojas enteras a la papelera. De golpe retira la máquina, coge la pila de hojas escritas, la vuelve del derecho y con un bolígrafo tacha, cambia, añade, suprime. Coloca la pila de hojas corregidas a la derecha, vuelve a acercarse la máquina y reescribe la historia de principio a fin. Una vez ha acabado, vuelve a corregirla a mano y a reescribirla a máquina. Ya entrada la noche la relee por enésima vez. Es un cuento. Le gusta mucho. Tanto, que llora de alegría. Es feliz. Tal vez sea el mejor cuento que ha escrito nunca. Le parece casi perfecto. Casi, porque le falta el título. Cuando encuentre el título adecuado será un cuento inmejorable. Medita qué título ponerle. Se le ocurre uno. Lo escribe en una hoja, a ver qué le parece. No acaba de funcionar. Bien mirado, no funciona en absoluto. Lo tacha. Piensa otro. Cuando lo relee también lo tacha.

Al amanecer se da por vencido: no hay ningún título suficientemente perfecto para ese cuento tan perfecto que ningún título es lo bastante bueno para él, lo cual impide que sea perfecto del todo. Resignado (y sabiendo que no puede hacer otra cosa), coge las hojas donde ha escrito el cuento, las rompe por la mitad y rompe cada una de esas mitades por la mitad; y así sucesivamente hasta hacerlo pedazos.

Fragmento de *El porqué de las cosas (El perquè de tot plegat)*, Quim Monzó

9.b. Escoge la opción que mejor describe de qué trata el cuento.

1. El cuento narra la historia de un escritor que no tiene inspiración. ☐
2. El cuento narra el proceso de creación de un cuento. ☐
3. El cuento narra la búsqueda de la perfección de la escritura. ☐

El punto de vista y el narrador

El punto de vista muestra la perspectiva desde la que se narra una historia. Puede ser de diferentes tipos:

1. Narración en **primera persona**: crea una mayor intimidad con el lector. El yo del protagonista-narrador es autobiográfico si habla de su propia experiencia.

   Ej. Me sentía cada vez más cansado y harto de vivir en este régimen dictatorial. Tenía que cambiar de vida.

2. Narración en **segunda persona**: se percibe como una manera de narrar más directa. Se dirige al lector o a sí mismo.

   Ej. Y tú, lector. ¡Reacciona de una vez! ¡Abre las páginas de este libro y encuentra las respuestas a tus eternas preguntas!

3. Narración en **tercera persona**: le permite participar más al lector en el análisis de los personajes.

   Ej. Se bajó en la estación de Atocha y comenzó a seguir los pasos de esa mujer misteriosa. Su pelo era dorado y su mirada reflejaba una tristeza infinita.

También existen varios **tipos de narradores**:

1. Un **narrador exterior**: mantiene cierta distancia frente al lector. Puede ser **omnisciente**, si posee un completo conocimiento de los hechos, de lo que piensan los personajes y se mantiene ajeno a ellos; o bien **objetivo**, si retrata al protagonista y a su situación de manera detallada y analítica.
2. Un **narrador interior**: tiene acceso directo al protagonista y a su situación. Puede ser **testigo** o testimonial si se limita a narrar lo que ve sin ofrecer ninguna reflexión, aunque a veces aporta ironía, crea intimidad con el lector o lo hace cómplice; o **colectivo**, si son los demás personajes los que se ocupan de describir al protagonista.

Un mismo texto narrativo puede combinar, con total libertad, todas estas perspectivas distintas.

Actividad 10

10.a. Analiza los siguientes fragmentos y señala la perspectiva desde la que se narran los acontecimientos (ej. en primera, segunda o tercera persona).

Texto 1: ....

Veintitrés años, Mario, tras los cubiertos de plata, que se dice pronto, veintitrés años esperando corresponder con los amigos, que cada vez que les invitaba, a ver, una cena fría, todo a base de canapés, tú dirás, una no puede hacer milagros. ¡Qué vergüenza, santo Dios! A mí que siempre me horrorizó hacer el gorrón, que yo recuerdo a mamá, que en paz descanse, todo lo contrario, "antes pecar por largueza", claro que en casa era distinto [...]. Pero a ti siempre te trajo sin cuidado que mi familia fuese así o asá, Mario, seamos francos.

Cinco horas con Mario, Miguel Delibes

Texto 2: ....

Las dos familias más ricas de la comarca esperaban que su gran amistad se fortaleciese todavia más con el matrimonio de sus respectivos vástagos, Romeo y Julieta. Pero éstos no llegaron a casarse porque entre ambos hubo, desde que eran niños, un aborrecimiento que el paso de los años no logró desvanecer. Al fin, Julieta se escapó con el trapecista de un circo. En cuanto a Romeo, quiso casarse con una muchacha de su vecindad llamada Desdémona, pero ella prefirió a un tal Otelo.

"La verdadera historia de Romeo y Julieta", José María Merino

Texto 3: ....

Aquí todo va de mal en peor. La semana pasada murió mi tía Jacinta, y el sábado, cuando ya la habíamos enterrado y comenzaba a bajársenos la tristeza, comenzó a llover como nunca. A mi papá eso le dio coraje, porque toda la cosecha de cebada estaba asolándose en el solar. Y el aguacero llegó de repente, en grandes olas de agua, sin darnos tiempo ni siquiera a esconder aunque fuera un manojo; lo único que pudimos hacer, todos los de mi casa, fue estarnos arrimados debajo del tejabán, viendo cómo el agua fría que caía del cielo quemaba aquella cebada amarilla tan recién cortada.

"Es que somos muy pobres", Juan Rulfo

10.b. Indica en qué fragmentos aparece un narrador interior o uno exterior.

Texto 1: ....

Menuda, feúcha, insignificante, era una de esas personas de quienes nadie se explica por qué ni para qué viven. Ella misma estaba acostumbrada a juzgarse como usurpadora de la vida, parecía hacer todo lo posible por pasar inadvertida: huía de la luz, refugiándose en la penumbra de su alcoba, austera como una celda; hablaba muy poco, pero como si temiera fatigar el aire con la carga de su voz desapacible, y respiraba furtivamente el poquito de aliento que cabía en su pecho hundido, seco y duro como un yermo.

"El piano viejo", Rómulo Gallegos

Texto 2: ....

Al principio de otoño y comienzo del curso siguiente, Luisito, el hermano menor, cayó enfermo con fiebres. Andrés sentía por Luisito un cariño exclusivo y huraño. El chico le preocupaba de una manera patológica, le parecía que los elementos todos se conjuraban contra él. Visitó al enfermito el doctor Aracil, el pariente de Julio, y a los pocos días indicó que se trataba de una fiebre tifoidea. Andrés pasó momentos angustiosos; leía con desesperación en los libros de Patología la descripción y el tratamiento de la fiebre tifoidea y hablaba con el médico de los remedios que podrían emplearse.

El árbol de la ciencia, Pío Baroja

Texto 3: ....

Dicen (lo cual es improbable) que la historia fue referida por Eduardo, el menor de los Nelson, en el velorio de Cristián, el mayor que falleció, de muerte natural, hacia mil ochocientos noventa y tantos, en el partido de Morón. Lo cierto es que alguien lo oyó de alguien, en el discurso de una larga noche perdida, entre mate y mate, y la repitió a Santiago Dabove, por quien la supe. Años después volvieron a contármela en Turdera, donde había acontecido. La segunda versión, algo más prolija, confirmaba en suma la de Santiago, con las pequeñas variaciones y divergencias que son del caso. La escribo ahora porque en ella se cifra, si no me engaño, un breve y trágico cristal de la índole de los orilleros antiguos. Lo haré con probidad, pero ya preveo que cederé a la tentación literaria de acentuar o agregar algún pormenor.

"La intrusa", Jorge Luis Borges

Texto 4: ....

Bajo la apariencia de Julio Romero de Torres (en su versión con paraguas), me naturalizo en el bar del pueblo, me arreo un par de huevos fritos con bacón y hojeo la prensa matutina. Los humanos tienen un sistema conceptual tan primitivo, que para enterarse de lo que sucede han de leer los periódicos. No saben que un simple huevo de gallina contiene mucha más información que toda la prensa que se edita en el país.

Sin noticias de Gurb, Eduardo Mendoza

Los personajes

Los personajes protagonizan la acción y tienen que ser capaces de identificarse con el lector. Para obtener la mayor verosimilitud posible, deben mostrar rasgos psicológicos que sean universales y su situación ha de ser reflejo de la condición humana. Existen distintos tipos: los que son **protagonistas**, los **antagonistas** (que representan un obstáculo para que el personaje principal alcance sus fines), los **secundarios**, que apoyan, ayudan o animan al protagonista, catalizan o intensifican el conflicto, y los **de trasfondo**, que actúan de coro, testigo o contexto. La caracterización del personaje se transmite mediante la **voz**, que puede manifestarse a través de monólogos que reproducen sus pensamientos; de diálogos o por medio del **discurso directo** e **indirecto**.

- **Discurso directo**

  Ej. El anciano entró en la casa y balbuceó: "¡Qué cansado me siento! ¿Estaré enfermo?"

- **Discurso indirecto**

  Ej. El anciano entró en la casa y balbuceó que se sentía cansado y se preguntó si estaría enfermo.

Otra posibilidad es el empleo del **discurso indirecto libre**, donde el narrador se adentra en la interioridad de su personaje e incorpora en su voz las emociones, los pensamientos y las palabras de éste sin ningún aviso.

- **Discurso indirecto libre**

  Ej. El anciano entró en la casa. ¡Qué cansado se sentía! ¿Estaría enfermo?

Actividad 11

11.a. A continuación aparecen las descripciones de algunos personajes conocidos de la literatura hispánica. Anota en cada uno qué rasgos se destacan: físicos, de carácter, su profesión, sus deseos, etc.

1. Don Quijote de la Mancha

En un lugar de la Mancha, de cuyo nombre no quiero acordarme, no ha mucho tiempo que vivía un hidalgo de los de lanza en astillero, adarga antigua, rocín flaco y galgo corredor. Una olla de algo más vaca que carnero, salpicón las más noches, duelos y quebrantos los sábados, lentejas los viernes, algún palomino de añadidura los domingos, consumían las tres partes de su hacienda. Frisaba la edad de nuestro hidalgo con los cincuenta años; era de complexión recia, seco de carnes, enjuto de rostro, gran madrugador y amigo de la caza. Quieren decir que tenía el sobrenombre de Quijada o Quesada.

El ingenioso hidalgo Don Quijote de la Mancha, Miguel de Cervantes

2. Tristana

– [...] Te reirás cuando te diga que no quisiera casarme nunca, que me gustaría vivir siempre libre. Ya, ya sé lo que estás pensando; que me curo en salud, porque después de lo que me ha pasado con este hombre, y siendo pobre como soy, nadie querrá cargar conmigo. ¿No es eso, mujer, no es eso? Ya sé, ya sé que es difícil eso de ser libre... y honrada. ¿Y de qué vive una mujer no poseyendo rentas? Si nos hicieran médicas, abogadas, siquiera boticarias o escribanas, ya que no ministras y senadoras, vamos, podríamos... Pero cosiendo, cosiendo... Calcula las puntadas que hay que dar para mantener una casa... Cuando pienso lo que será de mí, me dan ganas de llorar. ¡Ay, pues si yo sirviera para monja, ya estaba pidiendo plaza en cualquier convento! Pero no valgo, no, para encerronas de toda la vida. Yo quiero vivir, ver mundo y enterarme de por qué y para qué nos han traído a esta tierra en que estamos. Yo quiero vivir y ser libre... Es que vivimos sin movimiento, atadas con mil ligaduras... También se me ocurre que yo podría estudiar lenguas. No sé más que las raspaduras de francés que me enseñaron en el colegio, y ya las voy olvidando. ¡Qué gusto hablar inglés, alemán, italiano! Me parece a mí que si me pusiera, lo aprendería pronto. Me noto... no sé cómo decírtelo... me noto como si supiera ya un poquitín antes de saberlo, como si en otra vida hubiera sido yo inglesa o alemana y me quedara un deje...

Tristana, Benito Pérez Galdós

3. Úrsula Buendía

La laboriosidad de Úrsula andaba a la par con la de su marido. Activa, menuda, severa, aquella mujer de nervios inquebrantables, a quien en ningún momento de su vida se la oyó cantar, parecía estar en todas partes desde el amanecer hasta muy entrada la noche, siempre perseguida por el suave susurro de sus pollerines de olán. Gracias a ella, los pisos de tierra golpeada, los muros de barro sin encalar, los rústicos muebles de madera construidos por ellos mismos estaban siempre limpios, y los viejos arcones donde se guardaba la ropa exhalaban un tibio olor de albahaca.

Cien años de soledad, Gabriel García Márquez

4. Manolito Gafotas

Me llamo Manolito García Moreno [...]. Me pusieron Manolito por el camión de mi padre [...]. A mí me gusta que me llamen gafotas. En mi colegio, que es el 'Diego Velázquez', todo el mundo que es un poco importante tiene un mote. Antes de tener un mote yo lloraba bastante. Cuando un chulito se metía conmigo en el recreo siempre acababa insultándome y llamándome cuatro-ojos o gafotas.

Manolito Gafotas, Elvira Lindo

11.b. Imagina un personaje para un posible texto literario de unas 200 palabras en el que describas, por ejemplo, cómo es su aspecto físico, carácter, gustos, edad, profesión, clase social, etc. Puedes tomar como referencia los modelos anteriores.

Actividad 12

12.a. Identifica en cuáles de estos fragmentos encontramos un ejemplo de diálogo, monólogo, estilo directo, indirecto e indirecto libre.

Texto 1: ....

Y no crea que lo que le he contado es mentira. No piense que porque tengo un poco de fiebre y a cada rato me quejo del dolor en las piernas, estoy diciendo mentiras, porque no es así. Y si usted quiere comprobar si fue verdad, vaya al Puente, que seguramente debe estar todavía, en medio de la calle, sobre el asfalto, la torta grande y casi colorada, hecha de chocolate y almendras, que me regalaron las dos viejitas de la dulcería.

"Con los ojos cerrados", Reinaldo Arenas

Texto 2: ....

Un coronel se perdió escalera arriba guardándose el revólver. Otro bajaba por una escalera de caracol guardándose el revólver. No era nada. Un capitán pasó por una ventana guardándose el revólver. No era nada. Otro ganó una puerta guardándose el revólver. No era nada. ¡No era nada! Pero el aire estaba frío. La noticia cundió por las salas en desorden. No era nada. Poco a poco se fueron juntando los convidados: quién había hecho aguas del susto, quién había perdido los guantes, y a los que les volvía el color no les bajaba el habla, y a los que les volvía el habla les faltaba color. Lo que ninguno pudo decir fue por dónde y a qué hora desapareció el Presidente.

El señor Presidente, Miguel Ángel Asturias

Texto 3: ....

–¿Y de qué me tiene que venir a hablar ese señor? –dijo Mamá Elena luego de un silencio interminable que encogió el alma de Tita.

Con voz apenas perceptible respondió:

–Yo no sé.

Mamá Elena le lanzó una mirada que para Tita encerraba todos los años de represión que habían flotado sobre la familia y dijo:

–Pues más vale que le informes que si es para pedir tu mano, no lo haga. Perdería su tiempo y me haría perder el mío. Sabes muy bien que por ser la más chica de las mujeres a ti te corresponde cuidarme hasta el día de mi muerte.

Dicho esto Mamá Elena se puso lentamente de pie, guardó sus lentes dentro del delantal y a manera de orden final repitió.

–¡Por hoy hemos terminado con esto!

Tita sabía que dentro de las normas de comunicación de la casa no estaba incluido el diálogo, pero aún así, por primera vez en su vida intentó protestar a un mandato de su madre.

–Pero es que yo opino que...

–¡Tú no opinas nada y se acabó!

Como agua para chocolate, Laura Esquivel

Texto 4: ....

... Bueno, cuando él se para frente a un restaurant húngaro o rumano, algo así, ella se vuelve a sentir rara. Él creía darle un gusto llevándola ahí a un lugar de compatriotas de ella, pero le sale el tiro por la culata. Y se da cuenta de que a ella algo le pasa, y se lo pregunta. Ella miente y dice que le trae recuerdos de la guerra, que todavía está en pleno fragor en esos momentos. Entonces él le dice que van a otra parte a almorzar. Pero ella se da cuenta de que él, pobre, no tiene mucho tiempo, está en su hora libre de almuerzo y después tiene que volver al estudio.

El beso de la mujer araña, Manuel Puig

12.b. Transforma el monólogo del fragmento de Reinaldo Arenas (Texto 1) en un diálogo con su madre. Continúa el comienzo.

Reinaldo: Mamá. No crea que lo que le he contado es mentira.
Madre: Sí, lo es. Mírate, estás enfermo, delirando.

12.c. Convierte el diálogo entre Tita y su madre en un monólogo en el que Tita está hablando en su habitación. Continúa el comienzo.

Tengo miedo de hablar con mi mamá.

Actividad 13

Algunas expresiones idiomáticas provienen de la literatura, la cultura popular, la historia y la religión. Completa los siguientes enunciados según el contexto.

Don Juan • Celestina • Matusalén • Judas • Damocles • Magdalena • Job • Pandora • Aquiles • Calleja • Hércules • Caín • Adán • Edipo • Barba Azul

1. Tienes más paciencia que .... ¿Cómo puedes aguantar a esa persona?
2. –Yo pensaba que tenía 60 años.

   –Pues ya ves, si es ya más viejo que ....

   –Quién lo diría, la verdad es que se conserva muy bien.
3. Ten cuidado con él, es un auténtico ...., seduce a las mujeres a una velocidad increíble y, luego, sin más, las abandona.
4. No hagas de .... en esa historia y deja que ellos se las arreglen.
5. Luisa se puso a llorar como una .... y nadie sabía por qué.
6. No me creo nada de lo que dice, tiene más cuento que ....
7. ¿Cómo has podido subir tú solo todo ese peso? Eres más fuerte que ....
8. ¡Me has engañado! Eres un ....
9. Solo sabes decir mentiras y mentiras. Ya no puedo creerte, eres falso como ....
10. Si quieres ganar, tienes que buscar el talón de .... de tu rival.
11. Mira qué mal vestido y qué sucio va, está hecho un ....
12. Voy a dejar de salir con él, realmente es que creo que le gusta su madre, de verdad, tiene un tremendo complejo de ....
13. Me encuentro bajo la espada de ...., con tantos peligros que me acechan que no sé hacia dónde mirar.

14. Va a divorciarse, su marido resultó ser un auténtico ...., y parecía que su matrimonio era una dictadura.

15. Mejor que no abra la caja de .... porque si no aparecerán muchos conflictos que hasta ahora se han evitado.

La acción

La **acción** posee un carácter dinámico, ya que se relaciona directamente con los acontecimientos que van sucediéndose o la trama (véase, a este respecto, lo comentado en la estructura interna). Se puede presentar en forma de sumario, si la acción aparece de manera esquemática, o con digresiones, si hay alguna intromisión dentro de la acción principal. En la acción, la verosimilitud posee una enorme importancia, ya que se debe intentar que la trama resulte creíble. Asimismo, son fundamentales el arranque de la historia y el final.

Actividad 14

14.a. El principio y el final del texto narrativo son fundamentales en una historia. Te damos a continuación los comienzos de algunos cuentos. Señala cuál es el espacio, el tiempo, el narrador y el personaje.

Texto 1

El empleado que vendía los billetes en la Estación del Norte no pudo contener un movimiento de sorpresa cuando la infantil vocecita pronunció, en tono imperativo:

–¡Dos de primera... a París!...

Sacando la cabeza por la ventanilla vio que quien pedía los billetes era una niña de doce años, muy bien vestida, y luciendo un lindo sombrero blanco que le caía divinamente bien. Cogido de la mano traía la señorita a un caballerito que representaba la misma edad poco más o menos, y que también parecía pertenecer a muy distinguida clase y a muy rica familia. El chico parecía estar asustado; la chica alegre con nerviosa alegría. El empleado sonrió.

"Temprano y con sol", Emilia Pardo Bazán

Texto 2

Tenía el nombre de Belisa Crepusculario, pero no por fe de bautismo o acierto de su madre, sino porque ella misma lo buscó hasta encontrarlo y se vistió con él. Su oficio era vender palabras. Recorría el país, desde las regiones más altas y frías hasta las costas calientes, instalándose en ferias y en mercados, donde montaba cuatro palos con un toldo de lienzo, bajo el cual se protegía del sol y de la lluvia para atender a su clientela.

"Dos palabras", Isabel Allende

Texto 3

El lunes amaneció tibio y sin lluvia. Don Aureliano Escovar, dentista sin título y buen madrugador, abrió su gabinete a la seis. Sacó de la vidriera una dentadura postiza montada aún en el molde de yeso y puso sobre la mesa un puñado de instrumentos que ordenó de mayor a menor como en una exposición. Llevaba una camisa a rayas sin cuello, cerrada arriba con un botón dorado, y los pantalones sostenidos con cargadores elásticos. Era rígido, enjuto, con una mirada que raras veces correspondía a la situación, como la mirada de los sordos.

"Un día de estos", Gabriel García Márquez

14.b. Relaciona estos desenlaces con los comienzos de la actividad anterior.

A: Texto ....

–Me pasa la cuenta– dijo.
–¿A usted o al municipio?
El Alcalde no lo miró. Cerró la puerta, y dijo, a través de la red metálica:
–Es la misma vaina.

B: Texto ....

Los fugitivos fueron llevados a Madrid, y al instante internados en sus respectivos colegios. Con motivo del suceso se conocieron el papá de Finita y la mamá de Currín, se visitaron a menudo para informarse del progreso que hacían los chicos y hasta terminaron en enamorarse. Algún tiempo después salían a París a celebrar su luna de miel.

C: Texto ....

El Coronel y Belisa Crepusculario se miraron largamente, midiéndose desde la distancia. Los hombres comprendieron entonces que ya su jefe no podía deshacerse del hechizo de esas dos palabras endemoniadas, porque todos pudieron ver los ojos carnívoros del puma tornarse mansos cuando ella avanzó y le tomó la mano.

Actividad 15

15.a. Lee estos microrrelatos y trata de escribir un final para cada uno de ellos. Consulta después las soluciones. ¿Coinciden con lo que tú habías escrito?

Microrrelato 1: "Caperucita hambrienta"

LOBO:	...son para verte mejor, cariño– dijo, tratando de imitar la voz de una mujer mayor.
CAPERUCITA:	¡Y qué orejas más grandes tienes!
LOBO:	Son para oírte mejor.
CAPERUCITA:	¡Y qué dientes más grandes!

Microrrelato 2: "De Bucarest a La Habana"

Habíamos llegado a La Habana casi por casualidad según mi madre, y por pena según mi padre. Solamente me quedan recuerdos borrosos e intangibles de la *Strada Calomfirescu* de Bucarest, no lejos del río *Dâmbovița*, donde tuvimos que dejar todos mis pocos juguetes y muchos recuerdos de familia. Me habían contado más de una vez que *bucur* en rumano significa "alegre" y que Bucarest significaba, por lo tanto, algo así como "la ciudad de la alegría". Al menos para nosotros no fue así. El gobierno alemán decidió no invadir Bucarest a cambio de, imagino, demasiados favores de todo tipo en los que prefiero no detener mi pensamiento. Como suele pasar, al final la ciudad fue víctima de bombardeos por ambos bandos de la historia.

Microrrelato 3: "Persistencia"

El mirlo viene todos los días con la regularidad de un corazón joven. Se posa encima de la barandilla del balcón y me mira de reojo. Alborota su plumaje azabache, después levanta el pico naranja hacia el cielo y se pone a cantar con la melancolía y la desesperación de un enamorado infeliz. Hoy tampoco llega a conseguir su propósito. Mañana regresará. Sentado frente a él, al otro lado de la ventana entreabierta, poso la mirada en la pantalla del ordenador.

15.b. Escribe un microrrelato de unas 100 palabras en el que incluyas los elementos de la narración que han aparecido hasta ahora: la acción, el espacio, el tiempo y los personajes.

4. La intertextualidad

Otra característica importante de los textos narrativos de carácter literario es la **intertextualidad**, es decir, cuando un texto hace referencia a otros, ya sean literarios (de diversos autores o de un mismo autor), cinematográficos, pictóricos, etc. Además, hay que tener en cuenta que el **lenguaje literario** trata de embellecer el discurso cuidando el estilo en el plano fónico (con el ritmo, las aliteraciones, etc.), en el léxico (a partir de tropos como las metáforas, comparaciones, metonimias, etc.) y en el sintáctico (con la alteración del orden habitual de los elementos de una frase, las repeticiones, etc.). Por lo tanto, en este tipo de textos predomina la función poética del lenguaje. Te ofrecemos aquí un ejemplo de intertextualidad literaria.

Texto 1

Vine a Comala porque me dijeron que acá vivía mi padre, un tal Pedro Páramo. Mi madre me lo dijo. Y yo le prometí que vendría a verlo en cuanto ella muriera. Le apreté sus manos en señal de que lo haría; pues ella estaba por morirse y yo en plan de prometerlo todo. "No dejes de ir a visitarlo –me recomendó–. Se llama de otro modo y de este otro. Estoy segura de que le dará gusto conocerte".

Pedro Páramo, Juan Rulfo (1955)

Texto 2

Vine a Madrid para matar a un hombre a quien no había visto nunca. Me dijeron su nombre, el auténtico, y también algunos de los nombres falsos que había usado a lo largo de su vida secreta, nombres en general irreales, como de novela, de cualquiera de esas novelas sentimentales que leía para matar el tiempo en aquella especie de helado almacén, una torre de ladrillo próxima a los raíles de la estación de Atocha donde pasó algunos días esperándome, porque yo era el hombre que le dijeron que vendría.

Beltenebros, Antonio Muñoz Molina (1989)

El extracto de la novela *Beltenebros*, de Antonio Muñoz Molina, se inspira en el comienzo de *Pedro Páramo* con una misma situación: dos personajes que llegan a un lugar para acometer una función. En la novela de Juan Rulfo, para conocer a un padre ausente y en la de Muñoz Molina, para matar a un hombre. Con este comienzo, Muñoz Molina dota a la novela de unos tintes de misterio y suspense.

Actividad 16

16.a. Lee un fragmento de la novela de Juan Marsé *El embrujo de Shanghái*. Uno de los personajes, Susana, hace referencia a otros textos. ¿Qué tipo de intertextualidad aparece?

Tenía Susana una disposición natural a la ensoñación, a convocar lo deseable y lo hermoso y lo conveniente. Lo mismo que al extender y ordenar alrededor suyo en la cama su colección de películas y de programas de mano que su madre le traía cada semana del cine Mundial, y en los que Susana a veces recortaba las caras y las figuras para pegarlas y emparejarlas caprichosamente en películas que no le correspondían, sólo porque a ella le habría gustado o divertido ver juntos –había reunido a la hermosa Sherezade y a Quasimodo en *Cumbres borrascosas*, había dejado al tenebroso Heathcliff al borde de una piscina con Esther Williams en bañador, a Sabú volando en su alfombra mágica sobre Bagdad en compañía de Charlot y del ama de llaves de Rebeca, y a Tarzán colgado en lo alto de una torre de Notre Dame junto con Esmeralda la zíngara y la mona Chita–, igualmente suscitaba en torno suyo expectativas risueñas o augurios de tristeza mediante leves correctivos a la realidad, trastocando imágenes y recuerdos. Y entre ese revoltijo de recuerdos estaba el de su padre la última vez que vino a verla, cruzando la frontera clandestinamente, hacía casi dos años, al poco de caer ella enferma.

16.b. Encuentra en este 'collage' algunas de las referencias anteriores. Escribe el nombre debajo de cada imagen junto a una breve explicación de por qué estos personajes son conocidos.

Ej. 1. Sabú

Ej. 2. ....

Ej. 3. ....

Ej. 4. ....

Ej. 5. ....

Personaje	Nombre	Explicación
1	*Sabú*	*Fue un actor cinematográfico de origen hindú que en la década de los 40 intervino en películas como El ladrón de Bagdad o El libro de la selva.*
2		
3		
4		
5		

5. La fase de creación

Actividad 17

Una vez que ya conoces todos los elementos que forman parte de un texto narrativo, lee de nuevo el texto de la actividad 6.a., "Última llamada", y responde a las siguientes preguntas.

1. ¿Cuál es el tema del relato?
2. ¿Cuál es el tiempo externo e interno? ¿Hay anticipaciones o evocaciones? ¿Qué tiempos verbales se emplean?
3. ¿Por qué tipo de perspectiva se opta? ¿Cuál es el narrador?
4. ¿Cómo se describen los personajes?
5. ¿Qué tipo o tipos de discurso se emplean? (directo, indirecto, etc.)
6. Comenta cómo son el comienzo y el final de la historia.
7. Escribe en unas líneas otro posible final.

Actividad 18

Ten en cuenta todo lo que has aprendido en este capítulo y escribe tu propio relato en unas 500 palabras a partir de las siguientes indicaciones. No olvides ponerle un buen título.

1. Busca y selecciona un tema.
2. Anota todas las palabras clave e ideas que se te ocurran sobre el tema.
3. Escoge el tipo de lector al que te vas a dirigir (un familiar, un niño, un adulto, un amigo, un compañero, etc.).
4. Adecúa el tono al tipo de lector escogido (más formal, informal).
5. Intenta que tu texto responda a seis preguntas fundamentales: qué, quién, cómo, dónde, cuándo y por qué.
6. Escoge el tipo de narrador (primera, segunda, tercera persona).
7. Decide los tiempos verbales que mejor se adaptan a tu narración.
8. Piensa en el espacio donde va a ocurrir la acción.
9. Elige algunos personajes y decide si vas a utilizar un monólogo, un diálogo, etc.
10. Piensa en un desenlace.

Capítulo 2
El texto descriptivo

◆ ¿En qué consiste?

En un texto descriptivo se utilizan los diferentes elementos del lenguaje para describir la realidad. La descripción puede tener principalmente un carácter informativo, en el que se presenta información objetiva sobre el elemento descrito, o subjetivo, donde además de información se transmiten diferentes matices estéticos y estilísticos más propios del lenguaje poético.

- Algunos ejemplos de textos en los que aparece la descripción objetiva o informativa son: las definiciones de un diccionario o de una enciclopedia, el resumen de un libro, las instrucciones que acompañan a un producto, el prospecto de un medicamento, los anuncios de la sección de 'clasificados' de un periódico.
- Algunos ejemplos de textos en los que aparece la descripción subjetiva son: la narrativa literaria, la poesía, los artículos de opinión de un periódico, los textos publicitarios.

No existe un único tipo de texto descriptivo, ya que los diferentes tipos de descripción, y las figuras retóricas que pertenecen a este ámbito, se pueden integrar en cualquier texto. Generalmente, existe una relación entre la descripción de carácter objetivo o subjetivo y el tipo de texto. Por ejemplo, en un texto de ficción aparecen más recursos descriptivos de carácter subjetivo que en uno jurídico, donde la descripción responde a un propósito principalmente informativo.

1. La descripción y su contexto

La descripción se articula a partir de elementos gramaticales como los verbos, los adverbios y los adjetivos. En este capítulo nos centraremos en el uso del adjetivo, puesto que es el principal elemento de la descripción y a partir de él se añaden los diferentes matices a un sustantivo. Para comprender cómo funciona la descripción tenemos que pensar, en primer lugar, qué es lo que al hablante le interesa mostrar, manifestar o comunicar en un contexto determinado. Además del contexto, hay que tener en cuenta el tipo de adjetivo y de sustantivo al que el adjetivo califica, dado que este hecho puede determinar que se utilicen o no de manera conjunta. También es importante recordar que incluso los adjetivos que son sinónimos a veces no son intercambiables, por lo que es conveniente estudiar cada ejemplo en su contexto.

Fíjate en la diferencia de uso y de matiz entre los siguientes adjetivos en inglés:

- *Big:* se trata de un adjetivo que en función del contexto puede expresar un valor subjetivo u objetivo.

  Ej. *The Ashmolean Museum of Oxford has a big collection of paintings.*
  Posible traducción: El Museo Ashmolean de Oxford tiene una gran colección de cuadros. (subjetivo)
  Posible traducción: El Museo Ashmolean de Oxford tiene una colección de cuadros (bastante) grande. (objetivo)

- *Great:* es un adjetivo con un valor subjetivo que puede poseer un matiz de admiración hacia lo que se describe.

  Ej. *He is a great person.*
  Posible traducción: Es una gran persona.

- *Grand:* solamente se utiliza con algunos sustantivos y no hace referencia propiamente al tamaño, sino que expresa una valoración descriptiva de carácter estético.

  Ej. *As a grand finale, the musician played a grand piano.*
  Posible traducción: Como final apoteósico, el pianista tocó un piano de cola.

Ahora presta atención a los siguientes ejemplos en español y a los diferentes matices que expresan los adjetivos en relación con el contexto en el que aparecen:

- **Contexto informativo** (objetivo)

  Ej. La niña se sentó a dibujar en la mesa larga que estaba en la cocina.

Posible traducción: *The girl sat down to draw at the long kitchen table [i.e. not at the short one].*

Significado del adjetivo	Interpretación de la descripción
El hablante nos informa de que la niña se sentó "en la mesa larga" y no "en la mesa corta". El oyente lo percibe como una descripción objetiva, es decir, una clasificación del tipo de mesa.	Aunque no lo sabemos, posiblemente había más de una mesa y por eso al hablante le interesa diferenciar o contrastar el tipo de mesa.

- **Contexto poético o literario** (subjetivo)

Ej. La niña se sentó a dibujar en la larga mesa que estaba en la cocina. Posible traducción: *The girl sat down to draw at a long table in the kitchen.*

Significado del adjetivo	Interpretación de la descripción
Al hablante le interesa mostrar que la mesa es "particularmente larga", y el oyente lo percibe como una descripción más subjetiva o propia de un contexto poético o literario.	No sabemos si hay más de una mesa pero, por la posición del adjetivo, queda claro que al hablante no le interesa mostrar esta diferencia o contraste.

Como acabamos de ver, la posición del adjetivo se halla estrechamente relacionada con el contexto. El tipo de adjetivo (de persona o de cosa) y el tipo de sustantivo (concreto o abstracto) también condicionan el acto descriptivo:

Ej. Juan es muy amable. Posible traducción: *Juan is very kind.*

Y por lo tanto al tratarse de un adjetivo de persona no resultaría lógico decir:

> **Ej.** *Tu perro es muy ~~amable~~.
> **Ej.** *alternativo:* Tu perro es muy manso. (*Your dog is very well behaved.*)
> **Ej.** *Pásame el libro más ~~amable~~ que tengas.
> **Ej.** *alternativo:* Pásame el libro más interesante que tengas. (*Pass me the most interesting book you have.*)

✓ En las actividades que aparecen a continuación, comprobarás que a la hora de añadir matices descriptivos es importante tener en cuenta en todo momento:

1. **el tipo de adjetivo** (persona / cosa): ej. (una persona) enérgica / (una fruta) energética;
2. **el tipo de sustantivo** (concreto / abstracto): ej. la casa (grande) / el hogar (cálido);
3. **el matiz que se busca en el adjetivo** (subjetivo / objetivo): ej. inmenso,-a / grande;
4. **el contexto** (poético / informativo): ej. la verde pradera / la casa verde;
5. **el tipo de registro** (popular / culto o académico): ej. cerrado,-a / hermético,-a.

Actividad 1

Es importante seleccionar bien los adjetivos en función del tipo de sustantivo al que acompañan y de su significado. Completa los siguientes mapas mentales y fíjate en el tipo de sustantivo. Puedes utilizar un diccionario de sinónimos. Mira el capítulo 9 para más información.

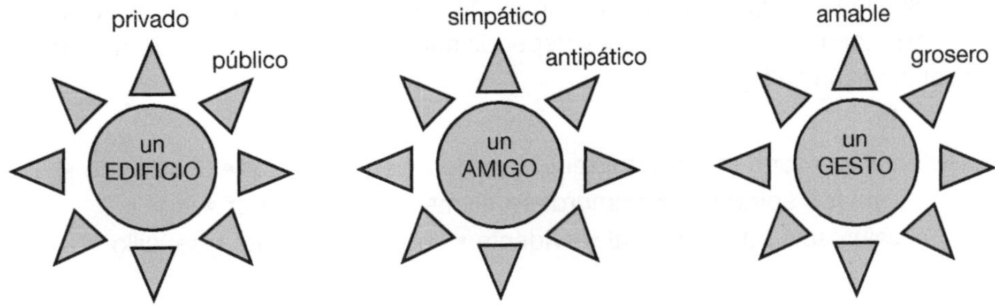

Actividad 2

Los sinónimos nos ayudan a variar el lenguaje además de contribuir a matizar el significado. Cada sinónimo puede transmitir un matiz ligeramente distinto y el registro puede variar según el adjetivo. Por ejemplo, algunos de los sinónimos del adjetivo "bueno" son: afable, honrado, provechoso, ventajoso, sin embargo así como "bueno" pertenece al registro más habitual, "afable" es más propio del registro culto.

2.a. Completa las letras que faltan para obtener los siguientes adjetivos sinónimos.

BUENO	
honrado	afable
_d_cuado	s_rv_c_ _l
pr_v_choso	s_ns_bl_
virt_ _s_	c_mp_s_v_
h_n_st_	b_nd_doso
_p_rtuno	human_t_r_ _
b_név_l_	s_br_so
_gr_d_bl_	s_l_d_bl_
am_bl_	_n_c_nte
c_nv_n_ _nt_	c_mpr_ns_v_
f_v_r_bl_	t_ _rno
ventajoso	bonachón

2.b. Aunque los adjetivos de la tabla anterior son sinónimos de "bueno", algunos se utilizan para describir a personas, cosas, o para ambas categorías. Selecciona dos adjetivos de persona y dos de cosa y escribe una frase con cada uno de ellos.

- Adjetivo de persona: ej. *bonachón*
- Adjetivo de cosa: ej. *sabroso*

Actividad 3

3.a. Los siguientes adjetivos son sinónimos de "importante", "caliente" y "fácil", pero aun así expresan matices diferentes dependiendo del sustantivo al que acompañan. Clasifícalos según su significado.

asequible • candente • comprensible • notable • canicular • destacado • obvio • sofocante • primordial • elemental • abrasador • vital • caluroso • trascendental • evidente • cálido • eminente • sencillo

importante (6 adjetivos)	caliente (6 adjetivos)	fácil (6 adjetivos)
principal	*tropical*	*simple*

3.b. Elige el adjetivo que mejor describe al sustantivo de las siguientes oraciones. Algunos funcionan como colocaciones léxicas, es decir, adjetivos que se asocian normalmente a determinados sustantivos.

1. Hacía un calor .... para ser el mes de mayo.
   a. reñido   b. sofocante   c. caluroso
2. Aunque parezca lo contrario la vida en Nueva York es mucho más .... que en Londres.
   a. clara   b. evidente   c. asequible
3. Trabaja en un .... bufete de abogados del centro de la capital.
   a. primordial   b. fundamental   c. prestigioso
4. Viajar por un país desconocido resulta una tarea más .... cuando uno habla la lengua.
   a. sencilla   b. evidente   c. elemental
5. Me encantaría vivir en un país .... y poder llevar bañador y chancletas durante todo el año.
   a. acalorado   b. sofocante   c. tropical
6. Es un trabajador irremplazable. Su contribución a la empresa ha sido ....
   a. eminente   b. famosa   c. vital
7. La prohibición de las corridas de toros en España es un tema ....
   a. ardiente   b. candente   c. exaltado
8. Es algo .... que le tenga miedo al agua, está aprendiendo a nadar.
   a. simple   b. sencillo   c. obvio
9. Ayer vi un .... debate en la televisión sobre el cambio climático.
   a. tropical   b. reñido   c. cálido
10. Las teorías de Darwin fueron .... para entender la evolución humana.
    a. trascendentales   b. notables   c. prestigiosas

Actividad 4

4.a. No todos los adjetivos suelen acompañar a un mismo sustantivo. Elimina el adjetivo que por su significado no suele describir al sustantivo en cuestión.

1. un vecino…
   a. ruidoso   b. amable   c. metálico   d. famoso   e. discreto
2. una obra de teatro…
   a. enrevesada   b. sensacional   c. torcida   d. dramática   e. tripartita
3. una comida…
   a. calórica   b. carnívora   c. excelente   d. principal   e. típica

4. una plaza...
   a. grande b. salada c. medieval d. circular e. céntrica
5. una fruta...
   a. silvestre b. exótica c. rojiza d. atroz e. dulce

4.b. Selecciona los tres adjetivos que mejor se combinan con cada uno de los siguientes sustantivos. No olvides hacer la concordancia correspondiente.

fresco • rosa • hermético • callejero • responsable • rabioso • constante • candente • imparcial • detectivesca • lazarillo • inconfesable • fascinante • universitario • íntimo

1. un estudiante
2. una noticia
3. un perro
4. una novela
5. un secreto

4.c. En el apartado anterior aparecen los posibles ingredientes para escribir un microrrelato de ficción (ej. un estudiante, una noticia, un perro, una novela y un secreto). Redacta una breve historieta de unas 200 palabras en la que incorpores algunos adjetivos del apartado anterior o que han aparecido hasta ahora. Ten en cuenta lo que has aprendido en el capítulo 1 y no olvides ponerle un buen título.

Actividad 5

5.a. A continuación aparecen una serie de descripciones de frutas según el mes del que son típicas. Fíjate en el significado informativo y objetivo de los adjetivos y colócalos en su lugar correspondiente. No olvides hacer la concordancia.

1. enero-febrero

húmedo • rojo • terso • agrio • similar • esférico

Crece de un arbusto en los bordes de caminos y en terrenos (a) .... Este fruto es una baya con forma (b) .... , de color (c) .... , de un tamaño (d) .... a una aceituna. Su piel es (e) .... , y su sabor más (f) .... que otras variedades.

2. marzo-abril

fresco • rojizo • tradicional • exquisito • característico • nutricional

Mantienen y superan los beneficios de la variedad (a) .... , ya que aportan más beta-carotenos y contienen antocianinas, unas sustancias que les confieren ese color (b) .... tan (c) .... Para aprovechar sus virtudes (d) .... y disfrutar de su sabor se recomienda tomarlas (e) .... o en macedonia. También los zumos que se elaboran con esta variedad son (f) .... , ya que su sabor recuerda ligeramente al de las cerezas o las frambuesas.

3. mayo-junio

rojizo • dulce • negruzco • fresco • suave • pesado

Es una fruta de color (a) .... o (b) .... y de sabor (c) .... En el mercado deben escogerse aquellas que sean (d) .... y que presenten una textura (e) .... Lo más frecuente es que tengan rabo, lo que evita que el fruto pierda todos sus jugos. Contienen vitaminas y minerales entre los que destacan la vitamina C, el beta-caroteno, el potasio y el magnesio. Pueden consumirse (f) .... o como ingrediente de tartas, *mousse* y sorbetes.

4. julio-agosto

verdoso • intenso • gelatinoso • tropical • maduro • amarillento

Se cultiva en casi todos los países (a) .... , y en concreto, los ejemplares que se venden en Europa suelen proceder de Sudáfrica y de Brasil. Como ocurre con muchas frutas, es de color (b) .... y al madurar se vuelve (c) .... Su pulpa, repleta de semillas, es (d) ...., y desprende un aroma (e) .... cuando está (f) .... En algunos casos se parece a un limón y en otros es más similar a una pera. Tiene siete veces más vitamina C que la naranja.

5. septiembre-octubre

escarlata • nutricional • digestivo • grueso • rubí • translúcido

Empiezan a aparecer en los mercados a mediados de septiembre, pero es entrado el otoño cuando nos ofrece sus granos en toda su plenitud. Esta fruta presenta una piel (a) .... de tono (b) .... En su interior se encuentran semillas (c) .... y de color (d) .... Su origen se extiende desde los Balcanes hasta el Himalaya y actualmente se cultiva en Europa, Asia y América. Desde el punto de vista (e) .... destaca su aporte de potasio, antioxidantes y de taninos. Su consumo se considera adecuado en caso de trastornos (f) .... , incluida la diarrea.

6. noviembre-diciembre

frágil • nutricional • depurativo • similar • mediterráneo • inferior

El árbol del que procede esta fruta es originario de China, aunque se ha aclimatado muy bien a la región (a) ...., gran productora de cítricos. Su composición (b) .... es (c) .... a la de la naranja, aunque los nutrientes se encuentran en una proporción (d) .... y, al ser una fruta más (e) .... , está más expuesta a sufrir daños durante la manipulación. Cabe destacar el aporte de vitamina C y, en cuanto a minerales, de potasio y calcio. Contiene beta-caroteno, y comparte las propiedades de la naranja como alimento que protege frente a las infecciones, además de ser una fruta (f) ....

Adaptado de: http://www.consumer.es/alimentacion/en-la-cocina/alimentos-de-temporada/

5.b. Ahora que ya has completado los textos, ¿sabes de qué fruta se trata según las descripciones que acabas de leer?

1. enero-febrero	a. las granadas
2. marzo-abril	b. las cerezas
3. mayo-junio	c. los arándanos rojos
4. julio-agosto	d. la guayaba
5. septiembre-octubre	e. las mandarinas
6. noviembre-diciembre	f. las naranjas sanguíneas

5.c. En las descripciones anteriores han aparecido colores y sus variantes (ej. rojo – rojizo). Completa la tabla según las terminaciones. Algunas respuestas las encontrarás en las descripciones.

violeta					azul	
gris	blanco				rosa	
rosa	negro	rojo	blanco	amarillo	naranja	verde
-ÁCEO (3)	-UZCO (2)	-IZO (1)	-ECINO (1)	-ENTO (1)	-ADO (3)	-OSO (1)
violáceo						

5.d. Ahora elige una fruta que te guste y escribe una descripción de unas 100 palabras. Puedes utilizar los adjetivos que han salido en las descripciones anteriores y añadir algunos nuevos.

2. La posición del adjetivo (I)

La posición habitual del adjetivo en español es **pospuesta**, es decir, que el adjetivo aparece después de un sustantivo. La tipología de un adjetivo puede ser más restrictiva en función del significado (ej. adjetivos de origen, nacionalidad, color, forma) y por lo tanto este hecho determina en mayor o menor medida que un adjetivo vaya antepuesto o pospuesto. Fíjate en los siguientes ejemplos:

- **japonés,-a:** Es un adjetivo más restrictivo porque su significado primario identifica o clasifica un tipo de nacionalidad u origen.

  Ej. un jarrón japonés (*a Japanese vase*)

- **delicado,-a:** Es menos restrictivo porque su significado primario describe una cualidad que puede tener también un valor estético.

- Si combinamos los dos adjetivos, podemos percibir mejor cómo contribuyen a la descripción de un sustantivo:

  Ej. un delicado jarrón de porcelana japonesa (*a delicate Japanese porcelain vase / a delicate vase made of Japanese porcelain*)
  Ej. la delicada porcelana japonesa (*the delicate Japanese porcelain*)

- Este mismo adjetivo también puede tener un valor restrictivo, aunque en menor medida y en un contexto muy concreto:

  Ej. Sólo uso suavizante para prendas delicadas. (*I only use a softener for delicate clothes.*)
  (Es decir, prendas que no se pueden lavar con frecuencia.)

Ej. Pedro es un niño delicado de salud. (*Pedro is a boy with delicate health.*) (Es decir, que a menudo está enfermo.)

El **adjetivo pospuesto** posee un valor concreto y que, por lo general, se presenta con un carácter **informativo u objetivo** que expresa el adjetivo en cuestión y que no tiene por qué tener más implicaciones de significado. Por esta misma razón, cuando el hablante utiliza un adjetivo en **posición antepuesta**, busca matizar el significado del adjetivo. Al anteponerlo, lo utiliza de manera **subjetiva**, diferenciándolo de alguna manera de su significado habitual, principalmente:

1. **Para expresar un matiz concreto dentro del mismo significado.**

– Como adjetivo antepuesto tiene un **valor explicativo**, es decir, explica una cualidad del sustantivo:

Ej. Los amables vecinos organizaron la fiesta para todo el edificio. (*The neighbors were nice and organized a party for the entire building.*) (Describe una cualidad: el hablante expresa que todos los vecinos son amables, y por lo tanto todos los vecinos organizaron la fiesta.)

– Sin embargo, como adjetivo pospuesto o especificativo describe una cualidad que restringe, especifica o clasifica el sustantivo en relación con una cualidad concreta:

Ej. Los vecinos amables organizaron la fiesta para todo el edificio. (*It was the nice neighbors who organized the party for the whole building.*) (Además de describir, clasifica o contrasta una cualidad: el hablante expresa que solamente los vecinos que son amables organizaron la fiesta.)

– Como **diferencia de matiz** que está relacionado con el significado del adjetivo pospuesto:

Ej. Vive en un edificio antiguo. (*He lives in an old building.*)
(Es decir, el hablante especifica que se trata de un edificio que tiene muchos años.)

Ej. Vive en un antiguo edificio de unos marqueses. (*He lives in a building that formerly belonged to some marquises.*)
(Es decir, el hablante explica que se trata de un edificio que quizá tenga años, pero aquí el significado principal es que en el edificio vivían "previamente" unos marqueses.)

2. **Para expresar un uso más poético del adjetivo.**

– En muchos casos la posición antepuesta del adjetivo tiene que ver con el **matiz de subjetividad** o con el tono expresado por el hablante:

Ej. Es una alegre melodía. (*It's a joyous melody.*)
(Al hablante, la melodía le parece "alegre" y el adjetivo expresa un punto de vista subjetivo.)

Ej. Es una melodía alegre. (*It's a happy tune.*)
(El hablante dice que la melodía es alegre y que no es triste: el adjetivo se utiliza para clasificar.)

– También se pueden combinar las dos posiciones del adjetivo:

Ej. Era una persona alegre y con su alegre mirada lo decía todo. (*She was a fun person and her happy look said it all.*)
(El hablante pone de manifiesto que "era una persona alegre", clasificando a la persona, y que la mirada de la persona "le parecía alegre", es su opinión o percepción particular).

3. Para expresar un matiz de énfasis o ironía.

Es importante recordar que la posición antepuesta del adjetivo cumple normalmente una función concreta, como se desprende de los siguientes ejemplos en los que el adjetivo se antepone **para dar énfasis o expresar un matiz irónico**:

Ej. ¡En bonito lío nos has metido! Deberías haber seguido las indicaciones del mapa. (*A fine mess you got us into! You should have followed the map.*)

Ej. ¡En buen momento has venido! Justo cuando estoy durmiendo la siesta. (*You've come just at the right moment. I'm taking a nap.*)

Ej. ¡Menudo sinvergüenza está hecho! Otra vez me ha vuelto a estafar. (*What a little scoundrel! He has swindled me again.*)

4. Con adjetivos que siempre van antepuestos o con adjetivos epítetos.

– Hay algunos **adjetivos que siempre van antepuestos**: ej. mero, presunto, supuesto (véase la tabla que aparece más adelante):

Ej. El presunto culpable pidió ver a su abogado. (*The man presumed to be guilty asked to see his lawyer.*)

– Los llamados adjetivos "epítetos" van siempre antepuestos y pertenecen exclusivamente al discurso poético o literario:

Ej. la blanca nieve, la verde pradera (*the white snow, the green meadow*)

Esta tabla resume algunas de las principales implicaciones de significado que puede poseer un adjetivo en función de su posición. Fíjate en los ejemplos y en la explicación equivalente.

Adjetivo antepuesto o explicativo (subjetividad)	Adjetivo pospuesto o especificativo (objetividad)
1. Explicar o atribuir una cualidad	**1. Especificar o comparar una cualidad**
Ej. El conocido cantante salió al escenario a pesar del poco público. (= Era un cantante conocido y salió a cantar.)	**Ej.** El cantante conocido salió al escenario a pesar del poco público. (= De todos los cantantes, salió a cantar el que era más conocido, el resto de cantantes no eran tan famosos.)
2. Hacer una valoración (subjetivo)	**2. Clasificar el significado (objetivo)**
Ej. Es un importante empresario del sector financiero. (= A mí me parece que es importante.)	**Ej.** Es un empresario importante del sector financiero. (= Clasifica el tipo de empresario.)
3. Matizar una cualidad	**3. Clasificar una cualidad**
Ej. Éste es mi nuevo coche. (= Me he comprado un coche que sustituye al que tenía antes; podría ser de segunda mano.)	**Ej.** Éste es mi coche nuevo. (= Me he comprado un coche completamente nuevo; soy la primera persona que lo utiliza.)
4. Enfatizar	**4. Diferenciar**
Ej. ¡Maldito paraguas, no sirves para nada! (= Me fastidia tener que usar este paraguas que no funciona bien.)	**Ej.** El mago le dijo al aprendiz: "Éste es un paraguas maldito. No lo abras en casa que trae mala suerte". (= Este paraguas en concreto tiene una maldición.)

Actividad 6

6.a. Explica en qué se diferencian los dos siguientes ejemplos teniendo en cuenta los matices que expresa el adjetivo en cada uno de ellos. Piensa en el contexto en el que los utilizarías.

1. She was carrying a *small* bag.

2. She was carrying a *little* bag.

6.b. ¿Cómo traducirías las frases utilizando el adjetivo "pequeño" para ambos ejemplos? Decide y justifica en cuál de ellos pondrías el adjetivo antepuesto o pospuesto.

Actividad 7

7.a. Los siguientes textos pertenecen a las sinopsis de tres películas diferentes. Inserta los adjetivos en el texto y no olvides hacer la concordancia. Fíjate en la posición de los adjetivos a la hora de realizar la actividad.

1.

astuto • aficionado • trágico • policíaco • inevitable • penal • bello • brillante • monótono • joven

Benjamín Espósito acaba de jubilarse de su (a) .... trabajo en un juzgado (b) .... Va a escribir una novela (c) .... sobre un caso del que fue testigo. En 1974, una mujer es violada y asesinada. Espósito trata de ayudar al novio de la (d) .... muchacha a encontrar al asesino. Espósito cuenta con Sandoval, su compañero de trabajo, un hombre (e) .... pero (f) .... a la bebida; y también cuenta con Irene, la jefa de Espósito, una (g) .... mujer de la que se enamora. Argentina en 1974 está al borde de un (h) .... golpe de estado y eso beneficia al (i) .... asesino. Años después Espósito lo recuerda todo y está dispuesto a ajustar cuentas y aclarar lo sucedido para poder terminar el (j) .... final de su novela.

Adaptado de la sinopsis de los cines Renoir: *El secreto de sus ojos*, una película de Juan José Campanella

2.

joven • privado • cuarentón • triste • ruso • herido • insospechado • salmón • intenso • grande • enfermo • bello

El telón de rosas color (a) .... y (b) .... flecos dorados que cubre el escenario, se abre para ver un (c) .... espectáculo. Entre los espectadores, dos hombres están sentados juntos por casualidad, no se conocen. Son Benigno, un (d) .... enfermero y Marco, un escritor (e) .... Meses más tarde, los dos hombres vuelven a encontrarse en la clínica (f) .... donde Benigno trabaja. Lydia, la novia de Marco, torera de profesión, ha sufrido una cogida y está gravemente (g) .... Benigno justamente se ocupa del cuidado de otra mujer también muy .... (h): Alicia, una (i) .... estudiante de ballet. Benigno no duda en abordar a Marco. Es el inicio de una (j) .... amistad, tan lineal como una montaña (k) .... Durante el tiempo que pasan en la clínica, la vida de los cuatro personajes fluye en todas las direcciones, pasado, presente y futuro, arrastrando a los cuatro a un destino (l) ....

Adaptado de la sinopsis de los cines Renoir: *Hable con ella*, una película de Pedro Almodóvar

3.

recóndito • increíble • lleno • viejo • republicano • mágico • valiente • pequeño • último • franquista • arriesgado • nuevo • extraño • cruel

Año 1944, quinto año de paz tras la Guerra Civil. Una niña de 13 años, Ofelia, se traslada con su madre, Carmen, a un (a) .... pueblo donde se halla destacado el (b) .... marido de ésta, Vidal, un (c) .... capitán (d) .... poco agradable a los ojos de Ofelia. La misión de Vidal es acabar con los (e) .... vestigios de la resistencia (f) .... , escondida en los (g) .... montes de la zona. Allí hay un (h) .... molino que es el centro de operaciones de Vidal y también se encuentra Mercedes, una (i) .... joven a cargo de los demás miembros del servicio. Una noche, Ofelia descubre las ruinas de un laberinto donde se encuentra con un fauno, una (j) .... criatura que le hace una (k) .... revelación: Ofelia es en realidad una princesa, última de su estirpe, a la que los suyos llevan mucho tiempo esperando. Para poder regresar a su (l) .... reino, la niña deberá enfrentarse a tres (ll) .... pruebas antes de la luna (m) ....

Adaptado de la sinopsis de los cines Renoir: *El laberinto del fauno*, una película de Guillermo del Toro

7.b. Escoge cuatro adjetivos antepuestos y cuatro pospuestos de las sinopsis que acabas de leer y explica su significado. Ten en cuenta el contexto y el sustantivo al que acompañan a la hora de justificar tus respuestas.

Adjetivos antepuestos (subjetividad)

Ej. *trágico (explica y añade un matiz subjetivo o dramático)*

Adjetivos pospuestos (objetividad)

Ej. *joven (especifica o clasifica; no es viejo sino joven)*

7.c. Elige una película que hayas visto recientemente y escribe una sinopsis de unas 200 palabras en la que resumas y utilices adjetivos para describir lo que ocurre.

3. La posición del adjetivo (II): adjetivos antepuestos y pospuestos que cambian de significado

Adjetivos antepuestos y pospuestos

En esta tabla aparecen los principales adjetivos que cambian de significado cuando van antepuestos o pospuestos. En algunos casos los significados poseen distintos matices y en otros son muy diferentes. Aun con todo, se debe tener en cuenta que el tipo de adjetivo y el contexto pueden determinar el significado.

Adjetivo antepuesto o explicativo	Adjetivo pospuesto o especificativo
alto,-a (*high in a scale; at a high level*) un alto dirigente (*a high-ranking leader*), alta resolución (*high resolution*), alta traición (*high treason*), alto voltaje (*high voltage*), de alto nivel (*high-level*), alta cocina (*haute cuisine*), alto mando (*high command; high-ranking officer*), alta mar (*high seas*), alta sociedad (*high society*), a altas horas de la noche (*late at night*)	**alto,-a** (*high; tall*) un árbol alto (*a tall tree*), una persona alta (*a tall person*), un edificio alto (*a tall building*), una montaña alta (*a high mountain*), en voz alta (*in a loud voice*)
antiguo,-a (*former; ancient*) un antiguo alumno (*a former student*), la antigua Grecia (*ancient Greece*)	**antiguo,-a** (*old*) un coche antiguo (*an old car*)
auténtico,-a (*'real' as a superlative*) ¡Es un auténtico chollo! (*It's a real bargain!*)	**auténtico,-a** (*'real' in the sense of genuine; not fake*) esta es su firma auténtica (*this is his real signature*)
bajo,-a (*low; poor*) de baja calidad (*low-quality*), de bajo contenido en grasas (*low-fat*), la baja Edad Media (*the late Middle Ages*), baja mar (*low water, ebb tide*)	**bajo,-a** (*low; short*) una silla baja (*a low chair*), en voz baja (*in a low voice*), planta baja (*ground floor*), una persona baja (*a short person*)
bendito,-a (*'blessed,' for emphasis*) ¡Otra vez con esa bendita historia! (*The same blessed story again!*)	**bendito,-a** (*holy; blessed*) agua bendita (*holy water*)

Adjetivo antepuesto o explicativo	Adjetivo pospuesto o especificativo
bueno,-a (**buen**, antes de un sustantivo masculino singular) (*good; fine; fair*) buenas noticias (*good news*), una buena película (*a good movie*), hace buen tiempo (*the weather is fine*), los buenos tiempos (*the good old days*)	**bueno,-a** (*kind; 'good' in the sense of 'nice'*) es una persona buena (*he is a good/nice person*)
cierto,-a (*certain*) cierta persona (*a certain person*), en cierta ocasión (*on one occasion; once*)	**cierto,-a** (*true; sure; definite*) un rumor cierto (*a true rumor*)
clásico,-a (*classic*) la clásica historia (*the typical story*)	**clásico,-a** (*classical*) el ballet clásico (*classical ballet*)
condenado,-a (*damned; 'wretched,' for emphasis*) ¡Este condenado reloj siempre se estropea cuando lo necesito! (*This damned watch always stops working when I need it!*)	**condenado,-a** (*sentenced; condemned*) un preso condenado (*a sentenced prisoner*)
correspondiente (*'understandable' in the sense of 'logical' or 'expected'*) no llamó por teléfono, con el correspondiente disgusto de su madre (*she didn't call, to the understandable annoyance of her mother*)	**correspondiente** (*corresponding; respective*) los archivos correspondientes (*the relevant files*)
crudo,-a (*harsh; harshly realistic*) un crudo invierno (*a harsh winter*), esa es la cruda realidad (*that's the harsh reality*)	**crudo,-a** (*raw; undercooked*) carne cruda (*raw meat*)
cualquier (**cualquier** se usa antepuesto ante sustantivos masculinos y femeninos) (*any*) cualquier día (*any day*), en cualquier lugar (*anywhere*)	**cualquiera** (*any ordinary*) no es un ciudadano cualquiera (*he is no ordinary citizen*)
curioso,-a (*odd; strange*) un curioso personaje (*a strange character*)	**curioso,-a** (*curious; inquisitive; tidy; careful*) un vecino curioso (*a curious neighbor*), una persona curiosa (*a curious person / a tidy person*)
diferente (*various; several*) por diferentes razones (*for a variety of reasons / for various reasons*), Tengo diferentes motivos (*I have several reasons*)	**diferente** (*different*) un libro diferente a otro (*a book different from another*), Tengo motivos diferentes (*I have different reasons*)

Adjetivo antepuesto o explicativo	Adjetivo pospuesto o especificativo
eterno,-a (*the same old story*) la eterna canción (*the same old song*)	**eterno,-a** (*never-ending; interminable*) una película eterna (*a never-ending movie*)
fantástico,-a (*'fantastic' in the sense of 'great'*) un fantástico proyecto (*a fantastic project*)	**fantástico,-a** (*'fantastic' in the sense of 'imaginary' or 'unreal'*) una historia fantástica (*an unreal story*)
fuerte (*large; considerable; intense; strong*) un fuerte contingente militar (*a large military contingent*), un fuerte frío (*intense cold*)	**fuerte** (*'strong' in the sense of physical strength*) un luchador fuerte (*a strong fighter*)
grande (**gran**, antes de un sustantivo masculino o femenino singular) (*great*) un gran músico (*a great musician*)	**grande** (*big; large; tall*) un cuadro grande (*a big painting*)
ligero,-a (*slight*) una ligera gripe (*a mild case of flu*), la Bolsa sufrió un ligero descenso (*the market showed a slight fall*)	**ligero,-a** (*light*) una comida ligera (*a light meal*)
maldito,-a (*damned; 'wretched,' for emphasis*) ¡No encuentro el maldito paraguas! (*I can't find the damned umbrella!*)	**maldito**,-a (*cursed*) es un hombre maldito (*he is a cursed man*)
malo,-a (**mal**, antes de un sustantivo masculino singular) (*bad*) una mala gestión (*bad management*), mal agüero (*that bodes ill*)	**malo,-a** (*naughty; wicked; evil*) un niño malo (*a naughty boy*)
medio,-a (*half*) dame media manzana (*give me half an apple*)	**medio,-a** (*average*) el español medio (*the average Spaniard*), la clase media (*the middle class*)
menudo,-a (*for emphasis*) ¡Menudo lío! (*What a mess!*)	**menudo,-a** (*small; trifling; insignificant*) un trozo menudo de pan (*a small piece of bread*)
mismo,-a (*same; 'very,' for emphasis*) de la misma ciudad (*from the same city*), en este mismo lugar (*in this very place*)	**mismo,-a** (*self*, con un pronombre) yo mismo (*myself*), ¿Lo hiciste tú mismo? (*You did it yourself?*)

Adjetivo antepuesto o explicativo	Adjetivo pospuesto o especificativo
nuevo,-a (*'new' in the sense of 'as a replacement' or in a series; latest; another*) el nuevo número de la revista (*the latest / most recent issue of the magazine*), me he comprado un nuevo coche (*I have bought a new / another car*)	**nuevo,-a** (*new; brand-new*) un coche nuevo (*a brand-new car*)
pobre (*miserable; unfortunate; 'poor,' for emphasis*) es un pobre hombre (*he is an unfortunate man*); ¡Pobre hombre! (*Poor man!*)	**pobre** (*poor; not rich*) es un país pobre (*it is a poor country*)
precioso,-a (lovely; beautiful) un precioso vestido de seda (*a beautiful silk dress*)	**precioso,-a** (precious) una piedra preciosa (*a precious stone*)
propio,-a (*himself; herself*) el propio escritor (*the writer himself*), sus propias palabras (*her very words*)	**propio,-a** (*own; characteristic*) tiene coche propio (*she has a car of her own*), una costumbre propia de los mexicanos (*a characteristic Mexican tradition*), en defensa propia (*in self-defense*)
próximo,-a (*'next' in a series*) el próximo año (*next year*)	**próximo,-a** (*near; close*) el edificio próximo al hospital (*the building near the hospital*)
puro,-a (*pure in the sense of 'not mixed' and in the sense of 'sheer'*) fue pura casualidad (*it was pure chance*)	**puro,-a** (*pure; clean; unalloyed*) es mejor que te pongas alcohol puro en la herida (*you better put some 100% alcohol on the wound*)
raro,-a (*unusual; rare; few*) es una especie rara de planta (*it is a rare type of plant*)	**raro,-a** (*strange; odd; eccentric*) es un hombre raro (*he is a strange man*)
rico,-a (*delicious*) una rica paella (*a delicious paella*)	**rico,-a** (*rich; abundant*) un barrio rico (*a rich neighborhood*), una dieta rica en vitaminas (*a diet rich in vitamins*)
siguiente (*following*) responde a las siguientes preguntas (*answer the following questions*)	**siguiente** (*next*) llegó al día siguiente (*it arrived the next day*)

Adjetivo antepuesto o explicativo	Adjetivo pospuesto o especificativo
simple (*mere; ordinary*) por simple descuido (*through sheer carelessness*), es un simple abogado (*he is just a lawyer*), un simple soldado (*an ordinary soldier*)	**simple** (*simple; easy; simple-minded; plain; unadorned*) es un hombre simple (*he is a simple-minded man*)
solo,-a (*single; 'very' in the sense of 'mere'*) en un solo día (*in just one day*), ni una sola gota (*not a single drop*), la sola idea (*the very/mere idea*)	**solo,-a** (*alone; lonely; on its own*) ¿estás solo? (*are you alone?*), un café solo (*a black coffee*)
triste (*miserable; 'insignificant,' for emphasis*) no tengo ni un triste paraguas (*I don't even have an umbrella*), vive en una triste habitación (*he lives in a miserable little room*)	**triste** (*sad*) es un niño triste (*he is a sad boy*)
único,-a (*only; single*) hay un único problema (*there is only one problem*)	**único,-a** (*unique; exceptional*) una persona única (*a unique person*), es hijo único (*he is an only child*)
valiente (*'great' used ironically*) ¡En valiente lío te has metido! (*You've got yourself into a fine mess!*)	**valiente** (*brave; courageous*) un soldado valiente (*a brave soldier*)
varios,-as (*several*) hay varias maneras de hacerlo (*there are several ways of doing it*), de varios colores (*of various colors*)	**varios,-as** (*assorted; miscellaneous*) encontraron documentos varios (*they found miscellaneous documents*)
verdadero,-a (*'real,' for emphasis*) fue un verdadero placer conocerte (*it was a real pleasure to meet you*)	**verdadero,-a** (*real; true; genuine*) un billete verdadero (*a genuine banknote*)
viejo,-a (*old; former, although* 'antiguo' *is more common with this meaning*) un viejo conocido (*an old acquaintance*); una vieja tradición (*an old tradition*)	**viejo,-a** (*old*) un vestido viejo (*an old dress*)

Actividad 8

Explica con una frase equivalente el significado de los siguientes enunciados teniendo en cuenta la posición del adjetivo.

Ej. Fue una pura coincidencia.
(Fue algo casual.)

1. Ha llegado la nueva profesora de inglés.
2. En menudo lío nos has metido.
3. No encuentro ni un triste bolígrafo.
4. Tuvo diferentes motivos para hacerlo.
5. El propio presidente tuvo que pilotar el avión.
6. El congreso fue un verdadero éxito.
7. Vive en el mismo edificio que mi tío.
8. Te voy a preparar un rico postre cubano.
9. Le gustan los trajes de alta costura.
10. Tan sólo hay un único inconveniente.
11. Han encontrado una rara especie de dinosaurio.
12. Solamente me queda medio sándwich.

Ej. Sólo le gusta el chocolate puro.
(No le gusta el chocolate con leche.)

1. Hay una persona nueva en la lista.
2. Pon unos trozos menudos de pan en el gazpacho.
3. La película es de humor, pero tiene un final triste.
4. Los padres hablan un dialecto diferente al del hijo.
5. Bailar la jota es una costumbre propia de los aragoneses.
6. No es una imitación, es un cuadro verdadero.
7. Es tan real como la vida misma.
8. Los países ricos deberían ayudar a los pobres.
9. Necesito un jarrón alto para las flores.
10. Es un artista único en el mundo.
11. A nadie le cae bien. Es un tipo raro.
12. El ciudadano medio suele irse de vacaciones en agosto.

Adjetivos que siempre van antepuestos

Aunque no son muchos, algunos adjetivos siempre se utilizan antes del sustantivo. He aquí los principales:

Adjetivos que siempre van antepuestos	
ambos (*both*)	ambos estudiantes llegaron tarde (*both students arrived late*)
demás (*the rest; the remaining*)	los demás invitados (*the other / the remaining guests*)
llamado,-a (*so-called*)	el llamado síndrome de Estocolmo (*the so-called Stockholm syndrome*)
mero,-a (*mere*)	es un mero trámite (*it's a mere formality*)
mucho,-a (*a lot of; many; much*)	tengo mucha hambre hoy (*I'm very hungry today*)
otro,-a (*another*)	dame otra botella (*give me another bottle*)
pleno,-a (*full; complete; 'in the middle of' something*)	en plena forma (*on top form*); vive en plena naturaleza (*she lives surrounded by nature*)
poco,-a (*little; not much; few; not many*)	me queda poco dinero (*I have little money left*)
presunto,-a (*alleged; suspected*)	el presunto asesino (*the alleged murderer*)
pretendido,-a (*intended; supposed*)	el pretendido efecto (*the intended effect*)
sendos,-as (*each of two; either; one each; each*)	recibieron sendos premios (*they each received a prize*)
supuesto,-a (*supposed; alleged*)	el supuesto robo (*the supposed theft*)
tanto,-a (*so much; so many*)	tanta gente (*so many people*)
último,-a (*'last' in a series of someting; latest; most recent*)	un último intento (*a last/final attempt*), la última voluntad (*last wish*), las últimas noticias (*latest news*), la última vez (*last time*) Sin embargo, existen algunas expresiones en las que puede aparecer pospuesto, ej. el fin último (*the ultimate goal*).

4. La descripción en los textos no literarios

Como hemos explicado, no existe un único tipo de texto descriptivo, ya que la descripción adquiere una mayor o menor relevancia según el género textual en el que aparece. En el caso de los textos narrativos, argumentativos, periodísticos, etc., la descripción se utiliza asimismo para concretar y matizar el significado de lo que se narra. Aun así, algunos adjetivos pueden expresar a veces el mismo valor descriptivo tanto en posición antepuesta como pospuesta.

Ej. El principal problema es que la oficina está cerrada / El problema principal es que la oficina está cerrada.

Ej. No hay suficiente dinero / No hay dinero suficiente.

Ej. Me bajo en la siguiente parada / Me bajo en la parada siguiente.

Las diferentes razones que determinan la posición final de un adjetivo responden, por lo tanto, a motivos estilísticos, y tienen que ver con el tono o con las implicaciones de significado que el hablante o el escritor quieran crear en un determinado contexto.

Actividad 9

9.a. Decide si los adjetivos que aparecen en el siguiente texto van antes o después del sustantivo al que acompañan. Fíjate en su significado y tacha la opción que no sea correcta.

Un asesor para entrar en Oxford y en Cambridge

James Uffindell, vestido con un traje mil rayas y un (inalámbrico) auricular (inalámbrico) en la oreja, corre por los pasillos de una (dieciochesca) mansión (dieciochesca) de las afueras de la (inglesa) ciudad (inglesa) de Oxford dirigiéndose a presidir un retiro de fin de semana para 175 (ambiciosos) adolescentes (ambiciosos). Está vendiendo un sueño: una papeleta para entrar en Cambridge o en Oxford, los dos pilares del sistema de (superior) enseñanza (superior) del Reino Unido. Los padres compran sin reparar en el gasto. Según Bloomberg, el precio de asistencia es de 1.125 euros.

Los progenitores se retiran después de extender los cheques y Uffindell, de 28 años, y fundador de la (londinense) consultora (londinense) *Oxbridge Applications*, pregunta a los chicos: "¿Cuántos animales llevó Moisés en el arca con él?" Más de uno picará el anzuelo. Parece que a los doctores de Cambridge les gustan las picardías. Ésta es una de las preguntas que hicieron en el (último) examen (último) de acceso a la Facultad de Ciencias. Uffindell y su empresa enseñan a sus (jóvenes) clientes (jóvenes) a sortear las (numerosas) trampas (numerosas) y a brillar en las entrevistas. Entre las sugerencias: responder con aplomo e inventiva.

¿Qué hacer cuando tantos estudiantes sacan A en todo? Multitud de (europeos) jóvenes (europeos) codician el título de estas facultades por el prestigio, la (excelente) instrucción (excelente) y la oportunidad de ser uno de sus (distinguidos) ex alumnos (distinguidos). (Grandes) bancos (grandes) y (famosas) firmas (famosas) de abogados cortejan a sus graduados y Cambridge tiene más premios Nobel (82) que ninguna otra universidad. Ambos centros se están abriendo a las (medias) clases (medias) y el acceso se complica. Cambridge dice que para el 2011 quiere que el 60% de sus estudiantes vengan de (estatales) escuelas (estatales), frente al 56% de 2006.

La meta del seminario y de las consultoras que ayudan a preparar el acceso, un (labrado) camino (labrado) desde hace tiempo en EEUU, es ayudar a los estudiantes a pulir las respuestas que darán en las entrevistas. Uffindell explica que el estudiante necesita saber lo que estas instituciones buscan: motivación y pasión por el estudio.

"Lo que consiguen es hacernos creer firmemente que podemos ocupar uno de esos (codiciados) pupitres (codiciados)", asegura Nick de Taranto, un alemán de 18 años. "Estas empresas destapan talentos", asegura Alfonso Vericat, uno de los (españoles) mentores (españoles) más reputados. Vericat, que ha diseñado (varias) carreras (varias) profesionales, reconoce la dificultad de los (latinos) estudiantes (latinos) para acceder a estos centros cuando se trata de cursar una licenciatura y no un posgrado. "La mayoría de nuestros jóvenes siguen sin saber el (suficiente) inglés (suficiente) y tienen demasiado (familiar) apego (familiar). Además, el número de becas, y su cuantía, dificultan la salida. A estos campus sólo va gente muy privilegiada intelectualmente".

Este (conocido) consultor (conocido) no cree que el negocio de acceso a la (superior) enseñanza (superior) llegue a nuestro país. Luis Tejada, asesor de (familiares) empresas (familiares), afirma sin tapujos: "¿De verdad cree que es necesario irse a Oxford o Harvard para cursar una carrera?" Los clientes de *Oxbridge Applications* están dispuestos a pagar 4.600 euros por ello. Y los triunfadores pagan 2.600 adicionales.

Adaptado de: Marta Matute, *Cinco Días*, 14/01/2008

9.b. Intenta adivinar el significado de las siguientes palabras y expresiones a partir del contexto y responde a las preguntas.

1. "un traje mil rayas": Enumera otros tipos de estampado para la ropa.
2. "presidir un retiro de fin de semana": ¿Se te ocurre un sinónimo para el verbo "presidir" en este contexto?
3. "una papeleta para entrar en Cambridge o en Oxford": Busca la diferencia de significado entre: papeleta, papeleo y papelón.
4. "Los padres compran sin reparar en el gasto": Escribe un sinónimo del verbo "reparar" en este contexto y explica cuál es el significado más común de este verbo.
5. "responder con aplomo e inventiva": Busca un sinónimo de "aplomo".
6. "pulir las respuestas": En el texto se utiliza el verbo "pulir" en sentido metafórico. ¿Qué objetos se pueden pulir en el sentido literal del verbo?
7. "cuando se trata de cursar una licenciatura y no un posgrado": ¿Cuál es la diferencia entre una licenciatura y un posgrado?
8. "tienen demasiado apego": Busca un sinónimo y escribe una frase completa con esta palabra.

✓ No siempre podemos traducir un adjetivo con todas sus implicaciones de significado. Ante la duda de cuándo utilizar un determinado adjetivo lo mejor es consultar un diccionario combinatorio o verificar su uso en contexto, por ejemplo en los corpus o bases de datos **CREA** (Corpus de Referencia del Español Actual) y **CORDE** (Corpus Diacrónico del Español). Consulta el capítulo 9 para más información.

5. La descripción en los textos literarios

- A través de la descripción literaria, el lector percibe diversos matices y sensaciones que no podría apreciar de otra manera. Para ello se utilizan numerosos recursos descriptivos como, por ejemplo, diferentes maneras de describir la realidad o mediante el uso de las figuras retóricas que contribuyen a resaltar un aspecto concreto de la descripción. Fíjate en los siguientes ejemplos.

Ej. Entró en la sala **oscura** a sabiendas de que debería haber entrado con una linterna.	
Explicación contextual:	En este ejemplo lo que percibe el lector es que posiblemente había más de una sala y que el personaje entró en una sala que era oscura en comparación con otras salas, es decir, el adjetivo cumple una función clasificadora. El adjetivo podría cumplir también una función poética dependiendo del contexto de la narración.
Posible traducción:	*He entered the room that was dark, knowing that he should have carried a flashlight.*

Sin embargo, si el escritor le quiere dar a la narración un matiz más dramático y poético, posiblemente opte por anteponer el adjetivo.

Ej. Entró en la **oscura** sala a sabiendas de que debería haber entrado con una linterna.	
Explicación contextual:	Aquí, queda claro en el contexto que no hay ninguna sala más, sino que el personaje de la narración se adentra en una sala que estaba muy oscura, que era "particularmente oscura", y en la que no se veía nada a simple vista.
Posible traducción:	*He entered the dark room (*en el sentido de: *murky, gloomy, etc.), knowing that he should have carried a flashlight.*

- Dentro de la descripción literaria cabe mencionar **los adjetivos epítetos**, que expresan una cualidad inherente al sustantivo, siempre van antepuestos y contribuyen a realzar su valor estético.

Ej. La **blanca** nieve caía sin cesar sobre la **verde** pradera.	
Cualidad inherente:	La nieve es blanca y en la pradera predomina el color verde.
Equivalencia de registro (poético):	*White snow fell unceasingly on the green meadow.*
Equivalencia de registro (más poético):	*Pristine snow fell unceasingly on the verdant meadow.*

- También hay algunos **adjetivos que solamente pertenecen al registro culto, poético o literario** y que por lo tanto no se utilizan en otros contextos.

Ej. El **apacible** viento anunciaba que los **bizarros** marineros no tardarían en llegar al **añorado** puerto.	
Posible traducción:	*A peaceful wind augured the valiant sailors' imminent arrival at their longed-for destination.*

- No obstante, incluso un adjetivo común se puede utilizar para expresar un matiz poético.

Ej. Me sonrió con sus **bonitos** labios.	
Posible traducción:	*She smiled at me with her lovely lips.*
Ej. El **pequeño** bolso que llevaba conjuntaba a la perfección con su vestido.	
Posible traducción:	*The little bag she was carrying matched her dress perfectly.*
Ej. Me hizo un **simpático** gesto al entrar.	
Posible traducción:	*Upon arriving, he made a charming gesture to me.*

Actividad 10

10.a. De los siguientes adjetivos, uno pertenece al discurso culto, poético o literario y el otro al registro popular. Identifica cuál es, busca los equivalentes en español y escribe una frase con cada uno de ellos.

1. *cold / gelid* .... / ....

2. *obvious / patent* .... / ....

10.b. Los siguientes adjetivos pertenecen a un registro culto. Elige el adjetivo equivalente del lenguaje popular para cada uno de ellos. Ayúdate de un diccionario monolingüe.

alegre • cerrado • insignificante • prestigioso • callado • maloliente • limpio • amable • inesperado • verdadero • inofensivo • mustio • ilustre • astuto

1.	hermético	6.	inusitado	11.	afable
2.	fétido	7.	jubiloso	12.	pulcro
3.	marchito	8.	ínfimo	13.	insigne
4.	egregio	9.	fidedigno	14.	inocuo
5.	sagaz	10.	taciturno		

Actividad 11

11.a. Lee la siguiente descripción poética sobre la imagen y subraya los 15 adjetivos que aparecen.

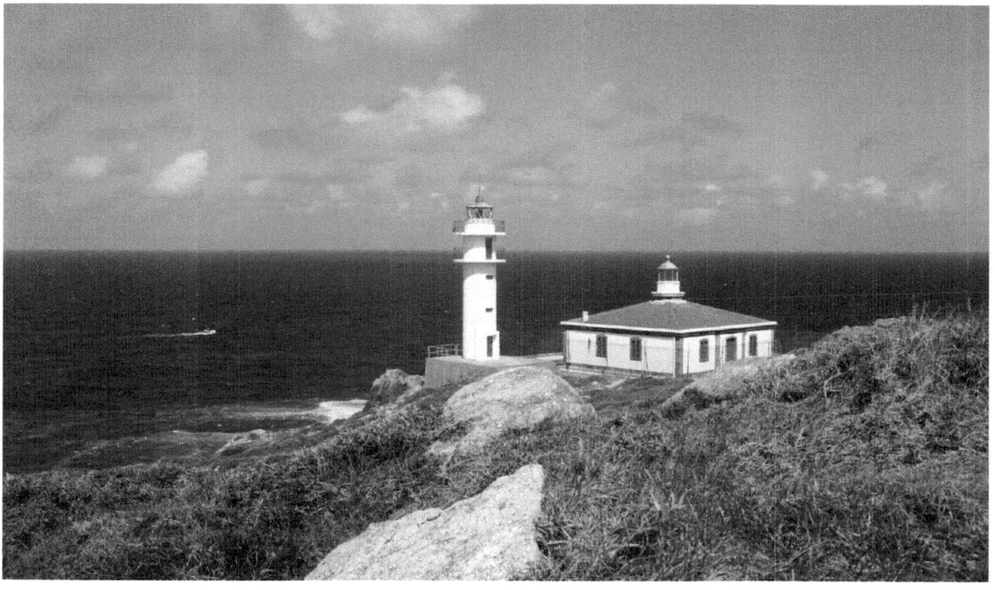

Cabo Touriñán, Galicia, España

En el paisaje se yergue un faro de cemento macizo que con su resplandeciente blancura ilumina, durante el claro día y la oscura noche, a los marineros exhaustos que buscan el camino certero para llegar hasta la añorada orilla. La torre se apoya sobre unas desgastadas rocas que silenciosamente atestiguan el paso del tiempo con sus diversas formas por la acción de las aguas saladas. El sosegado mar aparece al fondo y tan sólo se ve momentáneamente perturbado por un tímido barco que, de manera casi imperceptible, parece alterar el color uniforme de las espumosas olas.

11.b. Sustituye cada adjetivo por uno que en este contexto funcione como sinónimo y haz la concordancia donde sea necesario. En algún caso los adjetivos pueden ser intercambiables, pero aun así expresan matices diferentes. Puedes utilizar un diccionario.

ansiado • seguro • erosionado • liso • inapreciable • deslumbrante • sombrío • burbujeante • nítido • extenuado • plácido • compacto • modesto • salino • diferente

En el paisaje se yergue un faro de cemento (1) .... que con su (2) .... blancura ilumina, durante el (3) .... día y la (4) .... noche, a los marineros (5) .... que buscan el camino (6) .... para llegar hasta la (7) .... orilla. La torre se apoya sobre unas (8) .... rocas que silenciosamente atestiguan el paso del tiempo con sus formas (9) .... por la acción de las (10) .... aguas. El (11) .... mar aparece al fondo y tan sólo se ve momentáneamente perturbado por un (12) .... barco que de manera casi (13) .... parece alterar el color (14) .... de las (15) .... olas.

Actividad 12

Ahora describe la segunda imagen en unas 100 palabras combinando matices objetivos y subjetivos, anteponiendo y posponiendo los adjetivos. Puedes también darle a la descripción un carácter más literario. Recuerda lo que has aprendido en el capítulo 1.

Flåm, Aurlandsfjord, Noruega

Expresiones útiles: en primer plano, en segundo plano, al fondo, a lo lejos, al lado de, delante de, detrás de, a la izquierda, a la derecha, a un lado, al otro lado, de izquierda a derecha, de arriba abajo, de abajo arriba, desde arriba, desde abajo, de frente, de cerca, de lejos

Actividad 13

Transforma los siguientes párrafos en descripciones de carácter literario como en el ejemplo. Añade los adjetivos que creas conveniente a los sustantivos que aparecen subrayados.

> **Ej.** Entró en la *oscura* biblioteca y, aunque le habían dicho que no tocara nada, cogió un *antiguo* libro que estaba encima de una estantería *metálica*. Al levantarlo dejó al descubierto un *complejo* engranaje *mecánico*, se oyó un ruido *estremecedor* y, de repente, se abrió una *pequeña* compuerta que dejaba ver un pasillo *estrecho*.

1. El reloj que le habían regalado albergaba más secretos de los que uno pueda imaginar. Las piezas que se veían eran de oro y la maquinaria la había diseñado en Suiza un relojero.

2. Me miró con sus ojos a través de la ventanilla y no abrió su boca para decir ni una palabra. El tren empezó a moverse lentamente por las vías; el ruido aumentaba al mismo tiempo que yo intentaba despegar mi mano del cristal, sin saber si volvería a ver esa sonrisa.

6. Tipos de descripción literaria

Aunque los diferentes tipos de descripción literaria se pueden combinar, es habitual que uno de ellos predomine en el transcurrir descriptivo de una obra. He aquí los principales tipos:

1. **La topografía.** Describe lugares, paisajes o ambientes. Se suelen utilizar expresiones que contribuyen a ubicar al lector en el espacio que se describe.
2. **La etopeya.** Describe el carácter, las acciones, la manera de actuar y las costumbres de una persona y por lo tanto se ocupa más de los aspectos psíquicos y morales.
3. **La prosopografía.** Describe a una persona o a un animal centrándose en su aspecto exterior, ya sea resaltando los rasgos físicos o la vestimenta que lleva.
4. **El retrato.** Describe la figura o el carácter de una persona, es decir, sus cualidades físicas o morales donde se pueden combinar la etopeya y la prosopografía.

5. **La caricatura.** Describe el aspecto físico de manera satírica o humorística en la que se deforman los rasgos de una persona.
6. **La hipotiposis.** Describe la realidad ofreciendo multitud de matices sensoriales por lo que suelen aparecer verbos relacionados con los sentidos: ver, oír, oler, tocar, etc.
7. **La écfrasis.** Describe con todo tipo de detalles una obra de arte, ya sea una pintura, una escultura, etc.
8. **La descripción cinematográfica.** Describe la realidad con un gran número de detalles, colores, sensaciones, movimiento, e incluso referencias sobre el espacio. El lector percibe los detalles que se describen como si estuviera visualizando la escena.

Actividad 14

Identifica los diferentes tipos de descripción literaria en los siguientes fragmentos. Subraya la información que te proporciona la clave.

Texto a: *descripción cinematográfica*

Caminan lentamente sobre un lecho de confeti y serpentinas, una noche estrellada de septiembre, a lo largo de la desierta calle adornada con un techo de guirnaldas, papeles de colores y farolillos rotos: última noche de Fiesta Mayor (el confeti del adiós, el vals de las velas) en un barrio popular y suburbano, las cuatro de la madrugada, todo ha terminado. Está vacío el tablado donde poco antes la orquesta interpretaba melodías solicitadas, el piano cubierto con la funda amarilla, las luces apagadas y las sillas plegables apiladas sobre la acera [...]. Cuelgan las brillantes espirales de las serpentinas desde balcones y faroles cuya luz amarillenta, más indiferente aún que las estrellas, cae en polvo extenuado sobre la gruesa alfombra de confeti que ha puesto la calle como un paisaje nevado. Una ligera brisa estremece el techo de papelitos y le arranca un rumor fresco de cañaveral.

Últimas tardes con Teresa, Juan Marsé

Texto b: ....

Ahora fue Elena quien lo observó con detenimiento. Don Alonso rondaba la cuarentena, aunque aparentase más. Las fatigas de la vida parecían haberle caído antes de tiempo, endureciendo su cara cuidadosamente afeitada en contraste con los rostros barbados que poblaban la capital del antiguo reino nazarí. Y acentuaban su desconfianza los ojos negros y penetrantes, el entrecejo precavido, la boca tensa, recta. No sólo era suspicacia lo que en él se adivinaba, sino un carácter taciturno. Esa melancolía de quien ha ido dejando tras de sí no pocas renuncias.

Esclava de nadie, Agustín Sánchez Vidal

Texto c: ....

> Recorres con la mirada el cuarto: el tapete de lana roja, los muros empapelados, el sillón de terciopelo rojo, la vieja mesa de trabajo, nogal y cuero verde, la lámpara antigua de quinqué, luz opaca de tus noches de investigación, el estante clavado encima de la mesa, al alcance de tu mano, con los tomos encuadernados [...] un baño pasado de moda: tina de cuatro patas con florecillas pintadas, sobre la porcelana, un aguamanil azul.
>
> *Aura*, Carlos Fuentes

Texto d: ....

> Aproveché el tiempo para observar la fisonomía de aquel picador de tabaco, imperturbable, especie de patriarca. Manuel Baigorria, alias Baigorrita, tiene treinta y dos años. [...] Baigorrita tiene la talla mediana, predominando en su fisonomía el tipo español. Sus ojos son negros, grandes, redondos y brillantes; su nariz respingada y abierta; su boca regular; sus labios gruesos; su barba corta y ancha. Tiene una cabellera larga, negra y lacia, y una frente espaciosa que no carece de nobleza. Su mirada es dulce, bravía algunas veces. En este conjunto sobresalen los instintos carnales y cierta inclinación a las emociones fuertes, envuelto todo en las brumas de una melancolía genial.
>
> *Una excursión a los indios ranqueles*, Lucio Victorio Mansilla

Texto e: ....

> Sebastián tomó el candelabro y fue recorriendo el lienzo. La luz resbaló a lo largo de aquel elevado torreón que lo presidía, en el centro del cuadro. Era hermético y hexagonal como una colmena, aunque había sido despojado de su parte frontal para mostrar el interior. Y en lo más alto se hallaban encerradas unas mujeres uniformadas, afanándose sobre un bastidor común y continuo, pegado a la pared. Tejían con el hilo que brotaba de un atanor, aquel hornillo o destilatorio que un alquimista revolvía con su vara mientras leía en un libro. En realidad, la torre no era del todo hermética, pues en seis de sus lados contaba con estrechas troneras a la altura de los telares. Y el tejido así urdido se descolgaba por las ranuras y desbordaba en cascadas hasta el suelo, donde se extendía en todas direcciones perdiéndose en el horizonte, vistiendo el mundo, proveyéndolo de tierras, bosques, montes y lagos, ciudades y mares... Todo ese tapiz brotaba de aquellas manos femeninas como un manantial, formando el manto terrestre.
>
> *Nudo de sangre*, Agustín Sánchez Vidal

Texto f: ....

Y cuando el rostro de ojos vaciados se acerca al tuyo, despiertas con un grito mudo, sudando, y sientes esas manos que acarician tu rostro y tu pelo, esos labios que murmuran con la voz más baja [...] Alargas tus propias manos para encontrar el otro cuerpo, desnudo, que entonces agitará levemente el llavín que tú reconoces, y con él a la mujer que se recuesta encima de ti [...] pero hueles en su pelo el perfume de las plantas del patio, sientes en sus brazos la piel más suave y ansiosa, tocas en sus senos la flor entrelazada de las venas sensibles, vuelves a besarla y no le pides palabras.

Aura, Carlos Fuentes

Texto g: ....

Al levantar los ojos vi que habían aparecido varias mujeres fantasmales. Casi sentí erizarse mi piel al vislumbrar a una de ellas, vestida con un traje negro que tenía trazas de camisón de dormir. Todo en aquella mujer parecía horrible y desastrado, hasta la verdosa dentadura que me sonreía. La seguía un perro, que bostezaba ruidosamente, negro también el animal, como una prolongación de su luto. Luego me dijeron que era la criada, pero nunca otra criatura me ha producido impresión más desagradable.

Nada, Carmen Laforet

Texto h: ....

Cortabanyes jadeaba sin cesar. Era muy gordo; calvo como un peñasco. Tenía bolsas amoratadas bajo los ojos, nariz de garbanzo y un grueso labio inferior, colgante y húmedo que incitaba a humedecer en él el dorso engomado de los sellos. Una papada tersa se unía con los bordes del chaleco; sus manos eran delicadas, como rellenas de algodón. Cogía la pluma o el lápiz con los cinco deditos, como un niño agarra el chupete. Al hablar producía instantáneas burbujas de saliva. Era holgazán, moroso y chapucero.

La verdad sobre el caso Savolta, Eduardo Mendoza

Actividad 15

15.a. Elige una de las siguientes imágenes y selecciona los adjetivos que aparecen debajo que te pueden ayudar a describir a la persona que has elegido. Añade alguno más que se te ocurra.

Personaje A – hombre

Personaje B – niña

Pelo: castaño, moreno, rubio, liso, rizado, etc.
Frente: despejada, amplia, estrecha, etc.
Cejas: arqueadas, delgadas, pobladas, etc.
Ojos: azules, marrones, ausentes, despiertos, alegres, melancólicos, etc.
Nariz: afilada, aguileña, chata, pronunciada, redonda, respingona, etc.
Orejas: grandes, pequeñas, de soplillo, redondas, etc.
Mejillas: redondas, rollizas, hinchadas, pálidas, etc.
Labios: carnosos, delicados, finos, sensuales, pequeños, etc.
Barbilla: puntiaguda, respingona, prominente, etc.
Piel: tersa, aceitunada, sonrosada, fina, delicada, etc.
Ropa: elegante, deportiva, militar, cómoda, etc.
Aspecto: corpulento, sano, flaco, delgado, atractivo, etc.
Carácter: alegre, valiente, feliz, travieso, divertido, extrovertido, etc.

14.b. ¿Cómo te imaginas la vida de la persona que has elegido? Elabora un texto narrativo de unas 500 palabras en el que incorpores matices descriptivos objetivos y subjetivos. Ten en cuenta todo lo que has aprendido en este capítulo y en el 1.

Capítulo 3
El texto expositivo

◆ ¿En qué consiste?

El texto expositivo cumple la función de informar, explicar, relacionar y ejemplificar un determinado tema dispuesto de manera clara y ordenada, por lo que su contenido se centra en ideas, opiniones, reflexiones, etc. En general, el objetivo de este texto no consiste en defender una tesis concreta, sino en exponer la información de manera explicativa. Aunque el texto expositivo posee principalmente un carácter informativo, muchas veces también se combina con el argumentativo.

Algunos ejemplos de textos expositivos en la lengua escrita son los textos académicos (resúmenes, reseñas, comentarios de texto, exámenes, etc.), las entradas de una enciclopedia, los libros de texto, los ensayos y los tratados científicos. En la lengua oral los encontramos en conferencias, discursos académicos, disertaciones, etc. A la hora de enfrentarnos a este tipo de texto lo que más cuesta es comenzar a escribir, por eso existen numerosas técnicas para hacerlo:

- **La lluvia de ideas.** Una vez que tenemos el tema que vamos a tratar, anotamos sobre un papel las ideas según se nos ocurren y las escribimos sin un orden concreto.
- **El mapa mental o conceptual.** Sirve para organizar las ideas de manera gráfica a través de diferentes figuras geométricas (círculos, rectángulos, etc.) o de enlaces (flechas, líneas, etc.), que muestran la información organizada y la relación que existe entre los distintos elementos. El título, o el tema, suele ir destacado y en el centro del mapa conceptual.
- **El esquema numérico o decimal.** Muestra la información organizada de manera lineal (ej. 1., 1.1., 1.2., 1.3., ...) y ofrece ya un posible guión de lo que será la estructura del texto que se va a redactar.
- **La estrella.** A partir de una estrella dibujada, se plantean cuestiones sobre el tema que responden a las preguntas: qué, quién, cuándo, dónde, por qué, para qué, cómo, etc.

1. La planificación del texto expositivo

Actividad 1

1.a. Imagina que tienes que escribir un texto expositivo sobre el tema: "Las redes sociales, ¿mejoran la manera de relacionarse?". Escribe las ideas que primero se te ocurran.

1.b. Compara las ideas que acabas de escribir con las que aparecen a continuación y completa el mapa conceptual.

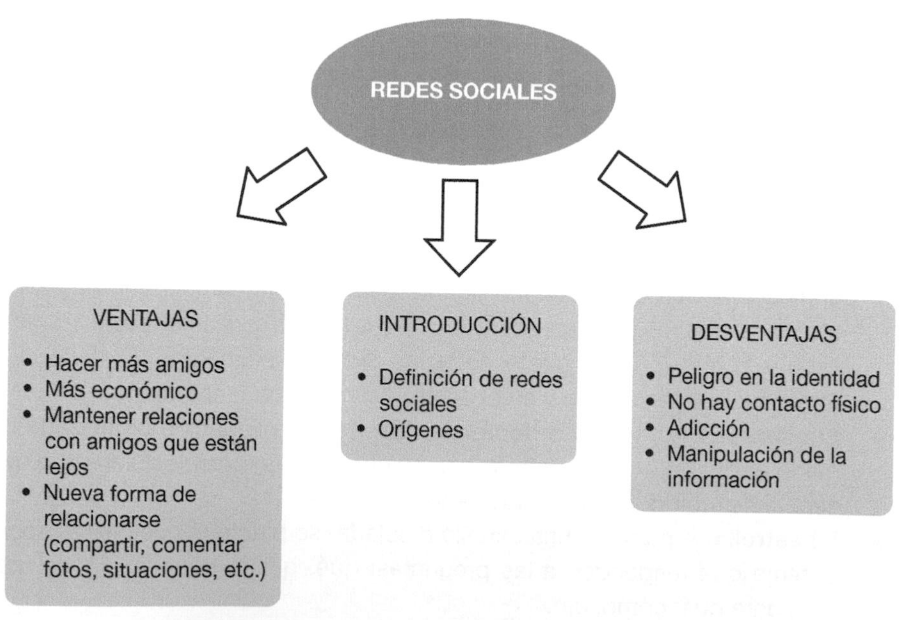

1.c. Fíjate en el siguiente modelo de esquema decimal sobre la actividad anterior y elabora tu propio esquema sobre el tema: "La publicidad, ¿ayuda o es nociva?". Sigue el mismo proceso que en 1a y 1b.

"Las redes sociales, ¿mejoran la manera de relacionarse?"

1. Introducción
   1.1. Definición de redes sociales
   1.2. Orígenes

2. Ventajas
   2.1. Sociabilizar
   2.2. Economía
   2.3. Nuevas formas de tratar la información

3. Desventajas
   3.1. Usurpación de identidades
   3.2. Adicción
   3.3. Manipulación de la información
   3.4. Sin contacto físico

4. Conclusiones

2. La estructura general del texto expositivo: la introducción y la conclusión

El texto expositivo presenta tres partes principales: una introducción, un desarrollo y unas conclusiones. Las características de una **introducción** adecuada son:

- presentar y definir con claridad el tema central de la exposición;
- exponer con precisión cuáles son los objetivos que se persiguen con la elección del tema;
- indicar cuál es la estructura, anunciarla y justificarla. En un texto expositivo se prefiere una estructura enumerativa en la que se enuncia de manera ordenada ("en primer lugar", "en segundo lugar", etc.), o con otros marcadores textuales, las diferentes partes del texto. Estos marcadores tienen la función de organizar la estructura;
- captar el interés del lector.

El **desarrollo** contiene los contenidos esenciales del texto y se apoya en citas o referencias. Su estructura puede variar: se parte de un hecho general para llegar a uno particular (estructura deductiva); de uno particular a uno general (estructura inductiva); de un problema a una solución; de una causa a una consecuencia; de una pregunta a una respuesta (o resolución); de una ventaja a una desventaja o de una comparación a un contraste.

Para concluir un texto expositivo distinguimos principalmente dos tipos de **conclusiones** que se pueden combinar:

- **Cerrada.** Es aquella que se refiere de nuevo al texto, resume lo que se ha dicho, y evalúa las ideas principales.

  Ej. "Por todo lo dicho anteriormente, podemos decir que las redes sociales tienen muchas más ventajas que desventajas."

- **Abierta.** Es aquella que lanza preguntas que se pueden dejar sin responder o que abre nuevas posibilidades para profundizar en la investigación sobre el tema principal del texto.

  Ej. "¿Serán las redes sociales la única manera de relacionarnos en el futuro?".

Actividad 2

2.a. Aquí tienes varias introducciones de textos expositivos. Señala en la tabla si presentan el tema, los objetivos y la estructura del texto, e identifica la única que reúne las tres características.

Texto 1

Las redes sociales, ¿mejoran las formas de relacionarse?

Vivimos en una época en la que las relaciones entre las personas se han visto facilitadas por diversos medios de comunicación. ¿Quién no está ligado a los servicios de Internet? Estas compañías ganan millones de euros gracias a que, con un simple tecleo, se puede hablar con un amigo o un familiar que se encuentra a cientos de kilómetros y además, a tiempo real. ¿Puede esta tecnología contribuir de manera positiva a las relaciones entre personas?

Antes de empezar a hablar sobre las redes sociales, y sobre el hecho de que incrementan las formas de relacionarse, definiré lo que son para seguidamente exponer las ventajas y los inconvenientes que una red social puede tener.

Texto 2

El deporte, ¿una moda o una necesidad fisiológica?

Debemos diferenciar los términos ejercicio y deporte: el ejercicio es la actividad que se realiza con el fin de mejorar la forma física y el deporte es lo mismo, pero ejercido como juego o competición, cuya práctica supone entrenamiento y sujeción a unas normas establecidas.

Podríamos preguntarnos acerca de la finalidad que tenían los deportes dentro de una sociedad en la antigüedad. Muchos parecen haber surgido para ejercitar destrezas físicas o psicológicas y así poder sobrevivir. El lanzamiento de jabalina, flechas, el salto de longitud o de altura, la lucha cuerpo a cuerpo, correr, nadar, bucear, el remo, etc., son claros ejemplos que hacen posible la hipótesis del instinto de supervivencia. Estas actividades estarían quizás destinadas a las guerras que por motivos territoriales, políticos o religiosos se suscitaban entre los pueblos de la antigüedad. También las danzas rituales podrían haber generado ciertos deportes como la gimnasia o el patinaje artístico.

Pero, ¿por qué se compite hoy para saber quién salta más alto o quién nada más rápido? Cuando un jugador de fútbol marca un gol, sus compañeros corren hacia él para abrazarlo y felicitarlo. A este hecho se le une el reconocimiento, la fama y el grito de toda la tribuna de aficionados a quienes, en muchas ocasiones, se les dedica la gloriosa hazaña, sobre todo si es el gol que determina la victoria. En la actualidad también encontramos rituales que acompañan a las actividades deportivas muy parecidos a los que se realizaban entonces: fiesta, himnos, banderas, colores, pancartas, etc. Ejemplo de ello es la ceremonia inaugural de los Juegos Olímpicos (de Olimpo, lugar de permanencia de los dioses), en la que el fuego simboliza el principio de la "Gran Fiesta" y el conocimiento de la verdad, de lo mejor y de lo más bello.

Texto 3

El Plan de Bolonia, ¿mejora la enseñanza y las perspectivas laborales?

En las próximas líneas vamos a intentar explicar en qué consiste el denominado "Plan Bolonia" con la idea de conocer mejor este proyecto tan esperado por unos y odiado por otros. En primer lugar, resumiremos las ideas generales y orígenes de este proyecto educativo así como los motivos de su implantación en España. Después, analizaremos su instauración desde dos puntos de vista completamente enfrentados: el de los partidarios y el de los detractores. Posteriormente, hablaremos de las causas y consecuencias de su aplicación y por último, haremos una reflexión sobre el tema a modo de conclusión preguntándonos si merece la pena.

El Proceso de Bolonia, más conocido en la sociedad como Plan Bolonia, tiene su origen en el acuerdo firmado en 1999 por los ministros de educación de los estados miembros de la Unión Europea y otros como Rusia o Turquía (Declaración de Bolonia). El objetivo de este compromiso fue crear un Espacio Europeo de Enseñanza Superior (EEES) para potenciar la movilidad de estudiantes y trabajadores entre las naciones firmantes mediante la homologación de títulos, y aumentar la competitividad de sus universidades. Con la firma de la Declaración de Bolonia, los países se comprometían a implantar este plan de estudios antes de 2010, lo que supondrá un gran cambio en la educación universitaria europea.

Texto	Presenta el tema	Expone los objetivos	Indica la estructura
1			
2			
3			

2.b. Ahora elabora una introducción de unas 200 palabras a partir de uno de los siguientes temas. Ten en cuenta la estructura a la hora de redactarla.

1. "El uso de las redes sociales en nuestra sociedad"
2. "La piratería virtual, ¿perjudica realmente la venta de música?"

Actividad 3

3.a. Aquí tienes las conclusiones de las introducciones de la actividad 2a. Señala si son abiertas, cerradas o mixtas.

Texto 1: Tipo ....

En conclusión, ¿mejoran las redes sociales las relaciones entre las personas? En gran medida sí, ya que facilitan la comunicación con su multitud de aplicaciones y recursos, como poder mantener conversaciones en tiempo real y la utilización de la "webcam". Y aunque se plantean varios inconvenientes, el poco respeto por la ortografía, la usurpación de identidades o de falsos perfiles, esta herramienta la puede utilizar todo tipo de personas. En mi opinión, esta forma de entablar relaciones va a ser la que impere en el siglo XXI.

Texto 2: Tipo ....

A modo de conclusión podemos decir que, al margen de modas, los beneficios del deporte son indiscutibles. ¿Necesidad fisiológica? Sin duda. Todo el mundo se siente mejor cuando comienza a practicar algún deporte ya sea por necesidad física, como perder peso, o por simple afición. Tampoco hay que olvidar el factor social: por ejemplo, cuando un niño se apunta a un equipo de fútbol gana en salud, pero también conoce a otros chicos de su edad que posiblemente acabarán siendo sus amigos. Aprende a relacionarse desde temprana edad, valores como el compañerismo, la deportividad, etc. Por todo ello, animaría a todos los padres a iniciar a sus hijos en cualquier deporte y a todo el mundo en general porque nunca es demasiado tarde para cuidar nuestra salud.

Texto 3: Tipo ....

Por todo ello podemos decir que la entrada en vigor del controvertido Plan Bolonia tiene, según a quien preguntemos, un efecto positivo o negativo en la educación española y europea. Las posibilidades universitarias y laborales que se nos abren con este proyecto son mucho más amplias que en la actualidad, pero en la práctica el número de personas que sacarán provecho a la movilidad que nos ofrece seguramente será limitado. Por otra parte, la organización en grados, postgrados y másteres tiene aún defectos que pulir, en especial en disciplinas como medicina o veterinaria, por lo que no es extraño que sus detractores exijan que no se ponga en práctica, o al menos, que se retrase su puesta en marcha, ya que solamente cuando pase el tiempo y miremos atrás podremos decidir si la aplicación del proceso de Bolonia ha sido o no positiva.

3.b. Subraya cómo se marca o se introduce la conclusión en los textos que acabas de leer. ¿Se te ocurre alguna otra manera?

✓ Para ver cómo se introduce una conclusión puedes consultar las diferentes posibilidades que existen en la tabla de marcadores discursivos y expresiones útiles del capítulo 9.

Actividad 4

El siguiente texto está desordenado. Ordena las diferentes partes que lo componen e indica cuál es la introducción, el desarrollo y la conclusión.

A. Además, las empresas que crean estas plataformas en Internet nos permiten conocer nuevas personas y mantenernos comunicados con nuestros amigos; sin embargo, ayudarnos a mejorar nuestro nivel de vida es un objetivo secundario, ya que el principal consiste en conseguir beneficios. Para ello, ponen a nuestra disposición servicios adicionales que, por supuesto, tienen un coste añadido. De este modo, utilizan nuestras relaciones personales como fuente de ingresos y, en algunos casos, incluso violan su propia política empresarial para conseguir más beneficios. Un ejemplo es la comentada noticia en la que se informaba de que Tuenti permitía la entrada en su red a niños menores de 13 años, a pesar de que en sus normas se exponía claramente que se les denegaba el acceso. Pero claro, más usuarios significan más visitas, más afluencia y más dinero.

B. Sin embargo, no todo son inconvenientes. También, estas páginas nos proporcionan algunas ventajas. Gracias al anonimato de los chats también es cierto que una persona puede aprender a ser más abierta y extrovertida. También nos permiten conocer gente nueva, que en la mayoría de los casos suelen ser buenas personas, y que sin la existencia de las redes sociales nunca hubiésemos llegado a conocer. Asimismo, podemos mantenernos en contacto con familiares y amigos que se encuentran en cualquier parte del mundo de una manera sencilla y gratuita gracias a estas plataformas, o reencontrarnos con personas con las que habíamos perdido el contacto.

C. Una red social es una forma de interacción, un intercambio dinámico entre personas o grupos que se identifican con las mismas necesidades, con los mismos problemas, gustos, aficiones, etc. En la actualidad, las redes sociales se encuentran en pleno apogeo. Cada día somos más las personas que utilizamos distintas páginas web dedicadas a expandir y afianzar nuestra lista de contactos y que nos ofrecen un amplio repertorio de funcionalidades añadidas. Algunos ejemplos son Facebook, Tuenti, Twitter o Hi5. Sólo en España, Facebook contabiliza seis millones de usuarios activos. Y Tuenti no se queda atrás: con sólo tres años cuenta con tres millones de internautas que actualizan regularmente su perfil. Otro ejemplo es Twitter, que comienza a expandirse de manera alarmante entre los jóvenes españoles, y que cuenta con una más que sólida base en Norteamérica. La lista de nuevas redes es inmensa, y cada vez se presentan ideas más innovadoras. En este trabajo, me centraré en la cuestión de si las redes sociales mejoran nuestra forma de relacionarnos. Además, defenderé mi postura sobre este tema mediante una serie de argumentos que son aplicables a cualquiera de estas páginas en general.

D. En segundo lugar, porque hay muchos casos en los que descuidamos a nuestros amigos, familiares y conocidos en favor de nuestras cuentas de Internet y de las nuevas personas que hemos conocido (y que como he mencionado antes, pueden no ser lo que parecen). Conozco bastantes casos reales de personas que, por ejemplo, prefieren pasar horas y horas chateando o actualizando su cuenta de Facebook, antes que salir y divertirse con sus amigos.

E. En definitiva, las redes sociales nos ofrecen algunas ventajas para relacionarnos y, en mayor medida, para expandir nuestra lista de contactos. No obstante, a mi parecer, los inconvenientes son mucho más abundantes, ya que estas webs favorecen que descuidemos nuestras habilidades comunicativas y que dejemos de lado el aspecto real de nuestras relaciones en favor del virtual. Por último, nos podemos plantear cómo una herramienta creada para mejorar la sociabilidad de las personas puede terminar causando el efecto contrario. Y es que hay que dejar claro que el planteamiento inicial de las redes sociales es positivo, el problema reside en su mala utilización.

F. Personalmente, considero que las redes sociales no ayudan a mejorar nuestras relaciones. En primer lugar, porque favorecen el contacto con personas que no conocemos. Realmente no podemos determinar cómo es el usuario que está al otro lado de la pantalla. Así pues, cuando nuestro interlocutor nos dice que es alto/a, moreno/a, etc., no tenemos forma alguna de verificar dicha información. Se han dado casos de acosadores o degenerados que, al gozar del anonimato, se han hecho pasar por otro tipo de persona y han utilizado Internet para acercarse a sus víctimas, mediante un perfil falso, pasando desapercibidos entre el resto de usuarios.

1.		4.	
2.		5.	
3.		6.	

3. La estructura interna del texto expositivo: el párrafo

La **estructura interna** del texto expositivo se divide en párrafos. Un **párrafo** es un conjunto de frases relacionadas entre sí que desarrollan un único tema. Su función es:

- estructurar el contenido del texto;
- marcar los diversos puntos de los que consta un tema;
- señalar un cambio de perspectiva en el discurso;
- mostrar formalmente la organización del texto: se distingue visualmente en la página ya que empieza con mayúscula, a la izquierda, en una línea nueva y termina con punto y aparte.

Podemos encontrar los siguientes tipos:

1. **Párrafo de introducción o de apertura.** Se introduce el texto, se plantea la tesis y se intenta captar la atención del lector. Suele ir introducido por expresiones típicas para comenzar un texto: "El propósito de este trabajo es", "La finalidad de este escrito es", etc.
2. **Párrafo de enumeración.** Enumera una serie de ideas relacionadas entre sí. El orden de las diferentes informaciones debe estar organizado de antemano para que el conjunto del párrafo sea coherente.
3. **Párrafo de comparación o contraste.** Presenta las semejanzas o las diferencias entre dos o más elementos a partir de una comparación.
4. **Párrafo cronológico.** Introduce la información de manera ordenada en relación con las coordenadas temporales, o bien realiza un recorrido histórico a través de las diferentes informaciones.
5. **Párrafo de causa-efecto.** Se presenta un hecho y la consecuencia o posibles consecuencias que se derivan de él.
6. **Párrafo conceptual.** Se utiliza para concretar o puntualizar el significado de un concepto y familiarizar al lector con el mismo.
7. **Párrafo de transición.** Se da paso a otra información y sirve, por ejemplo, para cambiar de tema o para pasar de una parte del párrafo a otra. Suele ir introducido por marcadores discursivos como "por otro lado", "a continuación", "dicho lo anterior", etc.
8. **Párrafo deductivo.** La idea principal aparece al comienzo del párrafo mediante una generalización para pasar después a la información secundaria.
9. **Párrafo inductivo.** Se comienza con un planteamiento de carácter secundario para llegar a una generalización, por lo que la idea principal aparece al final.

10. **Párrafo de conclusión o cierre.** Suele ir introducido por expresiones de cierre o que concluyen una parte y se utiliza para cerrar un tema o un apartado: "en resumen", "en conclusión", etc.

Aunque los diferentes tipos de párrafos en función de su estructura se diferencian entre sí, también se pueden combinar. Recuerda que los párrafos se pueden clasificar además según su contenido, ya sea éste de carácter narrativo, descriptivo, expositivo, etc.

Actividad 5

5.a. En esta lista aparecen expresiones hechas que se utilizan para introducir la información en un párrafo. Clasifícalas según su función comunicativa.

A	Con esto llegamos al *quid* de la cuestión...
B	En contraposición con lo que se ha mencionado...
C	La opinión expresada por el autor resulta un tanto discutible puesto que...
D	Aceptamos como válidas las conclusiones dado que...
E	La conclusión a la que llegamos a través de este análisis es que...
F	Llegado el caso, cabría preguntarse si...
G	En realidad, todo lo mencionado tiene que ver con...
H	Ha quedado demostrado que...

Función comunicativa	Frase
1. Expresar certeza	No se puede negar que...
	Ha quedado demostrado que...
2. Expresar duda	Resulta difícil creer que...
3. Expresar acuerdo	Puede que los datos estén en lo cierto ya que...

4. Expresar desacuerdo	De ninguna manera cabría decir que…
5. Poner énfasis	Debemos llamar la atención también sobre el hecho de que…
6. Hacer una corrección	Más bien cabría decir que…
7. Indicar la consecuencia de algo	De este razonamiento se puede deducir que…
8. Hacer una comparación o un contraste	Existe una diferencia fundamental entre…

5.b. Identifica los diferentes tipos de párrafos que aparecen a continuación. Subraya la información que te proporcione la clave sobre el tipo de párrafo.

Texto 1: *párrafo deductivo*

Numerosos estudios han dedicado sus páginas a cuestionar si *Nada* (1945) es el germen de un tipo de novela que rompe con el conformismo ideológico de los años cuarenta o si, por el contrario, se mantiene dentro de los cánones literarios de posguerra. No podemos hablar de *Nada* como una obra que no casa con el vínculo sociopolítico que se articula en el momento de su elaboración, ya que no existe una denuncia explícita de la situación social de la que se nutren sus páginas. Sin embargo, la construcción del armazón semántico del relato permite observar una caracterización intencional tanto del espacio como de los personajes.

Texto 2: ....

Carlos Fuentes se vale del artificio retórico de la hipotiposis para construir el plano descriptivo en su novela *Aura*, estableciendo un vínculo de unión entre el género literario y el grado de descripción que se desarrolla en la novela. Por hipotiposis nos referimos a la descripción de la realidad mediante una gran cantidad de matices sensoriales y cuya manera de describir intenta aproximar, mediante diferentes recursos lingüísticos, la experiencia del personaje a la del lector.

Texto 3: ....

A continuación, vamos a analizar otros factores que pueden influir en el calentamiento global y sobre los que no se suele hablar con tanta asiduidad en los medios de comunicación, ya sea porque son un tanto desconocidos o porque existen intereses partidistas en las esferas de la política para que esta información no llegue a salir a la luz.

Texto 4: ....

En el presente estudio nos embarcamos en una lectura del *Libro de buen amor* que atiende a una disposición tripartita en su configuración, en un intento de romper con la tendencia a la dicotomía a la que nos tiene acostumbrados la crítica ruiciana. Para ello realizaremos un recorrido puntual de la obra en los estadios retórico-discursivos de: inventio, selección y elaboración, dispositio, orden o estructura, y elocutio, modo de expresión o estilo, que aunque han sido identificados por la crítica en estudios independientes, no se han considerado hasta la fecha como eje de una aproximación conjunta que permita reflexionar sobre el propósito de la obra.

Texto 5: ....

Podemos sintetizar todo lo dicho afirmando que, para que el gobierno dé el paso de exigir que en las escuelas públicas los alumnos tengan que aprender dos lenguas de manera obligatoria, primero se debe concienciar a los padres sobre las numerosas ventajas que conlleva aprender una lengua extranjera a una edad temprana.

Texto 6: ....

A lo largo de la historia de la literatura se ha producido una constante reelaboración y revisión teórica del hecho crítico. Por ejemplo, Santo Tomás de Aquino desarrolla su pensamiento fundamentado en una crítica que atiende a explicar la literalidad normativa de la palabra sin más alternativa hermenéutica. Foucault convierte su teoría en una categorización del individuo como ser sujeto a una constante normatividad social. Ambas teorías, aunque a priori nos puedan parecer claramente distintas, y pese a la salvedad cronológica, se elaboran como presupuestos asertivos que ofrecen una visión global del conjunto de la sociedad.

Texto 7: ....

Uno de los primeros problemas que nos plantea *El reino de este mundo*, atendiendo a su composición textual, es cómo catalogar el contenido narrativo desde el punto de vista formal. ¿Dónde termina el prólogo?, ¿dónde comienza la narración de los hechos de la obra en su función semántico-funcional? Ambas partes quedan claramente delimitadas con respecto a la división bipartita en la novela. Sin embargo, su significado global nos lleva a replantear si las dos partes del libro se refieren a separar el contenido de las mismas, además de la estructura, o por el contrario, responden a una intención unificadora.

Texto 8: ....

Convivimos con los grafiti, ya sea en el ámbito académico o cuando nos dirigimos al trabajo; forman y conforman parte del paisaje urbano y se adueñan de las superficies más recónditas para entablar comunicación desde un lugar estratégico. Los receptores de este tipo de literatura marginal responden de diferentes maneras: se muestran indiferentes, los leen con curiosidad sin atreverse a responder, o sencillamente entran en el juego de provocación confeccionando una cadena de mensajes que dejan constancia anónima de su intencionalidad comunicativa.

Texto 9: ....

Zaragoza y Sevilla son dos ciudades que compiten por ser la cuarta ciudad más grande de España. Las dos han organizado exposiciones internacionales y otros eventos de prestigio mundial, las dos poseen una población similar en torno al millón de habitantes y, aunque Sevilla sea una ciudad con más turismo, Zaragoza cada vez atrae a más visitantes. Su ubicación, a sólo dos horas de la frontera francesa y a solo una hora y cuarto en alta velocidad de Madrid y Barcelona, es un atractivo más para la ciudad aragonesa.

Texto 10: ....

Nos estamos acostumbrando cada vez con más frecuencia a los programas de televisión que persiguen el objetivo de transformar a un individuo completamente desconocido en la persona más célebre del país, aunque sea sólo durante unos meses, y cuyo resultado más directo es que los jóvenes opinen que la televisión le proporciona la solución a la mayoría de sus problemas y que "ser famoso" es una profesión como otra cualquiera.

Actividad 6

Señala los seis párrafos que aparecen en este texto. Fíjate en el ejemplo.

[En la actualidad, las redes sociales están presentes en nuestra sociedad, de un modo que no se podía imaginar nadie. La carta ha sido sustituida por el e-mail, el teléfono por el chat y cada vez son más comunes las redes sociales, del tipo Tuenti, Facebook, Fotolog, Twitter, YouTube, Blog, etc. Casi todo el mundo, jóvenes y mayores, usan al menos una de estas redes y según la edad que se tenga se prefiere una u otra red. Muchos de estos usuarios llegan a utilizar más de una a la vez, pero... ¿realmente estas redes mejoran la forma de comunicarnos? A continuación describiremos algunas de ellas.]

En primer lugar, Tuenti es una de las redes de más reciente creación y es la preferida por los adolescentes españoles entre catorce y veinte años. Esta red fue creada en 2006 por Zaryn Dentzel, un estudiante estadounidense que residía en Madrid. Zaryn creó Tuenti para mantenerse en contacto con sus compañeros tras realizar un intercambio con nuestro país. Lo que surgió como un proyecto entre amigos, se ha convertido en una de las redes sociales más conocidas y usadas de toda España. Permite subir fotos y compartirlas con amigos, dejar comentarios, mandar mensajes privados, etc., e incluso, recientemente se ha creado una nueva aplicación que está sustituyendo al famoso Messenger, el chat del Tuenti, con el que se puede compartir mensajes a tiempo real con los amigos. En segundo lugar, Facebook fue elaborado por Mark Zuckerberg. En un principio se creó como un sitio para estudiantes de la Universidad de Harvard, pero en la actualidad está abierto a cualquier persona que posea una cuenta de correo electrónico. Esta red social es más usada entre jóvenes a partir de veinte años. Permite hacer básicamente las mismas cosas que Tuenti, es decir, compartir fotos y comentarios con amigos, contactar con gente que hace tiempo que no se ha visto, hacer tests, etc. Y por último y a modo de ejemplo, podemos citar la red social Twitter que aparece en marzo de 2006 como un proyecto de investigación y desarrollo de San Francisco, inspirada por Flickr. En principio, la utilizó de manera exclusiva la compañía que la elaboró. Es una red que permite, por un lado, elaborar entradas de texto denominadas "tweets", de una longitud máxima de 140 caracteres, y por otro, crear un perfil y compartir estos textos con amigos y conocidos. Es una manera muy útil de expresarse y es la más utilizada entre personas de veinte a treinta años. El mayor inconveniente que acarrea este tipo de redes sociales son los peligros que derivan de la falta de privacidad. Hay que ser muy cuidadoso y prudente a la hora de poner fotos, dar datos, etc., ya que puede manipularse esta información. Además, sin un buen uso de estos medios de interacción y comunicación, podemos encontrarnos con problemas de adicción ya que pasamos tanto tiempo frente a la pantalla del ordenador, que la falta de contacto humano puede hacer que perdamos el rumbo de la vida real. Sin embargo, en mi opinión, las ventajas son mucho mayores y más satisfactorias que los inconvenientes. Todas estas redes sociales ayudan a la gente a ponerse en contacto unas con otras o a encontrar a viejas amistades, compartir experiencias con el resto del mundo, fotos, vídeos, textos y multitud de sensaciones y opiniones. Frente a la carta, permiten una comunicación escrita inmediata además de poder hablar a tiempo real. No es descabellado decir que ayudan a estudiar. Por ejemplo, ya muchas universidades las emplean como una herramienta que pone en contacto a los alumnos con los profesores y sus asignaturas y desde sus páginas se puede acceder a apuntes o soluciones y solicitar ayuda. En definitiva, las redes sociales mejoran la forma de comunicarnos, pese a los inconvenientes antes citados, y son una manera muy útil de trabajar. Las nuevas tecnologías evolucionan y nosotros con ellas. Es cierto que da pena que se vaya perdiendo la costumbre de escribir una carta, revelar una foto en papel, etc. Pero hay que vivir con los tiempos, porque si no, ¿qué habría pasado si no hubiéramos acogido otros inventos como el teléfono, la radio o la televisión?

4. Características del texto expositivo

Características morfosintácticas

El texto expositivo se caracteriza por su **objetividad**: predomina la función representativa o referencial del lenguaje, es decir, aquella que transmite la información sin connotaciones; su **precisión**, con un léxico concreto, datos exactos de la información, etc.; y su **claridad**, a partir de ejemplos, explicaciones, gráficos de apoyo, marcadores del discurso, etc. He aquí algunas de las principales pautas que se deben seguir a la hora de elaborar un texto expositivo:

1. **Utilizar oraciones claras: primero la información principal y luego la secundaria.**

Ej. *El pasado mes de septiembre, de madrugada, en el Hospital Miguel Servet de Zaragoza, falleció el cantautor y escritor José Antonio Labordeta.	⟶ El cantautor y escritor José Antonio Labordeta falleció de madrugada el pasado mes de septiembre en el Hospital Miguel Servet de Zaragoza.

2. **Evitar la incoherencia sintáctica entre la segunda y la primera parte de la oración.**

Ej. *Las redes sociales además de relacionarnos mucho más, su objetivo debería ser también formativo. **Ej.** *El deporte es por un lado una moda y una necesidad fisiológica. **Ej.** *La justicia y la honestidad es los dos valores que la gente aprecia más.	⟶ Las redes sociales, además de relacionarnos mucho más, deberían ser formativas. ⟶ El deporte es por un lado una moda y por otro una necesidad fisiológica. ⟶ La justicia y la honestidad son los dos valores que la gente aprecia más.

3. Usar el presente de indicativo con un valor atemporal.

Ej. La presentación de este tema nos lleva a separar las causas y las consecuencias de que se implante el Plan de Bolonia en nuestra educación.

4. Prestar atención al uso del gerundio con valor de posterioridad.

Se debe evitar el uso excesivo del gerundio ya que hace el discurso un tanto pesado y es conveniente sustituirlo por la correspondiente forma personal.

Ej. *Compró un pastel, comiéndoselo después en su casa.	→ Compró un pastel y se lo comió después en su casa.

5. No abusar de los adverbios terminados en '-mente'.

Éstos se pueden sustituir por otros equivalentes, ej. indudablemente → sin duda. Cuando dos adverbios terminados en '-mente' aparecen juntos, sólo el segundo lleva esta terminación.

Ej. Los precios han subido injusta y absurdamente.

6. Exponer el tema mediante el uso de la primera persona del singular y del plural, o la tercera del singular.

Ej. Para comenzar, queremos presentar las ventajas que tiene el hecho de poder descargar música gratuitamente de Internet.

Ej. En primer lugar, considero que debería fomentarse más el apoyo a las energías renovables.

Ej. El objetivo principal de este ensayo consiste en analizar cuáles son las posibles causas que han conducido a una gran parte de la sociedad a no apoyar la huelga general de controladores aéreos.

Actividad 7

7.a. En el siguiente texto aparecen subrayados algunos errores morfosintácticos. Clasifícalos según el tipo de error.

El Facebook, elaborado por Mark Zuckerberg, surge por un lado como un sitio para estudiantes de la Universidad de Harvard, pero en la actualidad está abierto a cualquier persona que tengan una cuenta de correo electrónico. Esta red social provoca más interés entre los jóvenes de unos veinte años, pero se ha convertido en una de las redes sociales más utilizadas mundial e internacionalmente, siendo después reconocido su enorme éxito entre gente de todas las edades. Básicamente, permite hacer las mismas cosas que el Tuenti, es decir, compartir fotos conjuntamente, comentarios con amigos, contactar con gente y amistades rápidamente que hace tiempo que no se ven o con los que no se ha hablado por teléfono, hacer tests, etc. Una de las curiosidades de esta red es que deja enviar unos detallitos llamados regalos (gifts), que son unos pequeños iconos con un mensajito; algunos cuestan dinero y otros son totalmente gratis. Por mi parte, pertenezco y colaboro en estas redes sociales buscando siempre la manera de que sean útiles no sólo en mi labor académica y en lo personal.

Errores morfosintácticos	
1. Incoherencia sintáctica	
2. Uso inadecuado del gerundio	
3. Empleo incorrecto de las preposiciones	
4. Abuso de adverbios	

7.b. Reescribe el texto anterior con los errores corregidos. También puedes hacer otros cambios para mejorar la redacción.

Características léxico-semánticas

En un texto expositivo, el léxico debe ser preciso, por lo que hay que tener en cuenta una serie de aspectos que tienen que ver con el estilo y con la coherencia semántica.

1. **No utilizar palabras comodín en la medida de lo posible:** por ejemplo, nombres (cosa, tema, problema, etc.); adjetivos (estupendo, interesante, bueno, magnífico, etc.) o verbos poco precisos (hacer, dar, haber, poner, decir, etc.).

   Ej. decir un secreto ⟶ revelar, desvelar, contar, etc. un secreto

2. **Es preferible emplear palabras cortas a las largas.**

   Ej. "influir" en lugar de "influenciar"; "legitimar" en lugar de "legitimizar"

3. **Evitar las ambigüedades y los dobles sentidos.**

   Ej. *La actriz Penélope Cruz molesta en el festival de Toronto. (Ambigüedad: ¿ella molesta o está molesta?)

4. **Tener cuidado con las impropiedades léxicas que se generan por el parecido entre algunos idiomas:** por ejemplo, los llamados "falsos amigos" (sensible, éxito, tópico, etc.).

5. **Suprimir la información que sea redundante.**

   Ej. *Baja abajo y deja estas maletas. ⟶ Baja y deja estas maletas.

   Ej. *Os haré unas pequeñas miniobservaciones. ⟶ Os haré unas pequeñas observaciones / unas miniobservaciones.

Actividad 8

8.a. Sustituye el verbo TENER de las siguientes oraciones por otro que signifique lo mismo como en el ejemplo. No olvides hacer la concordancia donde sea necesario.

concebir • sentir • establecer • ~~producir~~ • desempeñar • alcanzar • adoptar • profesar • surtir • padecer • disponer de • contraer • constar de • gozar de • fijarse

1. El medicamento tiene efectos alérgicos, por eso el niño se ha puesto enfermo. → *produce*
2. Mi abuelo siempre ha tenido muy buena salud, espero que llegue a centenario.
3. Ese actor ha tenido muy buena fama gracias a los papeles estelares de sus últimas películas.
4. Me gusta tener siempre alguna meta.
5. El jefe no tiene tiempo para atenderle, venga usted mañana.
6. El libro que hay que leer para clase tiene doce capítulos.
7. El paciente tiene una grave enfermedad y es posible que vaya a la unidad de vigilancia intensiva.
8. Quien tenga un cargo importante, debería tomárselo en serio.
9. No me gusta tener ningún compromiso con nadie.
10. Busca a alguien que tenga una actitud más tolerante y sensata.
11. Si tuviera otra ideología, hablaría más a gusto con él.
12. Cuando he saltado desde el trampolín, he tenido mucho miedo.
13. La nueva ley contra la piratería musical no ha tenido ningún efecto.
14. A lo largo de su vida tuvo numerosos contactos con gente de la policía secreta.
15. Aunque no tenga ningún proyecto a corto plazo, sé que pronto te ofreceré alguna propuesta.

8.b. Sustituye el verbo PONER de las siguientes oraciones por otro que signifique lo mismo. No olvides hacer la concordancia donde sea necesario.

proyectar • suponer • escribir • ~~prestar~~ • fijar • servir • instalar • sintonizar • colocar • vestirse • estampar • extender • levantar • asignar • montar

1. Este niño, como no ponga más atención en clase, no va a aprobar ningún examen. → *preste*
2. ¿Vienes al cine? Ponen la película que querías ir a ver.
3. Todos los centros públicos y privados han puesto normas antitabaco.
4. El fontanero puso las tuberías de la cocina.
5. Vamos a ese restaurante que ponen tan buena comida.
6. Aunque ponga ese negocio tan original, no sé cómo le irán las cosas con esta crisis.
7. Puso su firma y se marchó sin decir nada a nadie.
8. Si no te importa, pon otra emisora, que estoy harta de oír tanta publicidad.
9. ¡Vaya sueldo me han puesto por hacer estar tareas! No sé si me merece la pena hacerlo, la verdad.
10. ¡Voy a ponerle un monumento por lo bien que ha solucionado todo!
11. Primero debes poner la colchoneta en el suelo y luego colocar la toalla.
12. Te has puesto muy arreglada, ¿vas a alguna fiesta?
13. Sería mejor que pusieras los papeles en el cajón, si no pueden perderse.
14. Hemos puesto en este papel nuestras direcciones de correo electrónico para que nos escribas.

15. Pongamos que tienes unos días de vacaciones, ¿vendrías a verme?

8.c. Sustituye el verbo DECIR de las siguientes oraciones por otro que signifique lo mismo. No olvides hacer la concordancia donde sea necesario.

anunciar • ~~contar~~ • insinuar • revelar • advertir • pronunciar • exponer • rogar • recitar • precisar • indicar • proferir • expresar • declarar • mencionar

1. Nadie me ha dicho un chiste tan bueno como este. ⟶ *ha contado*
2. Este alumno no dice bien los sonidos *r* y *l*, habrá que practicar con más ejercicios.
3. Di tu opinión y luego dialogamos sobre este tema.
4. ¿Puede usted decir los detalles del robo?
5. Su hermano se enfadó y dijo muchos insultos contra su familia.
6. Por favor, ¿podría decirme dónde está la calle Ríos Rosas? Es que estoy un poco perdido.
7. Lo has dicho otra vez mal. Anda, inténtalo de nuevo.
8. A ver, voy a decir los nombres que están en el grupo del nivel superior.
9. Si me dijeras el secreto que guardas tan celosamente, yo te contaría el mío.
10. Dijo el poema de tal manera, que todos los presentes se quedaron boquiabiertos.
11. Cuando fue al juicio, dijo que tenía argumentos suficientes para ser inocente.
12. Por favor, te digo que no lo cuentes a nadie, no quiero que se sepa.
13. Nos lo dijo varias veces: coged el paraguas, que hoy va a llover.
14. No sé, igual le gustas –le dijo su amiga.
15. Los periodistas dijeron la gran noticia: la boda de los príncipes.

Actividad 9

9.a. En el siguiente texto aparecen subrayadas algunas palabras que se repiten mucho. Busca otras alternativas y haz los cambios que creas necesarios.

✓ Recuerda que puedes utilizar un diccionario de sinónimos para no repetir palabras. Para ello, consulta en el capítulo 9 el apartado sobre los diferentes tipos de diccionarios.

- Puedes omitir las palabras que no sean necesarias.
- Puedes utilizar los pronombres relativos para enlazar las frases, ej. "...ha sido el que más me ha llamado la atención..."

El tema que he escogido es sobre la publicidad, si es nociva o ayuda. Lo he elegido porque es un tema que me interesa como consumidor que soy, y también es verdad que me afecta directamente y ha sido el tema que más me ha llamado la atención porque es un tema de actualidad.

9.b. Ahora lee estos dos fragmentos y subraya los términos que más se repiten. Da otras posibilidades para que haya una mayor riqueza léxica.

1. Por un lado la publicidad ayuda al consumidor a decantarse por un producto u otro y a conocer mejor las características y las cualidades que tiene lo que va a comprar. Por ejemplo, si se quiere comprar un producto farmacéutico, la publicidad que acompaña al producto indica qué efectos tiene, si se tiene que consultar con un médico antes, si se tiene que tomar o no, si tiene efectos alérgicos, etc.

2. En cambio, la publicidad puede ser nociva para los consumidores porque les pueden confundir a la hora de elegir un producto o servicio, ya que a veces ponen cosas que luego no son ciertas del todo. Por ejemplo, el anuncio de un coche pone el precio más bajo del coche y luego ponen el modelo más superior de gama, para que quede más bonito y llame más la atención. Otro ejemplo puede ser también un viaje que pone el precio muy económico pero no ponen las tasas de avión o alguna otra cosa. Estos métodos pueden llegar a confundir al consumidor.

Actividad 10

10.a. En la lengua existen numerosos "falsos amigos" que a veces nos confunden. Lee el artículo de Javier Marías y responde si las afirmaciones que aparecen más abajo son verdaderas o falsas.

Que no me entero

Leo este periódico a diario, desde su fundación. Además he escrito en él desde 1978, esporádicamente durante muchos años, mensualmente durante unos pocos, semanalmente desde hace casi siete, en este dominical. Es normal que lo que no me gusta de *El País* me preocupe, no tiene nada de particular. Les sucede a los que son sólo lectores, como demuestran sus *Cartas al Director* y sus quejas a la Defensora. En los últimos tiempos encuentro cada vez más motivos de preocupación: de tendencia, de estilo, de contenido, de foco o atención. Me fijo en los nombres de quienes firman las noticias, los comentarios, los reportajes, las críticas, las columnas y artículos de opinión. Conozco los de los corresponsales, nacionales e internacionales. Éstos han sido con frecuencia excelentes, y algunos lo siguen siendo. No voy a hablar, sin embargo, de las tendencias ni de los estilos ni de los contenidos ni de los focos o atenciones. Con todo, aún es mucho más lo que me agrada que lo que me desagrada. Y todo ello es subjetivo. Me voy a limitar a señalar un aspecto, el más preocupante de todos y el que más urgiría corregir.

Nunca me había sucedido lo que me sucede a menudo últimamente: leo una información intentando enterarme de lo que ocurre en un lugar determinado, o de cómo está la situación de tal conflicto, o de cuáles van a ser los problemas del libro cuando se generalicen el *e-book* y similares, o de qué va a pasar con la fosa de García Lorca, y no lo consigo. En el mejor de los casos, me quedo como estaba, y en el peor, han aumentado mi ignorancia y mi confusión. Como he perdido muchas cosas, pero aún no mi capacidad intelectiva (o no enteramente), sólo me queda concluir que con frecuencia no se entiende nada de lo que los nuevos redactores (cada vez hay más nombres nuevos que no se asientan, no sé si son becarios que vienen y se van) intentan explicar. A veces se tiene la impresión de que fingen explicar algo que ellos no han comprendido previamente, lo cual hace su tarea imposible, claro está. En el caso de algunos corresponsales extranjeros, uno detecta con facilidad que se han limitado a mal copiar –es decir, a traducir mal– lo que los diarios o televisiones de cada país han dicho, y nada es más incomprensible que una traducción hecha por alguien que conoce mal la lengua de origen y deficientemente la propia. El resultado habitual es que el lector con ciertos conocimientos se ve obligado a llevar a cabo sobre la marcha una "traducción" de la información, esto es, a "deducir" lo que los redactores habrán entendido o habrán querido decir en realidad. Un juego de adivinación, que va contra las reglas más elementales del periodismo. Lo peor es que, como esto no se da sólo en *El País*, sino también en todos los demás diarios y sobre todo en las radios y televisiones –con la fuerza divulgadora de estas últimas, y lo de TVE es atroz–, nos encontramos con que también quienes *no* son corresponsales en el extranjero, y por tanto no tendrían en principio de dónde traducir, adoptan las meteduras de pata, las sintaxis ininteligibles y los innumerables *falsos amigos* que sus colegas propagan. Es llamativa la resistencia mínima que se opone hoy al continuo destrozo de la lengua. (Ojo, mi preocupación no se debe a ningún purismo, sino al creciente peligro de que no nos entendamos más que "retraduciéndonos" los unos a los otros, si cada cual trufa el español con los disparates que se le antojan.)

Sirva como ejemplo modesto la proliferación de *falsos amigos*, y eso que hay diccionarios para prevenirnos contra ellos. Obviamente, hay redactores de este diario (y por supuesto de otros) que ni los tienen ni los consultan, porque aún no se han enterado de que en inglés "*extravagant*" nunca significa "extravagante", sino "derrochador" o "despilfarrador"; de que "*fastidious*" es "puntilloso" o "meticuloso"; de que "*dramatic*", en bastantes contextos, no es "dramático", sino "espectacular"; de que "*bizarre*" no equivale a nuestro "bizarro", sino, como en francés, a "extraño" o incluso "estrafalario"; de que "*to abuse*" es "insultar" o "maltratar" muchas más veces que "abusar"; de que "*anxiety*" no significa "ansiedad", sino "angustia" (hace poco un crítico de *Babelia* se congratulaba de que por fin se hubiera traducido "fielmente" el título de una obra que contiene esa palabra, cuando precisamente ahora se ha traducido mal); de que "*a stranger*" no es "un extraño", sino "un desconocido" o el viejo "forastero" de las películas del Oeste; de que "*miserable*" quiere decir "desdichado"; de que "*to remove*" no es "remover", sino "quitar" o "sacar"; de que "*ingenuity*" e "*intoxication*" no son lo que parecen, sino "ingenio" y "embriaguez", y así decenas de casos más, que no se dan sólo en el inglés. La mayoría son cosas que los estudiantes de cualquier lengua aprenden en el primer curso. Gente que lleva años o meses viviendo en un país, y que escribe para la prensa, las desconoce y las traduce mal una y mil veces, hasta contagiárselas a quienes jamás han puesto un pie en el país en cuestión. Regalen esos diccionarios a quienes los necesiten en la redacción, por favor. Desearía volver a leer un periódico en el que no tuviera que retraducir a mi lengua las noticias que en él se me dan, y en el que me enterara un poco más.

Según el artículo...	V	F
1. El autor del artículo tiene dificultades para entender lo que lee.		
2. Algunos redactores no comprenden lo que escriben.		
3. Las traducciones que se hacen actualmente tergiversan la realidad.		
4. Javier Marías critica directamente a los becarios que trabajan en las redacciones de los periódicos.		
5. Los lectores tienen que descubrir el contenido de los textos.		
6. Los corresponsales extranjeros son sobre todo los responsables del uso de los falsos amigos.		
7. El autor del texto se declara purista de la lengua.		
8. Javier Marías se queja del mal uso del diccionario.		
9. Los falsos amigos se estudian desde niveles básicos.		
10. El autor dejará de leer los periódicos si no cambia la forma de escribir.		

10.b. En las siguientes frases aparecen algunos "falsos amigos". Identifica cuál es el término correcto según el contexto. Fíjate en el ejemplo.

> **Ej.** Me voy a la *~~librería~~ a estudiar, que mañana tengo el examen de gramática. → *biblioteca*

1. Ese *~~sujeto~~ no me interesa, prefiero otros como las matemáticas o la física.
2. Ana es una chica muy *~~sensible~~, siempre medita las cosas antes de tomar una decisión.
3. Le ha llevado casi dos meses tomar una decisión, pero por fin se ha decidido a ~~quitar~~ el tabaco.
4. ¿Sabes que me voy a *~~mover~~ de barrio? Me voy a vivir a las afueras, que en el centro hay mucho ruido.
5. El *~~tópico~~ sobre el que tenemos que escribir es las ventajas y desventajas del teléfono móvil.
6. Los trabajadores llevaron a cabo una *~~demostración~~ porque no estaban de acuerdo con la reforma laboral.
7. He comprado una *~~carpeta~~ para el baño que hace juego con las cortinas.
8. Después de la discusión, se sintió un poco *~~embarazada~~ por las palabras que le había dicho.
9. El *~~conductor~~ de la orquesta es un conocido músico venezolano.
10. ¿Te *~~has realizado~~ que ya estamos en septiembre y que se ha terminado el verano?
11. ¡Qué pena! Esa película no ha tenido el *~~suceso~~ que se esperaba.

12. ¿Me permite que le haga una última *~~cuestión~~ relacionada con el tema?
13. Este *~~desierto~~ está riquísimo, ¿quieres probarlo?
14. El éxito de ese grupo musical, *~~actualmente~~, fue por lo bien que se llevaban entre ellos.
15. En primer lugar, voy a realizar un análisis *~~comprensivo~~ de la situación.
16. Mañana te voy a *~~introducir~~ a una amiga muy simpática. Ya verás qué bien te cae.
17. El profesor Delgado imparte una *~~lectura~~ mañana en el auditorio.
18. No te recomiendo que vayas por esa zona de la ciudad, dicen que hay muchas *~~gangas~~ callejeras.
19. El actor protagonista que *~~juega~~ en esta serie de televisión es de mi ciudad natal.
20. *~~Eventualmente~~, creo que este año nos quedaremos sin ir de vacaciones.

Características pragmáticas

Un texto expositivo ha de ser **coherente** y para ello es importante que se observe una **progresión temática**, o lo que es lo mismo, una alternancia entre la información nueva y la ya conocida. La coherencia también se logra mediante una organización y una correcta distribución de la información, como por ejemplo a partir de **párrafos**.

Asimismo, un texto expositivo debe tener **cohesión**, es decir, la unión entre las diferentes partes mediante elementos lingüísticos como: los marcadores del discurso; los deícticos (los pronombres personales, posesivos, adverbios); las relaciones léxicas de sinonimia, antonimia e hiperonimia (vehículo ⟶ coche, autobús); y la puntuación.

Un texto expositivo ha de tener también **adecuación**, por lo que se debe adaptar a las situaciones de comunicación y al tipo de registro apropiado.

Ej. Miembros del partido socialista *~~se mosquearon~~ con los populares por las críticas recibidas. ⟶ se enfadaron con los populares

Actividad 11

11.a. Identifica en cuál de los dos siguientes textos hay progresión temática. Para que te resulte más fácil, fíjate en si avanza la información o no.

1. Así pues, para que el turismo se considere ecológico debe cumplir los anteriores principios pero, sobre todo, el bajo impacto ambiental que implica un turismo cuidadosamente regulado, practicado por personas interesadas en la naturaleza, dispuestas a causar el menor daño posible y respetuosas con las costumbres locales. Una técnica para reducir tal impacto es la "zonificación" de áreas protegidas, delimitando las áreas más frágiles con acceso restringido.

2. La piratería es la distribución o reproducción ilegal de música para un uso comercial o particular. Es una práctica ilegal y está castigada por la ley. Cuando se adquiere un disco sólo se es propietario del objeto en sí, nunca de los derechos de autor del mismo. Esto conlleva el no poder distribuirlo sin pagar una tasa por ello. En la actualidad, hay diversas formas de piratería. Por un lado, la duplicación y comercialización de discos compactos en la calle y, por otro, la copia y distribución por Internet sin permiso del autor. Si se copia un CD sin haber adquirido el número de licencias adecuado, se infringen las leyes de derechos de autor, es decir, se comete un delito. Si esta práctica se repite de manera continuada y abusiva, la sanción puede conllevar una pena de cárcel.

11.b. En un texto expositivo debe primar la adecuación y, por lo tanto, el lenguaje se debe adaptar a un tipo de registro apropiado. Transforma los siguientes párrafos de tal manera que resulten adecuados.

> **Ej.** Internet hace que escribamos mal. Es cierto que yo también recorto alguna que otra palabra, pero hay personas que son reencarnaciones de antiguos egipcios, escriben jeroglíficos, por ejemplo: "bs", "tb", "xq", "x fa". ¡Espabilad, hombre, que por pulsar dos o tres letras más no os vais a romper los dedos!
>
> *Con Internet y las nuevas tecnologías se ha deteriorado nuestra escritura. Es cierto que en este contexto se pueden abreviar algunas palabras, como por ejemplo "bs" (beso), "tb" (también), "xq" (porque), "x fa" (por favor), pero muchas veces esta práctica llega a convertirse en un auténtico jeroglífico difícil de descifrar y, por lo tanto, se deberían respetar las normas ortográficas a la hora de escribir.*

1. Otro tema muy peligroso en Internet es el de la privacidad. ¿Es seguro hablar por Internet? ¿Es seguro confiar tus contraseñas de banco, de chat, etc.? En teoría, sí, lo es. No obstante, como ya comentaré a continuación, existe gente capaz de acceder a ello. La intimidad es uno de los derechos del hombre. Daría miedo pensar que dicha intimidad pueda esfumarse por confiar en un programa informático.

2. ¡Cuidado! No hay que fiarse jamás de las cosas que descarguemos o que nos envíen, podrían contener virus informáticos. Estos virus son como los que nos producen enfermedades, sólo que éstos afectan a nuestros ordenadores, infectándolos y haciéndolos funcionar erróneamente. Los hackers saben cómo crearlos y emplearlos, así que debemos andar con pies de plomo. Lo mejor es contar con un buen antivirus, antiespía, *firewall*, etc., que detectan su presencia, los bloquean y los eliminan para proteger al ordenador.

Características fónicas

En un texto expositivo se dan también a veces impropiedades léxicas debido a semejanzas fónicas: "adoptar" en lugar de "adaptar", "aludir" en lugar de "eludir", o "surgir" en lugar de "surtir". Se debe evitar asimismo la repetición excesiva de un mismo sonido o cacofonía, ej. *"Los partidos que pensaban proponer propuestas para el presupuesto tienen que posponerlas". También es conveniente prestar atención a que no haya rimas dentro de una misma oración, ej. *"Se ha sopesado el alto grado de evacuados en el otro lado de la frontera".

Actividad 12

Algunas palabras se parecen en su forma por una proximidad fónica, pero poseen significados diferentes. Escoge la opción más adecuada según el significado de cada palabra y haz la concordancia donde sea necesario.

accesible • asequible	1. No voy a comprarme ese libro, la verdad es que no es muy .... , lo cogeré en la biblioteca. 2. Luis no es una persona muy .... , es un tanto reservado y parece que todo el mundo le molesta.
adaptar • adoptar	3. Mis tíos van a .... a una niña que se ha quedado huérfana tras el terremoto. 4. Tomoko se sabe .... a cualquier situación con bastante optimismo.
aludir • eludir	5. ¿En qué capítulo se .... al texto argumentativo? 6. Juan, no .... los problemas y afróntalos de una vez por todas.
adición • adicción	7. Tengo una enorme .... a todo tipo de dulces. 8. Dos más dos son cuatro, eso es una .... ¿no?
aptitud • actitud	9. No me gusta tu .... ante lo que ha sucedido. Es mejor que hables con ella. 10. Le encanta bailar pero carece de .... para ser un músico profesional.
competer • competir	11. Rafal Nadal siempre .... contra Roger Federer en los grandes torneos. 12. Creo que ese asunto no te .... en lo más mínimo. Será mejor que no te metas.

espirar • expirar	13. Venga, chicos, ... lentamente y luego relajaos. 14. Dijo unas últimas palabras y después .... para siempre.
especie • especia	15. La vaca pertenece a la .... de los animales vertebrados. 16. Me gusta poner en la comida diferentes .... para darle más sabor.
estática • estética	17. Me compré una bicicleta .... para hacer ejercicio sin tener que ir al gimnasio. 18. No me gusta la .... que llevan ahora algunas tribus urbanas.
exhaustivo • exhausto	19. Realizó un informe .... de todas las incidencias que tuvieron durante el viaje. 20. Estoy .... He corrido cinco kilómetros de un tirón hasta el club de tenis.
inflación • infracción	21. Se dice que con el carné por puntos los conductores cometen menos .... 22. Con la .... que tenemos ahora mismo, será difícil salir pronto de la crisis.
perjuicio • prejuicio	23. Cobrará por los daños y .... ocasionados en el accidente. 24. ¿Tú crees que ese político tiene .... contra los inmigrantes?
prescribir • proscribir	25. El médico le .... unas pastillas contra los mareos que eran demasiado fuertes. 26. Lo .... de su país por motivos políticos y se tuvo que exiliar.
surgir • surtir	27. La ley antitabaco no .... efecto hasta principios de año. 28. Ayer .... diversos problemas que retrasarán la fecha de entrega del proyecto.
visionar • visualizar	29. Tengo que .... unos documentales para elaborar luego un reportaje. 30. Está .... como sería estar ahora en una isla desierta del Caribe.

5. Estrategias discursivas para elaborar textos expositivos

En este apartado nos centraremos en algunas estrategias discursivas que se pueden utilizar para conseguir que un texto expositivo sea más claro.

1. **Reformular o parafrasear.** Consiste en repetir una idea o información con la que podemos aclarar el contenido del texto. Se puede lograr a partir de los marcadores del discurso, sobre todo de los llamados reformuladores que pueden ser:
   - **Explicativos** (o sea, es decir, esto es, a saber, en otras palabras, dicho de otra manera, etc.) o **rectificativos** (mejor dicho, más bien, etc.).
   - **De distanciamiento** (en cualquier caso, en todo caso, de todos modos, de cualquier forma, etc.).
   - **Recapitulativos** (en suma, en conclusión, en resumen y en síntesis, en síntesis, en resumidas cuentas, en definitiva, al fin y al cabo, etc.).
   - **Estructuradores de la información** que son **comentadores** (pues, pues bien), **ordenadores** (en primer lugar, etc.) y **digresores** (por cierto, a propósito, etc.).

2. **Ejemplificar.** La utilización de ejemplos, citas de autoridad, o referencias que testimonian la información, contribuye a aclarar algunas de las ideas expuestas; por ejemplo, a partir de los operadores de concreción (en concreto, en particular, etc.).

   Ej. Muchas veces las redes sociales se convierten en una obsesión. Unas veces porque hemos conseguido cierto renombre en la red y no queremos perder nuestra lista de seguidores, y otras porque pretendemos actuar igual que el resto. Un ejemplo es el del estadounidense Josh Bancroft (*blogger* bastante conocido en la red), que en un mes envió 984 SMS únicamente para actualizar su estado en la red social de Twitter.

3. **Ordenar y clasificar la información.** Es conveniente organizar el contenido de manera que se perciba cuál es la información primaria y la secundaria. Los marcadores discursivos ayudan también en esta tarea.

   Ej. Podemos clasificar las principales ventajas de Internet de la siguiente manera. En primer lugar, con el uso de las redes sociales obtenemos una comunicación más directa y mucho más rápida. En segundo lugar, la conexión a Internet es a largo plazo mucho más económica que la de un teléfono móvil. Por último, al pertenecer a este tipo de redes, se recupera el contacto con personas de las que hace tiempo que no tenemos noticias.

4. **Resumir.** Sintetizar la información principal de un texto de tal manera que se recoja lo esencial. No se trata de copiar las mismas frases que aparecen en el texto original, sino de leer primero el texto, identificar cuáles son las ideas más importantes y dejar a un lado las secundarias. Si se trata de resumir un texto extenso, normalmente cada párrafo desarrolla una idea diferente, por lo que extraeremos la información principal y después, para que resulte coherente, uniremos las ideas manteniendo el orden propuesto en la exposición. Un resumen no se debe completar con una opinión personal, sino que se debe limitar a lo que expone el texto.

   Ej. La piratería es la distribución o reproducción ilegal de música para un uso comercial o particular. Es una práctica ilegal y está castigada por la ley. Cuando se adquiere un disco sólo se es propietario del objeto en sí, nunca de los derechos de autor del mismo. Esto conlleva el no poder distribuirlo sin pagar una tasa por ello. En la actualidad, hay diversas formas de piratería. Por un lado, la duplicación y comercialización de discos compactos (CD) en la calle y, por otro, la copia y distribución por Internet sin permiso del autor. Si se copia un CD sin haber adquirido el número de licencias adecuado, se infringen las leyes de derechos de autor, es decir, se comete un delito. Si esta práctica se repite de manera continuada y abusiva, la sanción puede conllevar una pena de cárcel.

   Resumen: En este párrafo se define el término "piratería" y se establecen los tipos que hay junto a las consecuencias que pueden conllevar su uso.

5. **Revisar.** Es conveniente redactar varios **borradores** antes de llegar a la versión definitiva (véase el capítulo 9). Al revisar el borrador hay que fijarse tanto en su **contenido** (si hay progresión temática y si la información se ha distribuido correctamente; si la estructura es clara y tiene las tres partes fundamentales: introducción, desarrollo y conclusión); y en su **forma** (si contiene párrafos, marcadores del discurso que son variados y que se han utilizado correctamente, un léxico preciso, una gramática y una ortografía correctas).

Actividad 13

13.a. Lee el siguiente texto y coloca los marcadores discursivos en su lugar correspondiente.

es decir • por ejemplo • en pocas palabras •
por cierto • además • en concreto

¡Socorro! ¡Quiero escapar de mi red social!

A sus 27 años, Magnus W. Leijel trabaja en la oficina de patentes de Estocolmo. Pero no es su actividad laboral la que le ha deparado los cerca de 33.000 'amigos' o seguidores que atesora en la red social Facebook, sino un grupo de nombre explícito que formó en ella: Cómo borrar tu cuenta de Facebook para siempre. Aunque sostiene que la política de la red social ha mejorado, afirma que «nunca sabremos a ciencia cierta qué ocurre con nuestros datos personales. Al entrar en Facebook, tenemos que confiar en ellos. ¿Merecen nuestra confianza? Eso es algo que cada uno tiene que decidir».

(1) .... hasta noviembre de este año, 350 millones de usuarios le han otorgado esa confianza a la red social; la cifra es imponente, más aun teniendo en cuenta que en enero eran 'sólo' 150 millones. Sin embargo, muy pocos se detienen en las condiciones de servicio que, necesariamente, hay que aceptar para formar parte de esta y otras redes sociales, como Twitter, MySpace o Tuenti.

Los 2.000 millones de fotos que se suben mensualmente a la plataforma o los 14 millones de vídeos que los usuarios comparten con sus 'amigos' quedan a merced de la compañía. Esto les confiere derecho, (2) .... , a compartir las fotos con terceros o a utilizarlas con fines publicitarios, aunque sin asociarlas a ningún perfil o nombre propio concreto. A comienzos de este año, la compañía añadió una cláusula a sus condiciones en la que matizaban que recibían esos derechos a perpetuidad. (3) .... , que aunque el internauta se diera de baja en el servicio, el material seguía en poder de la red social. Cosa que, (4) .... , sí puede leerse en las condiciones de uso de ciertos productos Google. Twitter, por su parte, explica en el apartado referente a su política de privacidad que puede utilizar los datos que recoge sobre el usuario para labores de marketing.

Inicialmente, si bien el intento de Facebook de aplicarse una licencia perpetua pasó inadvertido, la página web Consumerist.com hizo saltar las alarmas. Tras un primer anuncio hecho por el propio Mark Zuckerberg, fundador del site, de que renovarían sus condiciones de uso, el nuevo texto llegó, por fin, a comienzos de diciembre. Para mejorar el control de los usuarios sobre sus datos, añaden nuevas categorías que se refieren a quién podrá ver las actualizaciones: sólo las amistades, los amigos de los amigos o todos. Así, por ejemplo, podemos compartir cierta información determinada con los amigos, pero no con compañeros de trabajo.

Tal como recuerda Lorena Fernández, impulsora del uso de las TIC y la web 2.0 en la docencia en la Universidad de Deusto y autora de un reconocido blog (blog.loretahur.net): «Las redes son servicios gratuitos, pero tienen una contraprestación: los datos de los usuarios. La clave está en conocer las reglas del juego». Pese a todo, ella no cree que las redes vayan a hacer un uso abusivo, «incluso aunque se lo permitan sus condiciones». ¿Por qué? «Sin los usuarios no se sostienen, y ellos lo saben».

Pero el problema de fondo es más profundo. Una vez que nos damos de baja, ¿desaparecen realmente todos nuestros datos? La respuesta es sencilla: no. Aunque el usuario elimine su perfil en la red social, todas las fotos, vídeos o comentarios que ha compartido con sus contactos siguen presentes en sus páginas. (5) .... hay un problema añadido: la legislación que rige cualquier conflicto que pueda surgir entre el usuario y las redes sociales es la del país donde éstas tengan su sede. La legislación estadounidense es bastante más generosa con las compañías y la española es mucho más garantista para el usuario. Con todo, quizá por ese usuario más exigente, quizá por unas autoridades más concienciadas, algún día podremos ver un nuevo sistema que mejorará la privacidad y el control de la información por parte de los usuarios. (6) .... mientras llega, y también después, la solución es leerse con detalle la letra pequeña.

Daniel Méndez, "¡Socorro! ¡Quiero escapar de mi red social!", *XLSemanal*, 26/12/2009

13.b. Resume cada uno de los párrafos del texto "¡Socorro! ¡Quiero escapar de la red social!".

Actividad 14

Escoge uno de los dos temas que te proponemos a continuación y elabora un texto expositivo de 500 palabras. A la hora de redactar el texto, ten en cuenta que la estructura sea clara, que haya cohesión, coherencia y adecuación, y presta atención a todos los aspectos formales (la gramática, la ortografía, etc.).

Tema 1: "La inmigración, ¿problema o solución?"

Tema 2: "¿Es la profesión de psicólogo indispensable en nuestra sociedad?"

Capítulo 4
El texto argumentativo

◆ ¿En qué consiste?

En el texto argumentativo se busca persuadir o convencer al lector a partir de argumentos o ejemplos que contribuyan a sustentar una tesis o idea central. Este tipo de texto se combina en numerosas ocasiones con el texto expositivo, pero aun así en el argumentativo queda más latente la postura y la opinión del escritor. Se pueden incorporar asimismo la narración y la descripción, también con el objetivo de persuadir o de convencer al lector.

A la hora de argumentar se exponen tanto los argumentos a favor como los contraargumentos. Al presentar dos puntos de vista, se pretende dotar al texto de una mayor objetividad a la vez que se encamina al lector hacia la idea central defendida por el autor. Algunos ejemplos de textos argumentativos son: los artículos de investigación, los textos periodísticos, de opinión o filosóficos.

- Su estructura se divide principalmente en las siguientes partes:
  - **El tema principal**. Puede aparecer de manera explícita en el título.
  - **La introducción**. Se intenta captar la atención del lector y presentar algunas de las ideas que sustentan la tesis principal.
  - **La tesis principal**. Es la idea o el conjunto de ideas esenciales del texto.
  - **Los argumentos y los contraargumentos**. Aparecen en el desarrollo del texto mediante párrafos con el objetivo de sustentar la tesis principal.
  - **La conclusión**. Sirve de recapitulación y concluye el texto haciendo referencia a la tesis principal o a alguna de las ideas principales.

- Además de escoger cuidadosamente los argumentos o razonamientos, se debe asimismo seleccionar el lenguaje de manera que resulte convincente en la tarea de defender la tesis principal.

- En la retórica clásica se establecían tres pasos principales a la hora de elaborar un discurso. Estos tres pasos lógicos contribuyen a que cualquier texto argumentativo cumpla con los requisitos principales que debe tener:
  - La ***inventio*** o selección de ideas, en la que el escritor debe decidir en primer lugar cuáles son los mejores argumentos para defender su tesis, a partir de una lluvia de ideas, un esquema, un mapa mental, etc.
  - La ***dispositio*** u orden de los argumentos, donde el escritor debe decidir en qué momento y en qué lugar va a distribuir los diferentes razonamientos o argumentos para que sean coherentes y se produzca un orden lógico y convincente a la hora de presentar la información. Aquí es donde habría que decidir en qué momento tienen que aparecer las ideas, qué tipo de introducción, de argumentos, de párrafos y de conclusión se van a utilizar, etc.
  - La ***elocutio*** o modo de expresión, el paso que lleva al escritor a seleccionar el lenguaje para realzar el conjunto textual dentro de los parámetros genéricos del texto; por ejemplo, un texto periodístico, filosófico o académico. En esta fase se incluye la selección del léxico y de una terminología apropiada, el uso de expresiones, la precisión en el significado, el uso de los adjetivos, de los verbos, etc.

1. La introducción de los textos argumentativos

La introducción de un texto argumentativo presenta el tema y trata de captar la atención del lector. Una buena introducción asegura una predisposición favorable por parte del receptor del texto. A continuación vamos a ver los principales tipos de introducción que, aunque en principio se diferencian entre sí, también se pueden combinar.

1. **Introducción de síntesis.** Se sintetiza o se presenta la tesis principal del texto. La manera de introducirlo puede guardar una estrecha relación con el título, ya que en éste muchas veces se resume la idea central del texto.

2. **Introducción aseverativa o mediante afirmaciones.** Se presenta información que se supone como verídica, pero el lector tiene que estar familiarizado con la información a la que se hace referencia. De esta manera se consigue un estilo más directo y dinámico para introducir el texto.

3. **Introducción con cita.** Se exponen ideas, ya sean de manera textual o parafraseada, que provienen de una fuente de información concreta, de una institución de reconocido prestigio o de un personaje público. También se puede iniciar un texto haciendo referencia a un refrán, un proverbio, o a cualquier otra información que sea pertinente para el desarrollo del tema principal. Mediante este tipo de introducción se pretende captar la atención del lector y dotar al texto de una mayor credibilidad.

4. **Introducción de carácter anecdótico.** Se elabora a partir de una información de carácter anecdótico, o de un evento relacionado con el tema central del texto, se busca vincular al lector de manera indirecta para abordar el asunto principal que ocupa al desarrollo del texto. El lector tiene que estar familiarizado con la anécdota a la que se alude.

5. **Introducción de carácter comparativo.** Se introduce el texto con una comparación en la que se plantea un problema similar o de carácter metafórico, que puede arrojar ideas o datos pertinentes sobre la tesis central del texto.

6. **Introducción de carácter retórico.** Comienza planteando una pregunta o una serie de preguntas de carácter retórico, cuyo tema se desarrolla más adelante para llegar así a plantear la tesis del ensayo. El interrogante o los interrogantes que se plantean en la introducción se centran en la cuestión principal que ocupa al texto.

Actividad 1

1.a. Lee con atención los diferentes extractos de algunos textos argumentativos e identifica el tipo de introducción que se utiliza. Subraya la información que te proporcione la clave.

Texto 1: *introducción aseverativa*

Se suele decir que las acciones de un buen gobierno siempre se justifican porque contribuyen a salvaguardar los intereses de los ciudadanos. Sin embargo, convendría analizar esta afirmación a la luz de los actuales planes económicos del ejecutivo, ya que parece que últimamente al gobierno le gusta adoptar medidas económicas que creen polémica entre los contribuyentes. Como todo el mundo sabe, tarde o temprano, tanto los recién licenciados que se lanzan ilusionados al mercado laboral como los pensionistas que se merecen poder disfrutar de la añorada tranquilidad de tantos años de esfuerzo, van a tener que sufrir todas estas austeras medidas que no parece que sean la solución a la grave crisis económica que atravesamos. Algunos lo justifican aludiendo a que es lo mismo que se hace en otros países de la Unión Europea, pero quizás estos países no tengan la misma realidad social que tenemos ahora mismo en nuestro país.

Texto 2: ....

Un problema que se debate con frecuencia hoy en día es si debemos dejar que las creencias religiosas de un grupo en particular formen parte de las decisiones conjuntas de una nación, como derecho que poseen y al que todos nos vemos adheridos, o es tan sólo una obligación moral para aquellos que profesan una determinada fe. Deberíamos preguntarnos, no obstante, qué ocurre con todos los que no tienen o que no expresan sus creencias, ¿son en realidad muchos menos que aquellos que exigen que se les tenga en cuenta en la toma de decisiones?, ¿son simplemente una mayoría que no hace tanto ruido?, ¿deberíamos respetarlos también de alguna manera y reconocer su existencia y otorgarles representación popular? Resulta irónico, por lo tanto, que en temas como el aborto o la eutanasia se recurra casi obligatoriamente a las altas esferas de la oligarquía eclesiástica para que no se ofendan ni se sientan olvidados, casi como si estuviéramos en el siglo pasado o en algún siglo anterior, en vez de pensar que ya hemos superado todos aquellos prejuicios de antaño.

Texto 3: ....

Existe una gran divergencia de opiniones sobre la legalización del cannabis en México, cuyo debate parlamentario pasa estos días por un lento y delicado proceso que no hace más que estar sujeto a impedimentos burocráticos de todo tipo. Sin embargo, valga a modo de ejemplo que en Holanda hace ya muchos años que este debate dejó de existir y no parece que la legalización de algunas drogas tuviera un efecto demoledor en dicha sociedad, ni que asimismo desencadenara un efecto llamada que animara a todas aquellas personas adictas a ciertas drogas a refugiarse allí para poder satisfacer su adicción con entera libertad. Muy por el contrario se respira en la sociedad holandesa lo que no parece que vaya a ocurrir nunca aquí, una normalización absoluta sobre este tema que deja en manos de cada consumidor la elección de dónde tiene que ir y qué es lo que debe hacer.

Texto 4: ....

En la cultura popular encontramos una fuente inagotable de ejemplos de diversa índole que han ayudado a cambiar la actitud de la gente. En la década de los ochenta, el grupo musical Alaska y Dinarama consiguió con el estribillo de una de sus canciones, "a quién le importa lo que yo haga, a quién le importa lo que yo diga, yo soy así y así seguiré, nunca cambiaré", crear un himno de libertad a favor del colectivo homosexual que por fin se ha materializado en la sociedad española. Si algo ha caracterizado a los españoles a través de su ajetreada historia, ha sido el saber adaptarse a cualquier realidad, no sólo por las incesantes invasiones de diferentes pueblos que más o menos cortésmente nos visitaban en la Península, sino porque hemos pasado de vivir hace tan sólo unas cuantas décadas bajo una dictadura dominada por una sociedad patriarcal, a redefinir el concepto de familia y saber adaptarlo tal y como exige la época en la que vivimos.

Texto 5: ....

Una actitud muy extendida hoy en día es la de hacer promesas electorales antes de las elecciones, aunque se sepa a ciencia cierta que puede que sea muy difícil cumplirlas. La semana pasada asistimos expectantes al proyecto de alta velocidad desde la capital del imperio británico, aunque sin que nos llegaran a desvelar una fecha concreta para el comienzo de las obras. El evento, que congregó a numerosas autoridades así como a políticos interesados en hacerse la foto de rigor, tuvo lugar curiosamente a muy pocas millas de donde se empezó a construir la primera locomotora de vapor. No deja de ser una paradoja que Inglaterra, país inventor de este medio de transporte, no tenga todavía ningún tren de alta velocidad en circulación. Y aunque todo apunta a que esta vez va en serio, son muchos los interrogantes que se han dejado en el aire, ya sea por la falta de información o de presupuesto.

Texto 6: ....

En este ensayo intentaremos explicar y dar respuesta a los diferentes interrogantes que han surgido en los medios de comunicación, a raíz de la decisión parlamentaria de instalar cámaras de vídeo en las calles de la capital. Para ello, presentaremos diferentes argumentos a favor y en contra que nos ayudarán a analizar si este sistema sirve para proteger al ciudadano o si, por el contrario, contribuye a mermar su privacidad. También intentaremos ofrecer un método alternativo que, en nuestra opinión, cumpliría la misma función y que podría tanto ayudar al control de la delincuencia común como a salvaguardar la privacidad del ciudadano de a pie.

1.b. Es importante que un texto argumentativo tenga un buen título que no solamente sintetice la información y haga referencia al tema principal, sino que también capte la atención del lector. ¿Se te ocurre un título para cada una de las introducciones que acabas de leer?

Ej. 1. *El fin no justifica lo que decide hacer el Gobierno*

2. Tipos de argumentos

Para argumentar se deben expresar diferentes razonamientos, ideas o argumentos. Éstos son los principales:

1. **Argumento racional.** Presenta ideas que están aceptadas por el conjunto de la sociedad y que por lo tanto no se cuestionan en su planteamiento.

   Ej. Todo el mundo sabe que para hablar bien una lengua hay que conocer bien la gramática.

2. **Argumento deductivo.** A partir de lo que se plantea se pueden deducir o extraer conclusiones certeras.

   Ej. El tren de alta velocidad no consume tanto combustible como el avión y puede transportar al mismo número de pasajeros, por lo tanto, es más ecológico como medio de transporte.

3. **Argumento de ejemplificación.** Se extrae un ejemplo concreto y se utiliza para ampliarlo a escala general.

   Ej. En algunos países la corrupción no solamente existe en las altas esferas de la política, sino que también es un hecho que afecta a todas las escalas sociales, desde policías, médicos e incluso abogados.

4. **Argumento por analogía.** Busca la semejanza entre diferentes ideas que no tienen por qué estar relacionadas, pero que se parecen en su planteamiento.

   Ej. Si en algunos países se han legalizado las drogas para intentar acabar con el estigma de lacra social que suponen, ¿por qué no se puede legalizar también la prostitución para dotar al individuo de una mayor libertad de decisión?".

5. **Argumento por definición.** Presenta diferentes definiciones de un mismo concepto y las contrasta para dar más validez al conjunto argumentativo.

   Ej. El concepto de "alma" no es el mismo en todas las culturas. Mientras que para algunos filósofos como Freud consiste en la diferencia entre el "yo" y el "superyó", para la mayoría de las religiones se trata de una entidad inmaterial e invisible.

6. **Argumento *ad personam*.** Se utiliza para desacreditar un planteamiento de otra persona, colectivo o institución y reforzar de esta manera los argumentos propios.

   Ej. Resulta irónico que aquellos que en los ochenta exigían privatizaciones masivas de las empresas públicas, defiendan hoy en día un sistema plenamente público como eje central del sistema del bienestar.

7. **Argumento de causa.** Intenta explicar la relación que existe entre causa y efecto, aunque no siempre sea una relación que se pueda comprobar o verificar en su totalidad.

   Ej. Prohibir fumar en los espacios públicos servirá para que el nivel de tabaquismo descienda también entre la población más joven.

8. **Argumento de autoridad.** Se presenta un argumento de una fuente de información fiable, de una institución o de un individuo de reconocido prestigio que corrobora su validez y a partir del cual se desarrollan otros argumentos.

   Ej. Greenpeace ha denunciado que pese a las restricciones internacionales se sigue practicando la caza furtiva de ballenas y otros cetáceos.

El escritor de un texto argumentativo siempre busca la manera más convincente de presentar la información, por eso utiliza **contraargumentos** que en cierto modo contradicen o contrastan la información de los argumentos que se acaban de presentar y que sirven para plantear diversos puntos de vista, aunque el objetivo siga siendo el de persuadir al receptor del texto. No tiene por qué haber un contraargumento para cada argumento, por lo que aparecen allí donde el escritor lo cree conveniente. Los contraargumentos se suelen introducir con marcadores discursivos como: por el contrario, sin embargo, no obstante, en cambio, con todo, aun así, pese a esto, a pesar de esto, etc.

Ej. Argumento: El tren de alta velocidad se ha impuesto como el único sistema de transporte viable que respeta el medio ambiente y que es rentable a medio y largo plazo.

Ej. Contraargumento: No obstante, construir toda la infraestructura necesaria para que un tren de alta velocidad pueda entrar en circulación, requiere un elevado coste y un esfuerzo económico muy importante por parte de la Administración.

Actividad 2

2.a. Identifica los diferentes tipos de argumentos a partir de lo que acabas de leer. Subraya la información que te proporcione la clave.

Texto 1: *argumento ad personam*

Hay gente fumadora que se muestra en contra de la prohibición de fumar en los espacios públicos y que arguye equívocamente que si no se puede fumar en los restaurantes, bares y discotecas, les costará mucho más socializar y relacionarse. Evidentemente, parece que a estos individuos les preocupa más acrecentar su red social de amistades que su propia salud y la de los demás.

Texto 2: ....

La Organización Mundial de la Salud acaba de comunicar que la mayor parte de los beneficios del té se pierden al embotellarlo, y que el té que se vende como bebidas y refrescos embotellados no tiene la misma cantidad de antioxidantes o propiedades beneficiosas para la salud, ni es tan sano como anuncian los fabricantes.

Texto 3: ....

Si los empresarios de la industria del automóvil optan por producir solamente coches híbridos a partir del año que viene, se reducirá la contaminación ambiental y acústica a la mitad y, posiblemente, el precio de los carburantes baje como consecuencia de la menor demanda.

Texto 4: ....

Aunque el partido en la oposición no deje de hacer propuestas, algunas de ellas bastante estrambóticas y difíciles de creer, es bien sabido que no se puede poner en marcha una ley si primero no se aprueba por mayoría en el parlamento.

Texto 5: ....

El problema de la violencia gratuita en la televisión y demás medios de comunicación no sólo afecta a los jóvenes, que son los primeros receptores de este tipo de información, sino también a los padres, que no saben cómo controlarla y a los educadores que en algunas ocasiones llegan hasta a ser víctimas de este exceso de agresividad, ya sea verbal o física, por parte de la población más joven.

Texto 6: ....

Cuando uno es parte de una orquesta debe seguir en todo momento las indicaciones del director, por lo que cuando se trabaja en equipo, aunque todos los integrantes tengan que estar de acuerdo, siempre tiene que haber alguien que lleve la batuta en la toma de decisiones.

Texto 7: ....

Los inmigrantes que residen legalmente en nuestro país cotizan en la seguridad social, pagan sus impuestos como cualquier contribuyente y suelen tener más hijos que el ciudadano medio, por lo que gracias a ellos se ha conseguido invertir la tasa negativa de natalidad. Por lo tanto de aquí se deduce que, pese a las trabas y a las críticas que se intentan crear sobre su situación, también contribuyen de manera positiva en nuestra sociedad.

Texto 8: ....

Algunos definen el grafiti como un arte y un medio de expresión único que la sociedad moderna no acierta a comprender, mientras que otros lo consideran un mero acto de vandalismo que solamente busca la provocación, que ensucia y destruye el paisaje urbano. Pese a que ambas posturas son aceptables y lógicas, es innegable el hecho de que el grafiti ha existido desde la época prehistórica como método de comunicación.

2.b. Lee las siguientes afirmaciones y escribe un argumento o un contraargumento en un breve párrafo para cada una de ellas.

1. “Lo importante no es ganar, sino participar”.
2. “El cambio climático tiene solución, basta con hacer un poco cada día”.
3. “No es oro todo lo que reluce: estudiar en una buena universidad no siempre te proporciona la mejor educación”.
4. “Con la llegada al mercado del libro electrónico, todos los libros convencionales van a desaparecer en cuestión de años”.

3. La conclusión de los textos argumentativos

Un texto argumentativo se concluye sintetizando la tesis, haciendo referencia a la misma o a diferentes ideas o argumentos en torno a los que ha girado el tema principal. La conclusión tiene que ser progresiva y, por lo tanto, en esta parte del texto no se deben incluir ejemplos que no se hayan incorporado en su desarrollo. A continuación, vamos a ver los principales tipos de conclusión que aparecen en un texto argumentativo. Aunque en principio se diferencian entre sí también es posible encontrar una combinación de varios tipos.

1. **Conclusión de síntesis.** Sintetiza o resume parte de los principales argumentos o razonamientos en torno a los que ha girado la tesis principal del texto.

2. **Conclusión aseverativa o mediante afirmaciones.** Presenta la información de manera que se presupone como verídica, pero el lector tiene que estar familiarizado con ésta. De este modo se consigue un estilo más directo y más dinámico.

3. **Conclusión con cita.** Mediante la inclusión de una cita se consigue apoyar un determinado argumento durante el desarrollo de un texto y también puede contribuir a su cierre.

4. **Conclusión de carácter anecdótico.** Con un hecho anecdótico, o un evento relacionado con el tema principal, también se puede concluir un texto con el objeto de ilustrar la tesis que se ha defendido. Sin embargo, el lector tiene que estar familiarizado con la anécdota a la que se alude.

5. **Conclusión de carácter comparativo.** Se elabora a partir de una comparación en la que se sintetiza el tema principal del texto. Sin embargo, no se debe incluir una comparación si se trata de un ejemplo más que se podría haber incluido en el desarrollo del texto.

6. **Conclusión de carácter retórico.** Plantea una cuestión de carácter retórico, a modo de síntesis, como un interrogante más a partir de lo expuesto y que hace referencia a la tesis del ensayo. El interrogante, o los interrogantes, que se presentan en la conclusión, hacen referencia al tema principal del texto.

Actividad 3

3.a. Lee con atención los diferentes extractos de algunos textos argumentativos e identifica el tipo de conclusión que se utiliza. Subraya la información que te proporcione la clave.

Texto 1: *conclusión aseverativa*

La cuestión de la que nos hemos ocupado en este ensayo se reduce en lo esencial a un análisis de por qué la sociedad mexicana se ve incapacitada para adoptar una visión unilateral sobre la legalización controlada de algunas drogas. Ha quedado puesto de manifiesto que son muchas las trabas administrativas y los obstáculos que no hacen más que confirmar que seguimos viviendo aislados, en una parte del planeta en la que no se tiene en cuenta lo que se hace en otros continentes y en donde el narcotráfico, y los efectos negativos que provoca, son una realidad con la que convivimos a diario. Pese a todo lo expuesto, no es difícil prever cuál será el resultado del debate que se ha generado entre las clases políticas en las últimas semanas a raíz de este tema pero, a pesar del bullicio en los medios de comunicación, parece inevitable que todo siga igual que antes.

Texto 2: ....

Para llevar a término el presente análisis sólo falta añadir que el tren de alta velocidad dista de ser una realidad tangible en Inglaterra a corto plazo. Tal y como reza el refrán, "las cosas de palacio van despacio", todos los grandes proyectos requieren una atención especial, mucha burocracia y un esfuerzo adicional, y efectivamente parece que este tema no está entre las prioridades del nuevo gobierno, cuyos miembros se han atrevido a calificar el proyecto de "capricho del consumidor". Sólo el tiempo confirmará si en realidad se trata de un antojo de aquellos que desean poder disfrutar de un medio de transporte de primera categoría o de una necesidad que llega con mucho retraso, y de si Inglaterra será uno de los últimos países del espacio europeo en subirse al tren de la alta velocidad.

Texto 3: ....

Vemos, pues, que es difícil adivinar a ciencia cierta cuál será la evolución de la economía global y más difícil aún saber cuál será la previsión de la economía española de aquí a unos meses. Ha quedado claro que estamos mentalizados para superar este bache que está durando más de lo previsto y que nos ha llegado de sopetón a todos, pero ¿estamos preparados para aguantar durante mucho tiempo sin ese dinero que se nos descuenta de la nómina cada mes y que antes se nos daba?, ¿es justo que esto sólo les suceda a los que son funcionarios y que ellos tengan que soportar doblemente el peso de la crisis?, ¿por qué no se produce un apretón colectivo también en la empresa privada para que el esfuerzo resulte más distribuido entre los contribuyentes? Éstos son algunos de los interrogantes que quedan sin resolver, y sólo el tiempo desvelará si todo esto ha valido la pena y si en realidad era el único camino por el que podíamos transitar para ver la luz al final del túnel.

Texto 4: ....

Todos los argumentos mencionados aquí apuntan a la misma conclusión, que poco a poco las sociedades se van dando cuenta de que el modelo tradicional de familia ya no funciona en su totalidad para la nueva realidad social. Son ya muchos los países que como España han ido abriendo poco a poco sus puertas a las uniones entre personas del mismo sexo: Holanda, Bélgica, Canadá, Sudáfrica, Suecia, Noruega, Argentina, Islandia, Portugal, etc., e incluso ciudades donde antes parecía un tema tabú como Ciudad de México han aprendido de lo que ocurre en otros lugares, y han comprendido que los individuos deben disfrutar por igual de los mismos derechos sociales independientemente de su sexo y de su orientación sexual.

Texto 5: ....

En conclusión, a partir de los diferentes ejemplos que hemos expuesto a lo largo de este ensayo hemos constatado que se debe respetar no sólo al que cree y expresa abiertamente sus creencias, sino también a aquellos que no las expresan o no las tienen y que, como ha quedado puesto de manifiesto, constituyen una mayoría en nuestra sociedad. Por lo tanto, a pesar de que exista una gran divergencia de opiniones sobre temas que puedan herir la sensibilidad moral de algunos colectivos, hay que tratar en todo momento de buscar un consenso pero, al mismo tiempo, no hay que olvidar que vivimos en un país laico en el que todos los ciudadanos se definen por igual y deben responder ante las mismas leyes independientemente de si tienen o no creencias religiosas.

Texto 6: ....

De esta manera ponemos fin al presente ensayo preguntándonos cuáles son las conclusiones válidas que se pueden extraer de la decisión parlamentaria de instalar cámaras de seguridad en los espacios públicos, cuando la semana pasada las mismas cámaras fueron incapaces de desvelar quién había intentado agredir al presidente durante un mitin electoral. Sin duda, hay que buscar otros sistemas alternativos y, sobre todo, exigir transparencia por parte de las autoridades competentes para que el ciudadano no se sienta parte de un sistema que en lugar de protegerlo se dedica a vigilarlo.

3.b. Fíjate en las diferentes conclusiones y observa que cada una empieza con una frase hecha. ¿Puedes localizarlas en cada uno de los textos?

4. El proceso de la argumentación

Actividad 4

4.a. Lee el siguiente texto. Fíjate en cómo se desarrolla el tema principal en los diferentes argumentos que se utilizan, y responde a las preguntas que aparecen debajo.

Un ejercicio de comprensión

La cruzada antitabaco de Zapatero y su Ministra de Sanidad, Jiménez, está adquiriendo tintes tan demagógicos que, antes de tarifar con ellos a todos los efectos, he intentado darles la razón, a ver qué pasaba. En lo relativo a la inminente prohibición de fumar en todos los lugares públicos cerrados, no lo consigo. ¿Por qué en todos? ¿Es que los no fumadores piensan frecuentar todos y cada uno de las decenas de millares de bares y restaurantes desperdigados por España? Los fumadores ya sólo aspiramos a que en algunos locales se nos permita echarnos un pitillo mientras tomamos una caña o justo después de almorzar o cenar. ¿Por qué no puede haber unos cuantos sitios así, llámense clubs de fumadores o como se quiera? ¿Por qué, entre los muchísimos que prefieren que se fume en ellos –no me cansaré de repetir que esa ha sido la causa de la nueva ley que se avecina: que los propietarios han hecho uso de la libertad que se les concedió contrariamente a los deseos del Gobierno, en vista de lo cual éste se la retira, vaya libertad condicionada–, no se efectúa un sorteo y se consiente que cierto porcentaje admita el humo en sus dependencias? Los no fumadores no entrarían en ellos, como otros no entramos en casinos, puticlubs o sex-shops, eso sería todo. En cuanto a los camareros –también podrían ser autoservicios, y no haberlos–, tendrían que ser asimismo fumadores voluntarios, no se verían obligados a respirar una atmósfera indeseada.

Este ejercicio de comprensión que intento no lo están llevando a cabo muchos más fumadores. Conozco a no pocos que han prometido no volver a pisar un bar ni un restaurante una vez que la intolerante nueva ley entre en vigor. Así que es natural que el gremio de hostelería esté preocupado. Este diario se ha alineado con Zapatero y Jiménez hasta el punto de publicar un reportaje con el titular "Sin humo no se hunde el bar" y el subtitular "Los hosteleros vaticinan un desastre por la prohibición de fumar, pero la experiencia en otros países lo desmiente", en el que sin embargo, al leer la información, ésta desmentía rotundamente dichos titulares, que se convertían en incomprensibles: resulta que en Irlanda hay un 25% menos pubs de los existentes antes de la prohibición; en el Reino Unido caen 52 a la semana, en el plazo de un año cerraron 2.377 y se redujeron 24.000 empleos; en Italia, un 12% de los establecimientos acusó pérdidas "significativas"; y en Francia la gente se ha refugiado en las terrazas, convirtiendo el "problema del humo" en el "problema del vocerío" desesperante para los vecinos, que es lo que sucederá en España, dados el buen tiempo reinante y los pingües beneficios que sacan los Ayuntamientos de la proliferación de mesas en las calles. Otro extraño titular de *El País* afirmaba que los partidarios de la prohibición total eran "clara mayoría". Luego, la noticia revelaba que se trataba de una mayoría pelada del 52%, frente a un 44% que se oponía, si mal no recuerdo. Un 44% es mucha gente, como para cercenar su libertad completamente.

Unos veinte millones de personas, con las cuales, yo creo, debería llegarse a algún tipo de entendimiento.

En lo que sí he logrado darles la razón a los tramposos Zapatero y Jiménez es en su última medida de adornar con pavorosas fotos los paquetes de cigarrillos: pulmones destrozados, dentaduras roídas, fetos, jeringuillas, gatillazos y demás males que pueden sobrevenir a los fumadores. Aunque eso no hará sino disparar la venta de pitilleras (yo las uso desde hace años), me parece bien, siempre que se haga lo mismo con todos los demás productos que pueden dañar nuestra salud o matarnos. Exijo, por tanto, que las botellas de vino, whisky y ginebra lleven fotos de repulsivos borrachos, de hígados con cirrosis y de las ratas y arañas que se aparecen a quienes sufren de *delirium tremens*. Quiero que en las carreteras, y sobre las portezuelas de los coches, haya, bien visibles, imágenes de muertos aplastados por la chatarra, tetrapléjicos en sillas de ruedas, motoristas decapitados, peatones atropellados, cueros cabelludos arrancados y brazos y piernas amputados. Que presidan las playas grandes fotos de ahogados, de miembros hinchados por las picaduras de las medusas y de afectados por cánceres de piel. Reclamo que los costados de los aviones exhiban imágenes de catástrofes aéreas, con cuerpos desmembrados, terroristas con bombas y momentáneos supervivientes chapoteando en un mar helado, y otro tanto los de los trenes, ilustrados por desastres ferroviarios y por las consecuencias del 11-M. Pido que en las fachadas de los Ayuntamientos se vean fotos de paisajes destruidos por la especulación inmobiliaria, y de gente sorda por culpa del ruido de sus infinitas y arbitrarias obras. Porque todas esas desgracias pueden acaecerle a quien bebe alcohol, o monta en coche o en moto o es un mero transeúnte, o a quien vuela o viaja en tren, o a quien se baña en el mar, o a quien está expuesto a los abusos del Ayuntamiento de turno. Sería un mundo alentador y alegre, lleno de estampas que nos describieran gráficamente los peligros y horrores que se ciernen sobre nosotros constantemente. Es posible que la economía se fuera al traste, pero qué se le va a hacer. Al fin y al cabo, ¿no son los Gobiernos los que sacan mayor provecho del consumo de tabaco? Si nos ponen fotos espantosas en las cajetillas, que las pongan también en todo el resto, incluyendo las de obesos inmovilizados en muchos productos alimenticios. Si no lo hacen, quedarán como hipócritas, además de como fanáticos y supresores de las libertades.

1. **Explica el título. ¿A qué se refiere el autor?**
2. **Resume en unas líneas la tesis principal.**
3. **Identifica el tipo de introducción que se utiliza. Justifica tu respuesta.**
4. **Elige el tipo de argumento que se emplea en cada uno de los siguientes fragmentos del texto.**

a. "¿Por qué, entre los muchísimos que prefieren que se fume en ellos –no me cansaré de repetir que esa ha sido la causa de la nueva ley que se avecina: que los propietarios han hecho uso de la libertad que se les concedió contrariamente a los deseos del Gobierno, en vista de lo cual éste se la retira, vaya libertad condicionada–, no se efectúa un sorteo y se consiente que cierto porcentaje admita el humo en sus dependencias? Los no fumadores no entrarían en ellos, como otros no entramos en casinos, puticlubs o sex-shops, eso sería todo".

Ej. *Argumento por analogía*

b. "Este ejercicio de comprensión que intento no lo están llevando a cabo muchos más fumadores. Conozco a no pocos que han prometido no volver a pisar un bar ni un restaurante una vez que la intolerante nueva ley entre en vigor. Así que es natural que el gremio de hostelería esté preocupado".

Argumento de autoridad / Argumento de causa

c. "resulta que en Irlanda hay un 25% menos pubs de los existentes antes de la prohibición; en el Reino Unido caen 52 a la semana, en el plazo de un año cerraron 2.377 y se redujeron 24.000 empleos; en Italia, un 12% de los establecimientos acusó pérdidas 'significativas'".

Argumento por analogía / Argumento de ejemplificación

d. "en Francia la gente se ha refugiado en las terrazas, convirtiendo el "problema del humo" en el "problema del vocerío" desesperante para los vecinos, que es lo que sucederá en España, dados el buen tiempo reinante y los pingües beneficios que sacan los Ayuntamientos de la proliferación de mesas en las calles".

Argumento racional / Argumento deductivo

e. "Otro extraño titular de El País afirmaba que los partidarios de la prohibición total eran "clara mayoría". Luego, la noticia revelaba que se trataba de una mayoría pelada del 52%, frente a un 44% que se oponía, si mal no recuerdo. Un 44% es mucha gente, como para cercenar su libertad completamente. Unos veinte millones de personas, con las cuales, yo creo, debería llegarse a algún tipo de entendimiento."

Argumento *ad personam* / Argumento por definición

f. "En lo que sí he logrado darles la razón a los tramposos Zapatero y Jiménez es en su última medida de adornar con pavorosas fotos los paquetes de cigarrillos: pulmones destrozados, dentaduras roídas, fetos, jeringuillas, gatillazos y demás males que pueden sobrevenir a los fumadores. Aunque eso no hará sino disparar la venta de pitilleras (yo las uso desde hace años), me parece bien, siempre que se haga lo mismo con todos los demás productos que pueden dañar nuestra salud o matarnos. Exijo, por tanto, que las botellas de vino, whisky y ginebra lleven fotos de repulsivos borrachos, de hígados con cirrosis y de las ratas y arañas que se aparecen a quienes sufren de delirium tremens".

Argumento por analogía / Argumento de autoridad

5. Identifica el tipo de conclusión. Justifica tu respuesta.

4.b. Elige dos de los argumentos que han aparecido en el texto y escribe tu opinión en unas 100 palabras.

Actividad 5

5.a. Completa la tabla con los siguientes marcadores discursivos y frases hechas según su función comunicativa. Hay un marcador para cada categoría. Una vez que hagas el ejercicio puedes consultar la tabla de marcadores discursivos y expresiones útiles en el capítulo 9.

En relación con • Dado que • En otras palabras • De ahí que • Hay que destacar (tener en cuenta) • Posiblemente • El propósito de este ensayo es • Todavía cabe señalar • Asimismo • Con tal de que • Para ser más específicos • Con el propósito de • En conclusión • No obstante • En segunda instancia

Función comunicativa	Marcador discursivo o frase hecha	
1. Aclarar el contenido	*Es decir*	
2. Añadir información o introducir un aspecto nuevo sobre el tema		*Hay que mencionar además*
3. Cambiar de perspectiva o mostrar que un aspecto está relacionado con otro	*En cuanto a*	
4. Expresar causa		*Ya que*

Función comunicativa	Marcador discursivo o frase hecha	
5. Comenzar o introducir el tema principal del texto	*A modo de introducción cabe señalar que*	
6. Concluir o expresar la consecuencia de algo		*Por (lo) tanto*
7. Expresar condición	*A condición de que*	
8. Contrastar un aspecto del texto u objetar algo		*En contraste con lo anterior*
9. Expresar conformidad o semejanza	*De manera análoga*	
10. Detallar información o ejemplificar		*El siguiente ejemplo sirve para*
11. Enfatizar o destacar ciertos aspectos del texto	*Definitivamente*	
12. Expresar finalidad		*Para que*
13. Expresar hipótesis o probabilidad	*Es probable que*	
14. Ordenar cronológicamente las ideas en el texto		*En primer lugar*
15. Recapitular, resumir o sintetizar información	*Finalmente*	

5.b. Los marcadores discursivos y frases hechas que aparecen en el siguiente ejercicio se suelen utilizar mucho. Sin embargo, existen otros que expresan el mismo significado y que contribuyen a variar el estilo. Sustituye la expresión que aparece subrayada por expresiones que desempeñen la misma función. En algún ejemplo puede que tengas que hacer algún pequeño cambio.

✓ Ten en cuenta que los marcadores que pertenecen a una misma categoría no son siempre intercambiables. Su uso puede depender del estilo del texto o de la frecuencia con la que se utilicen. En caso de duda, lo mejor es verificar su uso, por ejemplo en el banco de datos **CREA** (Corpus de Referencia del Español Actual) de la Real Academia Española. Consulta el capítulo 9 para más información.

1. Definitivamente, otra de las ventajas del tren de alta velocidad es la puntualidad, ya que en su circulación no influyen el exceso de tráfico aéreo ni la meteorología.

   Ej. *Indiscutiblemente, …*

2. Todos los contribuyentes, es decir, los funcionarios, los empleados de la empresa privada, los autónomos y demás asalariados y los pensionistas deben pagar sus impuestos y no defraudar al Estado.

3. También hay que tener en cuenta a la hora de abordar este tema que no todo el mundo opina de la misma manera.

4. En relación con la supuesta corrupción de concejal del ayuntamiento, cabe decir que no nos podemos pronunciar hasta que la justicia demuestre lo contrario.

5. El mercado del arte parece no entender de crisis económica, ya que cuanto mayor es la crisis mayor es también el precio que alcanzan algunas obras de arte en las subastas.

6. El objetivo principal de este ensayo es llevar a cabo un análisis pormenorizado de las diferentes campañas publicitarias de los últimos años, cuya finalidad ha sido la de concienciar a los ciudadanos sobre la importancia de las labores de reciclaje en los núcleos urbanos.

7. Estimamos muy oportuno que el Gobierno haya decidido intervenir una serie de bancos que presentaban cuentas dudosas, por lo tanto es previsible que el mercado bursátil se comporte de manera anómala en los próximos días.

8. La idea de que en todos los colegios públicos los alumnos aprendan dos lenguas de manera obligatoria parece ser una batalla perdida, a menos que convenzamos a la opinión pública sobre las múltiples ventajas de hablar lenguas extranjeras.

9. La legalización de algunas drogas, en particular el cannabis, puede ser una solución parcial al tráfico ilegal de estupefacientes, pero antes de poder estar seguros habría que poner sobre la mesa cuáles serían las ventajas y las desventajas a corto y a largo plazo si se llegara a adoptar esta medida.

10. Antes de lanzarse a hacer conjeturas sobre por qué en los últimos años ha aumentado la delincuencia en las ciudades donde reside un importante número de población inmigrante, igualmente, cabría preguntarse cuáles han sido las medidas que ha tomado la Administración a este respecto.

11. Me refiero, por ejemplo, a los programas también conocidos como *reality shows*, puesto que no todos los programas de la franja horaria de máxima audiencia exhiben el mismo tipo de contenidos.

12. Después de las últimas elecciones, ha quedado demostrado que es necesario reformar el sistema electoral para que haya una mayor equidad entre todos los candidatos y las formaciones políticas que representan.

13. Quizás, a largo plazo, la energía solar se constituya como una alternativa real para el uso de combustibles en la automoción.

14. En primer lugar analizaremos cuál es el verdadero origen de la tauromaquia y cuál es el papel que desempeña en la actualidad, y luego daremos paso a un análisis de casos concretos que ilustran las desventajas que podría acarrear prohibir una tradición tan arraigada en la sociedad española.

15. Finalmente, parece que el *quid* de la cuestión que nos ha ocupado en este ensayo radica en vislumbrar si existe una manera para que ambos países, pese a haber estado enfrentados durante décadas, puedan alcanzar un acuerdo de paz.

Actividad 6

6.a. Lee el siguiente texto argumentativo y subraya las frases hechas y los marcadores discursivos. Presta atención a cómo se introduce la información y a las diferentes partes de las que consta.

El tren de alta velocidad en Inglaterra: ¿realidad tangible o reto inalcanzable?

Una actitud muy extendida hoy en día es la de hacer promesas electorales antes de las elecciones, aunque se sepa a ciencia cierta que puede que sea muy difícil cumplirlas. La semana pasada asistimos expectantes al proyecto de alta velocidad desde la capital del imperio británico, aunque sin que nos llegaran a desvelar una fecha concreta para el comienzo de las obras. El evento, que congregó a numerosas autoridades así como a políticos interesados en hacerse la foto de rigor, tuvo lugar curiosamente a muy pocas millas de donde se empezó a construir la primera locomotora de vapor. No deja de ser una paradoja que Inglaterra, país inventor de este medio de transporte, no tenga todavía ningún tren de alta velocidad en circulación. Y aunque todo apunta a que esta vez va en serio, son muchos los interrogantes que se han dejado en el aire, ya sea por la falta de información o de presupuesto.

El tren de alta velocidad ha demostrado ser el único medio de transporte capaz de competir con el avión y es ya una realidad en la mayoría de las grandes potencias. Sin embargo en Inglaterra, pese a tener una red de ferrocarril muy desarrollada, continúa siendo una asignatura pendiente. Cabe destacar, en primer lugar, que este medio de transporte se ha impuesto como el único sistema viable que respeta el medio ambiente y que es rentable a medio y largo plazo. No obstante, construir toda la infraestructura necesaria para que un tren de alta velocidad pueda entrar en circulación, requiere un elevado coste y un esfuerzo económico muy importante por parte de la administración pública, aunque también son muchas las ventajas de este medio de transporte.

Baste, como muestra, que ciudades del norte del país como Birmingham, Liverpool o Mánchester, o del sur como Oxford, Cambridge y Londres, podrían estar conectadas entre sí en menos de treinta minutos, lo que constituiría un eje de comunicaciones de pasajeros y mercancías fundamental para todo el territorio. Indiscutiblemente, otra de las ventajas del tren de alta velocidad es la puntualidad, puesto que en su circulación no influirían el exceso de tráfico aéreo ni la meteorología, y también el pasajero tardaría menos tiempo en desplazarse ya que a diferencia de los aeropuertos, que se hallan ubicados a las afueras de una ciudad, las estaciones de ferrocarril se encuentran normalmente en el centro de las ciudades o dentro del perímetro metropolitano.

Sin embargo, no resultaría barato desplazarse en alta velocidad dado que el precio del billete reflejaría también la amortización de la inversión llevada a cabo y, por lo tanto, convendría buscar mecanismos para que el ya de por sí caro sistema de transportes británico, el más caro de Europa, no estuviera tan sólo al alcance de las clases más pudientes. De la misma manera, la posibilidad de viajar en alta velocidad en Inglaterra tendría un impacto muy positivo sobre el medio ambiente ya que mucha gente optaría por este medio de transporte en vez de utilizar el coche a diario, lo cual reduciría notablemente la emisión de gases de efecto invernadero. En cambio, hay que ser realista puesto que establecer una red de alta velocidad por todo el país sería un proceso lento que tendría numerosas fases y que se podría prolongar décadas, por lo que los efectos positivos sobre el impacto medioambiental de otros medios de transporte convencionales no se harían notar tan rápidamente.

Por último, sólo falta añadir que el tren de alta velocidad dista de ser una realidad tangible en Inglaterra a corto plazo. Tal y como reza el dicho, "las cosas de palacio van despacio", todos los grandes proyectos requieren una atención especial, mucha burocracia y un esfuerzo adicional, y efectivamente parece que este tema no está entre las prioridades del nuevo gobierno, cuyos miembros se han atrevido a calificar el proyecto de "capricho del consumidor". Sólo el tiempo confirmará si en realidad se trata de un mero antojo de aquellos que desean poder disfrutar de un medio de transporte cómodo y veloz, o de una necesidad que llega con mucho retraso, y de si Inglaterra será uno de los últimos países del espacio europeo en subirse al tren de la alta velocidad.

6.b. Identifica las principales partes del texto argumentativo como en la tabla. Para que te resulte más fácil, fíjate en cómo se desarrollan las diferentes partes y en cómo se introduce la información.

Tema	El tren de alta velocidad
Título	El tren de alta velocidad en Inglaterra: ¿realidad tangible o reto inalcanzable?
Introducción	

Tesis principal	
Argumento 1	*Cabe destacar, en primer lugar, que este medio de transporte se ha impuesto como el único sistema viable que respeta el medio ambiente y que es rentable a medio y largo plazo.*
Contraargumento	*No obstante, construir toda la infraestructura necesaria para que un tren de alta velocidad pueda entrar en circulación, requiere un elevado coste y un esfuerzo económico muy importante por parte de la administración pública, aunque también son muchas las ventajas de este medio de transporte.*
Argumento 2	
Argumento 3	
Contraargumento	
Argumento 4	
Contraargumento	
Conclusión	

6.c. Los proverbios y los refranes se basan en la tradición popular y, como has visto en el texto, se pueden utilizar para reforzar un argumento. A continuación te damos la primera parte de algunos de ellos y tienes que enlazarla con la terminación adecuada. Para que te resulte más fácil piensa que algunos de ellos riman.

Proverbios y refranes	
1. Las cosas de palacio… → *van despacio.*	a. es un pañuelo.
2. Una imagen…	b. con diferente collar.
3. Dame pan…	c. en Cuba.
4. De todo hay…	d. mal acaba.
5. Dime con quién andas,…	e. puede ser peor que la enfermedad.
6. Donde hay patrón,…	f. sobre mojado.
7. Un ladrón que roba a otro ladrón…	g. el diablo por viejo que por diablo.
8. El mundo…	h. ~~van despacio.~~
9. El que algo quiere,…	i. consuelo de todos.
10. El remedio,…	j. pero no puedes obligarlo a que lo siga.
11. El saber…	k. no hay nada escrito.
12. En casa del herrero,…	l. tiene cien años de perdón.
13. Es el mismo perro…	ll. y pocas nueces.
14. Las palabras…	m. algo le cuesta.
15. Mal de muchos,…	n. tener todo en esta vida.
16. Más sabe…	ñ. vale más que mil palabras.
17. Más se perdió…	o. y dime tonto.
18. Más vale…	p. en la viña del Señor.
19. Mucho ruido…	q. maña que fuerza.
20. No se puede…	r. rey puesto.
21. Puedes darle un consejo a alguien,…	s. cuchillo de palo.
22. Quien mal anda,…	t. no manda marinero.
23. Sobre gustos y colores…	u. no ocupa lugar.
24. Siempre llueve…	v. se las lleva el viento.
25. A rey muerto,…	w. y te diré quién eres.

6.d. Ahora reescribe los proverbios y refranes completos. Para que no tengas ninguna duda sobre su significado, escribe el equivalente en inglés. Algunos se parecen, pero otros son completamente diferentes.

a. When it rains, it pours. • **b.** It's a small world! • **c.** There's nothing so queer as folk. • **d.** One can never know too much. • **e.** You can judge a man by the company he keeps. • **f.** As soon as one goes out the window, another comes in the door. • **g.** Sometimes the remedy is worse than the disease. • **h.** ~~The wheels of bureaucracy grind slowly.~~ • **i.** You can lead a horse to water, but you can't make it drink. • **j.** A picture is worth a thousand words. • **k.** I don't care what people say as long as I get what I want. • **l.** Brain is better than brawn. • **ll.** The shoemaker's son always goes barefoot. • **m.** If you live like that, you're bound to come to a bad end. • **n.** It's the same people under a different name. • **ñ.** Worse things happen at sea. • **o.** All talk and no action. • **p.** What the boss says goes. • **q.** He that would have the fruit must climb the tree. • **r.** Two in distress makes sorrow less. • **s.** Different strokes for different folks. • **t.** Much ado about nothing. • **u.** You can't have your cake and eat it too. • **v.** There's no substitute for experience. • **w.** It's no crime to steal from a thief.

Ej. 1. *Las cosas de palacio van despacio* → h. *The wheels of bureaucracy grind slowly.*

Actividad 7

7.a. A continuación, te explicamos el proceso para preparar un texto argumentativo sobre "la globalización". Apunta todos aquellos aspectos que te sugiere esta imagen. Puedes llevar a cabo una pequeña investigación preliminar para familiarizarte con el tema.

Imagen: http://es.wikipedia.org/wiki/Archivo:Geokeys.jpg

7.b. Completa ahora un mapa conceptual en el que planifiques un texto sobre "la globalización".

7.c. Añade argumentos y contraargumentos en los que analices las ventajas y las desventajas.

La globalización	
Ventajas	Argumentos
	Contraargumentos
Desventajas	Argumentos
	Contraargumentos

7.d. Planifica la terminología que vas a utilizar y piensa que cada palabra te puede proporcionar más ideas. Aquí aparecen algunos términos que te pueden servir.

La globalización	
Terminología	**Ej.** macroeconomía, microeconomía, producción, mercado, competencia, comercio, PIB (el Producto Interior Bruto), inflación, recesión, exportaciones, importaciones, proteccionismo económico, consumo, países en vías de desarrollo, países desarrollados, etc.

7.e. Elabora un texto argumentativo de unas 500 palabras a partir de la información que has desarrollado. La siguiente tabla te puede ayudar con la estructura. Añade los argumentos y contraargumentos que creas conveniente y recuerda seleccionar el tipo de introducción y de conclusión. Puedes abordar el tema desde la perspectiva que desees. No olvides ponerle un buen título.

Tema	*La globalización*
Título	
Introducción	
Tesis principal	
Argumento 1	
Contraargumento 1	
Argumento 2	
Contraargumento 2	
Argumento 3	
Contraargumento 3	
Argumento 4	
Contraargumento 4	
Argumento 5	
Contraargumento 5	
Conclusión	

5. Rasgos lingüísticos del texto argumentativo: la escritura académica y el estilo

Uno de los grandes retos a la hora de redactar un texto argumentativo consiste en seleccionar el lenguaje. No solamente se trata de una cuestión de estilo, sino de que además el léxico se adecúe al tema en cuestión y sea preciso en su significado. A veces se puede mezclar el registro culto con el más propio del discurso oral, y en otras ocasiones predomina **la escritura académica**. Aun así, cualquier texto argumentativo o académico se caracteriza por poseer un tipo de lenguaje que busca precisión en lo que el autor desea expresar. Algunos de los principales **rasgos lingüísticos** que estos textos comparten son:

1. La variedad y la precisión verbal, por lo que se evita el uso excesivo de los llamados "verbos comodín", ej. tener, hacer, poner, decir, echar, haber.
2. Un vocabulario variado y preciso en su significado, con terminología adecuada cuando se trata de un texto de carácter más técnico.
3. El uso de adjetivos para expresar diferentes matices, ya sean antepuestos o pospuestos, y que contribuyen a mostrar el punto de vista del autor.
4. El empleo de cultismos, expresiones latinas, locuciones y frases hechas.
5. Los marcadores discursivos para introducir y organizar la información.
6. Las comparaciones, la ejemplificación y el uso del lenguaje metafórico, con la finalidad de que el texto sea más convincente.
7. Las oraciones condicionales e interrogaciones retóricas como paso previo al desarrollo de una idea antes de abordar un tema.
8. El tono o estilo del texto, que suele ser más bien formal, pero que también puede combinar el estilo culto con el informal dependiendo del tema y del destinatario.
9. La despersonalización del discurso para dotar al texto de una mayor objetividad, y que consiste en evitar el uso de la primera persona "yo" o la referencia directa a la persona que escribe. Esto se consigue mediante la forma "nosotros" o plural de modestia; la tercera persona del plural; o los pronombres "se" (en oraciones impersonales), "cualquiera que" o "alguien".

Actividad 8

8.a. Uno de los principales problemas en relación con el estilo es el uso excesivo de determinados verbos. Sustituye el verbo HACER en las siguientes oraciones por un sinónimo. No olvides hacer la concordancia.

tramitar • interpretar • elaborar • aprobar • entablar • cometer • grabar • rodar • celebrar • cursar • fabricar • confeccionar • construir • formular • cumplimentar

1. Quiere aprovechar sus contactos para hacer amistad con un importante empresario.
2. Es importante que hagas un esquema antes de escribir el ensayo.
3. Mario hará el papel de protagonista en la obra de teatro del colegio.
4. La modista me hizo el vestido gratis, solamente me pidió que posara para unas fotos.
5. ¿Hay alguien más que desee hacerle alguna pregunta a nuestro invitado?
6. Si no te compras el libro *Speed Up Your Spanish* y haces todos los ejercicios, harás siempre los mismos errores gramaticales.
7. Al final, si reúnen suficiente dinero, es posible que hagan el cumpleaños en una discoteca del centro.
8. Perdone, pero para que le devuelvan el dinero tendrá que hacer una instancia explicando sus razones.
9. El libro *The Jam Jar* ha sido todo un éxito de ventas y ahora ya han comenzado a hacer la película.
10. Es la misma inmobiliaria que ha hecho una nueva urbanización junto a la playa de La Pineda.
11. Si quieres estudiar en la universidad, ¿no sería mejor que primero hicieras los estudios de bachillerato?
12. Me han dicho que ahora ya sólo tardan un día en hacer el pasaporte.
13. En la nave industrial en la que trabaja Luis hacen productos de limpieza ecológicos.
14. Ya han hecho el programa y como trata de un tema de interés público se emitirá durante el horario de máxima audiencia.
15. En Suecia han hecho una ley para que todos los estudiantes tengan que aprender dos idiomas obligatoriamente.

8.b. Sustituye el verbo HABER en las siguientes oraciones por otro que signifique lo mismo. No olvides hacer la concordancia.

acontecer • exponerse • oírse • acechar • quedar • colgar • asistir • convocarse • convivir • esconderse • persistir • celebrarse • figurar • reinar • concurrir

1. El concierto del cantante Saúl Gaesma es hoy en el cine "El Molino", seguro que habrá mucha gente.
2. Para las elecciones hay diferentes candidatos pero no conozco la trayectoria de ninguno.
3. Después de la visita del presidente hubo un hecho sin precedentes: la reconciliación de las dos naciones.
4. Parece que tiene mucho talante por su manera de hablar, pero detrás de esa fachada hay una persona muy distinta.
5. Todos los años hay el mismo evento deportivo entre las diferentes universidades de la ciudad.

6. Entre otros valiosos objetos, en el museo Ashmolean de Oxford hay joyas que pertenecieron a los normandos.
7. En torno a la ciudad de Oaxaca (México), hubo diferentes civilizaciones que se extinguieron por las enormes sequías.
8. En aquella inolvidable casa de campo sobre la verde colina, había una tranquilidad pasmosa que ni el aire se atrevía a quebrantar.
9. Pensábamos que no había nadie en el edificio pero de repente hubo un portazo y escuchamos pasos en el piso de arriba.
10. En el diccionario no hay ninguna palabra con esa ortografía, a lo mejor no la has escrito bien.
11. En breve habrá elecciones para presidente, pero las encuestas apuntan a que puede que haya un empate técnico.
12. Aunque parezca lo contrario, todavía hay bastante gente en la región que habla el dialecto de sus abuelos.
13. Cuando en la montaña hay una situación peligrosa e inevitable lo mejor es pensar dos veces en cómo actuar.
14. A muchos turistas extranjeros les llama la atención que en los techos de los bares españoles haya patas de jamón serrano.
15. Por la falta de comunicación hay las mismas incertidumbres sobre el futuro del proyecto que hace un año.

8.c. Sustituye el verbo DAR en las siguientes oraciones por otro que signifique lo mismo y no olvides hacer la concordancia. En este caso, algunas respuestas se pueden utilizar para más de un verbo.

propinar • esgrimir • acarrear • regalar • otorgar • pasar • repartir • inspirar • causar • rendir • arrojar • transmitir • aducir • facilitar • impartir

1. Todavía no sé qué le voy a dar por su cumpleaños.
2. Aunque no quiera tendrá que darle cuentas al jefe por lo que ha hecho.
3. Sin comerlo ni beberlo se metió en una discusión y le dieron una paliza.
4. La última vez que vi a Ester seguía dando clases de matemáticas en la Universidad de Zaragoza.
5. El último día del curso académico le dieron el premio de mejor profesora del año.
6. Al final el abogado se ha salido con la suya al dar argumentos difíciles de rebatir.
7. ¿Te importaría darme la sal? Esto está demasiado soso.
8. Antes de realizar la compra necesito que en primer lugar me dé todos sus datos personales.
9. Si no comienzas a educar a tu perro ahora, te dará muchos problemas en el futuro.
10. Los últimos datos han dado luz sobre una nueva técnica para paliar síntomas del Alzheimer.
11. Cuando lo vi por primera vez me dio muy buena impresión, pero últimamente anda un poco desaliñado.

12. En primer lugar, me gustaría <u>darle</u> mi más sincera enhorabuena por el enorme éxito de su última novela.
13. Según el periódico van a <u>dar</u> toallas y balones gratis a todos los asistentes al evento.
14. <u>Han dado</u> una serie de razones personales, pero no han logrado convencerme.
15. Ese vecino fisgón que tienes no me <u>da</u> nada de confianza; en tu lugar pondría dos cerrojos más en la puerta por si acaso.

Actividad 9

9.a. Los siguientes verbos y locuciones verbales se utilizan en los textos argumentativos para poner énfasis o expresar un punto de vista. Escribe una frase con cada uno de los verbos que por su estilo pueda pertenecer a un texto argumentativo.

1. abordar: **Ej.** *Nos gustaría <u>abordar</u> el siguiente tema desde un punto de vista empírico, es decir, ofreciendo ejemplos claros que nos ayuden a comprenderlo mejor;* 2. analizar; 3. argumentar; 4. caracterizar; 5. clasificar; 6. comparar; 7. contrastar; 8. definir; 9. describir; 10. destacar; 11. documentar; 12. ejemplificar; 13. exponer; 14. evaluar; 15. hacer hincapié; 16. interpretar; 17. poner de relieve; 18. referirse a; 19. resaltar; 20. sopesar.

9.b. Uno de los rasgos típicos tanto del texto argumentativo como de la escritura académica es la despersonalización del discurso. Subraya todas las referencias de primera persona que aparecen en el siguiente texto y transfórmalo para que resulte más apropiado. Haz los cambios que creas conveniente.

> ✓ Recuerda que puedes utilizar cualquier forma que contribuya a darle al texto un tono menos personal: la forma "nosotros" o plural de modestia, los pronombres "se", "cualquiera que", "alguien", etc.

~~Yo creo que~~ *Para restringir* el tráfico en el centro de Buenos Aires, en primer lugar, tendría que existir un buen sistema de transporte público que garantizara que los habitantes se pudieran desplazar sin ningún problema hasta el epicentro de la capital. Veo que muchas veces cuando voy por las plazas del centro no puedo pasear y, al instante, me viene a la cabeza una de esas estampas de principios de siglo, que desafortunadamente ya han caído en el olvido, en la que unas elegantes damiselas con sombrilla paseaban alegremente disfrutando del espacio público sin tener que soportar la constante algarabía de vehículos. Conozco, por ejemplo, la medida que se ha puesto en práctica en Londres y que se denomina en inglés *congestion charge*, en la que cada coche que circula por el centro de la ciudad, y cuyo propietario que no sea residente en la zona, tiene que pagar una tasa a modo de impuesto por cada día de circulación. Sé que esto aporta dinero a las arcas públicas y que también le obliga indirectamente al ciudadano de a pie a utilizar el transporte público, pero quizás habría que ir más allá y convertir más calles en espacios peatonales.

Aunque a una parte de la opinión pública quizás le resultara un tanto extraño que se restringiera la circulación y que se recuperara este espacio para los habitantes de la ciudad –conozco el carácter bonaerense y al principio les parecería que echan de menos el ruido diario de motores–, estoy convencido de que esta medida revitalizaría el centro de la ciudad. Lo convertiría en un espacio abierto al público en el que se podría disfrutar más de la ciudad y de su tranquilidad. Estoy seguro de que se crearían puestos de trabajo y se abrirían más comercios, restaurantes y espacios para el ocio, y también habría actividades culturales que atraerían a una gran cantidad de habitantes. Tengo la confianza de que si algún candidato electoral a la alcaldía de la ciudad porteña propone una medida similar, se verá seguramente respaldado en las urnas por los ciudadanos, puesto que dicha medida serviría para recuperar un espacio público del que con el paso del tiempo se han ido adueñando los automóviles.

Actividad 10

10.a. Completa el siguiente texto con los marcadores discursivos. Fíjate en lo que expresan y en el contexto, y ten en cuenta que algunos de ellos pueden ser intercambiables.

Los medios me dan miedo

Cuando llega el verano siempre experimento la misma sensación delante del televisor. Vuelvo de la Inglaterra más tradicional donde la BBC se sigue llamando BBC, y donde los periódicos se adaptan a los nuevos tiempos sin perder esa rancia áurea victoriana de lo que fue una esplendorosa época que existió y que se esfumó, (1) .... que continúa siendo parte del paisaje arquitectónico y de la memoria colectiva de todos los británicos. (2) ...., me asusta comprobar cómo en España, donde la innovación siempre ha superado a la tradición, algunos programas de televisión de la franja horaria de máxima audiencia, alimentados por la prensa del corazón, están comenzando a parecerse más a lo que sería un medio difusor de subcultura o, (3) ...., una despótica instauración de una norma social que insta a la cultura vociferante de la falta de respeto por el prójimo, a la más exquisita chabacanería, a la representación artística de la vulgaridad, (4) ...., que todo vale (5) .... el objetivo sea la *captatio benevolentiae* de los telespectadores.	es decir siempre y cuando pero lo que es lo mismo no obstante

Estos medios de comunicación exhiben patente de corso y, (6) ...., creen poder hacer lo que les venga en gana (7) .... las cifras de audiencia testifiquen que unos cuantos millones de españolitos se agazapan ante sus pantallas de plasma para pasar el rato. El miedo viene después, cuando el tiempo pasa y las generaciones más jóvenes crecen y conviven en casa con toda esta cultura de tercera clase, en la que el maleducado espectador ha pasado a ser el protagonista indiscutible, y donde el vecino del quinto, o el frutero de la esquina, han vencido el miedo escénico español, tan típico de los colegios, y se pueden convertir de la noche a la mañana en la persona más célebre del país y, (8) ...., más famosamente vulgar.	por lo tanto por consiguiente con tal de que
(9) ...., ostentar el título de "famoso" parece conferir licencia para ser autoridad en diversidad de materias, y el mero hecho de salir en la caja tonta permite que cualquiera pueda decir lo que quiera, en el momento que quiera y en el lugar que quiera, sin atenerse a las pertinentes consecuencias. (10) .... este miedo que experimento yo al encender el televisor cada verano, y mucha otra gente que no se atreve a reconocer, no sea tangible, (11) .... se trata de una especie de miedo encubierto en una explosión de risa momentánea y pasajera, que provoca el morbo más vulgar y que hasta en su mejor momento acuña frases célebres que el embelesado televidente de a pie reproduce y repite hasta la saciedad. (12) ...., este miedo que transmite el televisor es un miedo que se intuye y se presiente en todo momento, y que se asemeja a la sensación producida al contemplar una de aquellas películas de horror de los años ochenta en las que un grupo de jóvenes que lo están pasando bien, y donde parece imposible que algo macabro suceda, acaban degollados víctimas de una broma de mal gusto de alguno de ellos.	puesto que asimismo sin embargo de ahí que
Mientras tanto, la gente no suele pararse a reflexionar que la televisión es el mayor canalizador cultural que existe en la actualidad y que su poder educativo puede, (13) ...., transformarse en antipedagógico y convertir a toda una generación en seguidores de unos referentes de comportamiento que influyan más en sus vidas que en su propio entorno social o que sus progenitores. (14) ...., ¿qué podemos hacer ante tal amenaza o temor?, si es que se puede hacer algo al respecto. Lo que está claro es que la telebasura que las generaciones más jóvenes absorben, y que hasta en algunos casos succionan junto con la comida, les sirve de un nutrido escapismo para dar sentido a sus vidas; ese sentido que en otra época lo proporcionaba la música, la pintura, los paseos por el parque, o una buena novela, (15) .... el medio audiovisual cumple una función social irremplazable y, (16) ...., es demasiado tarde para dar marcha atrás.	ahora bien por consiguiente a su vez ya que

(17) ...., cada persona puede hacer algo, (18) .... a lo que ocurre con el tan de moda y necesario reciclaje, y podemos ayudar a que aquellos que nos rodean y que son víctimas del ente televisivo se reciclen y dirijan su atención hacia la cotidianeidad que han dejado a un lado (19) .... efecto hipnótico de la televisión ante el que han sucumbido. (20) ...., podemos armarnos de valor, sin tratar de emular a Juana de Arco, y combatir la pasividad, abrirles los ojos o por lo menos intentar que los abran, y perderle el miedo a los medios y a la constante amenaza de crear una masa de aterrorizados sujetos pensantes, alienígenas que opinan lo mismo, o zombis que deambulan en manada, dominados al unísono por una única directriz cultural de la que uno no se puede zafar.	en pocas palabras a causa del con todo de manera análoga

10.b. Ahora vuelve a leer el texto completo y responde a las preguntas.

1. Explica cómo es el estilo que utiliza el autor.
2. Comenta el título y explica por qué está relacionado con el contenido del texto.
3. Resume en un par de líneas la tesis principal.
4. En el texto se utilizan formas verbales cultas. Identifícalas y señala los sinónimos de los siguientes verbos.
   a. parecerse a ⟶ *asemejarse a*
   b. dar
   c. ocurrir
   d. imitar
   e. luchar
   f. pensar
   g. caminar
   h. escaparse
5. Subraya todos los adjetivos antepuestos que encuentres, elige tres de ellos y comenta por qué se han utilizado de esta manera. Recuerda lo que has aprendido en el capítulo 2.
6. Explica el significado de las siguientes expresiones en función del contexto.
   a. "todo vale siempre y cuando el objetivo sea la *captatio benevolentiae* de los telespectadores"
   b. "Estos medios de comunicación exhiben patente de corso"
   c. "ostentar el título de 'famoso' parece conferir licencia para ser autoridad en diversidad de materias"
   d. "les sirve de un nutrido escapismo para dar sentido a sus vidas"
   e. "podemos armarnos de valor, sin tratar de emular a Juana de Arco, y combatir la pasividad"

Actividad 11

11.a. El estilo es un componente muy importante en cualquier texto argumentativo y en la escritura en general, ya que contribuye a captar el interés del lector. Lee el siguiente texto y subraya todo aquello que creas que se debe cambiar para mejorarlo.

Texto A

La literatura gótica es una "literatura de sensaciones" que, al adentrar al lector en el espacio psicológico de los protagonistas, pone en la narración un plano descriptivo más cercano al lector que normalmente. El género gótico cuenta historias y leyendas que han estado en la cultura popular como inexplicables. También, la historia se ambienta en un ambiente de acción lleno de elementos típicos que ayudan a enmarcar lo sobrenatural. Lo gótico es oscuridad, pero una oscuridad hecha intencionadamente con imágenes, cosas, animales e historias, haciendo con todos estos ingredientes una sopa literaria que confunde al lector. Lo que se busca es llevar al lector del texto hasta el más absoluto desconcierto de las cosas, pero siempre augurando un mal desenlace de la acción. Para que la mezcla narrativa tenga efecto, se tiene que dejar el espacio interno de la novela oscuro, descalificar cualquier acción sensorial y, así, confundir al lector-personaje.

11.b. Ahora te proporcionamos una versión del mismo texto en la que el estilo está mucho más cuidado y trabajado. Compara los cambios que se han hecho para mejorar el texto, subraya las diferencias que observes e identifica un ejemplo para cada categoría.

Texto B

La literatura gótica se caracteriza por ser una "literatura de sensaciones" que, al adentrar al lector en la dimensión psicológica de los protagonistas, incorpora en el entramado narrativo un plano descriptivo más cercano al lector de lo habitual. El género gótico revive historias y leyendas que han permanecido en la cultura popular como inexplicables. Por esta razón, la trama se ambienta en un ***locus*** de acción cargado de elementos arquetípicos que contribuyen a enmarcar lo sobrenatural. Lo gótico es oscuridad, pero una oscuridad construida intencionadamente a partir de imágenes, objetos, animales e historias, creando con todos estos ingredientes un caldo literario que desorienta al lector. El efecto buscado es llevar al receptor del texto hasta el más absoluto desconcierto de los hechos, aunque siempre augurando un nefasto desenlace de la acción. Para que la mezcla narrativa surta efecto, se tiene que dejar el escenario interno de la novela en penumbra, descalificar cualquier acción sensorial y, así, desconcertar al lector-personaje.

1. Precisión en el uso de verbos:

   Ej. es ⟶ se caracteriza por ser

2. Evitar el uso de verbos comodín (tener, hacer, poner, decir, echar, haber, etc.):

    Ej. pone → incorpora

3. Precisión en el uso de sustantivos:

    Ej. el espacio → la dimensión

4. Precisión en el uso de adjetivos:

    Ej. lleno → cargado

5. Precisión en el uso de marcadores discursivos:

    Ej. También → Por esta razón

6. Evitar las repeticiones:

    Ej. se ambienta en un ambiente → se ambienta en un *locus*

7. Cambio de estructuras:

    Ej. que normalmente → de lo habitual

Actividad 12

Escoge uno de los dos temas que te proponemos y escribe un texto argumentativo de unas 500 palabras. A la hora de redactar el texto, ten en cuenta todos los aspectos que se han mencionado en este capítulo y no olvides ponerle tu propio título.

Tema 1: "La escritura es la expresión del alma"
Tema 2: "Enseña más la necesidad que la universidad"

✓ Recuerda:

1. seleccionar bien el tipo de introducción;
2. seleccionar bien el orden de los párrafos y de los argumentos, y su ubicación;
3. seleccionar bien el tipo de conclusión;
4. utilizar marcadores del discurso para introducir y organizar la información;
5. enriquecer el estilo mediante la precisión léxica y verbal, el uso de expresiones, etc.

Capítulo 5
El texto periodístico

◆ ¿En qué consiste?

La tarea del texto periodístico consiste en reflejar la realidad de los sucesos que se narran, por lo tanto, el lenguaje que se utiliza suele presentar los hechos de manera verídica, precisa, clara y breve.

Dada la diversidad de medios de comunicación, su alcance y la influencia que ejercen sobre los lectores, el lenguaje periodístico posee asimismo un importante impacto sobre el uso de la lengua. Por esta razón, el periodista tiene la responsabilidad de utilizar el lenguaje de la manera más correcta y apropiada posible, por lo que es habitual que algunos periódicos tengan sus propias normas de estilo.

- **Los principales objetivos** de los textos periodísticos son:
  - **informar e instruir:** sobre un hecho o un tema en concreto que se quiere dar a conocer al público y sobre el que se busca una mayor difusión;
  - **entretener:** con reportajes sobre temas de actualidad o con noticias que interesan al público en general;
  - **vender:** mediante diferentes recursos, como por ejemplo el uso de titulares llamativos o de componentes publicitarios.

- En general, **el lenguaje periodístico** se caracteriza por:
  1. un tipo de lenguaje que persigue, como norma general, una función principalmente informativa. Este hecho se puede ver condicionado en algún género periodístico en concreto, como por ejemplo en el artículo de opinión;
  2. un tipo de público o lector concreto a quien va dirigido el texto periodístico en cuestión;
  3. un enfoque determinado con mayor o menor objetividad, en función del género periodístico: una noticia de última hora, un reportaje, un artículo

de opinión, una reseña, una entrevista, un editorial, una crónica, una columna, las cartas al director, etc. En cada género se reflejan una variedad de estilo y de léxico según la finalidad informativa;

4. una variedad temática interdisciplinar: noticias de política nacional e internacional, economía, cultura, deportes, educación, ciencia y tecnología, sociedad, salud, viajes y turismo, etc.

En ocasiones, el periodismo también busca influir e incluso manipular a la opinión pública sobre un punto de vista expresado por el periodista o por el equipo editorial. En estos casos, el lenguaje que se utiliza suele ir acompañado de un gran componente argumentativo y persuasivo.

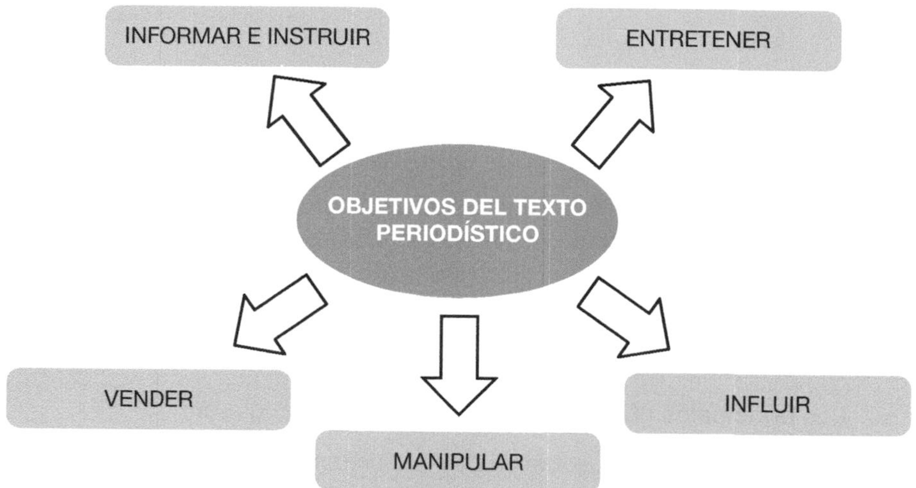

1. Características y objetivos de la noticia

La noticia periodística debe ser un texto claro, fácil de comprender y lo suficientemente interesante como para atraer y mantener el interés del lector. Entre las características generales de la noticia se pueden citar:

1. **La concisión, la claridad y la brevedad de la información.** El enorme volumen de la actualidad informativa y las limitaciones de espacio hacen que la concisión y la brevedad sean esenciales para transmitir la mayor cantidad de información posible. Para lograr esta labor, los periodistas evitan el empleo de coloquialismos, de ideas abstractas o de generalizaciones, y por lo tanto utilizan oraciones breves que suelen seguir el orden lógico de sujeto, verbo, complemento; un léxico sencillo; el uso de sinónimos para no repetir una palabra en un mismo párrafo, etc.

2. **La estructura de pirámide invertida.** Debido a la necesidad de captar la atención del lector se utiliza la estructura de "pirámide invertida", es decir, los datos de mayor interés aparecen, a modo de resumen, en el primer párrafo de una noticia y los aspectos secundarios en los párrafos siguientes. De esta manera, al presentar de forma resumida los datos de mayor interés se permite hacer una lectura rápida, ya que el lector se puede informar con sólo el primer párrafo, sin tener que leer la noticia completa si no es de su interés.

3. **La viveza y la plasticidad sobre lo que se informa.** La concisión que requieren los textos periodísticos tiene como resultado una prosa explícita y precisa y un estilo dinámico en el que se condensa el significado. Esto se consigue mediante el empleo de palabras concretas y expresiones para captar la atención del lector, o el uso telegráfico de algunos titulares.

4. **La búsqueda de la objetividad como norma general.** La información periodística, y en especial la noticia, busca presentar los hechos de la manera más objetiva posible. Por esta razón, a menudo se evitan los adjetivos antepuestos o valorativos, el uso de un vocabulario poco concreto, el empleo de pronombres o formas verbales de primera persona, u otros recursos que puedan añadir subjetividad al texto. Resulta difícil, no obstante, hablar de un texto periodístico enteramente objetivo, dado que cualquier texto escrito puede representar el punto de vista particular de un escritor. Por ejemplo, si se trata de un artículo de opinión, la persuasión adquiere mayor relevancia que el carácter objetivo.

En cualquier caso, el periodismo busca informar y por lo tanto los contenidos que aparecen en una noticia tienen que dar respuesta a las siguientes preguntas: ¿qué?, ¿quién?, ¿cómo?, ¿cuándo?, ¿dónde? y ¿por qué?

Actividad 1

Ordena los párrafos de la siguiente noticia para que su lectura resulte coherente.

Noticia: "El peligro de llamarse Kevin"

Orden	Texto de la noticia
A (....)	El punto de partida del estudio fue una investigación anterior, realizada también en Oldenburg por Julia Kube, quien, en un trabajo publicado en 2009, había logrado determinar una lista de nombres asociados a prejuicios negativos y otra relacionada con prejuicios positivos. Ante ello, Kaiser y una de sus estudiantes se preguntaron en qué medida el nombre propio de un niño podía favorecer o perjudicar sus notas escolares, independientemente de sus rendimientos.

Orden	Texto de la noticia
B (....)	El nombre Kevin, que entró en Alemania probablemente en los tiempos en que el inglés Kevin Keagan jugaba en el Hamburgo y luego se hizo popular por la película "Kevin sólo en casa", parece ser de momento el que más estigmatizado está en Alemania. Existe, por lo tanto, algo así como el peligro de llamarse Kevin.
C (....)	Según el estudio, un trabajo firmado por un niño llamado Kevin, Mandy o Cedric –nombres que en Alemania están ligados a estratos sociales inferiores– suele tener una peor calificación que un trabajo idéntico firmado por Maximilian, Jakob o Simon.
D (....)	Para ello, un grupo de 12 niños realizó trabajos que luego fueron escaneados y enviados a 200 profesores para que los calificaran. Algunos de ellos estaban firmados con un nombre con carga positiva, como Alexander, y otros con nombres con carga negativa, como por ejemplo Marvin.
E (....)	Curiosamente, las diferencias de calificación sólo se observaron en los nombres masculinos, entre Kevin y Maximilian, por ejemplo, y no entre Celine y Charlotte, lo que, según Kaiser, tiene en parte su explicación en que los chicos suelen sufrir más prejuicios de los profesores que las chicas.
F (*1*)	La idea de que las notas escolares no siempre son objetivas no es nueva, pero que el nombre propio de un alumno sea un factor para su éxito escolar es un resultado algo sorprendente de un estudio de la Universidad de Oldenburg (norte de Alemania), dirigido por la profesora Astrid Kaiser.
G (....)	Cada trabajo debía ser calificado por dos profesores distintos, uno que lo recibía con la firma de un nombre positivo y otro que suscribía un niño con un nombre de carga negativa. En el experimento, un trabajo firmado por Jakob, Maximilian o Simon fue siempre mejor calificado que si estaba firmado por Kevin o Mandy, pese a tratarse del mismo texto.

Adaptado de: Rodrigo Zuleta, "El peligro de llamarse Kevin", *El País*, 25/08/2010

Actividad 2

2. Lee con atención la siguiente noticia y responde con tus propias palabras a las preguntas que te indicamos debajo.

Noticia: "Detenida y esposada una niña de 12 años en Nueva York por escribir en su pupitre"

Una niña latina de 12 años fue sacada esposada de su escuela en Forest Hills (Queens, Nueva York) y llevada a una comisaría de la policía por haber escrito en su pupitre, según informó en su edición digital el diario *Daily News*.

Alexa González garabateaba unas palabras en su pupitre mientras aguardaba la llegada de su maestra de español, el pasado lunes, en la escuela superior 190 en Forest Hills, en el condado de Queens (Nueva York, EEUU).

Alexa dijo que había utilizado tinta lavable y que había escrito los mensajes: "Quiero a mis amigas Abby y Faith", "Lex estuvo aquí. 2/1/10" y que había dibujado una carita feliz. La niña fue llevada a un cuartel de policía cercano donde estuvo algunas horas, según explicó la madre, Moraima Camacho, en declaraciones que reproduce el diario 'Daily News'.

"Lloré mucho. Hice dos pequeños garabatos, que eran fáciles de borrar. Ponerme esposas era innecesario. Pensé que sólo tendría que limpiarlo", señaló la menor, que hasta ahora había tenido un buen récord de asistencia a la escuela, a la que no ha vuelto desde el lunes tras ser expulsada.

El pasado martes, Camacho y su hija fueron a la Corte de Familia, donde a la niña se le impusieron, además, ocho horas de trabajo comunitario y un ensayo de lo que aprendió de esta experiencia. Camacho, de 49 años, aseguró que están viviendo "una pesadilla", mientras la Unión de Libertades Civiles de Nueva York condenó el acto.

El Departamento de Educación señaló a través de su portavoz, David Cantor, que la detención de la niña "fue un error", mientras que la policía indicó que aunque están autorizados para hacer detenciones, "debe prevalecer el sentido común y usar la discreción al decidir si realmente es necesario recurrir a las esposas".

La Unión de Libertades Civiles de Nueva York presentó el mes pasado una demanda en una corte federal contra la Policía de la ciudad por las más de 20 detenciones y uso de fuerza excesiva contra los niños.

Efe, "Detenida y esposada una niña de 12 años en Nueva York por escribir en su pupitre", *El Mundo*, 05/02/2010

1. ¿Qué ha ocurrido?
2. ¿Quién es el/la protagonista?
3. ¿Cómo o de qué modo se ha producido el suceso?
4. ¿Cuándo ha sucedido?
5. ¿Dónde ha tenido lugar?
6. ¿Por qué se ha producido y cuál es la conclusión que se desprende de la noticia?

2. El titular y el subtítulo

El titular es la frase que encabeza o presenta una noticia y en él se sintetiza el contenido principal del cuerpo de la información. Principalmente se distinguen dos tipos de titulares:

1. **Titulares explícitos.** Sintetizan la información y la presentan de manera explícita sin más intención que la de informar. A veces también se combina un titular objetivo con información que aparece de manera implícita para captar la atención del lector.

2. **Titulares implícitos.** Buscan llamar la atención del lector y suelen condensar el significado del titular. Para lograr este objetivo se utilizan, por ejemplo, enunciados ambiguos, paradojas, juegos de palabras o estructuras binarias que dividen la oración en dos partes, o se modifican expresiones hechas.

En algunos casos también podemos encontrar **titulares sensacionalistas**, es decir, que además de captar la atención y de presentar la información de manera explícita o implícita buscan producir emoción o sensación en el lector.

Cuando una noticia lleva un **subtítulo**, éste cumple una función explicativa, es decir, complementa y amplía la información que se condensa en el titular para que el lector la pueda comprender mejor. El subtítulo puede presentar una información concreta, en estilo directo, o mediante una cita que pertenece al cuerpo de la noticia.

Actividad 3

3.a. Lee con atención los siguientes titulares y relaciónalos con los subtítulos que corresponden a la misma información.

El titular de la noticia	El subtítulo de la noticia
1. "Obama se la juega por la libertad de culto" → c.	a. Los antiabortistas reclaman que desde el anestesista hasta el celador puedan negarse a todo lo relacionado con la interrupción del embarazo.
2. "Oposición de chiringuito"	b. Memphis recuerda la muerte de "El Rey" poniendo a disposición del público algunos de los objetos personales más preciados del desaparecido cantante.
3. "La batalla de la objeción"	c. El Presidente de Estados Unidos respalda la construcción de una mezquita en la "zona cero" de Nueva York a pesar de la fuerte oposición política y ciudadana al proyecto.

El titular de la noticia	El subtítulo de la noticia
4. "Agilizar la memoria"	d. Los precios de los cereales se disparan por las malas cosechas y la especulación.
5. "Elvis sale a subasta"	e. Si se tratara de recomendar una lectura para el verano, la propuesta sería un libro que nos arrastrara desde el principio: *Ana Karénina*. Nabokov dijo que se trata de "la mejor novela de amor de todos los tiempos".
6. "Bronce a contracorriente"	f. Peris logra su primera medalla en la modalidad de 50m espalda y Villaécija se consolida en la élite de la natación de fondo.
7. "La lección de Tolstói"	g. Líderes del PP (Partido Popular) lanzan a diario declaraciones incendiarias contra el Gobierno socialista desde su lugar de vacaciones.
8. "Sicilia construye otra cara"	h. La prensa británica estima las deudas de la Duquesa de York en 6 millones de euros.
9. "La bancarrota de Sarah Ferguson"	i. Los bienes confiscados a la mafia italiana se convierten en lugares turísticos en manos de jóvenes.
10. "El desayuno se pone por las nubes"	j. El ejercicio físico puede frenar los efectos del Alzheimer.

Titulares adaptados de: *El País*, 15/08/2010

3.b. Elige la sección del periódico que mejor se ajusta al tema de la noticia de los titulares que acabas de leer y escribe su número en la tabla. Aunque en algunos casos un titular pueda pertenecer a más de una categoría hay uno para cada sección.

ECONOMÍA Y EMPRESAS	POLÍTICA	DEPORTES	CURIOSIDADES	SALUD
TURISMO Y VIAJES	**GENTE**	**INTERNACIONAL**	**CULTURA**	**SOCIEDAD**

3.c. En algunos titulares la información aparece de manera más explícita y en otros de manera implícita. Lee los subtítulos correspondientes en la actividad 3a y transforma los siguientes titulares.

Titulares con información explícita:

1. "La bancarrota de Sara Ferguson"

   Ej. *Cómo ser duquesa y vivir con 6 millones de euros en deudas*

2. "Obama se la juega por la libertad de culto"
3. "Elvis sale a subasta"
4. "Agilizar la memoria"

Titulares con información implícita:

5. "La lección de Tolstói"

   Ej. *Tolstói nos enseña el arte de amar en sus novelas: una de las mejores opciones de lectura para este verano*

6. "Sicilia construye otra cara"
7. "Oposición de chiringuito"
8. "El desayuno se pone por las nubes"

Actividad 4

Los siguientes titulares aparecen con el subtítulo completo. Explica el titular con tus propias palabras a partir de la información que aparece. Fíjate en el ejemplo.

Titular: "El tabaco de liar seduce al fumador"
Subtítulo: Las empresas del sector tabaquero y el fisco pierden ingresos por culpa de la nueva moda.

En el titular se alude a que los fumadores se aficionan cada vez más al tabaco de liar, que se está imponiendo como una nueva moda, quizás porque resulta más barato que comprarlo empaquetado como cigarrillos. Se utiliza el verbo "seducir" para mostrar la relación que se establece entre este producto y el consumidor, además de las connotaciones que tradicionalmente ha tenido el tabaco como elemento asociado a la seducción, por ejemplo en las películas en blanco y negro.

1. Titular: "Las muñecas de Famosa hablarán inglés"
   Subtítulo: Un fondo de inversión de EEUU compra la empresa juguetera española 'Famosa'; tercer cambio de manos en ocho años.

2. Titular: "El cuerpo del gatillo fácil"
   Subtítulo: La frecuente implicación de la policía argentina en homicidios, robos y otros delitos dispara la alarma social.

3. Titular: "Más gas, más samba y una ración de algas"
   Subtítulo: La petrolera española Repsol amplía reservas en Bolivia, va a cotizar en Brasil y compra la empresa AlgaEnergy.

3. La entradilla y el cuerpo de la noticia

La entradilla constituye el primer párrafo o los dos primeros de una noticia. Introduce la información principal del artículo y se centra en algunas de las preguntas del cuerpo de la noticia: ¿qué?, ¿quién?, ¿cómo?, ¿cuándo?, ¿dónde? y ¿por qué?

He aquí los principales tipos de entradillas:

1. **Entradilla de síntesis o de datos.** Resume el contenido de una noticia o presenta datos que se desarrollan después.

2. **Entradilla descriptiva.** Comienza describiendo los diferentes aspectos de una persona, de un lugar, etc., que tienen que ver con la información.

3. **Entradilla de cita.** Se vale de una cita del cuerpo de la noticia a modo de avanzadilla para dejar entrever el contenido. Suele ser habitual en los reportajes y en las entrevistas.

4. **Entradilla retórica.** Plantea uno o varios interrogantes que buscan captar la atención del lector como paso previo a la lectura.

5. **Entradilla anecdótica.** Presenta una anécdota a modo de analogía para crear cierto suspense antes de leer una noticia.

6. **Entradilla sensacionalista.** Busca captar la atención del lector a partir de un hecho curioso o de una exageración.

El cuerpo de la noticia aparece después de la entradilla y en él se amplía la información que se acaba de exponer, se incluyen datos complementarios, u otras explicaciones pertinentes y se da respuesta a las preguntas: ¿qué?, ¿quién?, ¿cómo?, ¿cuándo?, ¿dónde? y ¿por qué?

Actividad 5

Lee las siguientes entradillas e identifica a qué tipo corresponde cada una de ellas.

Texto 1: *entradilla anecdótica*

Durante los siglos XVIII y XIX se puso de moda en las capitales europeas instalar unas urnas o cápsulas del tiempo debajo de monumentos, edificios y otros notables elementos arquitectónicos. En ellas se depositaban libros de la época, monedas, así como otros objetos, con la esperanza de que fueran descubiertos siglos después por generaciones futuras. Esto es precisamente con lo que se han encontrado durante las obras de remodelación de la Puerta del Sol de Madrid.

Texto 2: ....

Estoy harto de que me estafen, de que se queden con mi dinero, de dormir en el suelo y de que me dejen tirado sin ninguna explicación", ha manifestado un viajero que no pudo coger el vuelo a su país de origen en el tercer día de huelga indefinida de la compañía aérea *Vamos Airways*.

Texto 3: ....

¿Hasta cuándo tendremos que soportar las obras en esta ciudad? ¿Se ha propuesto el alcalde levantar todo el paseo marítimo a costa de sus contribuyentes para que sus "amigotes" puedan instalar bares y discotecas de moda? ¿A qué esperan los ciudadanos de a pie para expresar su rotunda oposición a un proyecto urbanístico que atraerá a más turismo de tercera clase?

Texto 4: ....

De origen humilde, licenciado en derecho y doctor por la Universidad de Oxford, ha conseguido mantenerse al mando de su partido político durante las etapas más duras de la transición de la dictadura a la democracia. A continuación, nos desvela su secreto para seguir al pie del cañón en la escena política de nuestro país.

Texto 5: ....

Imagínense a un culturista rubio con el pelo corto y musculoso que habla inglés con acento austríaco, que no ha dudado en posar semidesnudo en multitud de ocasiones y que nos lo ha enseñado "casi todo" en la gran pantalla, que ha llegado a ser gobernador y que aspira a lo más alto en su carrera política. Lo que parece sacado del argumento de una película puede convertirse en realidad tras la última convención republicana.

Texto 6: ....

> ¿Existe el secreto de la eterna juventud? Ese tratamiento que nos permitiera tener una piel tersa y firme sin reflejar casi el más mínimo detalle del paso del tiempo. Esa dieta alimenticia que nos aportara nutrientes y, a la vez, nos asegurara una salud fuerte a lo largo de los años. Esa rutina diaria de ejercicio que nos llevara a constatar la afirmación de "mens sana in corpore sano". Éstas son sólo algunas de las promesas, tan sólo al alcance del bolsillo de unos cuantos, que se presentan estos días en el Salón Internacional de Estética y Nutrición de Valencia.

Actividad 6

6.a. Las siguientes entradillas pertenecen a unas noticias bastante curiosas. Léelas con atención y escribe un titular para cada una de ellas. Recuerda que puedes escribir un titular con información explícita, uno con información implícita, sensacionalista, etc.

Las noticias más absurdas del año 2009

1. Titular: *Una universidad rechaza a un alumno por el olor de pies*

> Una corte holandesa estableció que la Universidad Erasmo de Rotterdam readmitiese a Teunis T., un estudiante de Filosofía, pese a las protestas de sus compañeros y profesores. En 2008, se le prohibió pisar el campus por la incomodidad que causaba su "olor", después de que se sacara los zapatos a menudo en las aulas y otras zonas públicas. Por el mismo motivo fue expulsado en 2002 también de la biblioteca de la Universidad de Delft.

2. Titular: ....

> Un ex magnate inmobiliario puso una demanda por 50 millones de dólares australianos (38 millones de dólares estadounidenses) tras perder en el casino 20 millones en tres años. El reconocido ludópata se prohibió a sí mismo pisar el casino en 1995, pero la casa de juegos le ofreció ventajas para regresar. Según dice el ex magnate en 30 ocasiones voló gratis de su casa en Gold Coast a Melbourne para jugar; lo registraban con nombre falso para evadir la prohibición y le daban dinero para iniciar sus apuestas.

3. Titular: ....

> Un alemán entró en el Libro Guiness de los Récords por besar a 111 mujeres en 60 segundos. Michael Basting, de 31 años, batió el récord mundial de besos rápidos besando aceleradamente en la mejilla a las mujeres, colocadas en fila sobre la acera frente a una discoteca en Berlín.

4. Titular: ....

La cadena de hamburgueserías McDonald's cometió un incómodo error en un cartel publicitario con el que promocionaba en Suiza sus menús como "100% carne suiza". El cartel mostraba a una vaca con una pequeña marca amarilla en la oreja. Ese detalle se convirtió en su ruina, pues en la marca se leía la abreviatura "AT", prueba de que el animal era austríaco. McDonald's había usado antes la misma vaca para otra campaña en Austria. La cadena aseguró pese a todo que la carne que sirve en Suiza es realmente sólo de ese país.

5. Titular: ....

Un británico sobrevivió a un salto de 3.000 metros tras fallarle su paracaídas principal y el de reserva. El hombre se precipitó al suelo girando en espiral para aterrizar en el tejado de un hangar, y sufrió heridas en la cabeza y hombros, pero según sus amigos se encuentra en buen estado. "Al verlo volar en espiral, supe que algo no iba bien. Llamé a una ambulancia antes de que chocara", dijo el dueño de la empresa de saltos en paracaídas. En su opinión, el tejado del hangar frenó el impacto. "Si hubiera caído a un par de metros, habría chocado con hormigón".

6. Titular: ....

Más de 5.000 empleadas del fabricante automotor ruso Lada se quedaron embarazadas ante un eventual recorte de plantilla. "Al acogerse a la baja materna, la legislación rusa prohíbe despedirlas", dijo un portavoz de la empresa. La fábrica sita en Togliatti, a orillas del Volga, estudia despedir a 27.000 de sus 100.000 obreros.

7. Titular: ....

La Sra. Cha, una vendedora de 68 años, se presenta casi a diario al carnet de conducir desde 2005, sin que haya podido conseguir más de 50 puntos en el examen teórico, cuando el mínimo son 60. "Cada vez que fracasa me da pena. Le daré una placa de reconocimiento cuando apruebe", relató un funcionario. Las tasas de exámenes ya le han costado más de cuatro millones de won (2.800 dólares). Hace cuatro años que la Sra. Cha decidió comprarse un coche y se apuntó a las pruebas.

8. Titular: ....

Un mendigo tunecino de 46 años pernoctó durante una semana sin pagar en un hotel de lujo en París antes de ser descubierto. Jamel B. se hizo pasar por secretario de jeques árabes y dijo tener por misión organizarles viajes a París. Para probar los servicios, durmió en las habitaciones que ocuparían sus inexistentes jefes y hasta encargó champán a cargo del hotel. También pidió un guardia de seguridad y un jet privado. Jamel se fue del hotel antes de ser descubierto, pero la policía lo encontró.

Adaptado de: Agencia DPA, "Las noticias más absurdas del año 2009", *El Mundo*, 25/12/2009

6.b. Ahora que ya tienes el titular y la entradilla, elige la noticia del ejercicio anterior que más te haya gustado y complétala en unas 200 palabras. Ten en cuenta las características del lenguaje periodístico y no olvides responder a las preguntas: ¿qué?, ¿quién?, ¿cómo?, ¿cuándo?, ¿dónde? y ¿por qué?

4. El lenguaje de la prensa

A la hora de redactar un texto periodístico hay que tener en cuenta diferentes aspectos relacionados con el estilo de la escritura. Uno de ellos es la voz pasiva que, aunque no se suele utilizar en español, es más común en la prosa periodística que en otro tipo de textos. Aun así, siempre es conveniente intentar evitarla para que el estilo no resulte demasiado recargado.

- En muchos manuales de escritura periodística se recomienda utilizar siempre la voz activa. También cabe recordar que la voz pasiva se utiliza mucho más en inglés y, debido a la influencia que esta lengua ejerce en la actualidad en los medios de comunicación, conviene acostumbrarse a utilizar otras alternativas en voz activa. He aquí algunas de ellas:

1. **El uso de oraciones impersonales:**

   Ej. Voz pasiva: El cuadro fue subastado por una gran cantidad de dinero.

   Ej. Voz activa: El cuadro se subastó por una gran cantidad de dinero.

2. **El uso de la tercera persona del singular o del plural:**

   Ej. Voz pasiva: El cuadro fue subastado por una gran cantidad de dinero.

Ej. Voz activa: (Ellos) Subastaron el cuadro por una gran cantidad de dinero.

3. **La reduplicación del complemento directo:**

   Ej. Voz pasiva: El cuadro fue subastado por una gran cantidad de dinero.

   Ej. Voz activa: El cuadro lo subastaron por una gran cantidad de dinero.

4. **Reescritura de la oración:**

   Ej. Voz pasiva: El cuadro fue subastado por una gran cantidad de dinero.

   Ej. Voz activa: La subasta del cuadro alcanzó una importante suma de dinero.

- En los textos periodísticos existe la tendencia a construir algunos verbos con voz pasiva. Aunque algunas veces se puede tratar de una cuestión de estilo, en otros casos se debe a la influencia del inglés. Veamos el siguiente ejemplo con el verbo "publicar":

  Ej. *The first part of* Don Quixote *was published in 1605.*

  Ej. Voz pasiva: La primera parte de *El Quijote* fue publicada en 1605.

  Alternativas en voz activa:

  1. La primera parte de *El Quijote* se publicó en 1605.
  2. Cervantes publicó la primera parte de *El Quijote* en 1605. / Publicaron la primera parte de *El Quijote* en 1605.
  3. La primera parte de *El Quijote* la publicó Cervantes en 1605.
  4. Fue en 1605 cuando la primera parte de *El Quijote* vio la luz.

- Por último, existen verbos en español que no admiten este tipo de construcción y que, sin embargo, en inglés suelen ir casi siempre acompañados de la voz pasiva.

  Ej. *I was born in 1980.*

  Traducción: Nací en 1980. (Incorrecto: *~~Fui nacido~~)

  Ej. *President Kennedy was killed/assassinated in 1963.*

Traducción: Mataron/Asesinaron al presidente Kennedy en 1963. / Al presidente Kennedy lo mataron/lo asesinaron en 1963. (Incorrecto: *~~Fue matado~~)
Sin embargo, sería correcto decir: El presidente Kennedy fue asesinado en 1963.

En cualquier caso, recomendamos que en la medida de lo posible se busque siempre la manera de evitar un uso innecesario de la voz pasiva en español.

Actividad 7

7.a. En las siguientes oraciones se ha utilizado la voz pasiva innecesariamente y el estilo resulta poco habitual en español. Transforma cada oración en la voz activa y haz los cambios necesarios.

> **Ej.** Después de la acalorada reunión que mantuvo con la jefa durante más de tres horas, ~~fue transferida~~ *la transfirieron* a otro departamento sin previo aviso.

1. El jarrón de porcelana china fue roto por los niños mientras estábamos en la cocina, pero sorprendentemente nadie oyó ningún ruido extraño.

2. Las migas de pan que había dejado Pulgarcito para orientarse por el camino fueron comidas por los pájaros en un santiamén.

3. Tras los cristales de los ventanales de la planta baja fueron vistas dos personas encapuchadas que finalmente resultaron ser los atracadores del banco.

4. Este fin de semana han sido subastados con fines benéficos algunos objetos de un conocido escritor y político que ha preferido permanecer en el anonimato.

5. Antes de que le consiguieran robar el maletín, en el que supuestamente guardaba los planos del reactor, fue empujado por un transeúnte que llevaba una peluca.

6. La semana que viene serán homenajeados todos aquellos estudiantes de la Universidad Carlos III de Madrid que han terminado sus estudios con la máxima calificación.

7. El Presidente fue agredido con un huevo duro por un manifestante que protestaba por la subida del precio de los huevos, lo cual solamente le produjo una leve herida sin importancia.

8. Recientemente ha sido creada una universidad virtual en la que los alumnos podrán disponer de un profesor a cualquier hora del día.

9. En lo que va de año han sido vendidas 800 copias del libro de gramática, si las ventas continúan así, muy pronto nos tendremos que encargar de la redacción de la segunda edición.

10. El representante del Gobierno ha sido preguntado por la nueva propuesta económica durante la rueda de prensa que ha ofrecido en el Palacio de la Moncloa.

11. Durante los Juegos Olímpicos la antorcha olímpica será llevada por un famoso deportista, cuyo nombre todavía no se ha desvelado a la prensa.

12. El transatlántico, que ha sido armado en la ciudad polaca de Szczecin, se va a llamar "Solidaridad" en homenaje al sindicato homónimo que encabezó la lucha por los derechos sociales durante la transición del país hacia la democracia.

7.b. Debido a la inmediatez de la información periodística, muchas veces las agencias de comunicación traducen noticias del inglés con un matiz pasivo o con la voz pasiva. Traduce los siguientes titulares al español utilizando la voz activa.

1. *Seattle is battered by storm.*
   La tormenta golpea Seattle.
2. *Former U.S. President hospitalized in Cleveland.*
3. *Magenta sculptures will be placed along several Chicago roads.*
4. *Officer accused of accepting bribes to allow illegal immigrants to cross border.*
5. *Missing hiker found alive after 6 days in Joshua Tree National Park.*
6. *Computer virus used to steal bank accounts.*
7. *Parade of Elves saved from budget cuts in Miami.*
8. *Pulitzer Prize won by Californian journalist.*

5. Los géneros periodísticos

En la siguiente tabla aparecen los principales géneros periodísticos. Como hemos explicado, el periodismo busca como norma general la objetividad del mensaje, dado que su función principal es la de informar al lector. Sin embargo, también encontramos géneros de opinión, o géneros mixtos, que muestran un punto de vista más subjetivo sobre un tema concreto.

Géneros periodísticos informativos e interpretativos	Géneros periodísticos de opinión
La noticia. Al redactar una noticia se busca ante todo informar a los lectores sobre un hecho, un evento, un suceso o un tema de actualidad. La noticia sintetiza los aspectos más importantes de la información y, según la sección en la que aparezca, prima el carácter informativo.	**El artículo de opinión.** Consiste en un escrito que elabora un colaborador del periódico o un periodista donde se expone un punto de vista determinado sobre un tema de diversa índole: sociedad, política, cultura, salud, etc. Se puede mezclar el lenguaje culto con el coloquial para presentar diferentes matices y buscar un vínculo con el lector.
La entrevista objetiva. Se redacta normalmente en estilo directo y consiste en presentar el diálogo que se ha mantenido sobre un tema entre el periodista y la persona entrevistada. El lector se informa o juzga la relevancia informativa a partir de las respuestas del entrevistado.	**Las cartas al editor.** En este género son los lectores los que tienen la voz, ya que se reserva una pequeña sección del periódico para que éstos expresen su opinión sobre un tema de actualidad. Suelen ir firmadas con el nombre del autor, su procedencia o mediante un seudónimo.
El reportaje objetivo. Se analiza un tema en profundidad, cuya información, como norma general, presenta el periodista a partir de su propia experiencia. Es lo que a menudo se denomina periodismo de investigación.	**La columna o el comentario.** Consiste en una valoración sobre un tema que se publica de manera regular y que, como su propio nombre indica, aparece en una columna en uno de los lados de la página.
La crónica. En este género se narran hechos de actualidad que se han producido durante un período de tiempo concreto. Suele aparecer con la firma del autor.	**La crítica.** Se analiza un tema de manera detallada y, para ello, se requiere tener los conocimientos necesarios sobre la materia. Suele comenzar con una información objetiva a modo de síntesis, y a continuación el autor expresa su opinión de manera directa.
El suelto o corto. Consiste en una breve crónica que informa sobre un tema de actualidad y que no suele aparecer con la firma del autor.	**El editorial.** Aparece siempre en la misma sección y de manera regular, y normalmente no está firmado por el autor. Analiza un tema de actualidad desde un punto de vista acorde con la ideología que pueda tener un periódico. El equipo editorial y el director se responsabilizan de las opiniones que se puedan verter.

Aun con todo, a veces resulta difícil determinar el grado de objetividad de un medio de comunicación. En algunos casos se puede manipular el carácter objetivo de la información para introducir matices subjetivos, por ejemplo, según la ideología que históricamente haya predominado en un periódico. Por lo tanto, este hecho puede condicionar el punto de vista así como la manera en la que se presenta la información, desde el titular o la entradilla hasta el desarrollo del cuerpo de la noticia.

Actividad 8

8.a. A continuación aparece la misma noticia recogida por tres periódicos españoles: *El País*, *El ABC* y *La Razón*. Lee con atención las tres versiones de la noticia y responde a las preguntas. Subraya la información que te parezca relevante y que, en tu opinión, se diferencia de un periódico a otro.

1. Noticia de *El País*:

También Gordon Brown tiene un mal día

Gordon Brown es un hombre justo: si el conservador David Cameron tuvo un mal día el martes, cuando el padre de un niño discapacitado le echó en cara en público sus políticas educativas, el candidato laborista ha hecho hoy todo lo posible para tener un día mucho peor. En una visita a Rochdale, una ciudad con problemas al norte de Manchester, tuvo un vivo intercambio de palabras con una viuda de 65 años llamada Gillian Duffy.

La señora se quejaba de los problemas de gamberrismo en la zona, de la situación económica, de la elevada deuda del Estado, de los problemas que tendrían sus nietos para ir a la universidad cuando crecieran, de que había demasiados inmigrantes de Europa del Este.

Brown salió airoso de la conversación y la abuela acabó declarando después a la prensa que pensaba seguir votando a los laboristas y que esperaba que Gordon siguiera un tiempo en Downing Street. Pero el líder laborista no se dio cuenta de que el micrófono que llevaba en la solapa seguía conectado y que la conversación privada que mantuvo con su ayudante nada más montarse en su coche estaba siendo grabada por la cadena Sky.

Y la conversación reflejó la otra cara de Brown. "Ha sido un desastre. No me teníais que haber puesto en esa situación. ¿De quién ha sido idea?", dice, con aire más deprimido que airado. "Qué mujer tan intolerante", concluye Brown en un tono muy despectivo.

El líder laborista se disculpó de inmediato en una entrevista radiofónica. Pero quizá lo más dañino son las imágenes de Brown en esa entrevista, en la que aparece absolutamente destrozado, cabizbajo, literalmente tapándose la cabeza con las manos mientras escucha sus propias palabras, ignorando quizás que hay cámaras también en el estudio radiofónico. La viva imagen de un hombre que ha convertido en derrota lo que podía haber sido un triunfo.

Esta semana, la nueva estrategia electoral de los laboristas ha consistido en poner a Brown directamente en contacto con los votantes. Con resultados desastrosos:

Gillian Duffy declaró, después de que Brown se disculpara directamente a ella en una conversación telefónica, que ya no piensa votarle.

Walter Oppenheimer, "También Gordon Brown tiene un mal día", *El País*, 28/04/2010

2. Noticia del *ABC*:

El «patinazo» de Brown

Gordon Brown puede haberse despedido ya del todo en su deseo de reelección tras la catástrofe electoral que han supuesto unos comentarios suyos en privado contra una viuda con la que acababa de hablar ante las cámaras. "Ha sido un desastre", se le oye decir a Brown cuando entra en su coche oficial sin percatarse de que aún llevaba el micrófono de una televisión en la solapa, "es una mujer intolerante". Gillian Duffy, de 65 años y votante laborista, dice que ya no votará a Brown.

Las imágenes de sus sonrisas a Duffy, en la población de Rochdale, y luego sus comentarios despectivos contra quien no es más que una ciudadana que ha expuesto sus preocupaciones al primer ministro enseguida saltaron a todos los canales de televisión. Brown pidió luego disculpas e intentó justificarse indicando la actitud de la viuda ante la inmigración del Este de Europa, aunque todos los medios destacaron que la conversación había sido en realidad sobre muy diversos temas, sin estar centrada en la inmigración, y que lo relativo a ésta se había tratado de modo amigable.

"Ha sido un desastre. Nunca debían haberme puesto con esa mujer. ¿De quién ha sido esa idea? Simplemente es ridículo", dice Brown a un ayudante mientras se sienta junto a él en la parte trasera del coche, al tiempo que seguía abierto el micro de Sky News que le habían puesto para grabar la conversación con Duffy. Preguntado por su asistente sobre qué había dicho la mujer, Brown responde: "¡Buff, todo! Es el tipo de mujer intolerante que dice que suele votar laborista. Quiero decir, es simplemente ridículo. No sé por qué Sue me la ha traído a mí".

Consciente del letal golpe que se había infligido a sí mismo, Brown rápidamente intentó disculparse ante los micrófonos en un estudio de radio, pero su imagen con la cabeza gacha, tapándose la cara mientras le hacían escuchar la grabación de lo que había dicho en el coche fue aún más humillante y perjudicial para sus expectativas electorales. "Pido disculpas por haber dicho algo que era ofensivo; nunca debía haber dicho esto sobre una mujer a la que he encontrado", manifestó compungido.

Gillian Duffy tenía preparado su voto al Partido Laborista para emitirlo por correo, y mantenía su idea aunque Brown no le había convencido en la conversación mantenida. Pero tras enterarse de lo que Brown había dicho de ella a sus espaldas, ya no le votará. "Estoy muy disgustada. Es una persona educada, ¿por qué tiene que soltar palabras así? Se supone que dirige el país. Pide a una mujer ordinaria que se acerque, y ésta le plantea las preguntas que mucha gente quisiera hacerle. Va a haber impuestos, impuestos, impuestos otros veinte años para salir de la deuda nacional y encima me llama intolerante".

Emili J. Blasco, "El «patinazo» de Brown", *ABC*, 28/04/2010

3. Noticia de *La Razón*:

Brown, un «pecador arrepentido» tras llamar «intolerante» a una votante

Se puede decir que Gordon Brown hoy ha firmado su sentencia de muerte política. El "premier" se reunió esta mañana con una votante laborista y al finalizar la conversación no se percató de que su micrófono aún seguía abierto y todo el país pudo escuchar cómo regañaba a sus asesores por haberle puesto a hablar con una "racista".

"Ha sido un desastre, nunca deberían haberme puesto con esa mujer, ¿de quién fue la idea? Es ridículo", se le escuchaba dentro del coche. "Es simplemente el tipo de mujer intolerante que dice que solía ser laborista". El momento más desagradable fue cuando tuvo que escuchar la grabación íntegra en una entrevista para la radio. Su imagen tapándose la cara al más estilo "tierra trágame" no para de aparecer en todos los telediarios.

La mujer agraviada expresó su malestar tras escuchar lo que había dicho de ella el primer ministro. "Estoy muy ofendida, él es una persona educada, ¿por qué ha salido con palabras como esas?", se preguntó. "Se supone que dirige el país y está llamando a una mujer corriente que va y le pregunta algo que mucha gente querría preguntarle [...] y va y me llama intolerante", le reprochó.

La mujer había explicado previamente a la prensa tras hablar con Brown que había sido votante laborista durante toda su vida y que Brown le había parecido "muy agradable". La anécdota se ha convertido en el tema del día. Tanto es así que por la tarde, Brown ha tenido que ir a casa de la protagonista, una viuda de Rochdale llamada Gillian Duffy, para pedirle personalmente disculpas. Al salir de la casa de la mujer, dijo que se siente como "un pecador arrepentido".

Para cualquier otro candidato, el episodio habría sido tan sólo un varapalo, pero para Gordon Brown es mucho más. El laborista está hundido en las encuestas y su partido estudia la posibilidad de quitarle de en medio para poder llegar a un pacto con los liberales.

Desde el Partido Conservador y el Liberal Demócrata se han apresurado en echar leña al fuego. El responsable de Finanzas de los 'tories', George Osborne, subrayó que "esto es lo que pasa en las elecciones generales, que revelan la verdad sobre las personas". Por su parte, el líder liberaldemócrata, Nick Clegg, consideró que "uno debería siempre intentar responder las preguntas de la mejor manera posible. Fue grabado diciendo lo que ha dicho y tendrá que responder por ello".

Celia Maza de Pablo, "Brown, un «pecador arrepentido» tras llamar «fanática» a una votante", *La Razón*, 28/04/2010

8.b. Comenta los diferentes titulares de los tres periódicos. ¿Observas alguna diferencia en su configuración? Piensa en el lector que lee la noticia por primera vez.

8.c. Analiza el cuerpo de la noticia. ¿Cómo comienzan las noticias? ¿Observas alguna diferencia general en cómo se relatan los hechos? Fíjate no sólo en la información, sino también en las referencias que se hacen y en cómo reaccionan las diferentes personas implicadas.

8.d. Fíjate en cómo se retrata a Gordon Brown en cada una de las noticias. ¿Observas alguna diferencia?

6. Géneros periodísticos de carácter objetivo: el reportaje y la entrevista

El reportaje y la entrevista son dos de los géneros más comunes de un periódico. Suelen ser más extensos que una noticia y por lo general analizan un tema concreto en profundidad.

El reportaje transmite de manera detallada la experiencia del periodista que informa al lector sobre un tema de actualidad. **La entrevista**, en cambio, es un género en el que podemos leer las preguntas formuladas por el periodista y las respuestas de la persona entrevistada. Ambos géneros contribuyen al propósito informativo del texto periodístico, aunque el periodista también puede dejar entrever en ocasiones su punto de vista sobre el tema en cuestión.

El reportaje posee una estructura menos fija, ya que incorpora otros géneros en su desarrollo. Con esto se busca presentar la información de la manera más detallada posible. Además de informar y de describir los hechos, en el reportaje se puede observar la investigación llevada a cabo por el periodista con la que ha obtenido la información. Consta de un titular, una entradilla, una introducción, el cuerpo del reportaje y el cierre. Si atendemos a su organización textual y a su contenido se divide en las siguientes categorías:

- **El reportaje según su organización.**
  – **Reportajes de acontecimiento.** Se relatan los hechos y el periodista se desvincula de los mismos, por lo que solamente se reproducen los datos sin otra intención que la de informar.
  – **Reportajes de acción.** El periodista presenta la información como una experiencia que ha vivido de manera directa.

- **El reportaje según su contenido.**
  – **Reportaje informativo.** Se informa al lector de manera detallada.
  – **Reportaje interpretativo.** Se informa al lector, pero también se puede leer la opinión de análisis del periodista.
  – **Reportaje de investigación.** Se profundiza más en el tema y también se presentan los pasos o la trayectoria investigadora que ha tenido que seguir el periodista para llegar a recopilar los datos. Puede ser de diferentes tipos: científico, social, de viajes, de salud, etc.

- **Reportaje de semblanza.** Como ocurre con la entrevista, describe la manera de ser de una persona y, además de algunas de las respuestas del entrevistado, se añaden diferentes datos contextuales.

En la entrevista se utiliza habitualmente un lenguaje claro y sin ambigüedades. Consta de un titular, una entrada, el cuerpo de la entrevista y el cierre.

- **Tipos de entrevista.**
  - **Entrevista de semblanza o de personalidad.** Se describe la personalidad del entrevistado a partir de las preguntas y de sus respuestas.
  - **Entrevista informativa.** Se presenta un tema determinado para darlo a conocer de manera objetiva, sin más intención que la de informar.
  - **Entrevista de opinión.** Se analiza un tema en concreto y asimismo se da a conocer la opinión del entrevistado. En este caso se puede entrever el punto de vista del periodista.

Las entradillas que se utilizan en las entrevistas son similares a las de una noticia: mediante un resumen de los principales rasgos del entrevistado, una pequeña porción del diálogo o de la entrevista, o con la inserción de una cita que proviene de la entrevista o que está relacionada.

Actividad 9

9.a. Lee el siguiente reportaje, subraya la información que se refiere a las diferentes culturas que aparecen y completa la tabla con una característica para cada categoría.

Reportaje: Guía de estereotipos para 2012

Reino Unido adoctrina sobre el trato a los turistas según su nacionalidad con vistas a los Juegos Olímpicos

Los españoles gritan y gesticulan al hablar, pero eso no es señal de arrogancia. No le guiñes el ojo a un turista de Hong Kong. Evita el contacto físico si viene de la India... Puede parecer un catálogo de tópicos pero es una guía para que los londinenses no metan la pata durante los Juegos Olímpicos de 2012 y el Reino Unido mejore posiciones en la tabla que mide la calidad de la bienvenida que 50 países dan a sus visitantes.

España está bien colocada: cuarta, empatada con Nueva Zelanda y solo superada por Canadá, Italia y Australia. Pero los británicos están en la posición 14. VisitBritain, un organismo que trabaja en colaboración con el Gobierno y la industria para promover el turismo, quiere así "ayudar desde los hoteleros a los taxistas a proporcionar un servicio más eficiente y útil que tenga en cuenta las necesidades culturales" de los extranjeros. ¿Y qué mejor para ello que tener una idea más clara del visitante y alguna pista sobre lo que no hay que hacer?

¿Quién no ha visto sonreír a un turista japonés? Pero eso no significa necesariamente que el buen hombre esté feliz. "Los japoneses tienden a sonreír cuando están furiosos, avergonzados, tristes o decepcionados", advierte VisitBritain. Además, les puede parecer de mala educación que te dirijas a ellos con las manos en los bolsillos, que les mires a los ojos o que te suenes la nariz.

Si el turista viene de Hong Kong es mejor no guiñarle un ojo porque se considera grosero. Tampoco hay que señalarles con el dedo porque es como si te dirigieras a un animal: hay que hacerlo con la mano abierta. Los chinos de Hong Kong son muy supersticiosos y mencionarles la pobreza o la muerte les puede ofender. Tampoco es adecuado hablarles de pobreza a los mexicanos. Ni de inmigrantes sin papeles o de la guerra de 1845-46 que perdieron contra Estados Unidos y que les significó la entrega de Texas al vecino del norte. Con un brasileño es mejor no hablar de cosas personales como edad, salario o algo parecido a un elogio a Argentina.

A un árabe le molesta que le digan lo que tiene que hacer y le encanta que les demuestren un cierto conocimiento de su cultura: nunca le preguntes si quiere bacón con los huevos del desayuno ni le sirvas vino aunque esté incluido en el menú.

No le llames americano a un canadiense ni le des las gracias a un chino cuando te haga un cumplido: hay que demostrar humildad. "Los chinos son famosos por comunicarse diciendo las cosas sin decirlas. Tendrás que aprender a leer entre líneas. Usa solo blanco y negro en las presentaciones gráficas porque los colores tienen significados importantes en la cultura china", dice el texto.

Los españoles son de carácter fuerte, muy expresivos, habladores, directos y francos. "Tienden a hablar muy rápido y muy alto y el tono suena imperativo, aunque eso no significa que intenten mostrar superioridad o enfado", advierte el manual. Lamentablemente, aunque hablan mucho, solo uno de cada cuatro es capaz de mantener una conversación en inglés por lo que es muy conveniente que los folletos informativos estén traducidos al castellano. Sobre todo si hay versiones en italiano y japonés.

Los españoles, añade la guía, disfrutan comiendo y fuman como carreteros pero beben menos de lo que se podría esperar de un país que produce tanto vino. Les encanta contar chistes y reírse de sí mismos. Su ancestral machismo está declinando y España es hoy "una sociedad muy igualitaria".

Los portugueses, en cambio, se manejan bien en inglés y si algo les molesta es ser considerados una rama de España. Son nostálgicos, tolerantes, acostumbrados a enfrentarse a otras culturas y es difícil ofenderles. No son muy calurosos y expresivos "pero si te dan los buenos días es porque lo sienten de verdad". Para ellos las apariencias son importantes y les gusta vestir bien. Su sociedad está muy jerarquizada y respetan la autoridad, pero eso significa también que esperan que les traten con respeto.

A los franceses no les cuesta nada criticar pero hay que ser pacientes con ellos. También en la mesa: nunca hay que retirar el pan hasta el final y si piden agua no les traigas un vaso, sino una jarra. Ah, ¡y sin hielo ni limón!

No pierdas los nervios delante de un alemán porque es señal de debilidad; levántate cuando entra una persona mayor en la habitación; no grites; no pongas los pies encima del sofá o de la mesa; no masques chicle en público; no hables con las manos en los bolsillos y cuidado con el uso de los dedos: señalar con el pulgar hacia arriba en señal de aprobación es de mala educación y apuntar a tu propia sien con el índice es un insulto. ¿Y dónde no?

Walter Oppenheimer, "Guía de estereotipos para 2012", *El País*, 15/08/2010

Turistas	Características
1. CHINOS	*"Los chinos son famosos por comunicarse diciendo las cosas sin decirlas"*
2. ESPAÑOLES	
3. FRANCESES	
4. BRASILEÑOS	
5. JAPONESES	
6. MEXICANOS	
7. ÁRABES	
8. CANADIENSES	
9. PORTUGUESES	
10. ALEMANES	

9.b. ¿De qué tipo de reportaje se trata según su organización y su contenido? Justifica tu respuesta.

Actividad 10

10.a. En el siguiente reportaje se explica cómo retratan a los españoles las distintas guías turísticas de algunos países. Subraya la información que hace referencia a las diferentes culturas que aparecen y decide si lo que se dice en la tabla de debajo sobre los españoles es verdadero o falso.

Reportaje: España, ese tópico

Es el lugar donde se leen menos periódicos de Europa. Donde el periódico más leído sólo da noticias deportivas. Donde el jamón se considera parte de la dieta vegetariana. Donde no todo es sol pero el sol lo condiciona todo. Donde se desayuna copa de licor con el café. Donde el chocolate es dulce y espeso. Donde el vello corporal en axilas y piernas es tabú para las mujeres. Donde todo, o casi todo, se para a cierta hora del día. Donde antes de cenar se procesiona de bar en bar para comer pequeñas raciones. Donde el servicio ferroviario es limpio y eficiente. Donde los conductores urbanos tienen a los peatones en un puño en cada cruce. Donde el robo con estrangulamiento es la modalidad de atraco más frecuente. Donde la vida comienza cuando en el resto de Europa las luces se apagan. Donde por cinco euros sirven una botella de vino en un restaurante. Donde sacan a pasear a Dios con cualquier pretexto. Donde es Europa sin que se sientan europeos. Donde los baños están limpios pero sin papel. Donde hay que tener cuidado con los simpáticos que quieren cháchara. Donde se critica a todo el mundo menos al Rey. Donde el hambre ha marcado su historia. Donde no hay verdadera cocina nacional. ¿Dónde no hay cocina? ¿Dónde? En España, claro.

Todo lo anterior es España, según los autores de **guías turísticas escritas en Francia, Italia, Alemania, Reino Unido, Japón y Rusia**. Mientras que los españoles llevan siglos guerreando por la idea de España –la cosa ha mejorado y últimamente sólo se discute–, los extranjeros lo tienen claro. Acierten o no, éste es un lugar con señas propias que se repiten en cada guía: siesta, vitalidad y marcha. No se depriman por la simpleza, por favor. En general, los extranjeros tienen mejor opinión de España que los españoles. Y ellos son muchos más: 59 millones de turistas nos visitaron en 2007. España sigue gustando –es el segundo destino más visitado en el mundo después de Francia– a pesar de que algunos mitos se encuentran en franco declive (¿cuántos españoles se echan la siesta cuando no están de vacaciones?). Pues eso, topicazo. Pero vayamos por partes.

–Tiempo 'is not time'. Una cosa es el tiempo real; otra, el tiempo español. **Basta leer a los británicos**, que son los turistas más fieles (16 millones al año): "En teoría, España va una hora por delante de Reino Unido, pero conceptualmente debe de estar en otro planeta". Y siguen en otro párrafo: "En España, el sentido del tiempo es algo elástico: excepto si se trata de una cita de negocios, no se ofenda si tiene que esperar entre 10 y 20 minutos".

– Omnipresente siesta. La seña de identidad por antonomasia, haya o no haya. Todas las guías se recrean en ella. **Los italianos** dicen que merece la pena "seguir la costumbre española de la siesta a la hora de comer". Está claro que los autores de guías eligen los mismos lugares. "Las tiendas están todas cerradas y en las horas más calientes del día se para todo, o casi" (*Touring club italiano*). "Es frecuente que tiendas y pueblos paren durante la comida y la siesta" (*The rough guide*).

– Crisantemos, mejor no. **Los alemanes** consideran que la cortesía es "importantísima", aunque "en ocasiones los españoles entienden por cortesía algo distinto a nosotros". Dicen que no sabemos decir que no. "Si te invitan a casa de alguien a cenar", dicen *The rough guide*, "debes llevar un pequeño regalo para los niños, además de chocolate, vino o flores". Ojo. Avisan de que se excluyan los crisantemos y ornamentos propios de funerales.

– Tópicos autonómicos. **Los franceses** nos tienen muy estudiados. Tanto, que hay numerosas guías regionalizadas. En el texto editado por Gallimard en su *Bibliothèque du voyageur* tienen claro qué se encontrarán en cada autonomía: "Los andaluces son, de lejos, el pueblo de España más exuberante"; "los gallegos son todo lo contrario"; "los vascos son trabajadores y les gusta vivir bien", y, **añaden los rusos** de la editorial Vokrug Sveta, "extremadamente religiosos". **Según la visión francesa**, "los catalanes comparten con los vascos el ardiente deseo de romper con los vínculos que les atan al resto del país". ¿Y qué dicen de los castellanos? Pues que "consideran que el país les pertenece por derecho divino". *Touché*.

– Señas de identidad. ¿Qué vertebra a España? **Para los franceses**, el tapeo: "El ritmo de la vida está marcado por la necesidad de encontrarse, al atardecer, todas las generaciones confundidas, en los paseos y bares de tapas. Eso confiere unidad al país". **Dice la citada guía francesa, escrita por británicos**, que, como ocurre en el Reino Unido, "los españoles tienden a menudo a considerar Europa como un territorio al que no pertenecen". Otra variable común **que destacan los italianos** es la crítica: "En un país donde generalmente no se ahorran críticas a los hombres de poder, es raro escuchar hablar mal del Rey". Al que siempre tienen los españoles en boca es a Dios, **según los franceses**. "La parte concedida a Dios en la vida cotidiana es testimonio de esas reminiscencias morunas fuertemente enraizadas en el comportamiento español, algo evidente en la costumbre de santiguarse o de evocar a Dios por cualquier pretexto".

– Ser español en una semana. **Los alemanes sugieren** un método "sencillo y agradable" para participar en el estilo de vida local: "Vaya a las cinco a una plaza. Al principio se encontrará solo, porque la siesta está acabando, pero poco a poco la gente irá llegando a la plaza. Es el momento de la movida, de indolentes paseos hasta altas horas de la noche. Únase sencillamente, vaya de bar en bar, tomándose aquí un jerez, allí un vinito tinto o una sidra, pero pruebe las maravillosas tapas y olvídese de la cena planeada y del programa de visitas del día siguiente. Le felicitamos. Si lo consigue habrá secundado una parte pequeña, pero de ninguna manera irrelevante, del estilo de vida español".

– Ni velludas ni desastrados. **Los italianos aconsejan** vestir de "manera decorosa" y mostrar "respeto" cuando se visitan catedrales e iglesias, "en particular en las zonas más lejanas, donde la gente del lugar, sobre todo los ancianos, son muy tradicionalistas y poco tolerantes". **Los alemanes consideran** que se atribuye muchísima importancia al buen aspecto: "Por eso, sean hombres o mujeres, salen de casa como un pincel incluso en los días más calurosos". Y lo más chocante **para los germanos**: "El vello corporal de cualquier tipo, en axilas o piernas, es un absoluto tabú para las mujeres".

– Cuidado con los simpáticos. **La guía japonesa** (*Diamond*) es la que más se extiende en este apartado. Alerta principalmente sobre los robos en Madrid y da una clasificación de delitos más frecuentes: el primero es el "robo con estrangulamiento"; le siguen el tirón del bolso y "los que cometen ladrones camuflados de policías". Recomienda cautela con quienes se acercan y "se expresan de manera simpática" y "con los grupos de dos o tres personas, que intentan acosar, a veces con la excusa de vender flores". **La guía británica** clasifica a las fuerzas de seguridad. La Guardia Civil es la más celosa y "la que se debe evitar". "Si tiene que informar de un delito serio, vaya siempre a la más comprensiva policía local". Y avisa de que no se espere mucha preocupación si se denuncia el robo de un artículo pequeño.

– Vino tirado, cocina fantasma. ¿Cuántas veces ha pagado cinco euros por una botella de vino en un restaurante? Los autores de *The rough guide* omiten los lugares secretos donde han pimplado tan barato. Como depende de con quién se nos compare, **los británicos creen** que somos unos bebedores moderados y recomiendan igual continencia a sus compatriotas: "Beber demasiado no es frecuente, a pesar de que parece haber un bar en cada esquina, es más para tomar café y socializar que para una monumental cogorza". Es una opinión. Y atención a la siguiente: ¿quién pone en duda que España, donde trabaja Ferran Adrià, considerado mejor cocinero del mundo según *The New York Times*, tenga una cocina verdadera (en lo de nacional es mejor no meterse)? **Los italianos**: "Además de paella, tortilla y gazpacho, el país no posee una verdadera cocina nacional, pero cada región tiene sus propios platos y tradiciones culinarias locales".

– ¿Qué llevarse de 'Spain'? Ahí va la extravagante lista propuesta **por los japoneses**: aceite de oliva, aceitunas, vinagre de jerez, tinta de calamar, salsa alioli, corazones de alcachofa en vinagre, figuras de Lladró... y chupa-chups.

Tereixa Constenla, "España, ese tópico", *El País*, 17/08/2008

Información	Opinión sobre los españoles	V	F
Según las guías francesas	1. De las diferentes regiones españolas, los gallegos son los más trabajadores.		
	2. Los catalanes y los vascos no tienen nada en común.		
Según las guías rusas	3. Los vascos son muy religiosos.		
	4. A los españoles les encanta bailar sobre todo cuando han bebido.		
Según las guías inglesas	5. El concepto de puntualidad no existe, siempre llegan tarde incluso si se trata de una reunión importante.		
	6. Los españoles no beben mucho y el vino es baratísimo.		
Según las guías alemanas	7. Los españoles son muy alegres y muestran sus ganas de vivir a diario.		
	8. Son muy informales y, si te invitan a cenar a una casa, tu presencia es el único requisito.		
Según las guías japonesas	9. Hay que tener cuidado con los robos y solamente confiar en la policía.		
	10. No hay que olvidarse de comprar tinta de calamar como recuerdo del viaje.		
Según las guías italianas	11. Después de comer, es preferible dormir la siesta a ir de compras.		
	12. Los españoles cada vez se están volviendo más europeos y su alegría está desapareciendo paulatinamente.		

10.b. Algunas expresiones idiomáticas tienen que ver con nacionalidades, culturas o referencias geográficas. Por ejemplo, decimos que alguien "habla en chino" cuando se refiere a alguien que habla "de manera incomprensible". ¿Sabes qué significan las siguientes expresiones? Elige la opción correcta.

1. "Hacerse el sueco"

a. Hacerse el importante delante de otras personas.
b. Desentenderse de algo o fingir que no se entiende.
c. Aparentar saber algo o hacer creer a alguien que se tiene razón.

2. "Despedirse a la francesa"

a. Despedirse de manera efusiva con un beso y un abrazo.
b. Despedirse haciendo una reverencia con la mano.
c. Despedirse de manera fría casi sin mirar a la otra persona.

3. "Hacer el indio"

a. Llevar el pelo muy alborotado o de punta.
b. Divertirse o divertir a los demás haciendo el payaso.
c. Hablar o responder con monosílabos.

4. "Contar un cuento chino"

a. Contar un cuento de artes marciales.
b. Contar una historia haciendo sombras con las manos.
c. Contar una historia que es completamente falsa.

5. "Beber como un cosaco"

a. Beber alcohol con frecuencia.
b. Beber mucho alcohol sin que a uno le afecte.
c. Beber alcohol apoyado sobre una pierna.

6. "Vicente es muy creído, es más chulo que ..."

a. un vasco.
b. un andaluz.
c. un madrileño.

7. "Contar un chiste alemán"

a. Contar un chiste que no tiene mucha gracia.
b. Contar un chiste empezando por el final.
c. Contar un chiste gesticulando mucho.

8. "No hay quien le quite la idea de la cabeza. Luis es más tozudo que ...."

a. un gallego.
b. un aragonés.
c. un asturiano.

9. "Hacer huelga a la japonesa"

a. Trabajar el doble el día de la huelga.
b. Trabajar en silencio durante el día de la huelga.
c. Trabajar por la noche y dormir durante el día.

10. "Ser un trabajo de chinos"

a. Un trabajo que requiere sobornar a alguien.
b. Un trabajo que requiere poco esfuerzo.
c. Un trabajo que requiere mucha paciencia.

11. "Pagar a la inglesa"

a. Cuando se paga a escote, es decir, cada uno se paga lo suyo.
b. Cuando uno paga una ronda y después los demás corresponden de la misma manera.
c. Cuando uno bebe mucho y se va del lugar sin pagar.

12. "El otro día me dejó 10 céntimos y me los pidió al día siguiente. Es más tacaño que ..."

a. un valenciano.
b. un castellano.
c. un catalán.

13. "Ser cabeza de turco"

a. Ser una persona que lo quiere controlar todo.
b. Recibir toda la culpa de algo para que no inculpen a otros.
c. Tener un carácter agresivo.

14. "Tener patente de corso"

a. Tener mucha imaginación.
b. Ser alguien muy seguro de uno mismo.
c. Disponer de libertad para hacer lo que uno quiere.

15. "Tienes que estar a las diez en punto. Recuerda: llega con puntualidad ..."

a. británica.
b. suiza.
c. alemana.

Actividad 11

11.a. El siguiente texto corresponde a una entrevista a la que la faltan las preguntas. Lee las respuestas del periodista Antonio Pérez Henares y reescribe las preguntas en su lugar correspondiente.

Entrevista: El periodista está perdiendo mucha independencia

A –¿Usted ha evolucionado como periodista?
B –El periodista, ¿cuándo pierde su independencia?
C –Como escritor, ha publicado más de una docena de novelas y es autor de libros periodísticos de gran actualidad. ¿Cuáles son sus próximos proyectos en este campo?
D –Usted empezó su carrera profesional en el diario *Pueblo*, fue redactor jefe de *Mundo Obrero* y portavoz parlamentario del Partido Comunista. Ahora trabaja en el periódico *La Razón* y colabora en RNE y Antena 3. Este cambio tan drástico de un extremo a otro puede resultar algo chocante, ¿no cree?
E –¿Cree que la telebasura está perjudicando a los medios de comunicación?
F –¿Cómo ve las nuevas generaciones de profesionales?
G ~~–¿Ha cambiado mucho la forma de hacer periodismo desde que empezó hasta hoy en día?~~
H –¿Por qué tomó esta decisión?
I –¿Y cómo ve la profesión en el siglo XXI?

Antonio Pérez Henares lleva el periodismo en la sangre. Este periodista y escritor empezó su labor profesional en el diario *Pueblo* junto a su maestro y amigo Raúl del Pozo. Aquellos eran otros tiempos. No había libertad y los profesionales tenían que despistar a la censura para que los ciudadanos conocieran la verdad. Hoy, que vivimos en una democracia basada en la libertad de expresión, el periodismo se ve amenazado por un fatídico fenómeno en imparable crecimiento, "la telebasura", y "la pérdida de independencia del profesional".	
P1	*¿Ha cambiado mucho la forma de hacer periodismo desde que empezó hasta hoy en día?*
R	–Sí, ha cambiado sustancialmente. En primer lugar, ha habido un cambio magnífico, ya que cuando yo empecé en el mundo del periodismo no había libertades en España y teníamos que hacer verdaderas virguerías. Yo empecé mi andadura profesional en el diario *Pueblo* y, junto a Raúl del Pozo, nos convertimos en unos maestros de escribir veladamente.

P2	
R	–Ahora nos encontramos en un periodo de plena libertad de expresión, pero en los últimos tiempos ha habido algunos cambios dentro de la libertad de prensa que a mí no me gustan. Creo que se está perdiendo mucha independencia y valores, que deberían estar en la frente de los periodistas, y no lo están. Además, hay un fenómeno que es el que más me hiere como a muchos de mis compañeros. Nosotros somos periodistas, con lo bueno y lo malo, y nos duele profundamente ser asimilados con este fenómeno creciente y repugnante de la telebasura.
P3	
R	–Sí, está haciendo mucho daño, sobre todo, y esencialmente, a la televisión, que es un medio masivo. Pienso que, por fortuna otros medios, como la prensa escrita y la radio, están aguantando el embiste. Creo que ganaremos, y podemos decir con mucho orgullo que somos periodistas. Ser periodista es una profesión canalla pero muy digna.
P4	
R	–En el primer momento que empieza a escribir. Todos sabemos que la objetividad absoluta no existe y, lógicamente, el periodista trabaja para una empresa. Yo creo que el impulso del joven periodista, ese afán por conocer y querer cambiar las cosas, se debe mantener, intentar por todos los medios seguir con ese rigor, esa independencia y ese amor a la verdad. Yo haría un llamamiento a los periodistas a no dejarse tentar por los poderes.
P5	
R	–Pienso que a las nuevas generaciones de periodistas les falta tener una cierta idea de la profesión como un instrumento social importantísimo. Luego, uno a los 50 se da cuenta de que no vas a cambiar el mundo con un artículo, pero es tremendamente hermoso pensarlo a los 20 años. No hay cosa que más me moleste que venga un joven periodista y te pregunte, "¿qué es lo que tengo que hacer?". Lo lógico es que vengan y te propongan mil cosas. Lo que caracteriza al periodista es ser curioso y tener ese ímpetu de que, a través de lo que escribes, vas a mejorar las cosas. Espíritu crítico y una cierta rebeldía son esenciales.
P6	

R	–Claro, como todos, por supuesto que sí. Te haces menos airado, más templado. Cambias la ira por la ironía. Esto es bueno para la calidad de tus escritos.
P7	
R	–Soy director de ediciones especiales y columnista del diario *La Razón* y me encuentro profundamente libre. En los dos años y medio que llevo en este medio jamás me han tocado una coma, y eso que el periódico tiene unas señas de identidad muy claras en su línea editorial. Yo soy un columnista y puedo manifestar mis opiniones libremente. Esto es lo que exijo a un medio de comunicación y tengo que reconocer que estoy muy contento de trabajar en este medio.
P8	
R	–Simplemente porque fue donde me ofrecieron trabajo una vez que dejé la dirección de la revista *Tribuna*. Desde luego, lo que no permito es que nadie dé carnets de progresista, porque parece ser que hay algunos grupos editoriales que dan o quitan el carnet de progresista. Yo he tenido una posición durísima en contra de la guerra, y la sigo manteniendo. Y esta opinión la he manifestado tanto en el diario *La Razón* como en RNE o Antena 3. Si en algún momento he tenido alguna presión, pues he tenido que saber aguantarla, pero bueno, he podido expresar mi opinión con total libertad, y eso es importante.
P9	
R	–Lo que quiero publicar es un libro de poesías, es un capricho. He recopilado y seleccionado mis poesías desde que tenía 15 años, y tengo una ilusión tremenda por publicarlas. Será un libro muy ingenuo, pero tengo muchas ganas de que salga. El otro proyecto que tengo es una novela, que ya está terminada, titulada *El hijo del italiano*. Se trata de dos historias paralelas, la de un joven del cuerpo de voluntarios italiano, un fascista que vino a combatir a Guadalajara en la Guerra Civil, y la del hijo, que tuvo con una joven de un pueblo de la Alcarria.

Héctor Luesma Gazol, "El periodista está perdiendo mucha independencia", *El Día de Cuenca*, 05/11/2003

11.b. Lee de nuevo el texto completo y responde a las preguntas. En algunas de ellas encontrarás la información en la entrevista, pero en otras tendrás que ampliar tú la respuesta con tu interpretación.

1. ¿Qué diferencia señala el periodista que existe entre sus comienzos en el periodismo y en la actualidad?
2. ¿Cuál es el aspecto del periodismo en la actualidad que más le hiere?
3. ¿Cuál es su opinión sobre la telebasura y qué cree que ocurrirá a largo plazo?
4. ¿Por qué dice que "ser periodista es una profesión canalla pero muy digna"?
5. ¿Cuál es su opinión sobre la objetividad periodística? ¿Estás de acuerdo?
6. ¿Qué es lo que más le molesta de las nuevas generaciones de periodistas?
7. ¿Con qué términos describe su evolución como periodista? ¿Por qué?
8. ¿Qué quiere decir con "jamás me han tocado una coma"?
9. ¿Cree el periodista que trabajar en un medio u otro ha condicionado su libertad de expresión?
10. El periodista tiene especial interés en que salga publicado un libro en concreto. ¿Cómo lo describe? ¿Por qué?

7. Géneros periodísticos de carácter subjetivo: la crítica y el artículo de opinión

En **la crítica** se pone de manifiesto la subjetividad del periodista puesto que se presenta el análisis o la opinión sobre un libro, una película, una exposición o cualquier evento cultural de interés. Antes de emitir su juicio y de compartirlo con el lector, el escritor debe documentarse ya que su opinión se tiene que ver justificada.

El artículo de opinión es quizás uno de los géneros periodísticos más subjetivos. Lo suele elaborar un colaborador del periódico y a menudo se combina el lenguaje culto con el coloquial mediante una prosa directa y dinámica. De esta manera, también se busca la complicidad del lector para que éste se pueda sentir identificado con las opiniones expresadas por el escritor. Se caracteriza por la presencia de numerosas referencias de actualidad del momento en el que se escribe el artículo.

Algunas de las **características estilísticas** que se pueden utilizar en ambos géneros son:

1. un intento de captar la atención del lector y de entretenerlo, que en especial se advierte al comienzo y al final del texto;
2. la inclusión de información anecdótica y el uso de referencias culturales o de ejemplos que tienen que ver con la actualidad del momento;

3. el uso de referencias cronológicas y de comparaciones poco habituales que cumplen un propósito explicativo;
4. el empleo de coloquialismos, extranjerismos e interrogaciones retóricas;
5. el uso de adjetivos antepuestos para precisar la descripción del sustantivo al que acompañan y transmitir un mayor número de matices, de sinónimos para referirse a un mismo concepto o de verbos que concretan el significado.

Actividad 12

12.a. Lee la siguiente crítica de una película y coloca los sustantivos, los adjetivos y los verbos de la tabla en el lugar correcto. No olvides hacer la concordancia con cada elemento.

Reseña: Shrek conoce a sus suegros

No hay mayor calvario para un recién (1) .... que el momento de conocer a sus (2) .... , ya sea hombre, mujer u ogro, sobre todo si no eres el marido perfecto que un padre desea para su hija. Pues por este suplicio tiene que (3) .... el ogro más simpático de la (4) .... pantalla, Shrek, en la (5) .... parte de sus aventuras.

Shrek 2 sigue en la misma línea que en la primera parte, con ese humor ácido y (6) .... , y no defrauda para nada al (7) .... ; al contrario, lo sorprende con nuevos "gags" y situaciones cómicas que (8) .... una serie de risas y carcajadas desde los primeros minutos del (9) ....

En *Shrek 2* se vuelven a (10) .... los cuentos de la literatura clásica infantil para adaptarlos a los nuevos tiempos y darles un (11) .... más actual, más acordes con la sociedad consumista, mediática y del bienestar en la que vivimos. De esta manera podemos ver a un lobo (12) .... que le gusta ir vestido de (13) .... y que se mete en la primera cama que pilla, a los tres cerditos de buen rollo con el lobo y Pinocho que están (14) .... a los programas de cotilleo que pueden ver a través del espejito (15) .... , o a una Hada Madrina convertida en una mujer de negocios, dueña de una industria de magia y de deseos, y que (16) .... un consultorio (17) ....

Shrek y Fiona vuelven de su luna de (18) .... y reciben la invitación de los padres de ella, los reyes de un país muy, muy lejano, para darles la bendición por el matrimonio. Los dos, acompañados por el (19) .... asno, aceptan la invitación de los monarcas, pero cuál será la sorpresa del rey al ver que el marido de su hija no es el (20) .... , encargado de despertarla con un (21) .... , sino que en su lugar está un ogro verde desaliñado y muy maleducado.

En estas nuevas aventuras aparecen nuevos personajes, como el gato con botas que se une al (22) .... Shrek-Asno para (23) .... el amor de Fiona. Otro de los alicientes de esta segunda parte es la música. ¿Se imaginan a una cándida Hada Madrina cantando, al estilo de Michelle Pfeiffer en *Los fabulosos Baker Boys*, "Holding out for a hero" de Bonnie Tyler? O mejor aún, ¿al gato con botas con un burro entonando "Living la vida loca" y (24) .... las caderas como Ricky Martin? Estas cosas sólo pueden (25) .... en el universo particular de *Shrek 2*, una de las películas imprescindibles de este verano.

Adaptado de: Héctor Luesma Gazol, "Shrek conoce a sus suegros", *El Día de Cuenca*, 10/07/2004

Sustantivos	Adjetivos	Verbos
metraje	feroz	regentar
Príncipe Azul	sentimental	suceder
espectador	perspicaz	mover
miel	gran	desencadenar
tándem	casado	reconquistar
toque	enganchado	pasar
abuelita	mágico	reinventar
suegro	segundo	
beso	inseparable	

12.b. En las reseñas de un periódico se puede utilizar un lenguaje especializado. Por ejemplo, un sinónimo para referirse al cine es "el séptimo arte". Clasifica las siguientes palabras según la categoría a la que pertenecen. De esta manera obtendrás más vocabulario relacionado con el mundo del cine.

la cámara • el tráiler • el tipo de plano (general, primer plano, a cámara lenta, etc.) • la sinopsis • la escenografía o la puesta en escena • la cartelera • el extra o el figurante • el estreno • el suspense • el vestuario y el maquillaje • el cinéfilo • los efectos especiales • la publicidad • el reparto • el metraje • el aplauso • la trayectoria cinematográfica • la taquilla • la entrada • el éxito de taquilla • la butaca • la recaudación • el desenlace • el cartel

Directores y actores (6 palabras)	**Película** (6 palabras)	**Distribución** (6 palabras)	**Espectador** (6 palabras)
el papel	*el guión*	*el festival*	*la gran pantalla*

12.c. Cuando se traduce el título de una película, a veces se hace una traducción literal y en otras ocasiones la traducción no está directamente relacionada con el significado original. ¿A qué películas corresponden los siguientes títulos? Piensa en su argumento, pero si no las conoces, intenta establecer una relación según su significado.

✓ Al escribir los títulos no olvides que en español solamente se utilizan las mayúsculas para la primera palabra del título y los nombres propios.

Tu madre se ha comido a mi perro • *~~El hotel de los líos~~* • *Desayuno con diamantes* • *Sonrisas y lágrimas* • *Con faldas y a lo loco* • *La guerra de las galaxias* • *Lo que el viento se llevó* • *Tiburón* • *Soñando, soñando… triunfé patinando* • *Los caballeros de la mesa cuadrada (y sus locos seguidores)* • *Aterriza como puedas* • *La loca historia de las galaxias*

1. *Room Service* (William A. Seiter, 1938)	*El hotel de los líos*
2. *Gone with the Wind* (Victor Fleming, 1939)	
3. *Some Like it Hot* (Billy Wilder, 1959)	
4. *Breakfast at Tiffany's* (Blake Edwards, 1961)	
5. *The Sound of Music* (Robert Wise, 1965)	
6. *Monty Python and the Holy Grail* (Terry Gilliam, Terry Jones, 1975)	
7. *Jaws* (Steven Spielberg, 1975)	
8. *Star Wars* (George Lucas, 1977)	
9. *Airplane* (Jim Abrahams, David Zucker, Jerry Zucker, 1980)	
10. *Spaceballs* (Mel Brooks, 1987)	
11. *Braindead* (Peter Jackson, 1991)	
12. *The Ice Princess* (Tim Fywell, 2005)	

12.d. Como habrás visto, los títulos en español tienden a ser más explicativos. Elige un título en español que te haya gustado y explica brevemente por qué.

Actividad 13

Lee las características estilísticas que han aparecido antes sobre el artículo de opinión, y subraya aquellos aspectos del texto que se utilizan para conseguir que la prosa sea más directa.

Artículo de opinión: La normalidad no existe

El otro día vi en televisión a Belén Esteban y Jorge Javier Vázquez comentando algo cuyo principio no llegué a escuchar. Vázquez decía: "Allí acuden muchos gays", o algo parecido. Y Esteban, con aplastante naturalidad, contestó: "Van gays, pero también vamos mucha gente normal". Vázquez torció el gesto acusando el golpe y puso una cara dificilísima, a medio camino entre la risa y la indignación, o entre hablar o no hacerlo, y al final no dijo nada. Y por consiguiente se quedó varado dentro del sector de los *anormales*. Es increíble comprobar cómo la homofobia continúa instalada en el inconsciente social a poco que uno rasque ligeramente. Sorprende la incomprensible perdurabilidad de ese prejuicio, sobre todo teniendo en cuenta que otros tabúes se han borrado mucho más fácilmente. Por ejemplo, en la España de hace cincuenta años se pensaba que una mujer que hacía el amor con alguien sin casarse era una puta; pero hoy la inmensa mayoría de los ciudadanos contempla con toda naturalidad las relaciones sexuales extramatrimoniales. De hecho, hoy lo extraordinario (lo *anormal*) es llegar virgen al matrimonio, tanto en ellos como en ellas. Un 28% de los jóvenes viven en pareja sin casarse, y un 30% de los hijos lo son de madre soltera. Todo lo cual no llama en absoluto la atención. En cambio, pese a los indudables y enormes avances que se han hecho en el reconocimiento de los derechos de los homosexuales, se diría que ser gay sigue siendo algo un poco "rarillo" para un montón de gente.

Por fortuna, no creo que este prejuicio tenga mucha vida por delante, porque vivimos en un mundo en el que hablar de "lo normal" resulta cada día más obsoleto. Desde el principio de los tiempos el concepto de normalidad ha sido contradictorio y confuso. Siempre se ha entendido como sinónimo de lo habitual, de lo mayoritario, pero en realidad tiene mucho más que ver con lo normativo, con lo obligatorio, con la ley social, sea o no una ley escrita. Y así, aunque en épocas pasadas más monolíticas y represivas la *normalidad* pareciera algo férreo, luego, si mirabas por debajo de la superficie de las cosas, en la clandestinidad y en el secreto de lo íntimo, comprobabas que los heterodoxos han existido siempre. Incluso en la rígida Inglaterra victoriana había relaciones extramaritales, adulterios, homosexuales o mujeres que se hacían amantes de hombres mucho más jóvenes que ellas, por no salirnos de los temas de la carne. La gloriosa diversidad del ser humano siempre ha existido, aunque a veces haya sido necesario esconderse muchísimo. Si uno acerca la lupa a la sociedad, las diferencias emergen, de la misma manera que una gota de agua aparentemente vacía se revela bajo el microscopio poblada por un hervor de bichos. La normalidad no resiste una mirada atenta, porque la normalidad es algo que no existe.

Y lo curioso es que Internet se está convirtiendo en una especie de gigantesca lupa que permite ver toda la infinidad de peculiaridades que antes permanecían sepultadas en los fondos sociales. Por ejemplo: uno de los últimos récords de audiencia de la Red lo tiene un norteamericano que ha hecho una página para contar las 101 maneras en que puede destrozar el traje de novia de su ex esposa, a la cual sin duda odia y de la que se está vengando de esta manera tan creativa y, por qué no decirlo, tan chiflada. La Red, con democrática impavidez e indiferencia, totalmente ajena a cualquier noción de *normalidad*, da las mismas opciones de expresión a un *friki* que a un premio Nobel (por cierto, la mayoría de los premios Nobel son bastante *frikis*, vistos desde cerca) y permite que los distintos se junten y conozcan a través del ciberespacio. Es decir, permite que todos podamos encontrar a un igual al otro lado de la negrura electrónica. ¿Que te comes el pelo a escondidas hasta el punto de que eso se convierte en una tortura para ti? Pues Internet te enseña que lo que te ocurre se llama tricotilomanía y te pone en contacto con otras personas a las que les pasa. ¿Que te gusta disfrazarte de perro de peluche para hacer el amor? Pues en la Red aprendes que eso es ser un *furry* y te puedes conectar con más peludos. Por muy rara que sea tu rareza, siempre encontrarás a otros individuos que la comparten, porque los seres humanos somos diferentes, pero no tanto. Y todo esto gracias a Internet. Ya digo, la palabra *normal* se está quedando obsoleta. Es un alivio.

Actividad 14

Redacta un artículo de opinión de unas 500 palabras en el que retrates la actualidad sobre uno de los temas que te proponemos a continuación. No olvides fijarte en el modelo de texto de la actividad anterior.

Tema 1: "La sociedad actual ya no es lo que era".

Tema 2: "La libertad de expresión no entiende de límites".

Capítulo 6
El texto publicitario

◆ ¿En qué consiste?

El texto publicitario trata de informar y persuadir a un público de la compra de un determinado producto o de la ejecución de una determinada acción. En él predomina la función conativa o apelativa del lenguaje, puesto que se quiere llamar la atención sobre aquello que se ofrece.

Los elementos que intervienen en la comunicación se distribuyen de la siguiente manera:

1. **El emisor** del mensaje es una empresa o entidad concreta, normalmente especializada en técnicas publicitarias.
2. **El receptor** es colectivo. Puede centrarse en distintos grupos (en los jóvenes, en las mujeres, en los hombres, en los ancianos, en determinadas profesiones, etc.). Por eso, muchas veces se recurre a **estereotipos**, puesto que se buscan características comunes que unen a estos grupos para captar su atención (ideas, gustos, actitudes, etc.), o bien a **tópicos** de la cultura para apelar así a la tradición o al prestigio.
3. **El objetivo** o intención comunicativa de la publicidad es dar a conocer un producto para captar a un futuro destinatario a partir de la información ofrecida y de la persuasión, por lo que lleva al receptor a adoptar determinadas conductas.
4. **El canal** o modo para difundir la publicidad es muy variado: a partir de los medios de comunicación (prensa, radio, televisión, cine, Internet, etc.); de cartas de empresas, folletos, catálogos, por correo postal; o a través de otros soportes (autobuses, marquesinas, camisetas, vallas publicitarias, bolsas, bolígrafos, etc.).
5. **El mensaje** se compone de códigos verbales y de no verbales (la imagen, el sonido, el color, la tipografía de las letras). El contenido puede ser directo, si difunde un producto para captar a un comprador, o indirecto, si además de intentar captar a un posible comprador transmite información objetiva. Por estas razones, a la hora de hacer las actividades se debe tener en cuenta el lenguaje denotativo (o mensaje explícito) y el connotativo (o implícito).

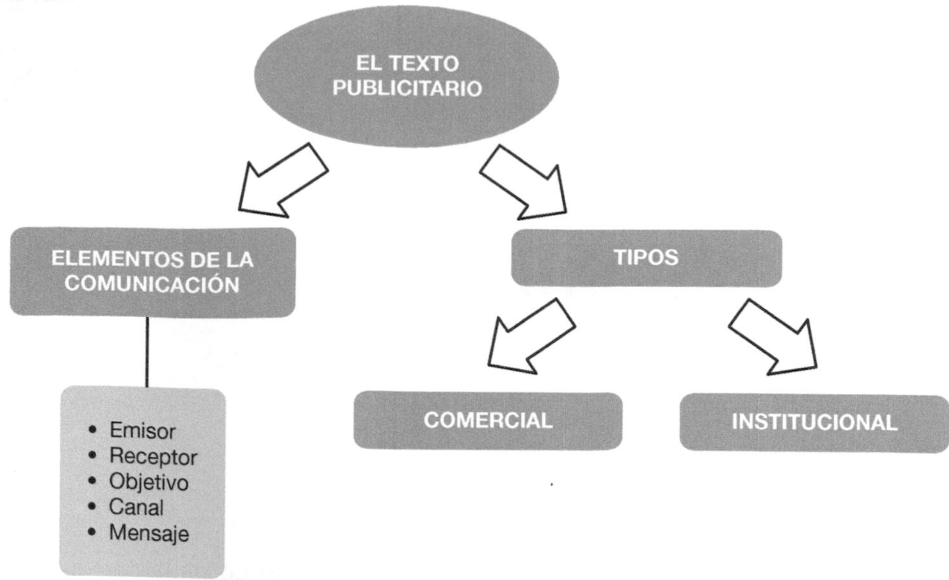

1. Los elementos de la comunicación en la publicidad

Actividad 1

1.a. Observa el análisis comunicativo del siguiente anuncio.

1. Emisor	La tienda de deportes Sasco.
2. Receptor	Esquiadores (sobre todo profesionales, de alta competición).
3. Objetivo	Que el futuro cliente compre artículos de esquí.
4. Canal	Por prensa, dentro de una revista especializada en deportes.
5. Mensaje	Se invita a comprar el material para esquiar (tanto accesorios como la ropa del esquiador) en esta tienda de deportes.

1.b. Ahora lee este anuncio e indica cuáles son los elementos de la comunicación.

1. Emisor	
2. Receptor	
3. Objetivo	
4. Canal	
5. Mensaje	

2. Los tópicos y estereotipos en la publicidad

Actividad 2

2.a. Como hemos comentado, muchas veces se utilizan estereotipos y tópicos para captar la atención de determinados receptores. Observa el siguiente ejemplo.

SHISEIDO MEN

MÁS DE 130 AÑOS ADELANTANDO LOS PRODUCTOS DEL FUTURO

Con Shiseido Men tu piel disfrutará de la sabia mezcla de la tradición centenaria con la más avanzada tecnología aplicada a la cosmética: ingredientes activos, ultraeficaces y texturas ultraligeras de rápida absorción junto con un diseño elegante, moderno y muy práctico.

Descubre hoy los productos del futuro con la revolucionaria gama de productos Shiseido Men.
Sus resultados te sorprenderán.

1872: Nace Shiseido en Ginza, Tokio.

Estereotipos	El anuncio se dirige a un grupo concreto de hombres modernos y elegantes que quieren cuidar su piel.
Tópicos	Se apela a la tradición centenaria, el prestigio que le da al producto tener más de 130 años de antigüedad. Además, por un lado se indica la fecha y el lugar de origen del producto y por otro se busca también la modernidad cuando se dice que son "los productos del futuro".

2.b. Ahora fíjate en el anuncio que aparece a continuación y analiza cuáles son los estereotipos y tópicos que se utilizan.

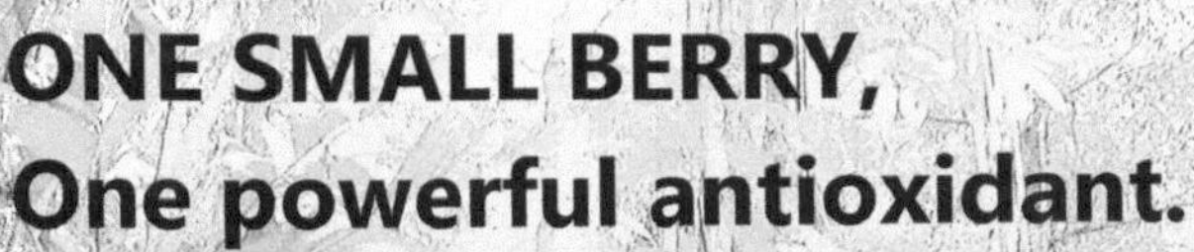

La Baya de Acaí de Brasil es un "superalimento" debido al alto contenido de componentes antioxidantes polifenólicos tales como antocianidinas, flavonoides y proantocianidinas. La Baya de Acaí de Brasil es además rica en proteínas, fibras, enzimas, vitamina E, aminoácidos, minerales, filosteroles y ácidos grasos esenciales.
Usadas tradicionalmente por las tribus amazónicas desde hace cientos de años para mantenimiento general de la salud y la vitalidad.

La Baya de Acaí de Brasil de Solgar aporta extracto 20:1 de Euterpe oleracea.

Actividad 3

3.a. La siguiente publicidad pertenece a un anuncio radiofónico. Identifica qué producto se vende a partir de la información.

Este país es así:

asturianos de braveza, vascos
de piedra blindada,
valencianos de alegría
y castellanos de alma,
andaluces de relámpagos
nacidos entre guitarras,
extremeños de centeno,
gallegos de lluvia y calma,
catalanes de firmeza,
aragoneses de casta,
murcianos frutalmente
propagados,
y leoneses, y navarros,
dueños del sudor y el hacha.
Lo dijo Miguel Hernández.
Y es que este país es así:
Espléndido.
Y llama a las cosas por su
nombre:
al pan, pan y al brandy:
Espléndido.
Porque España es como es,
buena gente, aquí se vive como
se bebe,
cada uno a su manera.
Brandy, Espléndido: de Garvey.

3.b. ¿En qué tópicos sobre los españoles se apoya este texto publicitario? ¿En qué estereotipos se centra?

3.c. El anuncio se inspira en el poema "Vientos del pueblo me llevan" del poeta Miguel Hernández (*Vientos del pueblo*, 1936-37). ¿Qué parte del texto crees que no pertenece al poema? ¿Cuál es el mensaje?

3. El significado del texto publicitario: lo implícito y lo explícito

Actividad 4

4.a. En la publicidad se utilizan mensajes explícitos e implícitos. Observa este ejemplo:

Cuando pasa un tren, casi no pasa nada (RENFE)

Mensaje explícito: Publicidad de RENFE (Red Española Nacional de Ferrocarriles) para que la gente viaje en tren.

Mensaje implícito: Alude a que no se nota ni que viajas, a la comodidad de este medio de transporte.

4.b. Lee ahora estos textos publicitarios y explica cuáles son los mensajes explícitos e implícitos.

Anuncio 1

PIÉNSALO. EL HOMBRE LLEGÓ A LA LUNA PORQUE DESEABA LLEGAR A LA LUNA. COCA-COLA. AHORA TÚ.

Anuncio 2

El Verano ya se fue. Pero el CALOR seguirá pegado a ti. (chaquetas rocneige colección invierno)

Anuncio 3

> *Irlanda.*
> *Ni un alma en millas.*
> *¿Por qué será que los pubs están tan abarrotados?*
> *EL WHISKEY DEL PAÍS QUE INVENTÓ EL WHISKEY.*

(publicidad de Jameson)

4. Tipos de argumentos publicitarios

La publicidad puede apelar a argumentos:

1. **Racionales**: si se piensa en el consumidor como en alguien que adopta formas de conducta según las causas que conoce. Estos argumentos pueden ser **deductivos** (si parten de un principio general), **inductivos** (si presentan un caso particular) o **analógicos** (si se compara con otro producto o se cita su garantía).

2. **Emocionales**: si se centra en el público al que se dirige, más que en el producto.

3. **Instintivos**: el público actúa por impulsos naturales y el producto (los dulces, la música, etc.) se concibe como algo que va más allá de lo tangible.

4. **Subliminales**: si el mensaje incluye elementos que no resultan tan evidentes pero que igualmente percibe el consumidor.

Actividad 5

5.a. La publicidad se apoya en distintos argumentos para tratar de convencer al receptor de que compre un determinado producto. Lee este anuncio y observa los argumentos principales que utiliza.

Hay cosas que no cambian nunca

¿Recuerdas aquellas tardes en el parque?
¿Esas carreras tras un balón? ¿El pilla pilla?

Hoy, nuestros hijos siguen pasándoselo pipa con esos juegos. Y es que hay cosas que no cambian.

Como el chocolate Elgorriaga.
El de toda la vida.

Elgorriaga La Campana

El espíritu de lo auténtico

Tipos de argumentos:

- **Racionales (analógicos)**: Se cita la garantía ("El espíritu de lo auténtico" y "Desde 1700").

- **Emocionales:** Este anuncio se centra en una persona que lleva muchos años comiendo este chocolate y que desea que este hábito pase a sus hijos. En concreto, apela a la infancia y a la hora de la merienda (las tardes en el parque) y lo asocia a los momentos de juego (el balón; el pilla-pilla, que consiste en perseguir a un jugador y atraparlo) y de diversión (la expresión "pasárselo pipa", es decir, pasárselo bien).

5.b. A continuación te damos los textos de tres anuncios de prensa que quieren vender distintos modelos de coche. ¿Qué argumentos se dan en cada uno para que el destinatario compre el automóvil?

Anuncio 1

Nuevo Lancia Ypsilon. For **V**ery_**Y**psilon_**P**eople
Tus amigos te copian, tus enemigos te envidian.
Vas un paso por delante. Vives la vida al máximo.
Consigues lo que quieres. Vistes como te apetece.
Conduces lo que te gusta. Eres VYP.

Anuncio 2

Todos conocemos la Belleza porque es bella
Y por eso conocemos la Fealdad.
Conocemos el Bien ya que es bueno
Y por eso conocemos el Mal.
La Forma nació con la Sustancia,
La Facilidad con la Dificultad.
El Largo es hermano del Corto,
El Alto del Bajo,
Y el Blanco del Negro.
Eso es la Armonía.
(Lao Tzu, Tao te Ching)

Conócete a ti mismo y descubre el nuevo Altea BLACK&WHITE. La pura belleza de su diseño perfecto. El puro espacio de su interior en piel clara. El puro placer de conducir con la mejor tecnología de serie. Esa es la Armonía y ya puedes conseguirla. Nuevo Altea BLACK&WHITE. Respeta tu espacio vital.

Anuncio 3

LA INSPIRACIÓN NO SIEMPRE ES EFÍMERA

La inspiración puede llegar en cualquier momento y desaparecer tan rápido como vino. Es caprichosa, se presenta sin avisar y convierte un momento fortuito en un instante mágico. Como el escultor da forma a un momento de belleza, nuestros diseñadores han conseguido recoger toda esa belleza en cada detalle del nuevo BMW Serie 5.

Una obra maestra en ingeniería que combina innovación y diseño. Con el nuevo BMW Serie 5, ahora la inspiración también se puede conducir.

5. La publicidad comercial y la institucional

Se distinguen básicamente dos tipos de publicidad: **la comercial,** en la que se anuncian productos o servicios de consumo (el anuncio de un coche, de un detergente, un reloj, una compañía telefónica), y **la institucional o de propaganda**, donde se anuncian líneas de conducta como las campañas políticas, las de impacto social (de tráfico), de prevención de enfermedades (lucha contra el cáncer, donación de sangre, etc.), resolutivas (de un problema como el tabaco, la violencia de género, etc.).

Actividad 6

6.a. Lee estos anuncios e identifica uno que pertenece a la publicidad comercial y dos a la institucional. Justifica tus respuestas.

Anuncio 1

PESCADOS AZULES
Salud a mares

Esta temporada, lo que se lleva son los azules.
Los Pescados Azules, por supuesto.
Tan sanos, tan fáciles de preparar, tan sabrosos;
Un triunfo asegurado en tu mesa.
Aprovéchate y descubre nuevas maneras de cocinarlos.
Tu corazón, tu presupuesto y tu paladar
Te lo agradecerán. Si puedes disfrutar lo que mejor
Te sienta, más gusta a tu familia y más le conviene
A tu salud ¿para qué elegir otra cosa?

PESCADOS AZULES
SALUD A MARES

Anuncio 2

LA CUCHARA, LA SOPA Y KNORR

Ah, la cuchara. Ese hermoso instrumento tan completo y tan fielmente entregado al placer y a la buena mesa. Y que logra, sola y orgullosa, transportarte a todo el mundo de sabor y bienestar.

Por eso, te invitamos a levantar tu cuchara, llena de nuestras nuevas, deliciosas y saludables cremas de verduras y dar gracias a tan maravilloso invento, que hoy con Knorr te permite disfrutar de sugerentes recetas en cualquier ocasión.
Gracias cuchara

Anuncio 3

100% Sabor

EL CHAMPIÑÓN

LA IDEA GENIAL

. LIGERO

El alimento perfecto para una dieta equilibrada y sabrosa.

. NUTRITIVO

Te aporta muchas vitaminas que ayudan al buen funcionamiento corporal.

. SALUDABLE

Contiene mucha fibra.

. ENERGÉTICO

La energía es la fuerza vital. Contiene calcio, hierro, magnesio, proteínas, yodo y zinc.

. AGUA

Agua, la esencia de la vida. El champiñón europeo tiene un alto contenido en agua que beneficia directamente al organismo.

6.b. Los anuncios 1 y 3 pertenecen a una campaña del Ministerio de Agricultura, Pesca y Alimentación de España. Completa la siguiente tabla.

	Destinatario(s)	Mensaje	Argumentos
TEXTO 1		• Explícito: • Implícito: *es salud para toda la familia.*	*Racionales: comprar pescado azul, es comprar salud para toda la familia.*
TEXTO 3	*Toda la población*	• Explícito: *los champiñones no pueden faltar en la dieta habitual.* • Implícito:	

6. El formato del texto publicitario

Todo texto publicitario se compone de varios **elementos** que pueden ir ordenados según el propósito perseguido. Éstos son:

- **El eslogan.** Es la frase que concentra el mensaje que se quiere transmitir. Muchas veces connota, sugiere.
- **El componente verbal** o texto principal. La tipografía de la letra utilizada informa del propósito del mensaje. Lo verbal va acompañado de alguna imagen.
- **El componente visual.** Es especialmente importante ya que proporciona mucha información del mensaje transmitido. Observaremos las imágenes seleccionadas, los colores, la distribución de los elementos de la foto.
- **El componente sonoro**, si se trata de textos radiofónicos, televisivos, cinematográficos.
- **La marca** o nombre del producto, reflejado por el propio nombre o a partir de un icono o un logotipo.

Además, el texto publicitario puede presentarse en diferentes **formatos**: narración (forma de relato, carta, postal); una escena de la vida real; un testimonio (si alguien narra su experiencia en relación con el producto); una noticia; una demostración (si muestra hechos); una comparación; una sátira, etc.

Actividad 7

Aquí tienes algunos eslóganes conocidos. Relaciónalos con el producto o servicio que crees que ofrecen. Hay tres que no necesitas.

	una escalera
	un colchón
"La chispa de la vida"	viajar en tren
"Vamos al futuro, ¿subes?"	un chicle de menta
"Un gran tentempié"	una bebida de chocolate
"Usa tus alas"	un frigorífico
"Frescor sin azúcar"	un refresco de cola
"Símbolo del descanso"	una pizza
"El secreto está en la masa"	unos zapatos
	viajar en avión

Actividad 8

8.a. Junto al texto, la imagen crea mensajes simultáneos. Observa el siguiente cartel e indica las connotaciones que aporta el componente visual a esta campaña publicitaria contra el ruido. Fíjate en la imagen y describe: la cara/expresión del chico, el altavoz, los símbolos de la parte inferior del cartel, los logotipos, el tipo de letra utilizado.

Imagen: http://aetsalamanca.files.wordpress.com/2009/09/nohagasruido.jpg

8.b. Ahora, sin ninguna indicación, analiza la relación entre el texto y la imagen en la siguiente publicidad e interpreta su significado. Puedes describir lo que ocurre o crear una narración a partir de la imagen.

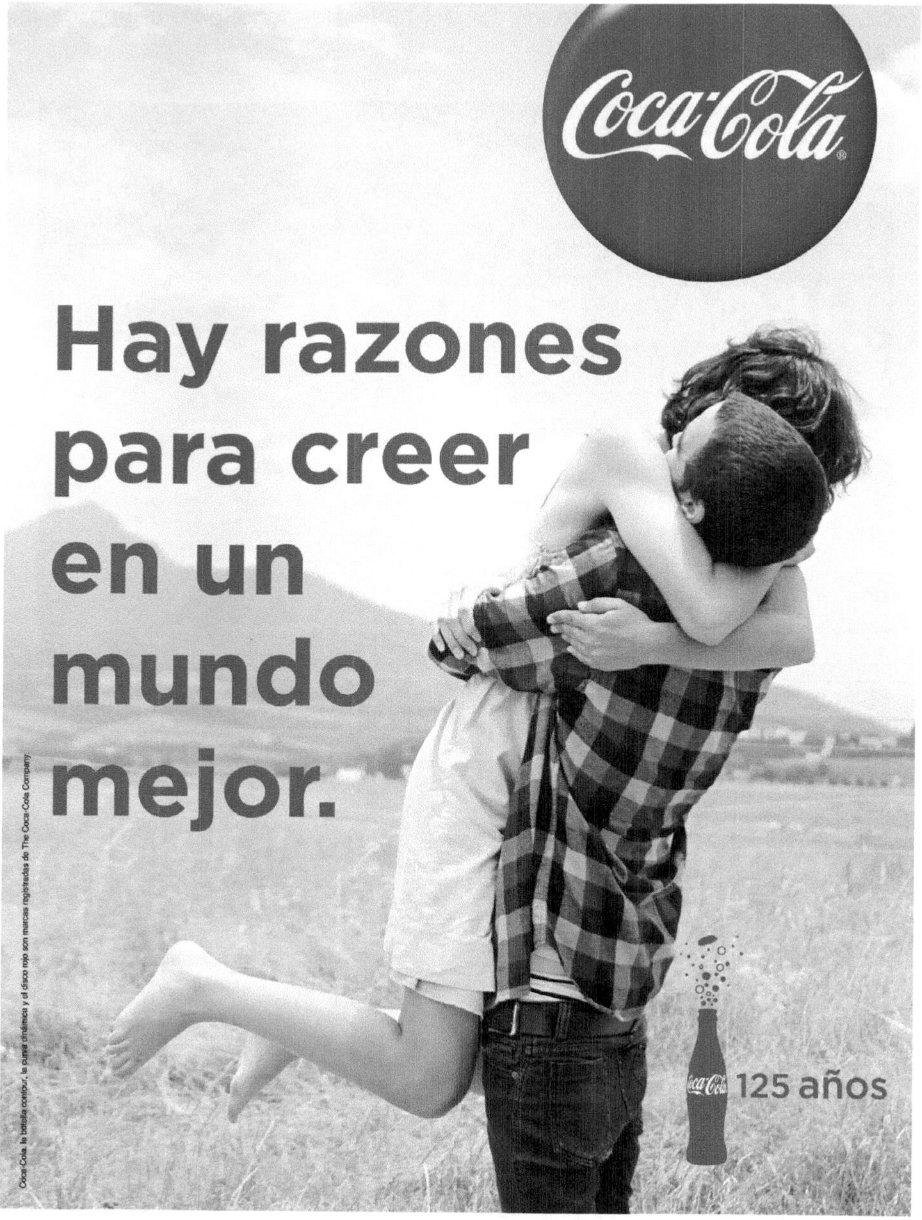

Coca-Cola

Hay razones para creer en un mundo mejor.

Coca-Cola 125 años

Actividad 9

9.a. Una compañía telefónica decidió hacerse publicidad a partir de una serie de cartas que su protagonista (Alberto) enviaba. Léelas y responde a las siguientes cuestiones.

❶ PESETAS, LIBRAS, MI TÍO EL MILLONARIO Y MOVISTAR

Hola, soy Alberto, este mes estoy en Irlanda del Norte. Se me estaba agotando el dinero, así que me cogí un vuelo *low cost* a Belfast.

Por suerte, gracias a la TARIFA DIARIA EUROPA de MOVISTAR, he podido hablar con mis padres, para que me manden algo más de dinero.

Explicarle a mi padre que aquí todavía se usa la libra me llevó mi tiempo. De euro a peseta, de peseta a libra, de libra a peseta, de peseta a euro... siete llamadas y tres horas de conversación.

Y total, al final sólo he conseguido 50 euros.

Tendré que hablar con mi tío Cayetano, el millonario. Qué bien hice trayéndome el móvil.

Bueno, saludos amigos viajeros.

Alberto

Tarifa Diaria Europa,

Tu mejor compañero para comunicarte cuando viajes.

Telefónica Movistar

❷ UNA PIEDRA, PERICLES, JOAQUÍN Y MOVISTAR

Hola, soy Alberto, este mes me he venido a Grecia. Ayer iba caminado, le di una patada a una piedra, me vio un policía y de pronto me encontré ante un viejo comisario gordo que no entendía nada.

Menos mal que me traje el móvil a Atenas y gracias a la TARIFA DIARIA EUROPA de MOVISTAR pude llamar a mi amigo Joaquín que es de Letras y tiene nociones de griego. Tras una tarde de traducciones vía móvil, logré comprender todo: lo que yo creía una vulgar piedra era el codo de una escultura de Pericles del siglo V a. C. Bueno, espero que con los 25 euros que llevo en la cartera pueda pagar los desperfectos. Ya os contaré.

Saludos, amigos viajeros.

Alberto

P.D. Un consejo: si vais a Grecia, no despreciéis ninguna piedra.

Tarifa Diaria Europa,

Tu mejor compañero para comunicarte cuando viajes.

Telefónica Movistar

1. ¿Cuál es el objetivo de estos textos publicitarios?
2. ¿Las dos cartas tienen igual o diferente destinatario? Justifica tu respuesta.
3. Señala las semejanzas y diferencias entre ambas cartas.
4. ¿Por qué piensas que la compañía ha escogido este tipo de formato?

9.b. Imagina que ahora el protagonista de las cartas anteriores está de viaje en Estados Unidos. Redacta un texto similar de unas 100 palabras.

Actividad 10

Otras veces para hacer publicidad de un producto se escriben artículos extensos en la prensa o Internet. Lee el siguiente artículo y contesta a las preguntas.

Google quiere reinar en la tele

Los próximos planes de la compañía pasan por trasplantar el éxito de su buscador a la pequeña pantalla y fusionarla con Internet

Google es la principal entrada a Internet. Su buscador es utilizado por más de 6 de cada 10 internautas en el mundo (9 de cada 10 en España). Pero Google no sólo quiere reinar en la pantalla del ordenador. También aspira a hacerlo en el resto. En el móvil, ha introducido su sistema operativo Android –el que gobierna todo el software del aparato– y se ha ganado en apenas un año y medio la confianza de los fabricantes, desplazando al Windows de Microsoft o al Symbian de Nokia. Android también está empezando a equipar los miniportátiles (netbook) y las tabletas de las primeras marcas informáticas. La última pantalla que le quedaba era la televisión. Y Google ya ha dicho que está dispuesto a intentarlo.

Por el momento, Google TV es sólo un anuncio. El que ha realizado el consejero delegado de Google, Eric Schmitd, tras firmar un acuerdo con Sony, Intel y Logitech para desarrollar el proyecto. Pero puede cambiar el panorama televisivo, dejando sin sentido señas de identidad como las cuotas de pantalla y los programas de máxima audiencia. Y, aún más importante, puede dar un vuelco radical a la financiación de las cadenas y sus fuentes publicitarias, como ya lo ha hecho Google News con el periodismo escrito, en una más que difícil convivencia con los editores que culpan al buscador de parasitismo por utilizar sus contenidos indiscriminadamente para su negocio de publicidad.

¿Qué pretende ser Google TV? Según el vídeo explicativo difundido por la empresa, el televidente se sentará en su sofá y al encender su televisión tendrá un buscador que le permitirá seleccionar el programa o la película que desee. El buscador, como ocurre con el de Internet, le dará los resultados alojados en las webs de las cadenas, productoras y demás proveedores de todo el mundo que sirvan sus contenidos. El usuario sólo tendrá que elegir, pulsar y ver su programa favorito en el momento que le apetezca; también podrá programarlo o grabarlo.

Google dice que no tiene por qué haber conflicto con las televisiones, porque serán estas las que decidan los contenidos que ponen a su disposición, y si son gratuitos o de pago. Aunque muchos ponen en entredicho esa neutralidad. Para empezar, si Google TV triunfa, las plataformas que ofrecen televisión bajo el protocolo de Internet (IPTV) mediante banda ancha, como Imagenio, verían estrangulado su negocio. Aunque el cambio más importante sería que las cadenas convencionales dejarían de controlar el negocio web, todavía embrionario, pero clave en un futuro muy cercano, dejando que Google enlace sus programas y se lleve de paso un pellizco del pastel publicitario hasta ahora solo en sus manos.

Internet está cada vez más presente en nuestras vidas, desplazando a la televisión. La aparición de los móviles inteligentes (smartphones), que permiten la navegación por la Red, ha aumentado aún más ese dominio. Por ejemplo, Internet ya supera en España a la televisión como el medio más usado. El último estudio de Mediascope Europe señala que los españoles se pasan 13,3 horas semanales navegando en Internet frente a las 13 horas que dedican a la televisión. Esa distancia crece aún más a medida que baja la edad de la población.

Google sabe que Internet es imparable y desea integrarlo de una vez por todas en la televisión. Para ello usará su infalible sistema operativo Android que, a diferencia de otros como Windows de Microsoft o los que usa Apple (tanto en sus portátiles como en móviles), es abierto y gratuito y permite desarrollar todo tipo de aplicaciones. Esa característica le ha hecho un arma temible en los móviles. En 2009, Android multiplicó por seis su cuota de mercado en los smartphones. Y los nuevos modelos de miniportátiles y tabletas, expresamente desarrollados para Internet, están incorporando Android.

Para que Google TV sea un éxito hace falta que muchos fabricantes de televisores se unan al proyecto. Por el momento solo está Sony, aunque Google confía en atraer al resto. Y siempre queda la posibilidad de comprar un descodificador que permita ver Google TV en cualquier televisor.

El proyecto plantea dudas. El usuario es renuente a apilar más cajas en torno a su televisor o a comprar uno nuevo (los primeros valdrán en torno a los 625 euros) salvo que obtenga un beneficio palpable: ver gratis o a precio muy asequible sus programas favoritos. El *streaming* –ver vídeos o escuchar música por Internet sin necesidad de descargarla– está calando cada vez más en los hábitos. La web musical Spotify o la de vídeos seriesyonquis.es son buena prueba de ese éxito. Pero es una ruina para los dueños de los contenidos. Spotify, que funciona con acuerdos con las discográficas, ha tenido que restringir su acceso por exigencia de los sellos. De la web de vídeos, que enlaza contenidos sin permiso, no reciben nada, y algunas cadenas han tenido que cambiar los horarios de algunas de sus series porque muchos internautas ya las habían visto por estas páginas.

En Google TV nadie asegura que, pasada la promoción, el televidente no utilice el buscador como una página de enlaces para llegar a sus programas favoritos a coste cero. ¿Por qué, por ejemplo, pagar por un partido de la Liga si se puede captar de una televisión asiática que lo emite en abierto? La televisión es la principal destinataria de la inversión publicitaria (representa el 42% del total). En 2009, se destinaron 2.368 millones de euros, un 23,1% menos. Internet es el tercer medio preferido por los anunciantes (11,6% del total), aunque en el último año fue el único segmento que creció (+4,96%), según los datos de los expertos en publicidad IAB e Infoadex. El pastel es demasiado apetitoso para que Google no intente hincarle el diente. Aunque aún no ha dicho cómo compartirá la tarta publicitaria entre cadenas. Dice que lo está estudiando. Que vayan afilando los cuchillos las cadenas.

Ramón Muñoz, "Google quiere reinar en la tele", *El País*, 13/06/2010

1. ¿A quién o quiénes se dirige este artículo?
2. ¿Cuál es el mensaje?
3. ¿En qué argumentos se apoya? Subráyalos en el texto.

Actividad 11

11.a. ¿Por qué formato opta este anuncio? ¿Cuáles son las marcas de este género?

No dejes que tus tacones rompan la magia antes de tiempo.

Party Feet

Érase una vez una mujer normal, que tenía una cita especial. Cenó, rió, bailó y cuando mejor se lo pasaba, colorín colorado, por culpa de sus tacones, la noche se ha acabado. Con las miniplantillas Party Feet puedes prolongar la magia el tiempo que quieras, **porque absorben y amortiguan los impactos del caminar, previniendo y aliviando el dolor causado por los zapatos de tacón.**

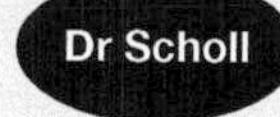

Pruébalas, no es ningún cuento.

11.b. A partir del modelo anterior, escribe un texto publicitario de unas 100 palabras en el que intentes convencer al receptor de la compra de uno de estos productos. Recuerda elegir un receptor, un eslogan, un mensaje con unos argumentos, etc.

1. Un salero

2. Unas gafas de bucear

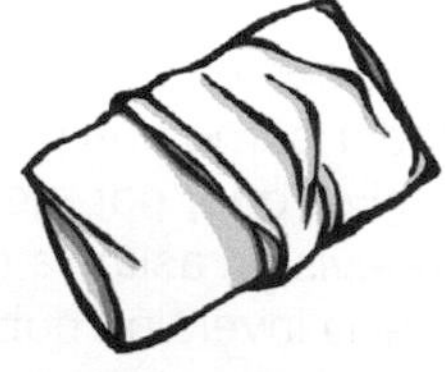
3. Una almohada

7. Otros rasgos del texto publicitario

El texto publicitario se caracteriza por su libertad absoluta a la hora de construir el mensaje, ya que puede romper las normas ortográficas, gramaticales y léxicas para conseguir llamar la atención. A veces se caracteriza por su brevedad, por ejemplo puede contener tan sólo unas palabras o una imagen.

Rasgos morfosintácticos

1. **Ausencia de verbo en la frase para crear un mensaje más directo.**

   Ej. "Hoteles Melia de mar. El mar en tus manos" (una cadena de hoteles)

2. **Formas no personales del verbo, como el infinitivo, para detallar las funciones del producto.**

   Ej. "In-Out Innovage. Lipo-Reductor Celulítico que ayuda a: estimular el alisamiento de la piel de naranja; reducir y movilizar la grasa localizada; re-estructurar localmente los tejidos y reducir la celulitis dura" (una crema)

3. **Empleo frecuente del modo imperativo y de tiempos verbales como el futuro y el condicional.**

   Ej. "Cámbiate a la suavidad" (desodorante Rexona)

   Ej. "Si fueras de tarjeta, serías ganador. Y si recargas 20€ o más, premio seguro" (una compañía de teléfonos)

4. **Uso de oraciones afirmativas que proporcionan contundencia al mensaje; uso frecuente de oraciones finales y causales.**

   Ej. "Algunos aparentan ser fuertes. Otros simplemente lo son. La experiencia y el conocimiento crean esquís, botas y fijaciones para el mejor comportamiento en la nieve" (accesorios de nieve)

   Ej. "Sanitas. Para lo que de verdad importa" (un seguro médico)

5. **Preferencia por la primera y segunda persona del singular y del plural.**

   Ej. "Soy como un adicto. Necesito liberar endorfinas. Correr es mi pasión. No descanso hasta que llego a la meta. Mi entrenador personal: Forerunner 405" (un cronómetro)

6. **Uso abundante de adjetivos que destacan las cualidades de lo que se anuncia; empleo del superlativo para ponderar.**

   Ej. "El primer y único suavizante que te ofrece una fragancia duradera en tu ropa" (Vernel)

   Ej. "Tu Hogar es el lugar más importante del mundo. Bienvenido a la República Independiente de tu Casa" (Ikea)

7. **Empleo habitual de adverbios.**

   Ej. "Pestañas increíblemente largas y curvas hasta 100° durante 12 horas gracias a Virtuôse de Lancôme"

   Ej. "Blancos y colores visiblemente luminosos" (detergente Ariel)

8. **Paralelismos.**

   Ej. "Aquí hay sabor, aquí hay Fundador" (un coñac)

Rasgos léxico-semánticos

1. **Tecnicismos.**

   Ej. "Hemos desarrollado un dispositivo portátil inédito para la regeneración celular con una luz que desencadena un proceso bioenergético que reactiva la producción del colágeno" (Talika Light 590, luz pulsada anti-edad)

2. **Préstamos lingüísticos, sobre todo del inglés, del francés, del italiano y del latín.**

   Ej. "Enjoy! Elegir un vestido de novia es una experiencia única" (tiendas Pronovias)

3. **Formación de palabras nuevas.**

   Ej. "Lactourea. 40% Ultra hidratación" (crema hidratante)

4. **Juegos de palabras.**

   Ej. "Andalucía sabe. Elige nuestro saber y sabor cada día" (una región)

5. **Expresiones idiomáticas.**

   Ej. "¡Visite Perú y disfrute del sabor que tanto estaba esperando! Y es que cuando se trata de Perú, la experiencia puede resultar: ¡A pedir de boca!"

6. **Metonimias.**
Cuando se produce entre dos palabras una contigüidad o proximidad de significados.

Ej. "El Rioja más reconocido en el mundo. Nueva York & Faustino Selección de Familia" (Bodegas Faustino, un vino)

7. **Metáforas.**
Cuando una palabra sustituye a otra y entre ambas hay una relación de semejanza. Contribuye a aumentar el léxico de una lengua. Algunos autores piensan que nuestra percepción del mundo es sobre todo metafórica y que no es sólo una cuestión de lenguaje, sino de pensamiento y acción.

Ej. "Restaura la hidratación. Combate las líneas" (crema anti-edad de Clinique)

8. **Comparaciones.**

Ej. "El nuevo desodorante de roll-on se aplica con un movimiento suave y continuo, como una caricia"

9. **Contraposiciones.**

Ej. "Tamaño Mini. Placer Magnum" (un helado)

10. **Hipérboles o exageraciones.**

Ej. "Gillette presenta la nueva Venus Breeze. Disfruta de la suavidad de un mundo diseñado para nosotras. Descubre la Diosa que hay en ti" (cuchillas de afeitar)

Rasgos ortográficos

1. **Uso libre de las mayúsculas.**

Ej. "Supérate con medilast sport. El primer calcetín LARGO deportivo de compresión. El complemento indispensable para AUMENTAR tu rendimiento" (calcetines de deporte)

2. **Empleo abundante de los signos de interrogación y exclamación.**

Ej. "¿Arrugas? ¿Contaminación? ¿Estrés? ¡Acción reparadora! ClarinsMen ¡Que viva la piel del hombre!" (crema antiarrugas)

Rasgos fónicos

1. **Uso de onomatopeyas.**

   Ej. "La casa de tus sueños... Sshh... buenas noches" (tienda de muebles Avanthaus)

2. **Rimas.**

   Ej. "Gallina Blanca Sofrito y trabajo que te quito" (una salsa de tomate).

3. **Aliteraciones.**

   Ej. "Bueno, bonito y barato" (frase típica que se suele oír en un mercadillo)

4. **Paronomasias.**

   Ej. "El que sabe, SABA" (marca de una TV)

   Ej. "Te falta... ¿TEFAL?" (marca de una sartén)

Actividad 12

12.a. El imperativo es una de las formas más empleadas en los textos publicitarios ya que pertenece a la modalidad apelativa. Tiene muchas funciones que dependen siempre del tono en el que se expresen. Observa esta tabla para comprobarlo.

Función	Ejemplo
1. Dar una orden	*¡Cambie ya de televisor!*
2. Aconsejar, hacer sugerencias	*Mantenga este medicamento fuera del alcance de los niños.*
3. Dar instrucciones	*Busque, compare y si encuentra algo mejor, cómprelo.*
4. Invitar a alguien o a algo	*Ven a nuestras tiendas y encontrarás lo que buscas.*
5. Ofrecer algo	*Coman, coman estos deliciosos bombones. Todo un placer.*
6. Hacer peticiones	*SAL NATURAL. La auténtica. Pásamela, por favor.*

Función	Ejemplo
7. Expresar una condición	*Entre en nuestra página web y encontrará todas las ofertas a precios de risa.*
8. Conceder permiso	*Pasen, pasen, a la república independiente de su casa.*
9. Con imperativos gramaticalizados (mira, oye, venga, vaya, anda, toma,...) se ha perdido su valor original y se utilizan según los contextos para: • llamar la atención • expresar sorpresa • animar a la acción	*Mira, mira el nuevo FIAT para familias numerosas. No encontrarás otro igual.* *Oye, no te quedes sin tu desayuno preferido. Prueba los nuevos cereales de Nestlé y sabrás lo que es un buen desayuno.* *Venga, corre a nuestros supermercados y escoge la calidad. No lo pienses más.*

12.b. Señala qué función o funciones tiene el imperativo en los siguientes textos publicitarios. Puede haber más de una opción.

Texto 1

CURSO DE TÉCNICAS DE ESTUDIO

Memoria y Concentración

¡CELEBRA TU ÉXITO CON PASCAL!

- ORGANÍZATE Y PROGRAMA TU TIEMPO ADECUADAMENTE.
- MEJORA TU MOTIVACIÓN Y POTENCIA TU AUTOESTIMA.
- UTILIZA TÉCNICAS DE TRATAMIENTO DE LA INFORMACIÓN.
- MEJORA TU CONCENTRACIÓN.
- APRENDE A TOMAR APUNTES.
- MEMORIZA DE FORMA COMPRENSIVA Y EFICAZ.
- APRENDE A REALIZAR LOS EXÁMENES CON ÉXITO.

INSTITUTO PASCAL

Texto 2

Lo que necesitan urgentemente
NO SON UNOS ZAPATOS
Lo que necesitan, es tener una vida digna
APADRINA UN NIÑO
Contribuye al desarrollo de su comunidad

AYUDA EN ACCIÓN

Texto 3

Descubre el frescor
del pepino y el té verde
en tus axilas
Dove go fresh con ingredientes
naturales:
Extracción de pepino y té verde.
Go fresh

Actividad 13

13.a. Estos eslóganes pertenecen a diferentes etapas de la publicidad en España. Agrúpalos en esta tabla según el recurso que se emplee. Hay dos eslóganes para cada característica. Fíjate en los ejemplos.

paralelismos	expresiones idiomáticas	juegos fónicos y rimas	frases nominales	estructuras condicionales
2		*1, (rima entre "plin/ Pikolín"),*		

1. *A mi plin, yo duermo en Pikolín.* (Colchones)
2. *Metal que se limpia con Netol, metal que brilla como el sol.* (Producto de limpieza)
3. *Tienes algo, tienes don.* (Colonia Don Algodón)
4. *Rexona, el desodorante que no te abandona.*
5. *Si no queda satisfecho, le devolvemos su dinero.* (Tiendas *El Corte Inglés*)
6. *Calor de hogar.* (Marca de un café, Nescafé)
7. *Busque, compare y, si encuentra algo mejor, cómprelo.* (Detergente Colón)
8. *Nuevas Pringles. ¡Diversión por un tubo!* (Patatas fritas en un envase en forma de tubo)
9. *Clearasil. La ciencia de la belleza.* (Crema de granos)
10. *Con Tulipán, cada día crecer es pan comido.* (Una mantequilla)

13.b. Señala los recursos que encuentres en este anuncio comercial. Para facilitarte la tarea, completa la siguiente tabla. Fíjate en los ejemplos.

Morfosintácticos	• Usos del infinitivo (sabe a ganar, a estar atados, a descubrir...)
Léxico-semánticos	• Metonimias (¿A qué sabe Asturias en Gijón?)
Ortográficos	
Fónicos	

¿A qué sabe Asturias en Gijón?
Gijón sabe a saber saborear. A ganar en Norte sin perder la orientación, a estar atados sólo a la libertad, a empaparse de ¡holas! en cada esquina, a dorarse en el juego lento de noches y días. Sabe a descubrir quiénes somos dejando de ser nosotros, sabe a todo y sabe a poco, sabe a sabiduría de siglos, sabe a sabernos en casa. Sabe a la tierra con un paraíso dentro de otro, donde la luz se hace de encargo solo para tus ojos, donde los árboles tienen madera de sabios, donde los sabios tienen arrugas de árboles...
Asturias con sal
GIJÓN

Adaptado de: www.gijon.info

8. Las marcas publicitarias y el lenguaje metafórico

Actividad 14

14.a. En el lenguaje cotidiano se emplean habitualmente varias marcas comerciales para designar diferentes productos de manera genérica. ¿Sabrías decir a qué productos corresponden estas marcas? Relaciona las dos columnas como en el ejemplo.

1.	una cocacola	a.	una batidora
2.	una casera	b.	una gaseosa
3.	un chupa chups	c.	una rosquilla
4.	un donuts	d.	un tampón
5.	un bollycao	e.	una moto
6.	un celo	f.	un apósito
7.	un tippex	g.	un corrector
8.	un túrmix	h.	~~un refresco de cola~~
9.	una vespino	i.	un pañuelo de papel
10.	una tirita	j.	una cinta adhesiva
11.	un tampax	k.	un chico guapo
12.	un kleenex	l.	un caramelo con un palo

14.b. Lee el siguiente artículo y comprueba tus respuestas anteriores.

ASPIRINA, DONUTS, CELO... son marcas que han dado nombre a una gama de productos

¿Ha escuchado a alguien pedir en un bar un refresco de cola? Seguramente no, dado que cualquier camarero del mundo entiende el genérico cocacola –aunque luego te ponga una pepsi–. ¿Se le ocurre algún nombre, aparte de velux, para denominar la ventana que se coloca en el tejado? Se conoce como marcas genéricas a aquellos productos que han trascendido la categoría de marca comercial para designar enteramente una categoría de productos.

PARA UN TENTEMPIÉ:

• Coca-Cola

Logró convertirse en sinónimo de bebida carbonatada con extracto de cola por su condición de pionera en el segmento. El término no está aceptado por la Real Academia Española.

• La Casera

Ha logrado la misma condición respecto a las gaseosas gracias a su publicidad: La Casera, pídala en todas partes, un mandato disfrazado de eslogan que ha acabado por convertir en estándar el vino con casera.

• Chupa Chups

Uno de los inventos españoles más celebrados –y vendidos– es la marca genérica con la que se conoce en medio mundo a los caramelos con palo incorporado.

• Donuts
Nombre con el que Panrico bautizó a la rosquilla dulce que en EEUU se conoce como doughnut –la misma pronunciación para una ortografía mucho más complicada– y en muchos países hispanohablantes como dona. Nacidos en los años sesenta, los donuts son los abuelos de los donetes y de los bollycaos, marca que ha acabado designando a los y a las adolescentes de buen ver, también conocidos como yogurines.

EN LA OFICINA:
• Papel celo
La oficina, epicentro de las invenciones tecnológicas del mundo empresarial, ha dado un puñado de genéricos al diccionario. Entre ellos están el papel celo (comercializado inicialmente bajo la marca O-Cel-O) o el ubicuo post-it, productos ambos del gigante norteamericano 3M.
• Tippex
Las tachaduras pasaron a mejor vida cuando una secretaria inventó el tippex, ese líquido milagroso que devuelve al papel su blanco original.

COSAS DE CASA:
• Turmix y Vaporeta
Si por la oficina entra el *hightech* laboral, por la cocina lo hace el doméstico. Es por ello que la batidora de vaso siempre se la llamó aquí túrmix y el artefacto de limpieza a presión, vaporeta. No están en el diccionario.
• Cristasol y picadora Moulinex
Hasta que no se demuestre lo contrario, el líquido para limpiar las ventanas se llama cristasol y la máquina de trocear ajo y perejil se conoce como (un, dos, tres) picadora moulinex.

SOBRE RUEDAS:
• Jeep
Hasta que llegaron los 4x4, la gente se refería a los vehículos todoterreno como jeeps (pronunciado yips), haciendo una metonimia del fabricante Jeep, creador del venerable vehículo de doble tracción que ayudó a los aliados a vencer en la segunda guerra mundial. El término no está aceptado por la RAE.
• Vespino
Del mismo modo, durante décadas la vespa y la vespino definían sus respectivas categorías de motos de baja cilindrada, hoy bastante más conocidas por el nombre de scooters.

EN EL BOTIQUÍN:
• Aspirina
La marca se impone en la farmacia, el territorio de los genéricos. La aspirina que todos pedimos en la botica no es otra cosa que la marca comercial del ácido acetilsalicílico, un medicamento diseñado por Bayer.
• Tiritas
Es la marca con la que comercializa el comerciante Hartmann esos apósitos adhesivos de color piel, y que hasta la propia Real Academia reconoce como término en su diccionario.

• Tampax
La que aún no tiene entrada en el diccionario es la palabra tampax, el modo popular y fino de llamar a los tampones, para solaz de Procter&Gamble, que los fabrica.
• Kleenex
Si algún producto de higiene se lleva la palma en cuanto a genérico ése es el kleenex, el pañuelo de papel que llegó para acabar con los pañuelos con iniciales bordadas en la tela. La castellanización de la marca ha derivado hasta en singular: "Dame un clin".

Iñaki Berazaluce, "Aspirina, Donuts, Celo...", *20 Minutos*, 25/09/2006

Actividad 15

15.a. Lee este anuncio. ¿Con qué se relaciona este vino?

> **¿Hay algo más exclusivo que un Diamante?**
>
> En Bodegas Franco Españolas
> Tenemos uno que queremos
> Presentarle
>
> **RIOJA**

15.b. La asociación de una palabra con otra, con la que se establece una relación de semejanza, se conoce con el nombre de metáfora. En el ejemplo anterior, el vino se relaciona con un diamante, es decir, con una piedra preciosa o joya, por lo tanto, con el significado de calidad.

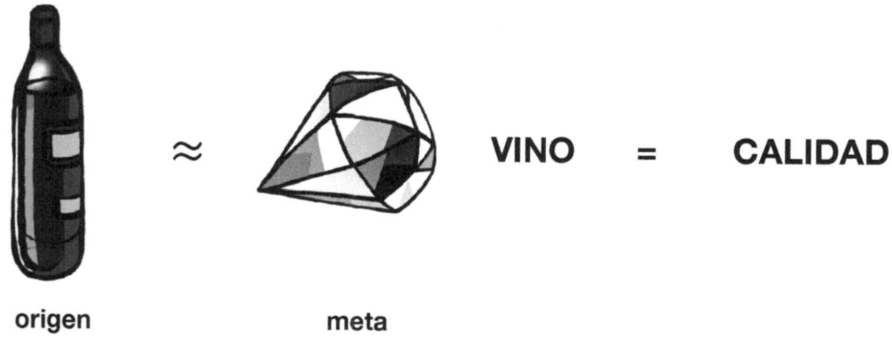

¿Qué asociaciones se establecen en los anuncios siguientes? Destaca también el elemento del que se parte (origen) y al que se llega (meta).

1. *Ven a nuestras mejores playas. Hazlo por ti, que eres un sol.*
2. *Viaja en metro. Tu tiempo es oro.*
3. *Combate las cucarachas con Cucal. Tendrás la batalla ganada.*
4. *Conduzca con los cinco sentidos. La vida no es un juego.*
5. *Toma Ron Cacique. El oro negro.*

Actividad 16

16.a. Un gran número de metáforas se forman mediante relaciones de semejanza con las partes del cuerpo, los animales, la naturaleza o con campos semánticos concretos (la guerra, la religión, etc.). Observa estas imágenes. ¿Con qué parte del cuerpo humano o animal las asociarías? Escoge entre BOCA / PATA / LENGUA / PICO / DIENTE / OJO.

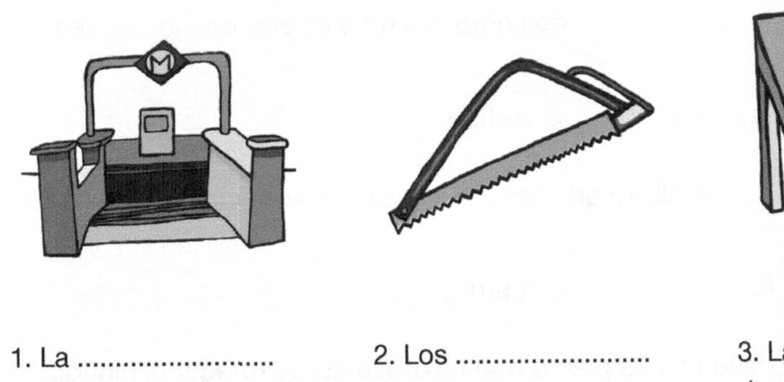

1. La .... del metro
2. Los .... de una sierra
3. Las .... de una mesa

16.b. Escoge una de estas partes del cuerpo humano o animal para formar metáforas como en el ejemplo.

Ej. Se dice que la forma geográfica de España es como *una piel* de toro.

a. un ala   b. una piel   c. un pie

1. A mi madre le han salido .... de gallo en el contorno de ojos.

   a. alas   b. patas   c. uñas

2. Ese famoso está en .... del huracán.

   a. el ojo   b. la oreja   c. el pie

3. Lleva una camiseta muy bonita de .... de cisne.

   a. pata   b. pelo   c. cuello

4. Si miras por .... de buey del barco verás el mar.

   a. el ojo   b. la piel   c. el diente

5. Se le puso .... de gallina al saber la noticia.

   a. el pelo   b. la cabeza   c. la piel

6. Me encantan .... de gato. Bueno, en general, todo lo que sea de chocolate.

   a. las lenguas b. los bigotes c. las orejas

7. Ese político tiene .... de trapo, habla de manera torpe y confusa.

   a. una lengua b. una boca c. una garganta

8. Este médico tiene .... de santo, siempre acierta con lo que receta a sus pacientes.

   a. pie b. mano c. rodilla

9. ¡Vaya .... de víbora que tiene! No hace más que hablar mal de todo el mundo.

   a. diente b. cabeza c. lengua

10. .... de león es una planta que se utiliza para proteger el hígado.

    a. la mano b. el pico c. el diente

11. .... derecha del edificio está vacía.

    a. el ala b. la mano c. la pata

12. ¿No te parece que tiene .... de besugo, muy saltones?

    a. los dientes b. los ojos c. los labios

13. Empezó a tener .... de naranja muy joven y la celulitis cuesta quitarla.

    a. la pierna b. la cabeza c. la piel

14. Tiene .... de piñón, muy pequeñita.

    a. una boca b. una lengua c. una mano

Actividad 17

17.a. Lee la siguiente noticia sobre el objeto de una subasta.

Vuelve a subastarse en eBay un sándwich "divino" tras haber sido vetado en el sitio

La empresa de subastas por Internet eBay vuelve a acoger en su oferta de subastas un emparedado de queso derretido mordido, hecho hace diez años y en el que, según su dueña, se puede ver la imagen de la Virgen María, tras haberlo retirado por considerarlo 'una broma'.

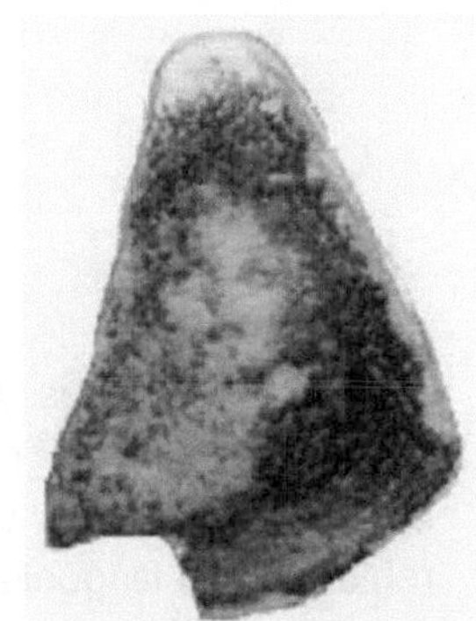

Imagen del emparedado (eBay)

Diana Duyser, de la ciudad estadounidense de Hollywood, en el estado de Florida, sacó el emparedado a subasta la semana pasada y atrajo ofertas de hasta 22.000 dólares. Ahora la puja está por encima de 16.000 dólares.

Según Hani Durzy, portavoz de eBay, la página en la que se ofrecía el "emparedado sagrado" fue visitada 100.000 veces antes de que fuera cancelada el pasado domingo –cuando el plazo de pujas debía terminar–, por considerar la compañía que no cumplía con los reglamentos, que "no permite incluir en las subastas artículos que pretenden ser una broma". Pero parece que la 'broma' va muy en serio.

Duyser, diseñadora de joyas y que ha vendido artículos a través de eBay desde hace dos años, aseguró que no hay ningún chiste en el emparedado que, "además, no ha mostrado signos de podredumbre en todos estos años".

"¡No sé cómo me hacen esto!", dijo la mujer de 52 años, quien agregó que creyó que subastarlo era la mejor manera de "compartirlo con el mundo". Duyser relató que hizo el emparedado hace una década con pan blanco y queso amarillo, cocinándolo sin aceite o mantequilla.

"Después de darle un mordisco me di cuenta de la imagen. Me miraba fijamente y mi primera reacción fue de temor, pero luego me di cuenta de lo especial que es. La puse en una caja de plástico con algodones y la he guardado con respeto todos estos años", agregó.

Agencia EFE, *El Mundo*, 18/11/2004

17.b. Consulta la página de eBay y busca un objeto curioso. Después, elabora un artículo de unas 300 palabras en el que hagas publicidad sobre el objeto que has elegido. Piensa en un eslogan, un receptor, un mensaje e incorpora las diferentes características del lenguaje publicitario que has aprendido a lo largo de este capítulo.

Capítulo 7
El texto jurídico y administrativo

◆ ¿En qué consiste?

Los textos jurídicos y administrativos ofrecen al ciudadano una serie de pautas para poder convivir en la sociedad. Según el ámbito social al que se adscriben se utiliza el término de texto jurídico-administrativo, por lo tanto, se trata de un registro o un lenguaje especializado: las relaciones que se dan entre los poderes públicos (la Administración, las instituciones, etc.) y el ciudadano. Según la intención comunicativa que persiguen se conocen también como textos prescriptivos, directivos o instruccionales. No resulta fácil diferenciar entre lenguaje jurídico y administrativo. Podemos decir que el primero procede de las leyes relacionadas con el poder legislativo y judicial, y que el segundo está relacionado con el poder ejecutivo.

Existen diferentes clasificaciones de los textos administrativos según sean su emisor, su destinatario y su función. Cuando el emisor es la administración y el destinatario es el ciudadano, los textos se clasifican en **informativos** (ej. la circular, el saluda, la carta, el correo electrónico); **resolutivos** (ej. la notificación, el requerimiento, la sentencia, el edicto); **normativos/prescriptivos** (ej. la ley, el decreto, el reglamento, la orden) y **fedatarios** (ej. el acta, la memoria, la certificación). Si el emisor y el destinatario es la Administración, el texto puede ser **un informe** o **un oficio**. Por último, cuando el emisor y el destinatario es el ciudadano, el texto puede ser **un contrato**.

Otras clasificaciones dividen estos textos en: documentos **de los ciudadanos** (ej. la solicitud, la denuncia, las alegaciones, los recursos administrativos, las quejas y las sugerencias); documentos **de decisión** o **normativos** (ej. los acuerdos, las resoluciones); **de transmisión** (ej. las comunicaciones, las notificaciones, las publicaciones y los saludas); **de constancia** (ej. las actas y los certificados) y **de juicio** (ej. los informes, los oficios).

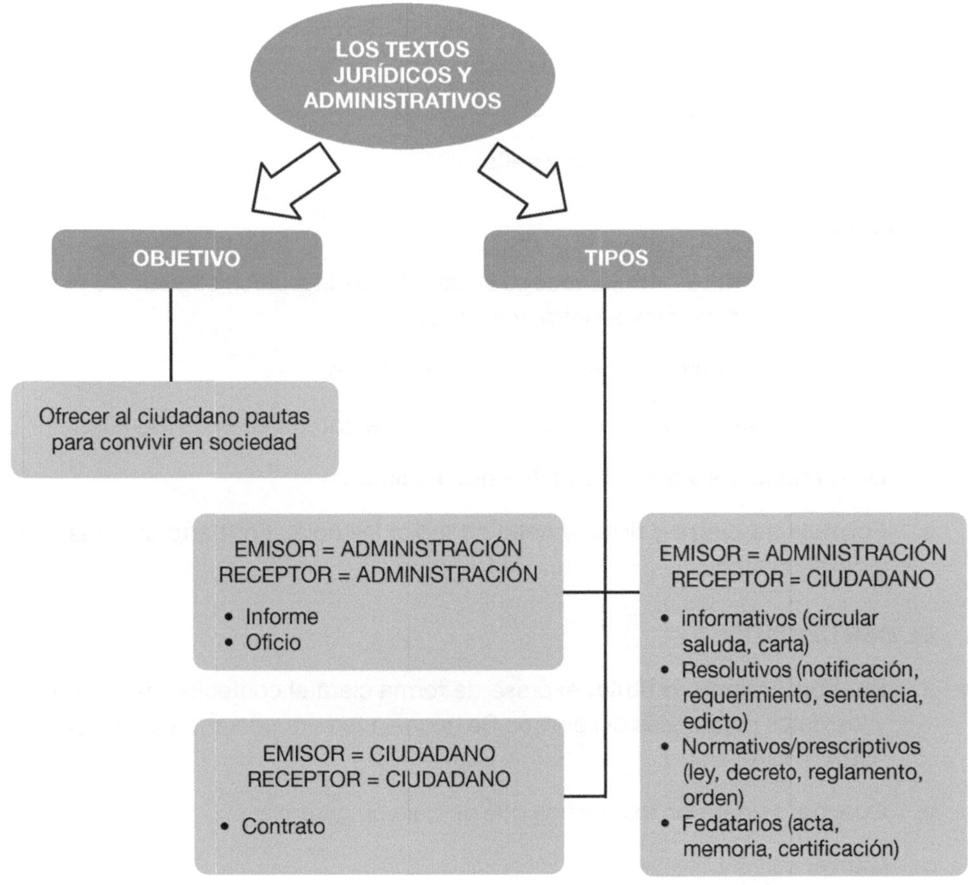

1. La estructura del texto jurídico y administrativo

En líneas generales podemos decir que la estructura depende del tipo de texto en cuestión y, también a veces, del país hispanohablante en el que se haya redactado, por lo que no existe un único modelo. Son todos esquemas bastante rígidos que están fijados de antemano. La instancia, el acta, el certificado, el contrato, la circular y los formularios son textos administrativos, mientras que la demanda, la sentencia, el edicto o las leyes pertenecen al ámbito jurídico.

1. **LA CIRCULAR**

   a. **Número de la circular** (situado en la parte superior derecha de cada una de las hojas) seguido del organismo que la dicta.

   b. **Título:** expresa la materia de que trata.

c. **Cuerpo.**
   – justificación de los motivos de la circular.
   – desarrollo de las normas e instrucciones.

d. **Cierre; lugar y fecha; firma y sello.**

2. **EL ACTA**

   a. **Encabezamiento o título:** recoge el carácter de la reunión seguido de la fecha y hora, ambas escritas en letra, y el lugar.

   b. **Relación de asistentes y ausentes a la reunión.**

   c. **Orden del día:** se enumeran los temas que se abordarán en la reunión.

   d. **Deliberaciones y acuerdos a los que se llega.**

   e. **Fórmula de cierre y firma y sello** en todas las hojas por parte del presidente y del secretario.

3. **EL CERTIFICADO**

   a. **Encabezamiento o título:** expresa de forma clara el contenido del certificado y los datos personales del emisor. Se hace en tercera persona y con la palabra "CERTIFICA".

   b. **Cuerpo:** se detallan los hechos que se quieren garantizar.

   c. **Cierre:**
      – fórmula de certificación, efectos, datos del solicitante y lugar y fecha de emisión (en letra)
      – firma y sello.

4. **EL CONTRATO**

   a. **Título:** se especifican las partes que intervienen y se describe brevemente el objeto del contrato.

   b. **Lugar y fecha.**

   c. **Identificación** de las partes del contrato (con nombre, número del documento nacional de identidad, número o código de identificación fiscal y cargo).

   d. **Antecedentes administrativos:** se indica la resolución mediante la cual se aprueba el objeto del contrato.

   e. **Cuerpo:** se describe la finalidad del contrato a partir de una serie de cláusulas.

   f. **Cierre:** consentimiento y firma de ambas partes.

5. LA INSTANCIA o LA SOLICITUD

a. **Encabezamiento:** datos del solicitante.

b. **Cuerpo:** se redacta en primera o tercera persona. Consta de dos partes:

- exposición de los hechos y motivos por los que se presenta la instancia. Se introducen por la palabra "EXPONGO/EXPONE" en mayúscula. El último párrafo termina con una coma para relacionarlo con el siguiente con algún conector del tipo "por todo ello", "en consecuencia", "y por esto".
- petición o solicitud concreta introducida por la palabra "SOLICITO/SOLICITA", de nuevo en mayúscula.

c. **Cierre.** Consta de tres partes:

- fórmulas de cortesía con las que se cierra la petición.
- lugar, fecha y firma del solicitante.
- la autoridad a la que va dirigida la instancia (en mayúsculas).

6. LA DEMANDA

Es muy similar a la instancia. Sin embargo, después de la exposición de los hechos y motivos se incluye lo que se denomina **fundamentación de derecho**, en la que se hacen explícitas las leyes en las que se apoya la demanda.

7. LA SENTENCIA

a. **Encabezamiento:** lugar y fecha.

b. **Antecedentes de hecho:** se analiza la documentación que se aporta.

c. **Hechos probados:** se relatan los hechos que han sucedido.

d. **Fundamentos de derecho:** se citan las leyes que se aplican.

e. **Fallo o resolución tomada.**

8. LA LEY

a. **Título:** nombre, número y fecha en la que se publica.

b. **Fórmula de sanción real.**

c. **Preámbulo o exposición:** se exponen los motivos de la ley.

d. **Cuerpo de la ley:** se divide en títulos y capítulos que se componen de artículos.

e. **Parte final**, que incluye anexos, disposiciones adicionales, etc.

f. **Fórmula fija** de mandato, lugar, fecha y firma del Rey junto a la del Presidente del Gobierno.

Actividad 1

Relaciona los siguientes tipos de textos jurídicos y administrativos con las definiciones que aparecen debajo.

SENTENCIA	EDICTO	LEY	INSTANCIA	CIRCULAR
ACTA	CONTRATO	CERTIFICADO	DEMANDA	RECURSO

1. ....: relación oficial escrita de lo tratado o acordado en una junta o reunión (por ejemplo, se recoge lo dicho en una reunión de vecinos, o se hace una relación de las calificaciones académicas de un alumno).

2. ....: escrito que atestigua la validez de alguna cuestión (por ejemplo, se entrega al terminar un curso de formación).

3. ....: acuerdo formalizado en el que varias partes consienten en prestar algún servicio. Pueden ser de varios tipos: de alquiler, de seguros, de trabajo, de servicios, etc.

4. ....: comunicación o aviso de carácter interno enviado con el mismo contenido a varios destinatarios. Su contenido es muy variado.

5. ....: texto que inicia cualquier proceso o juicio. La parte que la solicita exige que se garanticen sus derechos.

6. ....: aviso de un tribunal en los medios de comunicación, etc., para hacerlo llegar a personas cuyo dominio se ignora.

7. ....: escrito, redactado generalmente con cierto formulismo, en el que se pide oficialmente algo.

8. ....: norma jurídica que procede del poder legislativo.

9. ....: texto que se interpone contra una resolución o sentencia.

10. ....: texto que ofrece una resolución judicial a un proceso.

Actividad 2

Observa las partes destacadas de estos textos. ¿De qué tipo de documentos se trata? Subraya aquella información que te ayude a identificarlos.

Texto 1: ....

________ nº 39

En la ciudad de Zaragoza, a dieciocho de febrero de dos mil diez, se celebra en el local sótano de la Comunidad de Propietarios, Junta General Ordinaria-Extraordinaria de la calle Mariana Pineda, nº 1 y 3.

Actúa como presidente D. Miguel Pérez Romero, quien declara constituida la Junta siendo las veinte horas con la asistencia de los copropietarios, LUISA VALLEJO ALCAIDE, ÓSCAR ARBÍS BLANCO, JUAN ARAGÜÉS EZQUERRA, FERNANDO RUIZ HEREDERO, MARTA RODRÍGUEZ CASTRO, EVA CALERO LÓPEZ y FELIPE HERMOSO ROBLES, y pasando a continuación con el

ORDEN DEL DÍA

1º ASUNTO. Aprobación si procede de los ingresos y gastos del ejercicio 2009-2010.
Se pregunta a los asistentes si tienen alguna duda en las cuentas remitidas y se procede a votación la aprobación de cuentas del ejercicio 2009-2010, las cuales son aprobadas por unanimidad de los asistentes.

2º ASUNTO. Aprobación si procede de presupuestos de ingresos y gastos del ejercicio 2010-2011.
Se expone que se ha efectuado un ingreso desde locales a pisos para pagar las deficiencias surgidas en los ascensores tras la revisión de la DGA (Diputación General de Aragón). El dinero traspasado de cuenta ha sido de 12.000 euros, quedando con ello cubiertas las cuotas extraordinarias de los propietarios que tienen participaciones en los locales.

3º ASUNTO. Impagados, toma de determinaciones.
Se da lectura de las deudas de los vecinos del 4º A y 5º B (del portal 1, cuotas 357 euros y 827,30 respectivamente) y del vecino del 1º C (del portal 3, cuota a pagar de 553,17 euros) y se solicita su reclamación a los efectos del artículo 21 de la nueva Ley de Propiedad Horizontal y su posterior reclamación judicial.

4º ASUNTO. Renovación de cargos.
Se informa a los asistentes que la nueva junta de gobierno para el ejercicio 2010-2011 estará formada por:

Presidente: D. Alfonso Castro (portal 1 2º A)

Vicepresidente: Luisa Vallejo Alcalde (portal 3 8º B)

Vocales: Eva Calero López (portal 3 2º C)

Fernando Ruiz Heredero (portal 1 3º C)

5º ASUNTO. Ruegos y preguntas.
El propietario del piso nº 1-2º C dice que no está conforme con el alumbrado del garaje, ya que al no haber suficiente luz ha rallado su coche.
La propietaria del piso nº 1-3º B expone el estado en que se encuentra la parte alta del patio de luces, ya que cuando llueve el agua corre a través de la fachada, se retomará en la próxima reunión.
Y no habiendo más asuntos que tratar se dio por terminada la Junta siendo las veintiuna horas y cuarenta minutos en el lugar y día al comienzo señalados, con el Vº Bº del Presidente. De todo lo cual como secretario certifico.

EL PRESIDENTE **EL SECRETARIO**

Texto 2: ....

Dña. Isabel Muñoz Castellet, mayor de edad, con domicilio en C/Victoria Ocampo, nº 7, de Tarragona, y DNI nº 50166856, teléfono nº 977 43 87 50 y correo electrónico isamucas@gmail.es.

EXPONE:

Que con fecha del 28 de abril de 2010 envié a Recursos Humanos de la Consejería de Educación de Cataluña, la documentación pertinente para poder participar en la fase de concurso/oposición para optar a una de las 100 plazas en el cuerpo de Secundaria, especialidad de Biología (según la convocatoria publicada en el BOE el pasado 23 de abril).

Que con fecha del 30 de mayo se ha publicado la lista de los aspirantes con baremos provisionales y no me han puntuado en el apartado 3.3 mi certificado de nivel C1 en catalán (*Certificat de nivell de suficiència de català*).

Por lo que,

SOLICITA:

Que se revise mi baremación para que pueda aparecer en las listas definitivas con los 2 puntos concedidos por la posesión de dicho título que adjunto de nuevo.

A la espera de una respuesta, reciba un cordial saludo,

Tarragona, 2 de junio de 2010

Fdo.

DIRECTOR DE RECURSOS HUMANOS

Texto 3: ....

EL PRESIDENTE DE LA GENERALIDAD DE CATALUÑA

Sea notorio a todos los ciudadanos que el Parlamento de Cataluña ha aprobado y yo, en nombre del Rey y de acuerdo con lo que establece el artículo 65 del Estatuto de Autonomía de Cataluña, promulgo la siguiente Ley 20/2010, de 7 de julio, del cine.

PREÁMBULO

I

El objeto de la presente ley es establecer el marco normativo que rige la industria cinematográfica y audiovisual en lo relativo, entre otros, a la producción, distribución, comercialización y exhibición de obras cinematográficas y audiovisuales; a los aspectos relacionados con el fomento, la preservación y la difusión del patrimonio cinematográfico, y al fomento de la oferta cinematográfica original, doblada y subtitulada en catalán.

La lengua propia de Cataluña no tiene actualmente una presencia significativa en las pantallas del país, todo lo contrario. *De facto*, el cine exhibido en lengua catalana no garantiza de forma efectiva el derecho de los ciudadanos de Cataluña a elegir verlo en la lengua propia del país.

Por todo ello, la presente ley regula de forma decidida todos los aspectos que, por una parte, favorezcan la expresión del elevado talento artístico del país y, por otra parte, garanticen, de acuerdo con el marco legal vigente, los derechos de propiedad asociados a la creación sin dejar de lado el aspecto caudal de la diversidad cultural y lingüística y su preservación histórica. Esta ley, pues, garantiza el derecho real a decidir qué obras se consumen y en qué lengua. Asegura también la necesaria contribución al fomento de la presencia social de la lengua propia.

II

Para cumplir los mencionados principios y objetivos, la Ley se estructura en seis capítulos, a los que se añaden seis disposiciones adicionales, una transitoria, una derogatoria y dos finales.

Disposición final. Entrada en vigor.

La presente ley entra en vigor a los seis meses de su publicación en el «Diari Oficial de la Generalitat de Catalunya».

Por tanto, ordeno que todos los ciudadanos a los que sea de aplicación esta Ley cooperen en su cumplimiento y que los tribunales y autoridades a los que corresponda la hagan cumplir.

Palacio de la Generalidad, 7 de julio de 2010.–El Presidente de la Generalidad de Cataluña, José Montilla i Aguilera. –El Consejero de Cultura y Medios de Comunicación, Joan Manuel Tresserras i Gaju.

Adaptado de: http://www.boe.es/boe/dias/2010/08/07/pdfs/BOE-A-2010-12709.pdf

✓ **El Boletín Oficial del Estado (BOE)** es el diario oficial del Estado Español a través del cual se publican las leyes, las disposiciones generales y no generales de los órganos del Estado y de las comunidades autónomas, los actos y resoluciones. Consta de cinco secciones: I. Disposiciones generales (se publican las leyes y reglamentos); II. Autoridades y personal (se incluyen los nombramientos, las oposiciones y concursos que tienen lugar); III. Otras disposiciones (que no tienen carácter general, como ayudas, becas, subvenciones); IV. Administración de Justicia (incluye edictos, notificaciones); V. Anuncios.

Actividad 3

Ordena esta circular e indica el nombre de cada una de sus partes: título, cuerpo y cierre.

Nº: ....

El *XXI Congreso Internacional de ASELE* se celebrará del **29 de septiembre al 2 de octubre de 2010** en **la Universidad de Salamanca**. Es un honor para esta Universidad, volcada desde hace más de 80 años en la enseñanza del español como lengua extranjera, acoger la celebración de este Congreso que cada año recibe especialistas de todo el mundo dispuestos a compartir sus últimas investigaciones en este ámbito.

El tema elegido en esta ocasión es **Del texto a la lengua: la aplicación de los textos a la enseñanza-aprendizaje de español L2-LE**.

Tanto los manuales como los distintos materiales que existen en el mercado están plagados de textos que, de un modo u otro, originales o adaptados, se emplean en la enseñanza de L2-LE. El espacio del texto no acaba aquí ya que el profesor aprovecha el texto, ya sea periodístico, literario o de cualquier otro tipo para trabajar la enseñanza-aprendizaje de la lengua y la cultura en el aula. El objetivo de este congreso será, por tanto, estudiar el papel del texto en el aula desde todas las perspectivas posibles: como muestra/estímulo, como producto/objetivo y como objeto de investigación.

Nº: ....

Las propuestas serán revisadas por al menos dos miembros del Comité Organizador y/o por expertos en quien ellos deleguen para su valoración. Los evaluadores informarán a los autores sobre la aceptación o no de la propuesta e indicarán, en su caso, posibles modificaciones con el fin de adaptarse a las pautas generales del Congreso.

La fecha límite para el envío de dichas propuestas será el 30 de mayo de 2010. En ellas deberán detallarse los siguientes datos:

- Título.
- Especificación de su carácter: comunicación o taller.
- Nombre, dirección postal, teléfono, fax y correo electrónico del autor.
- Centro de trabajo.
- Resumen (máximo de 30 líneas) en el que se indique, de la forma más clara y concreta posible, el tema, los objetivos y las conclusiones del trabajo.
- Medios técnicos necesarios para su exposición.
- Breve *currículum* del autor (máximo 10 líneas).

Nº: ....

XXI CONGRESO INTERNACIONAL DE ASELE

(ASOCIACIÓN PARA LA ENSEÑANZA DEL ESPAÑOL COMO LENGUA EXTRANJERA)

PRIMERA CIRCULAR

Nº: ....

NORMAS PARA LA PRESENTACIÓN DE COMUNICACIÓN Y TALLERES
Para presentar una comunicación o taller es necesario ser socio de ASELE.
No obstante, existe también la modalidad de no socios cuyas condiciones se explican más abajo.
Las comunicaciones tendrán un contenido predominantemente teórico y deberán exponer resultados de investigaciones o reflexiones sobre los aspectos propuestos en las líneas temáticas del Congreso. La exposición de comunicaciones será de una por participante, si bien pueden figurar hasta dos personas como firmantes que, en todo caso, deberán haberse inscrito en el Congreso. El tiempo estipulado para cada comunicación es de 20 minutos, a los que seguirán 10 minutos para el coloquio.
Los talleres, con una duración máxima de 45 minutos, tendrán un carácter eminentemente práctico (exposición de experiencias docentes, nuevos proyectos para la enseñanza de ELE, desarrollo de actividades didácticas, etc.). Asimismo, la realización de talleres se limita a uno por persona, aunque pueden estar firmados por tres personas como máximo que deberán haberse inscrito en el Congreso.

Nº: ....

DIRECTOR	SECRETARIO
Javier de Santiago Guervós	Jorge J. Sánchez Iglesias
Universidad de Salamanca	Universidad de Salamanca

Adaptado de: http://www.xxicongresoasele.es/index.html

2. Características de los textos jurídicos y administrativos

Los textos jurídicos y administrativos persiguen la precisión y la objetividad a la hora de transmitir su propósito, si bien muchas veces se produce el efecto contrario al utilizar un estilo enrevesado. Algunas publicaciones como el *Manual de Estilo del Lenguaje Administrativo* (Ministerio de las Administraciones Públicas, Madrid, 1990) son ejemplos del esfuerzo y la voluntad de modernización de este lenguaje para conseguir una mayor claridad en su exposición. A continuación detallamos los rasgos principales de estos textos y una serie de peculiaridades que se deben tener en cuenta y que se tienen que evitar a la hora de redactarlos para no contradecir a la búsqueda de sencillez y precisión.

Rasgos morfosintácticos

1. **Preferencia por la construcción nominal:** Abunda el uso de sustantivos y adjetivos tanto explicativos como especificativos.

   Ej. En los hechos probados se hacía constar: la prestación social de servicios; la posibilidad de trabajos en distintos centros; el salario neto y las pagas extras.

2. **Uso frecuente del imperativo.**

   Ej. Notifíquese en un plazo de diez días hábiles; Absténganse aquellos que no reúnan los requisitos.

3. **Deseo de despersonalizar** el sujeto de la acción a partir de oraciones pasivas e impersonales, de la presencia de estructuras perifrásticas (sobre todo de obligación) o del llamado plural oficial.

   Ej. El que suscribe; expone que; se invocó la dictada demanda; se declara improcedente el despido.

4. **Interés especial por formas verbales** con valor de mandato, ruego, exhortación o hipótesis; el **presente de subjuntivo** y algunas formas verbales en desuso como los futuros de subjuntivo.

   Ej. Aquellos que excedan el límite de velocidad pagarán una multa de 300 euros; a los efectos que fueren necesarios en dicho contrato (⟶ fueran); el que hubiere incumplido la ley (⟶ hubiera incumplido).

Hay otras características de estos textos que **se deben evitar**:

1. **El abuso de las formas no personales del verbo** (infinitivos, gerundios y participios) que muchas veces son incorrectas.

   Ej. *Estamos conformes en que se otorgue la guarda y custodia del menor a la madre, compartiendo ambos progenitores la autoridad familiar sobre el mismo y fijándose el siguiente régimen de visitas. (⟶ y que los progenitores compartan la autoridad familiar y que se fije el siguiente régimen de visitas).

2. **El uso de estructuras sintácticas complejas:** Este hecho conlleva una dificultad a la hora de comprender el texto, lo cual da lugar a incoherencias sintácticas o a pérdidas de concordancia entre los elementos de la oración.

   Ej. *Debe advertirse ya que inicialmente y en un momento dado, hubo tres despidos de otros tantos trabajadores; propusieron éstos, por separado, demanda judicial, las cuales fueron turnadas al Juzgado Social núm. 17 de Madrid, el cual no las hizo objeto de acumulación.

Ej. *Se expondrá los motivos de la demanda (⟶ se expondrán).

3. **El uso incorrecto de algunas preposiciones u omisión de ellas.**

Ej. *leyes a revisar (⟶ leyes que deben revisarse); *vacantes a ofertar (⟶ vacantes ofertadas / que se ofertan); *en solicitud de (⟶ por); en materia de (⟶ sobre); *al objeto de (⟶ para); *en base a (⟶ según); *a nivel de (⟶ en / en cuanto a); *Dudamos que el recurso interpuesto (⟶ Dudamos de que); *Se comunica de que se subsanarán los errores cometidos en esta resolución en breve (⟶ Se comunica que); *Deben de presentarse todos aquellos seleccionados en el proceso de concurso (⟶ Deben presentarse).

4. **Las omisiones frecuentes** (del artículo, el relativo "que").

Ej. *Es obligatorio remitir fotocopia compulsada del original (⟶ una fotocopia).

Ej. *Se ruega se persone de inmediato en el Juzgado nº 1 (⟶ se ruega que).

Rasgos léxicos y pragmáticos

1. **Uso específico de léxico administrativo o de tecnicismos.**

Ej. litigio, arbitraje, fallo, auto, débito, usufructo, diligencia

2. **Numerosos latinismos y cultismos que proceden sobre todo del Derecho Romano.**

Ej. *ut supra* (como se ha indicado arriba); *modus operandi* (modo de actuar); *ex aequo et bono* (en justicia y de buena fe); *apud acta* (según consta en el acta)

3. **Siglas y ciertas abreviaturas** (para referirse a organismos, instituciones, conceptos, etc.).

Ej. BOCM (Boletín Oficial de la Comunidad de Madrid); S.L. (Sociedad Limitada); Ilmo. (Ilustrísimo); admón. (administración); Fdo. (firmado); Ref.ª (referencia); Vº.Bº. (visto bueno)

4. **Uso de fórmulas fijas** (de tratamiento, fraseológicas, clichés, muletillas, locuciones preposicionales, etc.).

Ej. Su Ilustrísima; Su Señoría; resuelve que; así lo dispongo

5. **El empleo de la cortesía** constituye una de las estrategias comunicativas que utiliza la Administración para encubrir una serie de actos directivos que de otra manera serían descorteses para los ciudadanos. Esta institución quiere proyectar una imagen de corrección y respeto y para ello se vale de: numerosas fórmulas del tipo "es necesario/aconsejable", "resulta conveniente"; tratamientos (Excelentísimo, Ilustrísima) que cada vez están más en desuso; eufemismos que ocultan palabras que quieren evitarse (reajustes ⟶ subida de precios; económicamente desfavorecidos ⟶ pobres).

Hay otras características de estos textos **que se deben evitar**:

1. **El abuso de la construcción verbo + sustantivo** en lugar de un solo verbo.

   Ej. dar información (⟶ informar); hacer mención (⟶ mencionar); hacer uso (⟶ usar)

2. **Los arcaísmos** que alejan a estos textos de la claridad y la sencillez.

   Ej. en virtud de; a tenor de (= de acuerdo con); por providencia de fecha de 30 de agosto de 2010

Rasgos ortográficos

Características que **se deben evitar**:

1. **El uso incorrecto de los signos de puntuación.**

   Ej. Vistos los autos pendientes ante la Sala en virtud de recurso de casación para la unificación de doctrina interpuesto en nombre y representación de doña Amalia Casado Pozo de 8 de octubre de 2010 dictada por la Sala de lo Social del Tribunal Superior de Justicia de Madrid por la que se resuelve el recurso de suplicación interpuesto por la parte demandante. (Frase muy larga sin puntuación)

   Ej. En realidad, no estamos aquí ante un grupo de empresas formalizado y que se manifiesta al exterior como tal. *Sino ante la existencia de dos Sociedades limitadas. (⟶ … como tal, sino ante…)

2. **El uso aleatorio de mayúsculas en nombres comunes o para enfatizar algo.**

   Ej. Otorgamos la GUARDIA Y CUSTODIA del menor; tal y como consta en el informe de Vida Laboral

Actividad 4

4.a. Enumera algunos de los rasgos léxicos y pragmáticos que aparecen en el texto 3 de la actividad 2.

Ej. *el verbo "promulgar"*

4.b. Los siguientes latinismos suelen aparecer en los textos jurídicos. Relaciónalos con su significado.

1. *A posteriori* → j.	a. en el momento	16. *mea culpa*	a. por cabeza, por persona
2. *a priori*	b. en el momento de cometerse	17. *modus vivendi*	b. error o falta leve
3. *in fraganti*	c. de hecho	18. *motu propio*	c. estado actual
4. *accésit*	d. luego, por tanto	19. *per cápita*	d. modo de vivir
5. *ipso facto*	e. segundo premio	20. *per se*	e. exceso
6. *bis*	f. lo que falta	21. *peccata minuta*	f. una cosa por otra
7. *cum laude*	g. aquí y ahora	22. *quid pro quo*	g. condición indispensable
8. *déficit*	h. a propósito	23. *sine die*	h. por mi culpa
9. *de facto*	i. duda a favor del reo	24. *sine qua non*	i. por ejemplo
10. *de jure*	j. ~~después~~	25. *statu quo*	j. por sí mismo
11. *ergo*	k. de/con derecho	26. *verbi gratia*	k. sin fecha
12. *ex profeso*	l. dos veces	27. *sui generis*	l. de dominio público
13. *grosso modo*	m. aproximadamente	28. *superávit*	m. muy especial
14. *in dubio pro reo*	n. con alabanza	29. *ultimátum*	n. por propia voluntad
15. *ic et nunc*	ñ. antes	30. *vox populi*	ñ. última oportunidad

4.c. Ahora elige la opción correcta según el significado.

1. Es condición .... favorecer los derechos de los inmigrantes.

   a. sine qua non   b. sine die

2. Hay que entender su .... para comprenderlo bien.

   a. vox populi   b. modus vivendi

3. .... , voy a explicarte cómo se redacta ese documento para que al menos puedas empezar a escribir algo.

   a. ultimátum   b. grosso modo

4. Capturaron al ladrón .... cuando robaba en la joyería.

   a. in fraganti   b. de jure

5. ¿Alguien sabe cuál es el .... actual de la economía?

   a. statu quo   b. motu propio

6. El alumno ha recibido un sobresaliente .... en esa asignatura.

   a. per se   b. cum laude

7. Luxemburgo es uno de los países con mayor renta ....

   a. per cápita   b. bis

8. El .... público de este año ha sido tremendo. Los políticos tienen que tomar medidas.

   a. peccata minuta   b. déficit

9. Vale, vale, ... , no lo volveré a hacer más.

   a. modus vivendi   b. mea culpa

10. Si todos pensamos, ... existimos.

    a. ergo   b. sui generis

Actividad 5

El "saluda" es uno de los ejemplos textuales en los que más se manifiesta la cortesía. Lee el siguiente texto y subraya las fórmulas y los medios de los que se sirve para ser cortés.

EL RECTOR DE LA UNIVERSIDAD CARLOS III

Saluda

A todos los profesores de la Universidad con motivo del inicio del nuevo curso académico 2010-2011 y tiene el placer de invitarles al concierto de música clásica que tendrá lugar el próximo viernes 10 de septiembre a las 20h en el Auditorio de la Facultad de Medicina. Seguidamente, les agasajaremos con un cóctel en la Sala de Juntas del Edificio del Rectorado.

DANIEL PEÑA SÁNCHEZ

Aprovecha gustoso esta ocasión para enviarle el testimonio de su consideración más distinguida.

Madrid, 2 de septiembre de 2010

Actividad 6

6.a. Coloca en este contrato de arrendamiento las siguientes frases suprimidas. Hay dos que no necesitas.

a. dicha prórroga no tendrá lugar
b. se regirá por lo establecido entre las partes
c. se restituirá a la finalización del contrato
d. ~~tiene facultades legales para el arrendamiento~~
e. previo pago del arrendatario
f. al vencimiento de cualquiera de las anualidades
g. el deterioro será abonado por
h. exigir de inmediato su importe al arrendador
i. actividades que sean consideradas nocivas, peligrosas, molestas, insalubres o ilícitas
j. de acuerdo a lo que pacten las partes

CONTRATO DE ARRENDAMIENTO DE VIVIENDA

Finca sita en el municipio de San Sebastián de los Reyes (Madrid), Avenida Europa, número 3, bloque/escalera 1, piso 8, letra C, cuenta con una superficie construida de 100 metros cuadrados y útil de 89 metros cuadrados, que consta de cocina, salón-comedor, tres dormitorios, dos baños y tendedero, además de los anejos de la plaza de garaje nº 11 de 12 metros cuadrados y un trastero de 6 metros cuadrados.

Vivienda amueblada (ver inventario en anexo de contrato).

En Madrid, a 15 de enero de 2011

REUNIDOS

De una parte, D. MIGUEL MORÓN ESCOLANO, como arrendador, mayor de edad, con DNI número 51789444, y domicilio a efectos de notificaciones, en la calle Vallehermoso, número 83, piso 4, letra D, de Madrid.

Y de otra, D. LUIS SANCHO GÓMEZ, como arrendatario, mayor de edad, con DNI número 25189400, con domicilio en el inmueble objeto de arrendamiento, y a efectos de notificaciones, respondiendo, solidariamente, en caso de ser varios arrendatarios, del cumplimiento de todas las obligaciones y derechos que dimanan del mismo.

Ambas partes tienen y se reconocen mutuamente plena capacidad para el otorgamiento del presente contrato, y a tal fin:

EXPONEN

1. Que D. MIGUEL MORÓN ESCOLANO, en lo sucesivo el arrendador, [1] *tiene facultades legales para el arrendamiento* de la vivienda al principio indicada.

2. Que interesando a D. LUIS SANCHO GÓMEZ, en lo sucesivo el arrendatario, arrendar la vivienda referenciada junto con los bienes muebles inventariados en el anexo al presente contrato.

Estando interesadas ambas partes, llevan a cabo el presente CONTRATO DE ARRENDAMIENTO DE VIVIENDA, en base a las siguientes:

CLÁUSULAS

Primera. *Regulación*

El presente contrato [2] .... , y lo dispuesto en la legislación vigente.

ORDEN 1/2008, de 15 de enero, por la que se establecen las medidas de fomento al alquiler de viviendas en la Comunidad de Madrid, publicado en el BOCM nº 17, de 21 de enero de 2008.

Segunda. ***Objeto del arrendamiento y su destino. Entrega de la posesión***

El arrendador, en este acto, hace entrega de la posesión de la vivienda referenciada en el encabezamiento con los bienes muebles en ella existentes al arrendatario, quien los toma a su plena satisfacción y en el estado físico en el que se encuentran y que es perfectamente conocido y aceptado por el arrendatario.

En ningún caso, se podrán desarrollar en la vivienda objeto del contrato.

[3] ....

Tercera. ***Plazo de duración***

El plazo pactado de duración del presente contrato de arrendamiento es de un año, a contar desde la fecha de este otorgamiento, es decir, desde el día 15 de enero de 2011, por lo que concluirá llegado el día 15 de enero de 2012. En todo caso, el arrendatario está facultado para prorrogar el contrato hasta un plazo máximo de cinco años.

[4] .... si el arrendatario así lo notifica por escrito al arrendador con, al menos, treinta días de antelación al plazo pactado o de cualquiera de sus prórrogas legales.

Cuarta. ***Prórrogas después de pasados cinco años de contrato***

Si llegado el plazo máximo de cinco años de duración, ninguna de las partes hubiese notificado a la otra su voluntad de no renovarlo, al menos, con un mes de antelación a dicha fecha, el contrato quedará prorrogado por anualidades, hasta tres anualidades más.

Se exceptúa el supuesto en que la parte arrendataria comunique a la arrendadora, como mínimo con un mes de antelación [5] .... les, su voluntad de no renovar el contrato.

Quinta. ***Renta***

La renta anual fijada es de doce mil euros (12.000 €), a pagar en plazos mensuales de mil euros (1.000 €) por adelantado en los siete primeros días de cada mes. El pago se hará de conformidad con lo que acuerden las partes, que deberá permitir dejar constancia de su efectivo cumplimiento.

Sexta. *Fianza*

A la firma del presente contrato la parte arrendataria hace entrega en metálico de mil euros (1.000 euros), equivalente a una mensualidad en concepto de fianza, con la obligación del arrendador de su depósito legal.

La fianza [6] .... , conforme a lo establecido en la legislación vigente, una vez comprobado por el arrendador el buen estado de la vivienda.

Séptima. *Gastos y servicios*

Salvo pacto en contrario, los gastos generales para el adecuado sostenimiento del inmueble que no sean susceptibles de individualización, serán a cargo de la parte arrendadora.

Los servicios y suministros propios de la vivienda arrendada que se individualicen mediante contadores (luz, teléfono, agua, gas, etcétera) serán por cuenta del arrendatario y se abonarán [7] ....

Octava. *Conservación de la vivienda*

La parte arrendadora está obligada a realizar todas las reparaciones que sean necesarias para conservar la vivienda en las condiciones de habitabilidad para servir al uso convenido, salvo cuando el deterioro de cuya reparación se trate, sea imputable a la parte arrendataria.

En todo momento y sin previa comunicación al arrendador, el arrendatario podrá realizar las que sean urgentes para evitar un daño inminente o incomodidad grave, y [8] ....

Las pequeñas reparaciones que exija el desgaste por el uso ordinario de la vivienda serán a cargo del arrendatario.

Y de plena conformidad lo firman y rubrican en el lugar y fecha al principio indicadas.

EL ARRENDATARIO Y EL ARRENDADOR

Adaptado de: www.madrid.org

6.b. ¿Podrías resumir cada una de las cláusulas del contrato con palabras más sencillas? Imagina que tienes que explicárselo a alguien que nunca ha alquilado una vivienda.

Ej. Cláusula 1: *Esta cláusula comenta la ley por la que se regula el contrato.*

Actividad 7

Eres profesor en un instituto de secundaria de Toledo y has realizado durante el año académico un curso de inglés. Los gastos han ascendido a 1.200 euros y la Consejería de Educación de la Comunidad de Castilla-La Mancha ofrece becas para este propósito. Escribe una instancia para solicitar este dinero.

Castilla-La Mancha

COMUNIDAD DE CASTILLA-LA MANCHA

CONSEJERÍA DE EDUCACIÓN

D/Dña.

D.N.I. o Pasaporte:

Domicilio:

Población y Provincia: C. Postal:

Teléfono: Fax: Correo electrónico:

EXPONE:

SOLICITA:

Toledo, ... de .... de ....

(Firma)

ILMO./A. SR./A. ____________________

3. Otros textos administrativos (I): las cartas comerciales

Una carta comercial es el principal instrumento de comunicación entre un ciudadano y una empresa o entre varias empresas. Su finalidad es diversa: solicitar algo (un servicio, alguna información, una devolución, un pago, una prórroga, etc.); realizar un pedido; comprar o vender un producto; reclamar o quejarse (de un envío incorrecto, una desatención en un servicio, etc.); dar a conocer una nueva empresa, servicio o producto; anunciar una oferta; hacer una autorización; redactar un informe, una rectificación; indicar el recibo de una carta (se conoce con el nombre de "carta de acuse de recibo").

Ante todo se pretende convencer al destinatario de una determinada operación comercial. Para conseguir los fines anteriores, estas cartas deberán ser claras, precisas, sencillas y centradas al máximo en el objetivo perseguido.

1. **ESTRUCTURA**

Al igual que los textos jurídicos poseen una estructura prefijada que consta principalmente de tres partes:

a. **Encabezamiento.**

– membrete: persona que escribe (se coloca en la parte superior izquierda de la carta). Algunas veces incluye el logotipo de la empresa.
– lugar y fecha.
– dirección a la que se dirige la carta.
– número de la carta enviada (si la empresa manda varias; no es obligatorio ponerlo).
– referencia: Puede darse en forma de número que identifica la carta, o presentarse como un resumen de su contenido.

b. **Cuerpo.** Consta de la información que se quiere transmitir:

– el saludo o vocativo (Señor,-a; Señor,-a mío,-a; Estimado,-a/Distinguido,-a Señor,-a). Puede utilizarse también el apellido (Estimado,-a/Apreciado,-a Sr.,-a. Prado) o el cargo (Sr. Director; Sra. Vicepresidenta).
– el cuerpo de la carta donde se desarrolla el objetivo de la misma. Su contenido suele iniciarse con fórmulas del tipo (Por medio de esta carta; En respuesta de su carta con fecha; Con relación a su atenta carta).
– la despedida: se utilizan fórmulas de cortesía (Reciban un cordial saludo; En espera de su respuesta, les saluda atentamente; Atentamente le saluda; Muy atentamente; Agradecemos de antemano su atención; Aprovechamos la ocasión para saludarle atentamente; Se despide de usted con un atento saludo).

c. **Final o cierre.**

– nombre de la empresa o antefirma, si el que remite la carta es una empresa.
– firma del remitente.
– cargo que ocupa en la empresa.

2. CARACTERÍSTICAS

Las características principales son las que hemos citado anteriormente para los otros textos administrativos, pero insistiremos en el uso de la **cortesía** como estrategia que regula la comunicación entre el emisor y el receptor (el ciudadano/la empresa), que posee especial interés en este tipo de cartas si se quiere conseguir el objetivo perseguido.

Tanto las construcciones sintácticas (oraciones introducidas por verbos de petición, ej. pedir, rogar, solicitar), como el léxico (empleo de adjetivos positivos, formas no abreviadas) y las fórmulas de cortesía tendrán que encaminarse a tal fin. Por ello se deberá:

- manifestar interés por el destinatario, mostrando la preocupación por el asunto que plantee:

  Ej. Le agradecemos enormemente sus observaciones.

  Aunque también se muestra la diferencia con él en las fórmulas utilizadas en los saludos (ej. Estimado cliente) o en las despedidas (ej. Atentamente le saluda).

- mostrarse optimista a la hora de enmendar el posible problema que haya:

  Ej. Buscaremos inmediatamente otras alternativas para que usted pueda disfrutar de nuestros servicios sin más demora.

  No obstante, puede emplearse de nuevo la cortesía negativa mostrando pesimismo con construcciones que denotan probabilidad, por ejemplo, con el uso de adverbios de posibilidad (ej. a lo mejor, quizás, tal vez) o con el empleo del condicional:

  Ej. Podría suceder que no encontráramos el mismo producto, pero en ese caso lo reemplazaremos por otro en iguales condiciones.

- argumentar explicando las razones que nos llevan a no estar de acuerdo con lo que se solicita:

  Ej. Estamos de acuerdo con lo que usted nos expone, sin embargo creemos que…

- emplear el plural 'nosotros' como forma de hacerse partícipe en el asunto. Sin embargo, muchas veces se busca despersonalizar y se hace uso de la voz pasiva:

  Ej. Se le puede ofrecer otro artículo de similar calidad.

- agradecer antes de solicitar algo:

  Ej. Le agradecemos todas sus sugerencias de antemano.

- disculparse:

  Ej. Lamentamos no haber podido atender su petición como nos gustaría.

Actividad 8

8.a. Lee la siguiente carta y resume en unas líneas su contenido.

ANDRÉS PAÚL MUÑOZ
C/ PLAZA PAÍS VASCO, Nº1, 5ºA
22004 HUESCA

016527 PM70 O7507

Junio de 2010

Estimado Sr. PAÚL MUÑOZ:

Me dirijo a usted para informarle que, con motivo de la adaptación de la nueva Ley 16/2009 de Servicios de Pago, se modifican algunas condiciones del contrato de su tarjeta de Ibercaja. La finalidad de esta normativa es garantizar que los pagos realizados en el ámbito de la Unión Europea puedan realizarse con la misma facilidad, eficiencia y seguridad que los pagos nacionales; así como reforzar y proteger los derechos de los usuarios de los servicios de pago.

Por todo ello, le adjuntamos el nuevo contrato con las condiciones generales y en el reverso de esta carta le detallamos la información relativa a las nuevas condiciones particulares de su Tarjeta Acqua que Ibercaja va a aplicar a partir del 1 de octubre de 2010.

Si usted no está conforme con las nuevas condiciones, tiene derecho a rescindir el contrato de forma inmediata y sin coste alguno, mediante comunicación a Ibercaja antes de esa fecha, para lo cual le rogamos acuda a su oficina. Si no nos manifiesta en ese plazo su oposición, se entenderá que ha aceptado el nuevo contrato.

Además, nos complace informarle de una interesante promoción exclusiva para Tarjetas de Ibercaja dentro del programa privilegios EURO 6000. Pagando con su tarjeta de Ibercaja del 15 de junio al 31 de julio de 2010 en supermercados e hipermercados SIMPLY disfrutará de un 10% de devolución*, con un importe máximo de 20 euros por cliente. Para participar en esta magnífica promoción tan sólo es necesario estar suscrito al Programa Privilegios Euro 6000 como titular de Tarjetas Ibercaja.

También puede acceder a través de www.privilegioseuoros6000.com a otras interesantes promociones y obtener descuentos instantáneos en: viajes, hoteles, alquiler de vehículos, ocio, talleres y muchas más.

¡No espere más! Si todavía no lo ha hecho, suscríbase ya al programa PRIVILEGIOS EURO 6000 a través de www.ibercaja.es.

No olvide consultar el reverso de esta carta, en la que se consigan las Condiciones Particulares, así como las Condiciones de Contratación adjuntas y conservar ambos documentos. Si tiene alguna duda pregunte en su oficina, donde, como siempre, estaremos encantados de atenderle.

Atentamente,

Enrique Arrufat Guerra
Director de Marketing

*Promoción válida del 15/06/10 al 31/07/10.

Adaptado de: www.ibercaja.es

8.b. Vuelve a leer la carta anterior y decide si las siguientes afirmaciones son verdaderas o falsas.

Según la carta...	**V**	**F**
1. Con la nueva legislación se podrá realizar compras internacionales de una forma más segura.		
2. En la carta se incluye el nuevo contrato de la tarjeta.		
3. Siempre y cuando no esté de acuerdo con las nuevas condiciones, el titular de la tarjeta puede anular el contrato antes de la fecha límite.		
4. Por cada compra efectuada con una tarjeta de Ibercaja en los supermercados Simply, se reembolsa al titular 20 euros.		
5. Para disfrutar de las promociones y ofertas, la persona que tiene la tarjeta tiene que ser titular de una cuenta en Ibercaja.		

8.c. Señala las tres partes principales de la carta (encabezamiento, cuerpo y cierre).

Actividad 9

9.a. En muchas ocasiones no estamos contentos con el servicio recibido y decidimos rellenar una hoja de reclamaciones. Lee cuáles son las quejas más comunes en el servicio turístico y completa la siguiente lista con alguna reclamación más que se te ocurra en estas situaciones.

HOTELES

- Falta de plazas una vez hecha la reserva.
- Intoxicaciones en los restaurantes.
- Robos en las habitaciones.
- ....

AGENCIAS DE VIAJES

- Folleto de viajes engañoso.
- Incumplimiento de cualquiera de sus prestaciones de servicios si se trata de un viaje combinado.
- No disponibilidad real de ofertas publicitadas en medios de comunicación.
- ....

AEROLÍNEAS

- Retrasos y cancelación de vuelos: pérdidas de enlaces.
- Pérdidas o retrasos de equipaje.
- Overbooking.
- ....

ALQUILER DE COCHES

- Retención del depósito de dinero por daños del coche que no se demostraron que fueron producidos por el consumidor.
- Falta de asistencia durante el viaje.
- ....

RESTAURANTES

- Intoxicaciones.
- ....

Adaptado de: ASDETOUR, OCU, FUCI, Charlotte Miller

9.b. Trabajas en Madrid de lunes a viernes hasta las nueve de la noche. Todos los fines de semana viajas a Zaragoza, pero el último tren AVE que ofrece RENFE es a las 20.30, por lo que tienes que esperar hasta el sábado por la mañana para coger el tren. Completa esta hoja de reclamaciones y solicita una ampliación de horarios en sus servicios. No olvides utilizar las fórmulas de cortesía.

Hoja de reclamaciones

Libro Núm. A- **Folio Núm. 41**

Datos del cliente

Nombre	C/Pl./ Avda.	Núm.	Piso	Letra
1° Apellido	Municipio	C.P.		
2° Apellido	Provincia	Teléfono		
N.I.F.	Título de transporte			

Datos del lugar donde se produjo el incidente

Nombre de la estación /Oficina viajes /Tren-coche-plaza

Origen del viaje Destino del viaje Fecha viaje Hora salida

Descripción de la reclamación ....

__________________ Fecha (Firma)

Esta reclamación puede ser seleccionada para realizar encuestas globales de calidad del servicio de Atención al cliente. Si no desea que sus datos puedan ser utilizados para realizar dicha encuesta marque con una cruz NO.

Conforme a lo dispuesto en la L.O. 15/1999, de 13 de diciembre, de Protección de Datos de Carácter Personal, le informo que los datos personales facilitados por medio de la presente reclamación serán incorporados a un fichero de titularidad de Renfe-Operadora, con domicilio en Avda. Pío XII, 110, 28036 Madrid, cuya finalidad es la de tramitar las reclamaciones interpuestas por los usuarios de los servicios de transporte ferroviario, de acuerdo con lo establecido en la vigente normativa reguladora del sector ferroviario. El destinatario de la información recogida será el titular del fichero. Usted podrá en cualquier momento ejercitar los derechos de acceso, rectificación, cancelación y oposición que legalmente le corresponden, dirigiéndose por escrito a la dirección antes indicada.

Informe de la dependencia (Cod. Est.)

....

Sello y firma Día Mes Año Núm. Tren Cód. Causa Reclam.

Hoja 1 Ejemplar para la empresa

4. Otros textos administrativos (II): el currículum vitae, la carta de presentación y la carta de recomendación

En este apartado incluimos los textos que utiliza el ciudadano en un ámbito profesional. Ante todo destacamos tres: el currículum vitae, la carta de presentación y la de recomendación.

El currículum vitae

Este texto resume los principales datos personales, académicos y profesionales de una persona y su objetivo está orientado a la búsqueda de empleo. La traducción literal de este término latino es la de "curso o carrera de la vida". Su **estructura** no es tan rígida como la de otros documentos, pero la información debe figurar de una manera clara, precisa, sencilla y ordenada. Suele constar de las siguientes partes:

1. **Los datos personales:** nombre y apellidos, dirección completa (calle/avenida/ paseo, número, piso, código postal, localidad), teléfono, correo electrónico, lugar y fecha de nacimiento, número del Documento Nacional de Identidad (DNI).
2. **La formación académica:** incluye los títulos académicos que se posee con las fechas de su realización (doctor, catedrático, licenciado, diplomado, bachiller, graduado); los cursos realizados (máster, postgrados, de congresos, etc.); los idiomas que se poseen (señalando el nivel en cada uno y el título que los certifica).
3. **La experiencia profesional:** se detallan los trabajos realizados (se concreta su duración, el número de horas, etc.).
4. **Otros datos de interés:** es un apartado abierto en el que pueden incluirse las aficiones o intereses que se poseen, que tengan relación con el puesto al que se aspira.

Podemos hablar de tres **tipos** de currículum vitae según la manera de distribuir la información:

1. **Cronológico:** de los datos más recientes a los más antiguos o viceversa. Sus principales **ventajas** son:
   - tiene un formato más tradicional y aceptado por la mayoría de los departamentos de selección;
   - es fácil de leer y entender, ya que está bien estructurado;
   - resalta la estabilidad laboral y el aumento de las responsabilidades o las promociones;
   - describe las funciones y logros en el puesto de trabajo.

Sus principales **inconvenientes**:
- resalta los cambios de trabajo así como la falta de ascensos, los cambios de responsabilidad y los periodos de inactividad;
- puede centrarse demasiado en la edad que tiene el candidato;
- muestra la falta de reciclaje o actualización en la formación.

2. **Temático** o funcional: la información se distribuye por temas. Sus principales **ventajas** son:
   - se centra en las capacidades y habilidades, antes que en las circunstancias laborales;
   - permite mucha más flexibilidad y libertad en la organización de la información de los logros y habilidades, y además facilita la inclusión de otra información relacionada (como intereses o motivaciones);
   - es especialmente útil para solicitar ofertas de trabajo en Internet, puesto que se puede organizar por áreas temáticas.

   Sus **inconvenientes**:
   - no resalta el nombre de las empresas para las que se ha trabajado ni el tiempo que se ha estado en cada lugar de trabajo;
   - limita la descripción del puesto y sus responsabilidades.

3. **Mixto:** combina los dos anteriores. Sus principales **ventajas** son:
   - destaca de forma clara las capacidades y los logros, junto con la experiencia y formación;
   - permite mucha flexibilidad y creatividad, por lo que ayuda a no pasar desapercibido si quiere presentarse a un puesto de trabajo concreto.

   Sus **inconvenientes**:
   - no es un buen formato para presentarlo en los lugares que piden formularios estándar, como por ejemplo en una página web;
   - se necesita un currículum diferente para cada puesto de trabajo al que se opta y esto requiere tiempo.

Actividad 10

10.a. ¿Qué tipo de currículum escribirías en los siguientes casos para buscar trabajo? Justifica tu respuesta.

1. Acabas de terminar la carrera:
2. Tienes mucha experiencia laboral:
3. Has cambiado con mucha frecuencia de trabajo:
4. Hace mucho tiempo que no has trabajado:
5. Has trabajado en empresas muy importantes:

10.b. Lee el siguiente currículum y decide de qué tipo es: cronológico, temático o mixto.

INFORMACIÓN PERSONAL

Nombre completo: Marina Vela Solís
Dirección: Avda. de Mayo 861, Buenos Aires
Teléfono: (011) 4345 2022
Correo electrónico: mvperezv@yahoo.com
Fecha de nacimiento: 7 de septiembre de 1975
D.N.I.: 17555223-T

OBJETIVO PROFESIONAL

Profesora de fonética en Interspanish School

INFORMACIÓN ACADÉMICA

Titulación académica:
Licenciada en Letras, Universidad de Buenos Aires (junio 1998)
Otras titulaciones académicas:
Posgrado en Letras, Universidad de Buenos Aires (septiembre 2009)
Máster en Enseñanza del Español como Lengua Extranjera, Universidad Antonio de Nebrija de Madrid (formación a distancia, junio 2000)

INFORMACIÓN PROFESIONAL

Profesora de fonética y fonología (Universidad de Buenos Aires, 2008-2010)
Profesora de español como lengua extranjera (Instituto de Secundaria, Buenos Aires, 2007)
Profesora de Lengua y Cultura española (Instituto Cervantes, Río de Janeiro, 2002-2006)
Profesora de Literatura Hispanoamericana (Universidad Iberoamericana, Ciudad de México, 2000-2002)

IDIOMAS

Inglés (nivel C1. Superior)
Francés (nivel B2. Avanzado)

OTROS MÉRITOS

Informática: conocimientos a nivel de usuario de Internet y Office
Permiso de conducir B

10.c. Lee las reglas que debe seguir un buen currículum y lo que hay que evitar. Si has elaborado ya alguna vez uno, ¿cuáles no has seguido? ¿Hay alguna diferente a las de tu país?

✓ Recuerda que nos centramos en el currículum vitae español, por lo que hay que tener en cuenta que cada país hispanohablante se caracteriza por sus particularidades, si hay que incluir una foto o poner la fecha de nacimiento, etc. Antes de elaborar la versión final, recomendamos consultar estos detalles en función de dónde se vaya a enviar el currículum.

REGLAS PARA ESCRIBIR UN BUEN CURRÍCULUM

1. Sé breve, conciso y directo (en una o dos hojas, como máximo), aunque ten en cuenta que el currículum académico, en el que se incluyen publicaciones, etc., suele ser más extenso.
2. Utiliza un papel de color blanco o de colores claros, en formato DIN A4 y de calidad.
3. Escribe con una fuente legible y con una presentación espaciada que facilite la lectura.
4. No lo escribas a mano, a menos que así lo exija la empresa.
5. Evita los adornos. Ayúdate de negritas y destacados para lograr una mayor claridad.
6. Respeta los márgenes, deja espacio entre los párrafos y escribe por una sola cara del folio.
7. Cuida el estilo y evita los errores de ortografía. Exprime al máximo tu riqueza verbal, utiliza sinónimos y evita las repeticiones excesivas.
8. Es conveniente no utilizar abreviaturas.
9. Muestra tus mejores habilidades, resalta lo que te conviene resaltar, tus logros, pero nunca inventes.
10. Vende lo mejor de ti mismo, pero de forma breve, concreta y sencilla.
11. Recuerda que no hace falta incluir los títulos acreditativos, a no ser que los soliciten.
12. Envía siempre originales, nunca fotocopias.
13. La fotografía que adjuntes ha de ser reciente y de tamaño carnet. Es preferible que sea en color.
14. No escribas el título "Currículum Vitae" en la parte superior. Es mucho mejor encabezar el currículum con tu nombre y con tus datos personales.
15. Evita hablar de remuneraciones, objetivos económicos o sueldos en el currículum.
16. No es necesario explicar las razones del fin de un contrato. Si le interesa a la empresa, lo preguntará en la entrevista.
17. Es preferible no dejar entrever ninguna militancia política, sindical o religiosa.
18. Usa un vocabulario estándar, sin palabras técnicas ni rebuscadas, pero sin que sea un lenguaje coloquial.
19. No indiques todos los seminarios o cursos a los que has asistido. Selecciona los más significativos.
20. No incluyas tus aficiones salvo que éstas tengan algún tipo de relación con el puesto de trabajo.

Adaptado de: http://www.modelocurriculum.net/lo-que-debes-evitar.html

La carta de presentación

Es la carta que se adjunta al currículum con la finalidad de presentarse como candidato a un puesto de trabajo, justificar por qué se es el aspirante idóneo (destacando aquellos méritos de mayor relevancia e interés). En algunas ocasiones se pide una "carta de motivación" y en estos casos hay que precisar qué aspectos de la empresa han llamado la atención al candidato. En otras, la carta responde a un anuncio que hemos visto en un periódico, Internet, etc. Toda esta información debe condensarse en una sola página.

Consta de las siguientes partes:

1. **Destinatario:** dirección concreta a la que nos dirigimos.
2. **Saludo** ("Estimado Señor/Señores" / "Muy Señor mío", si no sabemos el nombre de la persona a la que escribimos).
3. **Introducción:** el candidato debe presentarse y decir de forma clara cuál es el objetivo de la carta (Me dirijo a ustedes con el fin de; En relación con el anuncio publicado el...; Les escribo con motivo de / en relación a...).
4. **Cuerpo** o desarrollo de la carta: el candidato debe mostrar por qué es adecuado para el puesto que desea conseguir.
5. **Cierre o despedida** (A la espera de sus noticias, le saluda atentamente; Atentamente): después de la despedida aparece la firma, seguida de la fecha (puede escribirse también justo debajo de la dirección inicial en el encabezado de la carta y a la derecha).

Actividad 11

11.a. Lee dos cartas de presentación que aparecen debajo y que responden al siguiente anuncio. Decide cuál de ellas es la idónea para el puesto ofertado. Justifica tu respuesta.

CENTRO DE IDIOMAS

PRECISA

PROFESOR DE FONÉTICA

SE REQUIERE:

- Licenciatura en Letras.
- Experiencia mínima de 1 año.
- Inglés (nivel B2. Avanzado).

Remitir CV a la atención de James Moore
Interspanish School
Libertad 1 020, Buenos Aires

Carta 1

Sr. James Moore
Interspanish School
Libertad 1
Buenos Aires

Buenos Aires, 20 de junio de 2010

Estimado señor Moore:

Me dirijo a usted para solicitar el puesto de Profesor de Fonética española en el centro Interspanish School en Buenos Aires y durante el año escolar 2010-2011.

Me llamo Marina Vela Solís y soy licenciada en Filología Hispánica por la Universidad de Buenos Aires (UBA). He recibido formación específica en la enseñanza del español como lengua extranjera ya que realicé un máster en la Universidad Antonio de Nebrija de Madrid.

Cuento con más de diez años de experiencia en este campo dado que he colaborado con distintas instituciones en Buenos Aires, Brasil y México, lugares donde he estado en contacto con una gran variedad de alumnado de todas las nacionalidades, edades y con distintos niveles en el dominio de la lengua española.

Durante estos años he impartido clases de gramática, léxico, cultura, conversación, fonética y cursos específicos sobre literatura española y latinoamericana y cine español/latinoamericano como podrá ver en el currículum que les adjunto.

En el caso concreto de la enseñanza de la fonética he impartido cursos específicos de pronunciación y entonación, así como cursos integrados a la gramática, al léxico y a la cultura.

En espera de que considere adecuado mi currículum para el puesto de trabajo que ofrece, reciba un cordial saludo,

Fdo. Marina Vela Solís

Carta 2

Recursos Humanos
Interpanish School
Libertad 1
Buenos Aires

Buenos Aires, 20 de junio de 2010

Estimado señor:

Estoy interesada en el puesto de Profesor de Fonética española que ofrecen en el centro Interspanish School en Buenos Aires para el año escolar 2010-2011.

Me llamo Marina Vela Solís y soy licenciada en Filología Hispánica por la Universidad de Buenos Aires (UBA). He recibido formación específica en la enseñanza del español como lengua extranjera ya que realicé un máster en la Universidad Antonio de Nebrija de Madrid.

Cuento con más de diez años de experiencia en este campo dado que he colaborado con distintas instituciones en Buenos Aires, Brasil y México, lugares donde he estado en contacto con una gran variedad de alumnado de todas las nacionalidades, edades y con distintos niveles en el dominio de la lengua española.

Durante estos años he impartido clases de gramática, léxico, cultura, conversación, fonética y cursos específicos sobre literatura española y latinoamericana y cine español/latinoamericano como podrá ver en el currículum que les adjunto.

Conozco muy bien los materiales didácticos que se encuentran actualmente en el mercado de los que hago uso en mis clases junto a materiales que elaboro yo misma. Además, estoy acostumbrada a programar personalmente los distintos cursos que imparto.

En espera de que considere adecuado mi currículum para el puesto de trabajo que ofrece, reciba un cordial saludo,

Fdo. Marina Vela Solís

11.b. Escribe una carta de presentación de unas 300 palabras a partir de la siguiente oferta de empleo. Fíjate en el modelo anterior y ten en cuenta toda la información que ha aparecido hasta ahora.

EMPRESA DE TRADUCCIÓN e INTERPRETACIÓN
BUSCA TRADUCTOR e INTÉRPRETE

PEDIMOS:

- Edad: 25/35 años.
- Licenciatura o grado en Traducción e Interpretación.
- Experiencia mínima de 2 años.
- Conocimientos de inglés, francés e italiano (niveles C1).
- Buen conocimiento en el tratamiento de textos.

Interesados enviar CV a Confederación de la Producción y el Comercio-CPC
Nuncio Monseñor Sotero Sanz 182, Santiago (Chile)

La carta de recomendación

Algunos puestos de trabajo exigen que el currículum vitae vaya acompañado de una carta de recomendación o de una carta de referencias sobre la persona que solicita el empleo. Su **estructura** consta de:

1. **Introducción.** Se explica el porqué de la carta y qué relación existe con el candidato.
2. **Cuerpo de la carta.** En una primera parte se aporta la información sobre el candidato y se destacan sus cualidades. En una segunda parte, se relacionan estas aptitudes con el puesto de trabajo al que aspira dicho candidato.
3. **Despedida.** Este cierre va seguido de la firma de la persona que escribe la carta de recomendación.

Ej. La persona que firma esta carta hace constar que X es un candidato idóneo para el puesto de trabajo al que opta.

Actividad 12

Imagina que eres profesor de universidad y que un alumno tuyo te pide una carta de recomendación para solicitar una beca de Literatura Hispánica en la Universidad Central de Venezuela en Caracas. Fíjate en la estructura y redacta una carta de unas 300 palabras.

Capítulo 8

El texto científico-técnico

◆ ¿En qué consiste?

Resulta difícil hablar de un único tipo de texto científico-técnico, ya que los textos que se engloban bajo esta categoría pueden pertenecer a diferentes ramas de las ciencias: economía, medicina, biología, ingeniería, arquitectura, etc. Por lo tanto, dependiendo de la disciplina a la que pertenezcan, éstos se diferencian en cuanto a su estructura general, el tipo de vocabulario, el destinatario, etc. Sin embargo, todos los textos científico-técnicos comparten el uso de un lenguaje técnico o especializado y se dirigen a un público que suele estar familiarizado con este vocabulario, o que posee el conocimiento suficiente para saber interpretarlo. Algunos ejemplos de este tipo de textos son: el prospecto de un medicamento, un diagnóstico clínico, las instrucciones de montaje de un aparato, el resumen de un experimento, una reseña científica, una encuesta científica, un artículo de investigación.

Otros textos que entran en esta categoría son los que tratan asimismo de aspectos relacionados con las ciencias, pero que están dirigidos a un público más amplio y, por lo tanto, el lenguaje es menos especializado. Se conocen también con el nombre de textos de divulgación científica y aparecen publicados en periódicos o revistas. Algunos ejemplos de este tipo de textos son: la sección de ciencia y tecnología de un periódico, un análisis bursátil, una entrevista con un científico, un artículo sobre ecología, una reseña de una revista sobre un aparato electrónico.

1. Características generales del texto científico-técnico

La función principal de los textos científico-técnicos consiste en informar al lector sobre un tema concreto. Además de este objetivo, hay que tener en cuenta una serie de pautas que están relacionadas con su carácter informativo. A grandes rasgos, podemos identificar tres **características generales**:

1. **La precisión y la objetividad del lenguaje**
   Se busca la precisión en el uso del lenguaje y se evita cualquier tipo de ambigüedades tanto en el léxico como en las estructuras sintácticas. Prima la objetividad como principal función comunicativa, por lo que la información se respalda mediante ejemplos, comparaciones, datos, gráficos, etc. Por esta razón se evita utilizar planteamientos que pongan de manifiesto opiniones de carácter subjetivo, aunque éstos puedan aparecer en ocasiones en los textos de divulgación científica.

2. **La verificabilidad de los datos**
   Los datos que aparecen en este tipo de textos se pueden verificar y se presuponen como verídicos. Estos datos pueden estar asimismo relacionados con la hipótesis que se plantee y también con los resultados obtenidos.

3. **La universalidad de la información**
   La información que se utiliza en los textos científico-técnicos es de carácter universal: los principios científicos, las leyes, los teoremas, las fórmulas, etc., no varían de una cultura a otra. Su carácter universal se logra además a partir de una terminología que se adapta según la lengua, pero cuyo significado léxico sigue siendo el mismo.

   Por ejemplo, el término ADN, "ácido desoxirribonucleico", equivale al mismo término en inglés (*DNA, deoxyribonucleic acid)* y solamente se ha modificado en español de acuerdo con las normas fonéticas o de ortografía. Lo mismo ocurre con OVNI, "objeto volador no identificado", que es un calco del acrónimo inglés (*UFO, unidentified flying object*). Muchos vocablos técnicos están compuestos por prefijos y sufijos grecolatinos, como por ejemplo los que se encuentran en la medicina y en la biología. Otros se han tomado del inglés, es el caso de los que se utilizan en el ámbito de la economía, la informática y la tecnología.

   Aun así, cabe destacar que para evitar el uso excesivo de préstamos lingüísticos en español existe la tendencia en la actualidad a no sólo incorporar estas palabras, sino también a buscar un equivalente o a adaptarlas, ej. *feedback* ⟶ "retroalimentación". Sin embargo, dependiendo del uso, algunos extranjerismos terminan imponiéndose como términos más habituales que utilizan los medios de comunicación y los hablantes. El hecho de que exista una terminología común en el campo de la ciencia también facilita la comunicación entre los especialistas de diferentes culturas.

Además, en los textos científico-técnicos:

1. Se suele introducir el tema con datos generales antes de plantear una hipótesis.
2. La información se presenta de manera paulatina mediante un desarrollo ordenado y lógico.
3. A menudo se revisa la bibliografía o los hechos anteriores sobre la misma idea central, problema o hipótesis.
4. No existe un carácter persuasivo ni argumentativo, sino puramente informativo, excepto en los textos de divulgación científica.
5. Al primar la verificabilidad de la información, se descartan aquellos datos que no se puedan confirmar.
6. Con frecuencia se arrojan nuevos datos o se plantean otros interrogantes a partir de lo expuesto, lo cual puede conducir a futuras investigaciones sobre la materia.

Hay que tener en cuenta que el tipo de información, el medio en el que aparece y el destinatario condicionan que aparezcan otros rasgos diferentes.

Actividad 1

1.a. Lee la siguiente noticia y busca en un diccionario las palabras que no entiendas de la información que aparece subrayada.

Los beneficios del té se pierden al embotellarlo

Una de las cosas que el ciudadano medio del siglo XXI trata de incorporar como sea a su dieta son los antioxidantes, sustancias con propiedades anticancerígenas, antidiabéticas y 'anti' un buen número de procesos nocivos para nuestro organismo, que están presentes en el vino, los frutos rojos o el té. Pues bien, un estudio advierte a los consumidores de que el té embotellado no es tan sano como anuncian los fabricantes ya que contiene muchos menos polifenoles que el natural.

El consumo de polifenoles (un tipo de antioxidantes) se ha asociado con la disminución de la inflamación y del colesterol, que mejoran la salud cardiovascular, con un menor crecimiento de algunos tumores, con mejorías en la degeneración macular, el envejecimiento de la piel, las infecciones de orina e, incluso, el deseo sexual femenino. Por eso cada vez están presentes en más productos de forma artificial y se usan como reclamo para incentivar las ventas de estos y aquellos que los poseen por naturaleza (vino, té, aceite de oliva, bayas).

"Los consumidores entienden muy bien que el consumo de té y de productos relacionados tiene beneficios para la salud," explica Shiming Li, investigador de la compañía biotecnológica WellGen y autor del trabajo. "Sin embargo, hay una gran brecha entre la percepción de las ventajas del consumo de té y la cantidad de nutrientes saludables –polifenoles– que hay en las bebidas de té embotelladas. Nuestro análisis ha determinado que el contenido en polifenoles es extremadamente bajo."

Un informe de 2006 del Departamento de Agricultura de EEUU ya destapaba este fenómeno. El que peor parado salía era el té verde instantáneo, que contenía una cantidad inapreciable de EGC (epigalato de catequina), la principal sustancia activa de esta planta.

El té es la segunda bebida que más se consume en el mundo, después del agua. Mientras que una bolsita cuesta unos pocos céntimos, la imposibilidad de preparar esta bebida en ciertas situaciones ha hecho proliferar sus formas embotelladas (más caras) que, además, suelen ser más atractivas para los consumidores, con diferentes sabores y un gusto menos amargo que el de la infusión pura y dura.

El análisis de Li y sus colegas confirma lo que algunos advertían desde hace tiempo: cuando se trata de té enlatado, el contenido de antioxidantes es casi anecdótico. Mientras que una taza de té contiene entre 50 y 150 mg de polifenoles, las versiones 'lista para consumir' tienen, de media, una cantidad inferior (unos 37 mg), y en algunos casos no supera los 10 mg. De forma que para obtener algún beneficio habría que "consumir botella tras botella", recalca el investigador.

La explicación es curiosa. Los polifenoles, con todas sus bondades, tienen dos grandes desventajas: son amargos y astringentes. Los fabricantes de estas bebidas optan muchas veces por reducir el contenido de estas sustancias –que son las que les dan buena fama– para obtener un sabor más amable al paladar.

Y "la forma más fácil de hacerlo es añadir menos té", explica Li, que ha presentado su trabajo en la Reunión Nacional de la Sociedad Americana de Química, que se celebra estos días en Boston (Massachusetts, EEUU). En su lugar, aparecen otras sustancias, típicas de las bebidas procesadas (azúcar, jarabe de maíz, edulcorantes o cafeína), que pueden convertir el té embotellado en algo dañino.

Desde 1990, las ventas de esta infusión se han cuadruplicado en EEUU hasta alcanzar los 7.000 millones de dólares anuales. Este crecimiento se ha dado "en paralelo al reconocimiento de las propiedades beneficiosas de esta bebida", apuntan los autores. Pero, "la FDA [agencia que regula los alimentos en este país] no exige informar en las etiquetas de la presencia de polifenoles", añaden, y la población desconoce en qué medida están presentes.

Adaptado de: Cristina de Martos, *El Mundo*, 23/08/2010

1.b. Vuelve a leer la noticia, ahora que conoces todo el vocabulario, y responde a las preguntas. No olvides redactar las respuestas con tus propias palabras.

1. ¿A qué se debe la moda alimenticia de los componentes "anti" según el texto?
2. ¿Cuáles son las propiedades del consumo de polifenoles?
3. A qué se apunta en el texto al decir que: "hay una gran brecha entre la percepción de las ventajas del consumo de té y la cantidad de nutrientes saludables".
4. Según el estudio, ¿qué diferencia existe entre el té enlatado y el té tradicional?
5. Según el texto, ¿qué hacen los fabricantes para compensar las desventajas de los polifenoles?
6. ¿Cuál ha sido la consecuencia más directa en EEUU de la popularidad de los polifenoles y cómo puede saber el consumidor qué productos contienen una mayor cantidad de esta sustancia?

Actividad 2

2.a. El siguiente vocabulario técnico pertenece a diferentes disciplinas relacionadas con las ciencias. Clasifica las palabras según su categoría. Hay dos términos para cada disciplina. Puedes utilizar un diccionario.

el síntoma • el arco • el campo magnético • la memoria RAM • el cromosoma • ~~la clorofila~~ • la constelación • la raíz cuadrada • el asfalto • la falla • el ácido • el año fiscal • la aceleración • el disco duro • la ecuación • la enana blanca • la bóveda • el ADN • la grúa • la transacción • la erosión • la molécula • el tallo • el diagnóstico

disciplina	término español	término inglés	término español	término inglés
BOTÁNICA	*la clorofila*	*chlorophyll*		
FÍSICA				
QUÍMICA				
ARQUITECTURA				
INGENIERÍA				
ECONOMÍA				
INFORMÁTICA				
ASTRONOMÍA				
BIOLOGÍA				
GEOLOGÍA				
MEDICINA				
MATEMÁTICAS				

2.b. Ahora traduce al inglés las palabras de la actividad anterior. Puedes utilizar un diccionario.

2. Los textos técnicos o especializados

Los textos técnicos o especializados se caracterizan por su carácter informativo, objetivo, y por estar dirigidos a un público especializado que está familiarizado con el tipo de lenguaje del texto. Su contenido se compone, como norma general, de datos a partir de la observación que se ha llevado a cabo durante un proceso de análisis.

La mayoría de los textos de este tipo sigue el siguiente proceso para recoger la información:

1. Agrupar los datos que se han recopilado mediante la observación.
2. Formular una hipótesis de partida mediante estos datos.
3. Describir el proceso de análisis.
4. Confirmar la hipótesis en el caso de que sea posible o informar de los resultados de la investigación.

Rasgos morfosintácticos

1. **El uso de oraciones enunciativas o de estructuras sintácticas simples.** Mediante un estilo sencillo se consigue claridad en la exposición de la información y guiar al lector en las diferentes partes del texto.

   Ej. La materia se puede encontrar en tres estados: sólido, líquido y gaseoso.

2. **Los tiempos verbales.** A la hora de abordar las conclusiones se utiliza el presente atemporal, el cual no relaciona una acción cronológicamente, sino que muestra hechos que son válidos de manera universal.

   Ej. A partir del análisis comprobamos que el plátano aporta más potasio en cualquier dieta que otras frutas comunes.

   También se utilizan, por ejemplo, los tiempos del pasado.

   Ej. El tema central de nuestra investigación se ha abordado desde diferentes puntos de vista, sin embargo continúa siendo hoy en día un tanto desconocido para la comunidad científica.

3. **La despersonalización del discurso.** El sujeto de la acción aparece en forma de oraciones pasivas e impersonales; mediante el uso de la tercera persona del singular, la presencia de estructuras perifrásticas o el llamado plural de modestia "nosotros".

   Ej. de ahí se puede apuntar que…; cabe mencionar a este respecto que…; como se puede observar…; en primera instancia nos referimos a…

4. **El uso de adjetivos especificativos y denotativos.** De esta manera se dota al texto de un carácter objetivo. No suelen aparecer adjetivos antepuestos o valorativos por lo que la adjetivación en estos textos cumple una mera función denotativa u objetiva.

Ej. La masa molecular reviste la capa del cuerpo en estado sólido.

5. **El empleo de definiciones y de aposiciones con una función explicativa o informativa.** Se informa o se clarifica un concepto, aunque se presupone que el lector está familiarizado con el vocabulario científico.

   Ej. Cada célula contiene ADN; Los componentes antioxidantes se encuentran en los alimentos vegetales: legumbres, verduras, hortalizas, etc.

6. **El uso de complementos preposicionales que cumplen una función explicativa.**

   Ej. el mercado de divisas; la balanza de pagos; el flujo de caja.

Rasgos léxicos y pragmáticos

1. **La disposición de la información mediante una estructura clara.** Los párrafos van normalmente introducidos por frases hechas o marcadores discursivos. Si se contrastan diferentes resultados, los datos tienen una función informativa u objetiva.

   Ej. de todo lo expuesto se desprende ...; veamos el siguiente gráfico ...; todos estos datos corroboran la hipótesis de partida ...

2. **El uso de léxico especializado, de una terminología concreta o de tecnicismos.** Son términos unívocos o palabras clave que expresan un significado preciso y, por lo tanto, no aparece vocabulario que pueda resultar ambiguo o poseer un sentido metafórico. Algunos de estos términos, sobre todo en el ámbito de la medicina y de las ciencias naturales, son de origen grecolatino.

   Ej. la turbina, el generador; el disco duro, la memoria RAM; la dermatitis, la celulitis, la biosfera, etc.

3. **La aparición de fenómenos léxicos como la sinonimia, la antonimia, la hiponimia y la hiperonimia.**

   Ej. Sinonimia: meseta = altiplano; antonimia: sólido / líquido; hiponimia: la antracita es, a su vez, un tipo de carbón y un mineral; hiperonimia: tipos de carbón (antracita, lignito, turba, hulla, etc.).

4. **El uso de préstamos lingüísticos que proceden del inglés o que se han adaptado.**

   Ej. hardware; software; mouse = ratón; chatear.

5. **El empleo de siglas y ciertas abreviaturas para referirse a organismos, instituciones, conceptos, etc.**

   Ej. OMS (Organización Mundial de la Salud); ADN (el ácido desoxirribonucleico).

6. **El uso de símbolos para ilustrar la información.** Muchas veces se combina el código lingüístico con el no lingüístico de manera objetiva.

   Ej. fórmulas; gráficos; esquemas; dibujos.

Actividad 3

3.a. Completa las siguientes normas de conducta de un hospital. Fíjate en los dibujos y piensa en el carácter informativo del texto.

~~horario~~ • cerrada • enfermería • ~~visitas~~ • custodia • salir • pacientes • salud • ramos • vigilancia • sofá • limpio • molestias • bebidas • sábanas • colaboración • valor • seguridad • exclusivo • habitación • comidas • volumen • cafetería • puerta • autorización • adulto • flores • médica • instrucciones • emergencia

Normas del hospital

Norma		Información
	1	El máximo de *visitas* por paciente será de cuatro personas simultáneamente. El *horario* de visita al paciente será de 8.00 a 22.00 horas.
	2	Se ruega tener la .... lo más ordenada y limpia posible. Ayúdenos a mantener .... el Hospital.
	3	Fumar perjudica seriamente su .... y la de los que le rodean. Según la Ley 20/85, de julio, del "Parlament de Catalunya", se prohibe fumar en todo el centro. Contamos con su ....
	4	Se evitará en lo posible la visita de menores; en todo caso, éstos deberán ir acompañados permanentemente por un .... , para evitar molestias a otros .... y por su propia seguridad.

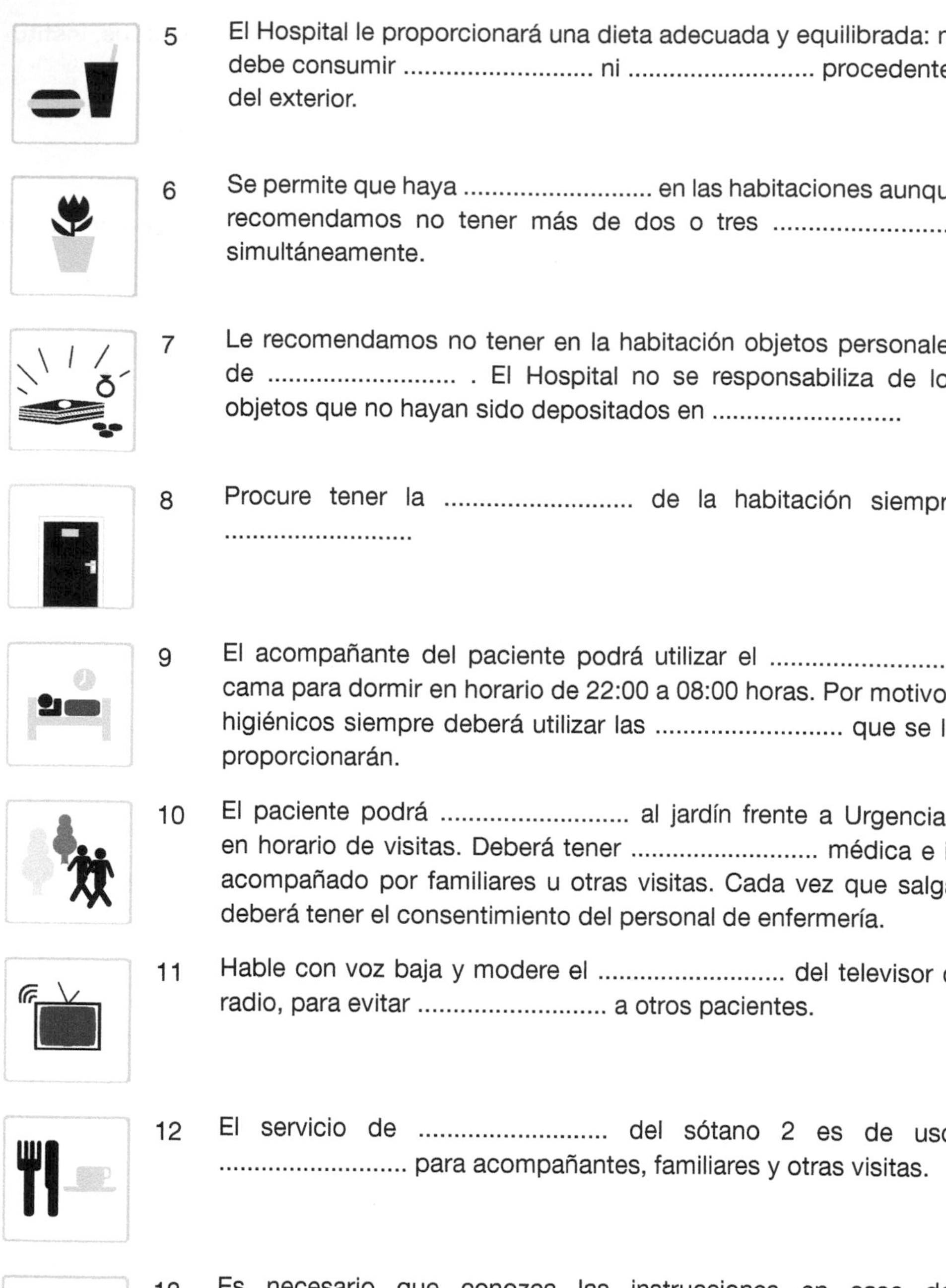

5 El Hospital le proporcionará una dieta adecuada y equilibrada: no debe consumir .... ni .... procedentes del exterior.

6 Se permite que haya .... en las habitaciones aunque recomendamos no tener más de dos o tres .... simultáneamente.

7 Le recomendamos no tener en la habitación objetos personales de .... El Hospital no se responsabiliza de los objetos que no hayan sido depositados en ....

8 Procure tener la .... de la habitación siempre ....

9 El acompañante del paciente podrá utilizar el .... cama para dormir en horario de 22:00 a 08:00 horas. Por motivos higiénicos siempre deberá utilizar las .... que se le proporcionarán.

10 El paciente podrá .... al jardín frente a Urgencias en horario de visitas. Deberá tener .... médica e ir acompañado por familiares u otras visitas. Cada vez que salga deberá tener el consentimiento del personal de enfermería.

11 Hable con voz baja y modere el .... del televisor o radio, para evitar .... a otros pacientes.

12 El servicio de .... del sótano 2 es de uso .... para acompañantes, familiares y otras visitas.

13 Es necesario que conozca las instrucciones en caso de ...., que hay expuestas en cada habitación, por su propia .... y la del resto de usuarios.

14 El Hospital dispone de un servicio de .... para su seguridad. Atienda sus ....

15 El paciente no podrá salir de su unidad de hospitalización sin autorización .... y consentimiento del personal de ....

Adaptado de: http://www.asepeyo.es/Homease.nsf/SP/SC_InformacionUsuario/Principal/NormasHospital_SP.htm

3.b. ¿A qué sección de un hospital debe acudir una persona en las siguientes situaciones? Puedes usar el diccionario.

PEDIATRÍA • ONCOLOGÍA • CARDIOLOGÍA • PSICOLOGÍA Y PSIQUIATRÍA • NEFROLOGÍA • MEDICINA INTERNA • DERMATOLOGÍA • TRAUMATOLOGÍA • • OTORRINOLARINGOLOGÍA • UROLOGÍA • MEDICINA GENERAL • OFTALMOLOGÍA

1. Si a alguien le duele alguna articulación del cuerpo o tiene fuertes dolores musculares.
   Sección del hospital: ....

2. Si a alguien le sale un orzuelo en el ojo que no le deja ver y que le pica constantemente.
   Sección del hospital: ....

3. Si una persona está muy nerviosa, con pocas ganas de salir a la calle o un poco deprimida.
   Sección del hospital: ....

4. Si alguien no se encuentra bien, no sabe exactamente qué es lo que le pasa y los síntomas no son siempre los mismos.
   Sección del hospital: ....

5. Si una persona oye un pitido dentro del oído cuando se levanta cada mañana.
   Sección del hospital: ....

6. Si se quiere realizar una consulta o preguntar algo sobre el tratamiento del cáncer.
   Sección del hospital: ....

7. Si una persona nota que el corazón se le acelera a menudo cuando no está practicando un deporte.
   Sección del hospital: ....

8. Si alguien tiene picores frecuentes por todo el cuerpo y cree que tiene alergia a algún tipo de alimento.
   Sección del hospital: ....

9. Si a alguien le duele el estómago con frecuencia.
   Sección del hospital: ....

10. Si se quiere realizar una consulta sobre la alimentación de un bebé recién nacido.
    Sección del hospital: ....

11. Si alguien se quiere informar sobre cuál es la mejor dieta para optimizar el funcionamiento de los riñones.
    Sección del hospital: ....

12. Si a alguien le resulta muy difícil contener las ganas de ir al baño.
    Sección del hospital: ....

Actividad 4

El siguiente texto procede del prospecto de un medicamento. Léelo con atención y a partir de la información que aparece, identifica cuáles son los encabezados de cada parte del prospecto.

CONDICIONES PARA SU CONSERVACIÓN • PRECAUCIONES Y ADVERTENCIAS ESPECIALES • COMPOSICIÓN • INTOXICACIÓN Y SU TRATAMIENTO • DOSIFICACIÓN Y MODO DE EMPLEO • ~~PROPIEDADES~~ • EFECTOS SECUNDARIOS • CONTRAINDICACIONES

Prospecto de un medicamento
COLIRIO ALFA
1. PROPIEDADES
El COLIRIO ALFA actúa en los procesos congestivos restableciendo el fisiologismo ocular debido a sus acciones preferentemente vasoconstrictoras. Está recomendado como alivio sintomático de irritaciones de la conjuntiva, congestiones oculares, conjuntivitis alérgica, ojos lagrimosos y enrojecidos por agentes externos, como luz solar, etc.
2.
Por 1 ml – Nitrato de nafazolina 0,3 mg – Excipientes: Sulfato de cobre, citrato trisódico, alumbre potásico, ácido bórico, alcanfor, metilparaben, propilparaben, hidróxido sódico, cloruro sódico, agua destilada.

3.
Se instilarán en el ojo de 2 a 3 gotas, pudiendo repetirse hasta 3-4 veces al día, según la intensidad de la afección ocular. Su modo de empleo es el usual de un frasco cuentagotas, debiéndose cerrar el frasco inmediatamente después de su uso.
4.
Hipersensibilidad al medicamento. No debe utilizarse en pacientes con glaucoma, excepto bajo vigilancia médica.
5.
A las dosis terapéuticas citadas el COLIRIO ALFA carece de efectos secundarios. Si se usa en exceso, el propio medicamento puede provocar irritación ocular. Siga estrictamente las dosis indicadas en el apartado de Dosificación y Modo de Empleo.
6.
No se han descrito cuadros de intoxicación con este preparado. Si por error se ingiriera pueden presentarse manifestaciones locales y generales tales como cefaleas, depresiones nerviosas y somnolencia, debiendo recurrirse al tratamiento sintomático. En caso de sobredosis o ingestión accidental, consultar al Servicio de Información Toxicológica. Teléfono 91 562 04 20.
7.
Si no se produce mejoría tras 72 horas de tratamiento, o si se agravan los síntomas al usar el medicamento, consulte a su médico. Para evitar la contaminación del producto, es importante impedir que el extremo del recipiente entre en contacto con cualquier superficie, incluida la de los ojos. No utilizar si la solución cambia de color o se produce enturbiamiento. Por contener ácido bórico como excipiente está contraindicado en niños menores de tres años.
8.
No conservar a temperatura superior a 25° C.
LOS MEDICAMENTOS DEBEN MANTENERSE FUERA DEL ALCANCE DE LOS NIÑOS.
SIN RECETA MÉDICA.

Adaptado de: http://www.prospectos.net/colirio_alfa

Actividad 5

5.a. Es necesario estar familiarizado con la terminología médica para entender qué es exactamente lo que indica. El siguiente cartel pertenece al tablón de anuncios de un ambulatorio. Describe en unas líneas su significado. Si no logras entenderlo, ayúdate de un diccionario.

AVISO IMPORTANTE:

NO SE ADMITEN **CURAS**

NI **INYECTABLES**

SIN **VOLANTE** ACTUALIZADO

Personal de enfermería

5.b. Como has visto en el ejemplo anterior, el lenguaje médico se vale de tecnicismos para expresar un significado concreto. Encuentra el término equivalente de la jerga médica para cada una de las palabras. Puedes utilizar un diccionario.

Palabra de uso común		Tecnicismo médico	
1.	almorrana → *hemorroide*	a.	narcótico
2.	arcadas	b.	fármaco
3.	reacción	c.	eccema
4.	dolor de cabeza	d.	inflamación
5.	somnífero	e.	alopecia
6.	torcedura	f.	alergia
7.	arañazo	g.	astricción
8.	desmemoria	h.	afonía
9.	rotura	i.	amigdalitis
10.	anginas	j.	náuseas
11.	diarrea	k.	quiste
12.	cantidad	l.	rasguño
13.	sarpullido	ll.	esguince
14.	desgana	m.	cefalea
15.	calvicie	n.	amnesia
16.	bulto	ñ.	colitis

Palabra de uso común		Tecnicismo médico	
17.	medicamento	o.	~~hemorroide~~
18.	estreñimiento	p.	abulia
19.	hinchazón	q.	dosis
20.	ronquera	r.	fractura

5.c. A continuación aparecen algunos sustantivos que están relacionados con el vocabulario médico. Añade el verbo del que se deriva el sustantivo y completa el sinónimo como en el ejemplo.

	sustantivo	verbo derivado	verbo sinónimo
1.	el enfermo	*enfermar*	padecer
2.	la cura		san_r
3.	la receta		prescr_b_r
4.	la vacuna		inoc_l_r
5.	el alivio		pal_ _r
6.	la operación		interv_n_r
7.	el contagio		transm_t_r
8.	el sudor		transp_r_r
9.	la tos		expect_r_r
10.	la respiración		inh_l_r
11.	el delirio		desv_r_ _r
12.	la exploración		ausc_lt_r
13.	la herida		lesi_n_rs_
14.	el constipado		acat_rr_rs_
15.	el agravamiento		emp_ _r_r

Actividad 6

6.a. Las siguientes imágenes pertenecen a estilos arquitectónicos diferentes. Fíjate en la descripción de la primera y subraya aquellas palabras relacionadas con la arquitectura que se utilizan para describir la imagen.

Museo Solomon R. Guggenheim, Nueva York, Estados Unidos

El Museo Guggenheim de Nueva York muestra una gran diferencia con los edificios de su entorno debido a su forma en espiral marcada por la fusión de triángulos, óvalos, arcos, círculos y cuadrados que se corresponden con la arquitectura orgánica utilizada por Frank Lloyd Wright en sus diseños. Para su construcción, el arquitecto se inspiró en un zigurat, templo babilónico piramidal escalonado, aunque invertido. Su configuración lleva lentamente a los visitantes por un recorrido donde las obras de arte están expuestas a lo largo de una espiral ascendente iluminada por un gran lucernario cenital. Las galerías se encuentran divididas en forma de fruta cítrica. Los recorridos en torno a un gran vacío fomentan la reflexión y el disfrute del arte.

Adaptado de: www.universalia.usb.ve/cursos/edificio…/guggenheim_ny.pdf

6.b. Ahora describe en unas 100 palabras la segunda imagen teniendo en cuenta, por ejemplo, los elementos arquitectónicos que aparecen, los materiales que se han utilizado, las formas geométricas, así como el propósito o la utilidad de la construcción. Utiliza algunas palabras de vocabulario que tengan que ver con la arquitectura. Puedes usar un diccionario y buscar más información sobre la imagen antes de redactar la versión final.

Ciudad de las Artes y las Ciencias, Valencia, España

3. Los textos de divulgación científica

Los textos de divulgación científica poseen un carácter informativo o instructivo y están dirigidos a un público que habitualmente no es especialista en la materia. Poseen características en común con los textos especializados o puramente técnicos, sin embargo, se diferencian tanto en el destinatario como en su objetivo, ya que a la función informativa se pueden añadir también la persuasiva y la argumentativa. Todos estos factores están asimismo relacionados con el lenguaje que se utiliza.

Rasgos morfosintácticos

1. **La información se dispone mediante una estructura clara.** Los párrafos suelen ir introducidos por frases hechas o marcadores discursivos y se utilizan oraciones enunciativas o estructuras sintácticas simples.

2. **La variedad de tiempos verbales que pueden aparecer es más amplia que la de los textos puramente técnicos, aunque sin llegar a ser como la de los textos narrativos.**

3. **Este tipo de textos coincide también con los especializados en la despersonalización del discurso:** el uso de oraciones pasivas e impersonales, de la tercera persona del singular, de estructuras perifrásticas o del llamado plural de modestia "nosotros". Sin embargo, dado el carácter subjetivo que pueden poseer a veces, también se encuentran referencias más directas, sobre todo cuando se presenta una comparación o en función del estilo que se adopte según el medio en el que aparezca publicado el texto.

4. **Los adjetivos pueden cumplir una función valorativa además de descriptiva y denotativa y el texto puede poseer un carácter más subjetivo.**

Rasgos léxicos y pragmáticos

1. **Aunque aparecen algunos tecnicismos, con frecuencia se suelen adaptar** mediante sinónimos, paráfrasis, oraciones explicativas, comparaciones o analogías, aposiciones y definiciones, etc., con el objetivo de facilitar la comprensión del texto por parte del lector no especializado. Se utiliza también terminología de origen grecolatino, por ejemplo en el ámbito de la medicina y de las ciencias naturales, así como extranjerismos sobre todo del inglés.

   Ej. Las uvas contienen taninos, es decir, elementos antioxidantes; Cada célula contiene ADN, en otras palabras, ácido desoxirribonucleico.

2. **Puede aparecer la función persuasiva y argumentativa del lenguaje.**

   Ej. Con este breve análisis queda demostrado que no hay que creerse todo lo que predican algunas marcas de productos alimenticios.

3. **Debido a que en este tipo de textos se utilizan matices subjetivos, algunos incorporan el lenguaje metafórico, así como expresiones idiomáticas.**

   Ej. En la economía, apuestas hay para todos los gustos.

4. A veces, se contrastan opiniones poniendo de relieve matices subjetivos en la línea de los textos periodísticos de opinión.

Ej. Ésta es la recomendación de la OMS (Organización Mundial de la Salud), pues bien, parece que los bañistas británicos no la toman en serio cuando se exponen a la radiación solar sin ningún tipo de crema protectora, y colapsan la sección de dermatología de algunos hospitales de la Costa del Sol.

5. Se combina el código lingüístico con el no lingüístico, con abreviaturas, etc., para ilustrar la información, ya sea de manera objetiva o subjetiva.

Ej. El gráfico pone de manifiesto lo que acabamos de sugerir, pese a que la opinión pública opine lo contrario.

Actividad 7

7.a. En el siguiente texto de divulgación científica se mezcla el discurso científico con el periodístico. Fíjate en el contexto de las expresiones que aparecen subrayadas y explícalas debajo con tus propias palabras.

Cuando él esculpe su cuerpo

"¡Gústate! Con lipoescultura, en una sola sesión", incita un musculoso y macho torso ajustado entre desagradables noticias del día. Otras veces aparecen unos bajos, cruzados mágicamente con las palabras "trato confidencial", y coronados con un pensamiento que a muchos hombres tortura: "Si el tamaño le impide dar la talla, ¡auméntelo!". Con estas tentaciones se abre camino en la prensa española Medical Aesthetic, un centro madrileño de "medicina estética especializada en hombres" que asegura haber penetrado en exclusiva el mercado español con un método para agrandar el miembro viril que ya ha complacido a miles de hombres en otras latitudes. Pero no es sólo su parte más sobresaliente lo que cultivan ahora los hombres españoles preocupados por su cuerpo. "La cirugía estética no está ahora en crisis, todo lo contrario, por una sencilla razón: hay crisis de valores morales. Entonces la gente busca refugio en otras cosas; en cuidar su imagen, en gustarse", cuenta uno de los urólogos de dicha clínica, en la que se hacen 2.000 tipos distintos de operaciones de cirugía estética en una docena de quirófanos.

Ya hace una década que en Francia los hombres se liposuccionan. En España las mujeres se lanzaron a quitarse grasas superfluas hace cuatro años; los chicos se asomaron tímidamente al quirófano hace dos, pero últimamente le han cogido el gusto –aunque la proporción aún es de dos hombres por cada ocho mujeres–, y las clínicas para cuerpos masculinos están proliferando, como hongos, con oferta de facilidades de pago. Los centros más fiables, especialistas en belleza *dixit*, son los que ya tienen probada experiencia quirúrgica con cuerpos femeninos. Calvicie, michelines, nariz y orejas es lo que más arrastra al hombre al quirófano. Los de la franja de 20 a 40 años, son los que más recurren al microinjerto capilar. "Ser calvo hace que te sientas más viejo, pero también que tengas problemas de trabajo. Una sociedad en que lo viejo es malo y lo joven bueno, exige una imagen actualizada", dice el doctor Jorge Planas, de la conocida clínica Planas de Barcelona. Los de 25 a 35 años se actualizan sin problemas, "están en la edad narcisista", y no les importa invertir de 1.000 a 3.000 euros en lipoesculpirse.

En el español la lipoescultura se centra en quitar obesidades, no en aumentar protuberancias pectorales. "Aquí no se pide tanto, pero sí hacemos bastantes prótesis de gemelos para problemas de pantorrillas finas", cuenta Planas. Los que quieran pecho obrero tienen su meca en California. "Allí es una especialidad de los centros de estética". En Oriente son especialistas en otros asuntos.

En julio de 1991 un cirujano plástico chino, Long Daouchou informó que había conseguido un nuevo método de aumento de pene sin dañar su sensibilidad ni su potencia. Sin recurrir a injertos o prótesis, utilizando la propia piel del miembro, éste podría alargarse al menos cuatro centímetros. Mientras que en España la operación cuesta 3.000 euros, en China la cosa anda por los 300. Las únicas condiciones que pone el señor Long (largo, en inglés) es que los dueños del miembro viril estén casados y que el objeto *erectus* de su preocupación no supere los 10 centímetros.

Esas exigencias no se plantean en Estados Unidos, donde este revolucionario método de aumento de pene supone unas 15.000 operaciones anuales y donde no todos los operados lucían pequeño tallaje. "El 60% de los hombres norteamericanos sometidos a intervención tenían un miembro de tamaño normal, pero deseaban que tuviera más de 14 o 15 centímetros", dijo el año pasado el profesor de urología Santiago Richter. En la clínica madrileña Medical Aesthetic efectúan cuatro o cinco operaciones semanales de pene. La lista de espera ahora es de un mes, pero cada vez hay más peticiones, y calculan que en otoño puede ser ya de tres meses.

A las operaciones de cirugía estética masculina van sobre todo hombres que viven del mundo del espectáculo, pero el ejecutivo agresivo es el lipoesculpido modelo. Los reclamos publicitarios que invocan el culto al cuerpo llegan al hombre español independientemente de su preferencia sexual, indican Gil Calvo y la sexóloga Rosario Mora. El hombre esculpe su cuerpo para su propio gusto, por autoestima, más que para seducir a otros o a otras. "Está claro que la belleza es un negocio que da mucho dinero", afirma la sexóloga, "pero este culto al cuerpo masculino tiene un aspecto positivo: que los hombres se preocupen de estar presentables. Ya era hora".

Adaptado de: Rosa Rivas, *El País*, 10/04/1994

1. "Entonces la gente busca refugio en otras cosas; en cuidar su imagen, en gustarse"
2. "En España las mujeres se lanzaron a quitarse grasas superfluas hace cuatro años; los chicos se asomaron tímidamente al quirófano hace dos"
3. "los chicos se asomaron tímidamente al quirófano hace dos, pero últimamente le han cogido el gusto"
4. "las clínicas para cuerpos masculinos están proliferando, como hongos"
5. "Los que quieran pecho obrero tienen su meca en California"

7.b. Busca el sinónimo para cada una de las siguientes palabras que aparecen en el texto.

Palabra del texto	Sinónimo
1. sala de operaciones ⟶ *quirófano*	a. corporal
2. torso	b. masculino
3. michelín	c. destreza
4. defraudado	d. medida
5. operación	e. gordura
6. narcisista	f. directivo
7. somático	g. pierna
8. reclamo	h. innecesario
9. talla	i. personal
10. pantorrilla	j. estética
11. viril	k. grasa abdominal
12. ejecutivo	l. trasplante
13. maña	ll. sensual
14. superfluo	m. decepcionado
15. obesidad	n. egocéntrico
16. íntimo	ñ. realce
17. injerto	o. ~~quirófano~~
18. erótico	p. señuelo
19. belleza	q. pecho
20. protuberancia	r. intervención

Actividad 8

En el texto anterior han aparecido algunas partes de la anatomía. Curiosamente, existen muchas expresiones idiomáticas en español en las que aparecen partes del cuerpo. Por ejemplo, decimos “no tiene ni pies ni cabeza”, cuando se trata de “algo incoherente o que no tiene sentido”. ¿Sabes qué significan las siguientes expresiones? Elige la opción correcta.

1. "Tirar de la lengua"

a. Obligarle a alguien a hacer algo.
b. Hacer que alguien te cuente algo que no quiere decir.
c. Distraer a alguien mientras habla.

2. "No tener dos dedos de frente"

a. Tener una frente más bien pequeña.
b. Ser un poco pícaro.
c. Ser poco inteligente.

3. "Llegar a las manos"

a. Pelearse físicamente.
b. Ayudar a alguien en una situación complicada.
c. Hacerse gestos obscenos con las manos.

4. "No tener pelos en la lengua"

a. Decir cosas disparatadas.
b. Ser una persona extremadamente silenciosa.
c. No tener vergüenza para hablar de cualquier tema.

5. "Arrimar el hombro"

a. Ayudar a alguien que lo necesita.
b. Mirar a alguien con desprecio.
c. Fingir que no se ve a una persona para no saludarla.

6. "Sentar la cabeza"

a. Descansar después de hacer un esfuerzo intelectual.
b. Cambiar de actitud y empezar a ser responsable.
c. Planificar lo que se va a hacer al día siguiente.

7. "Empinar el codo"

a. Beber alcohol de manera frecuente.
b. Trepar por un pino hasta lo más alto.
c. Mover los brazos para reírse de alguien por la espalda.

8. "Creerse el ombligo del mundo"

a. Sentirse muy orgulloso después de un gran éxito.
b. Pensar siempre que uno es el mejor.
c. Intentar ser siempre el centro de atención.

9. "Tener entre ceja y ceja"

a. No poder dejar de pensar en una persona.
b. Soñar con una persona de manera habitual.
c. Tenerle manía a una persona.

10. "Ser un manitas"

a. Ser muy hábil para hacer muchas tareas.
b. Tener las manos bastante pequeñas.
c. Robar pequeños objetos con frecuencia.

11. "Contar algo con pelos y señales"
a. Contar algo gesticulando con las manos.
b. Contar algo sin ocultar nada.
c. Contar algo de manera muy detallada.

12. "No pegar ojo"
a. Vigilar a alguien en todo momento.
b. Recurrir a la violencia.
c. No poder dormir bien por la noche.

13. "Tener la mosca detrás de la oreja"
a. Tener miedo ante una situación.
b. No poder quitarse una musiquilla de la cabeza.
c. Sospechar de alguien o de algo.

14. "No dar pie con bola"
a. Llegar siempre tarde.
b. Salirle a alguien todo mal.
c. No atreverse a hacer algo.

15. "Dormir a pierna suelta"
a. Dormir muy bien por la noche.
b. Hacerse el dormido.
c. Dar vueltas en la cama sin poder dormir.

16. "Hablar por los codos"
a. No tener miedo para decir lo que uno piensa.
b. Ser muy hablador.
c. Hablar de manera muy pausada.

17. "Estar hasta las narices"
a. Estar muy ocupado o con mucho trabajo.
b. Haber comido mucho.
c. Estar harto o cansado de algo.

18. "Ser un manazas"
a. Tener las manos muy grandes.
b. Ser muy torpe con cualquier actividad manual.
c. Ser alguien muy nervioso.

Actividad 9

El siguiente texto corresponde a un análisis bursátil de un periódico. Además de utilizar cifras y otros indicadores numéricos, se mezcla el uso de tecnicismos con el lenguaje habitual y el metafórico para captar la atención del lector. Completa el texto con la mejor opción. Ayúdate de un diccionario si es preciso.

El Ibex salva los 10.700 puntos pese al desafío alcista del euro

La noticia, el viernes, de que el desempleo ha vuelto a aumentar en EEUU contribuyó a (1)......................... el incendio que se (2)......................... en el mercado de (3)......................... . Concretamente, los 95.000 nuevos parados de septiembre ayudaron a malograr las perspectivas económicas del país, y a aumentar (4)......................... de que la Reserva Federal (Fed) tome medidas adicionales. Dos señales que se tradujeron en (5)......................... de un dólar ya sospechoso de estar siendo devaluado artificialmente. Así, en una semana marcada por las tensas (6)......................... del Banco Central Europeo (BCE), del Fondo Monetario Internacional (FMI) y del Gobierno chino (7)......................... divisas, el euro quedó al filo de los 1,4 dólares, y el yen marcó una nueva (8)......................... histórica en 15 años, en los 81,8 yenes por dólar. Las Bolsas, por su parte, se han mantenido sin grandes movimientos, contemplando cómo las grandes apuestas se iban traspasando hacia las divisas. El Ibex, que llegó a caer un 0,92% durante el viernes y a perder los 10.700 puntos, logró salvarlos a última hora reduciendo sus pérdidas al 0,18%.

1.	a. sofocar	b. prender	c. alimentar
2.	a. ha descubierto	b. ha desatado	c. ha desarmado
3.	a. monedas	b. divisas	c. billetes
4.	a. las perspectivas	b. las expectativas	c. las vistas
5.	a. la liquidación	b. la disminución	c. la depreciación
6.	a. enunciaciones	b. declaraciones	c. especulaciones
7.	a. en materia de	b. en concepto de	c. en función de
8.	a. punta	b. cota	c. cumbre

Al final, (9)......................... español, que en la semana ha sumado un 2,59%, (10)......................... en los 10.720,8 puntos. Entre los movimientos más destacados de las últimas cinco jornadas está (11)......................... del 12,73% de OHL y (12)......................... del 3,89% de Indra. El viernes tampoco fue un gran día para el resto de Europa, con números rojos para la mayoría de (13)......................... . Con todo, el balance de la semana fue positivo para Londres que ganó un 1,16%, París que subió un 1,93% y Fráncfort, con (14)......................... del 1,29%.

9.	a. el seleccionador	b. el selectivo	c. el selecto
10.	a. cerró	b. abrió	c. ultimó
11.	a. la promoción	b. el escalafón	c. el ascenso
12.	a. el parón	b. la caída	c. el golpe
13.	a. series	b. clasificaciones	c. índices
14.	a. un alza	b. una puja	c. un encarecimiento

En Wall Street, donde (15)......................... esperaban de 8.000 a 10.000 parados más, el informe del Departamento de Trabajo no sentó nada bien. Sin embargo, los grandes índices se consolaron con (16)......................... de un dólar que beneficia (17)......................... y con los resultados de Alcoa, que abrió la temporada de datos del tercer trimestre tras el cierre del jueves. Tras debatirse durante el inicio de (18)......................... entre los números rojos o los (19)......................... , el Standard & Poor's subió un 0,61% y el Nasdaq el 0,77%. La apuesta al alza fue tal, que el Dow Jones, que subió el 0,53%, rompió (20)......................... de los 11.000 puntos por primera vez desde mayo.

15.	a.	los analistas	b.	los periodistas	c.	los accionistas
16.	a.	desnutrición	b.	el agotamiento	c.	la debilidad
17.	a.	las remesas	b.	las exportaciones	c.	los negocios
18.	a.	la sesión	b.	el pase	c.	la función
19.	a.	azules	b.	verdes	c.	negros
20.	a.	la barra	b.	el barril	c.	la barrera

"El motivo de esta reacción histérica y equívoca es la doble interpretación, en la que (21)......................... tan negativo como el que ha salido del desempleo, puede ser definitivo para que la Fed ponga en marcha la nueva ronda de medidas (22)......................... que el mercado ya ha anticipado en parte", argumenta Daniel Pingarrón, de IG Markets. En su opinión, "el escenario más probable es que la Fed realice nuevas (23)......................... monetarias" comprando "bonos, y dando nuevas ayudas en el ámbito de (24)......................... , entre otras cosas".

21.	a.	un detalle	b.	un dato	c.	un documento
22.	a.	expansivas	b.	extensibles	c.	expresivas
23.	a.	inyecciones	b.	incursiones	c.	impresiones
24.	a.	las transacciones	b.	las cargas	c.	las hipotecas

Sin embargo, apuestas hay para todos los gustos, y nadie asegura que la reunión de la Fed de esta semana, o el discurso que dará su presidente, Ben Bernanke, (25)......................... a los mercados. Desde IG Markets apuntan que "la mayor parte de las dudas (26)......................... sobre el momento de inicio del nuevo *quantitative easing*". Es decir, cuando optará la Fed por poner en marcha de nuevo las máquinas de (27)......................... dinero para elevar (28).........................

25.	a.	saquen a relucir	b.	arrojen nueva luz	c.	brillen por su ausencia
26.	a.	gravitan	b.	estriban	c.	radican
27.	a.	imprimir	b.	inventar	c.	aumentar
28.	a.	la liquidación	b.	el líquido	c.	la liquidez

Adaptado de: J. Portillo, *Cinco Días*, 09/10/2010

Actividad 10

10.a. Lee el siguiente texto sobre el aprendizaje y la memoria, subraya las ideas principales que aparecen en cada párrafo y responde, con tus propias palabras, a las preguntas que aparecen a continuación.

Examinarnos nos hace más inteligentes

Casi un cuarto de millón de personas han dicho 'no a los exámenes' en Facebook. Más de 100.000 afirman que los odian, otros 175.000 piden su desaparición, etc. Está claro que los exámenes no son muy populares pero ¿qué dirían alumnos y profesores si supieran que estas pruebas de conocimiento más que evaluar nuestro saber lo mejoran? Ésta es la conclusión de un estudio publicado en *Science*.

"Supón que estás intentando aprender una palabra en otro idioma", explica Katherine Rawson, profesora del Departamento de Psicología de la Universidad Estatal de Kent (Ohio, EEUU) y firmante del trabajo. "En nuestro estudio, utilizamos parejas de términos en inglés y swahili, como *cloud-wingu* [nube]. Para aprender este término, simplemente lo repetirías una y otra vez cada vez que lo estudiaras, pero ésta no es una estrategia especialmente útil para grabar algo en la memoria".

Podemos definir aprendizaje como el proceso mediante el cual adquirimos nuevos conocimientos, y memoria como el almacenamiento de los mismos que se traduce en un cambio de comportamiento. Ambos fenómenos están estrechamente relacionados y de ellos dependen todos o casi todos los procesos cerebrales, desde las emociones hasta jugar al tenis.

Una de las cosas que la ciencia ha demostrado es que el aprendizaje no sólo tiene lugar durante el estudio sino que el momento de examinarse también lo fomenta. Pero, a pesar de que esto se sabe desde hace años, "es sorprendente que los mecanismos que subyacen tras el efecto de los tests no se comprendan bien aún", explican las autoras en las páginas de 'Science'.

Todos conocemos algunos trucos para aprender mejor y más rápido. Fraccionar, por ejemplo, un número de nueve dígitos en grupos de tres. Ponerle música y/o ritmo, como se suele hacer durante los primeros años de enseñanza. Crear reglas mnemotécnicas o tender puentes. Este último consiste en establecer una relación entre las cosas que se quieren recordar y normalmente se emplea con pares de palabras como países-capitales o el significado de un término en otro idioma.

Sabemos que cuantas más asociaciones se establecen entre la nueva información y lo que ya se sabe, más fácil será aprenderlo y ésa es la hipótesis que defiende el estudio de Rawson. Los puentes, llamados mediadores, son más eficaces cuando se crean durante un examen que mientras estudiamos, y así lo han confirmado las autoras.

El experimento consistió en hacer recordar a 118 participantes 48 pares de palabras en inglés y swahili. Después de presentarles la lista de términos, un grupo se sometió a un examen y después volvió a estudiarlos, mientras que el otro sólo se dedicó a su estudio. Todos ellos debieron comunicar cuál era el mediador –palabra que suena o se parece al término en swahili y que está semánticamente relacionada con la voz inglesa– escogido en cada caso.

"*Wingu* se parece a *wing* [ala, en inglés], los pájaros tienen alas y vuelan por las nubes. Esto, claro está, funciona tan bien como bien elegido esté el mediador. Para que la palabra clave sea buena, tienes que ser capaz de recordarla cuando te den la extranjera más tarde. Y, también, debes recordar el término inglés al que lo has asociado", explica Rawson.

Ella y su colega Mary Pyc observaron que los individuos que pertenecían al primer grupo obtuvieron mejores puntuaciones en el examen final. De hecho, recordaron hasta tres veces más palabras que sus compañeros porque "sus mediadores eran más efectivos". Una de las posibles explicaciones es que los fallos durante el proceso de recuperación (recordar *wing* [ala] al leer *wingu* [nube]) llevan a la elección de mejores mediadores y esos fallos sólo ocurren cuando se pone el conocimiento a prueba y no cuando se estudia.

Adaptado de: Cristina de Martos, *El Mundo*, 04/10/2010

1. ¿Por qué se dice al comienzo del texto que los exámenes no gozan de mucha popularidad?
2. Según el texto, ¿cuál es el método tradicional para aprender y recordar una palabra en una lengua extranjera?
3. ¿Cómo se relaciona el aprendizaje con la memoria?
4. ¿Cuáles son algunos de los trucos para conseguir aprender algo de manera más rápida?
5. ¿Qué son "los mediadores" y cuál es su función?
6. ¿Qué demuestra el estudio comparativo entre el vocabulario del swahili y del inglés en relación con "los mediadores"?

10.b. Los siguientes textos tienen que ver con aspectos relacionados con la memoria. Elige el título que mejor sintetiza la información que aparece en cada párrafo. Subraya las palabras que te proporcionen la clave.

Recordar lo que es coherente
La memoria personal
~~El cerebro~~
La memoria compartida
Los sentidos y la memoria
La memoria de *flash*
Recordar sin pensar
Las caras y la memoria

Título: *El cerebro*

1 Los recuerdos suceden cuando las células del cerebro se estimulan con unos patrones específicos. Aunque el patrón de las células que forman un recuerdo puede distribuirse en una gran zona del cerebro, distintas clases de recuerdo parecen estar controladas por diferentes partes del cerebro. Un cerebro humano tiene alrededor de 100 mil millones de células; el número de posibles patrones que se puede obtener combinando estas células es inmenso. Ello ayuda a explicar la gama y complejidad del comportamiento, pensamiento y memoria del ser humano.

Título:

2 Nuestras experiencias, y por tanto nuestros recuerdos, acuden a nosotros a través de ellos. Y a menudo, una experiencia sensorial específica (el olor de la vainilla, una estrofa de una canción) evocará un potente recuerdo. Tenemos la capacidad para reconocer cosas con sólo una pequeña cantidad de información sensorial y, en ocasiones, evocar un recuerdo a partir de intensas experiencias que puede transportarnos a otro momento y lugar.

Título:

3 Esta parte de la anatomía juega un papel especial en la vida y en la memoria humana, ya que somos capaces de leer detalles sutiles a menudo percibiendo ligeros cambios emocionales. La gente puede distinguir miles de caras diferentes y padres de gemelos idénticos pueden decir con facilidad quién es uno y otro. Pero se sabe de testigos presenciales de un delito que han identificado erróneamente a un sospechoso. Una mirada más detallada del proceso de recordar caras revela lo que vemos y lo que no vemos en ellas y cómo influye ello en la precisión de nuestros recuerdos.

Título:

4 La memoria puede transformar un día normal en un acontecimiento de extraordinaria importancia. Un encuentro casual se convierte en un momento decisivo, un objeto común se transforma en un talismán, una calle, una habitación o un prado son una fuente interna de confort o de refugio. Tales recuerdos nos ayudan a definir nuestra individualidad, nuestra identidad o personalidad.

Título:

5 Vivimos en una tormenta de imágenes, sonidos, hechos, acontecimientos, ideas, imaginaciones e historias. Nuestros sistemas de memoria tienen que cribar este constante torrente de pensamiento y experiencia y decidir qué vale la pena conservar. Aquellas experiencias coherentes, que tienen significado para nosotros, que agitan nuestras emociones o de alguna forma conectan con lo que ya sabemos y nos preocupa, tienen más posibilidades de meterse en nuestra memoria a largo plazo.

Título:

6 La discusión y el acuerdo sobre la forma en que suceden las cosas son los cimientos de la cultura. Las formas en las que registramos los acontecimientos (en canciones, películas y libros) conforman la historia. Lo que decidimos registrar y cómo contamos la historia revelan mucho sobre lo que compartimos.

Título:

7 Cuando una persona compra una marca específica de jabón o tiene una reacción particular ante alguien con quien se encuentra, su comportamiento puede estar muy influido por experiencias pasadas. Actitudes, expectativas, prejuicios y preferencias quedan a menudo influidos por una especie de memoria inconsciente que los científicos denominan memoria implícita. De forma similar, cuando se ponen en práctica las innumerables destrezas de la vida diaria (caminar, conducir, hablar, atarse los zapatos, etc.), habitualmente se hace sin mucho pensamiento consciente.

Título:

8 Para la mayoría, los acontecimientos de la vida diaria corren juntos en la memoria. Sin embargo, este tipo de memoria constituye una excepción, dado que, como una fotografía, conserva un momento al azar en el tiempo, preservando por otro lado detalles sin importancia. Después del asesinato del presidente J.F. Kennedy los psicólogos se dieron cuenta de que la gente recordaba perfectamente dónde estaba, qué estaba haciendo y cómo oyó la noticia de que habían matado al presidente de Estados Unidos. Los psicólogos se preguntaron si este tipo de memoria es neurológicamente distinta a otras. También se preguntaban si contar repetidamente una historia de la memoria *flash* podría ser un factor de su viveza y de su importancia para nosotros. Desde entonces, los estudios han demostrado que los recuerdos de la memoria flash están sujetos a tanta imprecisión como otras clases de recuerdos. Sin embargo, el sentido de claro recuerdo que rodea a noticias impactantes de gran importancia cultural o personal es innegable.

Adaptado del Museo de las Ciencias de Valencia.

10.c. Ahora que has leído información sobre cómo funcionan el cerebro y la memoria, elige una palabra de vocabulario o una expresión en español que nunca olvidarás. Piensa en el contexto en el que la aprendiste, la situación del aprendizaje y por qué crees que siempre la vas a recordar. Redacta una anécdota y fíjate en si está relacionada con alguno de los tipos de memoria que se han mencionado en el apartado anterior.

Actividad 11

11.a. Lee la siguiente entrevista, subraya las ideas principales que aparecen en el texto y decide si lo que se dice debajo es verdadero o falso.

Los médicos españoles tienen pánico a hablar en inglés en los congresos

En la jerga quirúrgica, *Dance with me* no significa 'baila conmigo' sino 'átame', una expresión que forma parte de la jerga médica y la utiliza el cirujano momentos antes de entrar al quirófano para que, una vez esterilizado, alguien le ate la bata por detrás. Con la intención de evitar este tipo de situaciones confusas y hasta un tanto comprometedoras si no se entienden correctamente, se ha presentado el sexto libro de la colección Springer Medical English en la sede de la Organización Médica Colegial.

Entre otras cuestiones, estas obras, escritas en inglés y por especialidades, explican cómo solicitar trabajo a un hospital en el extranjero, impartir una conferencia o preparar un artículo en inglés para presentarlo en revistas de prestigio internacionales.

Uno de los artífices de esta idea, junto con otra eminencia en radiología, Pablo Ros, es Ramón Ribes, un gaditano de 45 años que trabaja en el Hospital Reina Sofía de Córdoba. Sus compañeros de Medicina lo describen como un profesional brillante y de referencia en el campo de la radiología intervencionista. Dicen, además, que es una persona muy inquieta, tanto que, como curiosidad, hizo cuarto, quinto y sexto de Medicina en el mismo año, mientras también cursaba primero de Derecho.

Pregunta. –¿Cómo surgió la idea de esta colección?

Respuesta. –Con 34 años me fui a trabajar a Harvard (Estados Unidos). Yo no hablaba inglés, a pesar de que creía tener un buen nivel. Pero de esto no te das cuenta hasta que no estás en el entorno hospitalario, donde hay una jerga que ni siquiera los nativos del idioma conocen. Busqué todos los libros de inglés médico que había en la biblioteca de Harvard y vi que estaban escritos por profesores nativos. Pensé que era necesario que este material estuviera escrito por médicos que además no fueran nativos, por la riqueza que ofrece su experiencia en el aprendizaje del idioma. Sin duda, con el asesoramiento de nativos. Con estas premisas pusimos en marcha nuestra serie.

P. –¿A quiénes está dirigida?

R. –Al médico que se va fuera a trabajar, al que quiere publicar en revistas de prestigio internacional y aquellos a quienes les gusta estar muy al día de su especialidad. La persona que domina el inglés va a poder adquirir la información de primera mano de los artículos en tiempo real.

P. –¿Cuál es el nivel de inglés de los médicos españoles?

R. –En general, no hablan inglés. El 90% no son capaces de decirle su e-mail a un extranjero y sólo el 5% es capaz de llamar por teléfono fuera de España. Nuestros médicos tienen pánico a expresarse en este idioma en los congresos internacionales por miedo a que les pregunten. Para hacernos una idea, en el Congreso Europeo de Radiología de 2008, España, con 7.000 radiólogos, sólo presentó 12 comunicaciones orales, mientras que Grecia, con tan sólo 2.000, presentó 17.

P. –¿Por qué es importante el inglés para los médicos?

R. –España sólo será un país del primer mundo cuando nuestros profesionales sean tan bilingües como los suecos u holandeses. Entonces, tendríamos los porcentajes que demográficamente nos corresponden en las sociedades científicas y aumentaría nuestro peso académico en la sociedad internacional.

P. –¿Por qué España no tiene el nivel de inglés deseable?

R. –El español deja de estudiar inglés a los 18 años. Después de 12 años estudiando la carrera, retomar este idioma requiere mucho coraje. Creo que, por obligación, los residentes tendrían que irse a estudiar un tiempo a un país de lengua anglosajona. Por otra parte, en España los médicos veteranos, en general, no hablan inglés. Entonces, el hecho de que un chico joven y con ganas domine el idioma, puede ser percibido como una amenaza en vez de como una oportunidad.

P. –¿Cómo salen parados los médicos españoles si se compara su inglés con el de sus colegas en otros países?

R. –Curiosamente, el inglés médico es muy fácil para españoles y franceses, ya que el 50% de la terminología es grecolatina y por lo tanto se entiende bien. Sin embargo, tenemos problemas para pronunciar todo lo que es fácil de leer, como edema, por ejemplo. Con la ventaja que supone tener una lengua romance, la desaprovechamos hasta el punto de que un japonés iguala nuestro nivel en cinco años. En general, el nivel del idioma en el resto de Europa es mejor que el nuestro.

Adaptado de: Laura Tardón, *El Mundo*, 24/12/2009

Según la entrevista...	**V**	**F**
1. '*Dance with me*' es una expresión típica de la jerga médica que se utiliza antes de llevar a cabo una operación en un quirófano.		
2. Entre otras cuestiones de interés para la carrera médica, el libro *Springer Medical English* explica cómo atender a un paciente en el extranjero o impartir clase de medicina.		
3. Ramón Ribes es un prestigioso radiólogo que trabaja en su ciudad natal.		
4. Ramón Ribes fue capaz de compaginar sus estudios de varios cursos de medicina con los de otra carrera.		
5. Cuando llegó a Estados Unidos a la Universidad de Harvard no hablaba nada de inglés.		
6. Una de las primeras cosas que le llamaron la atención cuando llegó a Estados Unidos es que la mayoría de los libros de medicina estaban hechos por hablantes nativos.		
7. Decidió hacer un libro de medicina sin la ayuda de profesores nativos porque le pareció importante mostrar la experiencia de los médicos que no eran nativos.		
8. El libro que acaba de publicar está dirigido a todo tipo de médicos y, en especial, a los médicos españoles que quieran progresar en la profesión.		

Según la entrevista...	V	F
9. En general, el nivel de inglés de los médicos españoles es bastante malo, ya que muchos no serían capaces de expresarse en esta lengua de manera básica.		
10. El nivel de inglés de los médicos griegos es mucho mejor que el de los médicos españoles.		
11. Ramón Ribes opina que los médicos españoles tienen pánico a comunicarse en inglés porque no sabrían responder a una pregunta sobre su especialidad en esta lengua.		
12. Si los médicos españoles fueran bilingües, España tendría un papel más relevante en el campo de las ciencias médicas.		
13. Para Ramón Ribes, estudiar en un país anglosajón debería ser un requisito en los estudios de medicina.		
14. En general, los médicos veteranos no hablan inglés y los médicos jóvenes que hablan inglés siempre tienen más oportunidades de progresar en la carrera de medicina respecto a sus colegas que llevan más tiempo en la profesión.		
15. A un médico español le resulta bastante fácil hacerse entender en el inglés médico, puesto que la mayor parte del vocabulario es de origen grecolatino.		

11.b. Como se indicaba en la entrevista anterior, en el lenguaje médico existe numerosa terminología de origen grecolatino. Éstos son los principales prefijos y sufijos de origen griego y su significado. Completa la palabra que sirve de ejemplo para cada uno de ellos.

Prefijos de origen griego

	prefijo	**significado del prefijo**	**ejemplo**
1.	acro-	que se encuentra en lo alto	acróp_l_s
2.	antropo-	relacionado con el hombre	antrop_l_g_ _
3.	auto-	relacionado con uno mismo	autob_ _gr_f_ _
4.	biblio-	relacionado con los libros	bibliot_c_
5.	bio-	relacionado con la vida	biol_g_ _
6.	ciclo-	que tiene forma de círculo	ciclom_t_r
7.	cine-, cinemato-	que se mueve	cinem_t_c_
8.	cosmo-	relacionado con el mundo	cosmop_l_t_
9.	cripto-	que se encuentra oculto	criptogr_m_
10.	cromo-	que es de color	cromos_m_

11.	crono-	relacionado con el tiempo	cronol_g_ _
12.	dactil-, dactilo-	relacionado con los dedos	dactil_r
13.	deca-	compuesto por diez unidades	décad_
14.	demo-	relacionado con el pueblo	demogr_f_ _
15.	dermo-, dermato-	relacionado con la piel	dermat_l_g_
16.	dinam-, dinamo-	relacionado con la fuerza	dinam_sm_
17.	gast-, gastro-	relacionado con el estómago	gastr_t_s
18.	geo-	relacionado con la tierra	geot_rm_a
19.	gin-	relacionado con la mujer	gin_c_l_g_
20.	helio-	relacionado con el sol	heliot_r_p_ _
21.	hemo-, hemato-	relacionado con la sangre	hemorr_g_ _
22.	hetero-	distinto de algo	heteros_x_ _l
23.	homo-, homeo-	parecido o similar a algo	homog _n_ _
24.	icono-	relacionado con la imagen	iconogr_f_ _
25.	macro-	grande	macro_c_n_m_c_
26.	micro-	pequeño	micro_nd_s
27.	para-	que va más allá o en contra de algo	paran_rm_l
28.	peri-	que va alrededor	perisc_p_ _
29.	piro-	relacionado con el fuego	pirot_cn_ _
30.	poli-	que tiene varios	poligl_t_

Sufijos de origen griego

	sufijo	significado del sufijo	ejemplo
1.	-filia	que es proclive o aficionado a algo	_ngl_filia
2.	-fobia	que siente odio, miedo o temor por algo	x_n_f_bia
3.	-fono, -fonía	relacionado con el sonido	_ _d_fono
4.	-gamia	relacionado con el matrimonio	m_n_gamia
5.	-grama	relacionado con las letras o con algo escrito	t_l_grama
6.	-geno	que engendra	l_cr_m_geno
7.	-logo	especialista o persona versada o que sabe de algo	ps_c_logo
8.	-mancia	relacionado con la adivinación	c_rt_mancia
9.	-manía	que tiene pasión por algo	p_r_manía

10.	-metro	medida; que sirve para medir	t_rm_metro
11.	-patía	que padece o que siente algo	t_l_patía
12.	-poli	relacionado con la ciudad	m_tr_poli
13.	-scopio	que sirve para ver	t_l_scopio
14.	-tecnia	relacionado con el arte o la ciencia	mn_m_tecnia

11.c. Forma palabras a partir de las terminaciones que te damos. Hay dos para cada una.

~~hidro-~~ • cruci- • claustro- • haltero- • esteto- • sin- • clepto- • mega- • penta- • podo- • melo- • biblio- • dinamo- • crono- • bio- • micro-

1. **-fobia:** *hidrofobia,*
2. **-metro:**
3. **-manía:**
4. **-grama:**
5. **-logo:**
6. **-fonía:**
7. **-filia:**
8. **-scopio:**

11.d. Aquí te ponemos los principales prefijos de origen latino. Completa la palabra que sirve de ejemplo para cada uno de ellos.

Prefijos de origen latino

	prefijo	significado del prefijo	ejemplo
1.	ab-, abs-	que está separado o privado	abs_rb_r
2.	ad-	que se añade	adj_nt_r
3.	bi-, bis-	que es doble	bis_x_ _l
4.	des-	que carece de algo	desgr_n_r
5.	ex-	que está o que se pone fuera, o que ha dejado de ser	exp_n_r
6.	extra-	excesivamente; fuera de un lugar	extram_r_s
7.	i-, in-, im-	que carece de algo	il_g_bl_

Prefijos de origen latino

prefijo	significado del prefijo	ejemplo
8. inter-	que se encuentra entre algo	interc_lt_r_l
9. intra-	que se encuentra dentro de algo	intrav_n_s_
10. multi-	que tiene gran cantidad de algo	multim_ll_n_r_ _
11. omni-	relacionado con el todo	omnív_r_
12. pos-, post-	que es posterior	posp_n_r
13. pre-	que precede a algo, o que va delante	pref_j_
14. re-	que se repite o que se vuelve a hacer algo	red_str_b_ _r
15. retro-	que va hacia atrás	retrosp_ct_v_
16. su-, sub-	que se encuentra debajo o por debajo de algo	subm_r_n_
17. super-, sobre-, supra-	que se encuentra encima o por encima de algo	superp_n_r
18. trans-, tras-	que va a través de algo o más allá de algo	transpl_nt_
19. ultra-	excesivamente; que va más allá de algo	ultrac_ns_rv_d_r
20. vice-, vi-, viz-	que se encuentra en vez de algo	vic_pr_s_d_nt_

11.e. Ahora completa las frases con una de las palabras anteriores Haz la concordancia donde sea necesario.

1. El paciente tuvo una fuerte .... interna y lo tuvieron que ingresar en el hospital.
2. El escritor cubano Reinaldo Arenas tituló su .... *Antes que anochezca*.
3. Las inyecciones .... , es decir, las que se ponen en una vena, suelen doler más que las intramusculares.
4. Juan es muy .... , ha viajado por todo el mundo y siempre ha estado en contacto con gente de diferentes culturas.
5. Calienta el café un poco en el .... , que se ha enfriado.
6. Mi amigo Pawel es un auténtico ....: habla polaco, español, inglés, francés, ruso, portugués, alemán y tiene conocimientos de árabe.
7. No creo en fenómenos .... Al igual que la cartomancia, me parece que es todo una invención para sacarle dinero a la gente.
8. Estudió la carrera de .... en México y ahora está investigando sobre la civilización olmeca.

9. En la .... de los 80 se produjo un importante movimiento sociocultural en España conocido como "La Movida".
10. Durante la Segunda Guerra Mundial se utilizaron .... para enviar secretos militares.
11. La policía ha podido indentificar al ladrón porque encontraron rastros de huellas .... en el mango de una sartén.
12. La cilindrada de los .... es normalmente inferior a los 80 centímetros cúbicos.
13. La .... es la técnica de fabricación y utilización de materiales explosivos o fuegos artificiales.
14. Cuando hablamos de la descripción de imágenes, retratos y cuadros, nos referimos a la ....
15. Algunas personas son capaces de comunicarse mediante la transmisión de contenidos psíquicos. Es lo que se conoce como ....

11.f. Algunas palabras que proceden del griego tienen en español las terminaciones: *-ma*, *-ama*, *-ema*, *-ima*, *-oma* y *-uma*. Estas palabras a veces inducen al error porque aunque terminan en *-a* suelen ser masculinas, como por ejemplo "el/los problema/s". Escribe el artículo correspondiente para cada palabra, y haz un círculo en el sustantivo cuyo género sea diferente.

1.	*el*	sistema	*el*	teorema	(*la*)	alarma
2.	....	dogma	....	enigma	....	firma
3.	....	fantasma	....	lágrima	....	goma
4.	....	puma	....	diadema	....	reuma
5.	....	síntoma	....	melanoma	....	norma
6.	....	clima	....	cima	....	paloma
7.	....	eccema	....	esquema	....	lima
8.	....	cromosoma	....	víctima	....	idioma
9.	....	rama	....	drama	....	tema
10.	....	poema	....	esgrima	....	crucigrama
11.	....	carisma	....	fotograma	....	broma
12.	....	cama	....	aroma	....	lema

✓ Recuerda que los sustantivos que terminan en *-sis* suelen ser femeninos y se utilizan con la misma forma para el singular y el plural, ej. la/las crisis, la/las meningitis, la/las tortícolis. Sin embargo, aunque la mayoría de las palabras que terminan en *-sis* son femeninas, existen también algunas excepciones: el paréntesis, el énfasis, el éxtasis y el análisis.

Actividad 12

12.a. Lee la siguiente noticia y subraya el vocabulario relacionado con la informática y la tecnología.

El iPad llega a España

El último juguete de Apple, el iPad, aterrizará el viernes en España. Los fans de la marca de Cupertino (EEUU) piensan acudir a las tiendas distribuidoras de Apple para hacerse con él. Los más impacientes (la mayoría) ya han hecho la reserva por Internet, precedidos de un exitoso arranque de ventas en EEUU: un millón de tablets en 28 días.

El iPad es, para el consejero delegado de Apple, Steve Jobs, su apuesta más personal. Y sobre la que se han lanzado ataques y elogios desde su puesta en escena el pasado enero en San Francisco. "Un mágico y revolucionario producto a un precio increíble", declaró. Y en España ese precio oscilará entre los 479 y los 779 euros en función del dispositivo. La tableta cuenta con seis modelos distintos en función de su capacidad (16 GB, 32 GB y 64 GB) y conectividad. Todos disponen de Wi-Fi, pero también hay modelos con la tecnología 3G, que mediante una tarjeta SIM permite conectarse a Internet a través de una red inalámbrica móvil.

Una vez destapado el invento, que tantos rumores había generado en la red, han llovido las valoraciones. El producto es, básicamente, un portátil con pantalla táctil, con casi todo lo que éste permite además de facilitar la lectura de libros, como si se tratara de un *ebook*. Así que... ¿si ya se tiene un *netbook* tiene sentido comprarse un iPad? ¿Si aún no se dispone de un portátil es mejor optar por la tableta? ¿Y si sólo se quiere un *ebook*? De entrada, el iPad es un gadget para el entretenimiento.

POSITIVO (+)

Simplicidad. Utilizar la pantalla multitáctil del iPad es sencillo y divertido. Su interfaz es intuitiva y si se quiere un teclado, se puede comprar uno externo.

Contenidos. Las aplicaciones de ocio son la joya de la corona. Además, dispone de una especie de Office y se puede navegar por Internet, ver vídeos y escuchar música.

Rapidez. Tanto para cargar los álbumes de fotos y mostrarlos como diapositivas, así como para consultar mapas. Todas las operadoras ofrecen tarifas para el 3G.

Batería. Dispone de 10 horas de autonomía. Aunque, como es lógico, la compañía advierte que durará más o menos según el uso que se haga de la tableta.

Diseño. Si es Apple, la apariencia cuenta. Es un bonito *gadget*. El iPad es delgado y su tamaño, aunque no cabe en el bolsillo, es un poco más grande que un libro.
NEGATIVO (–)
Multitarea. La tableta no permite tener varios programas abiertos y operando en un mismo plano, al igual que todavía sucede con el iPhone.
USB. El iPad no tiene uno de los más clásicos puertos de conexión física, el USB. Si por ejemplo se quiere pasar fotos, el usuario ha de comprarse otro accesorio.
Flash. Algunas de las críticas han venido porque el iPad no soporta la tecnología Flash, cosa que hace que los vídeos de algunas web no se carguen.
Cámara. No cuenta con webcam que podría usarse para videoconferencias, ni de cámara. Aunque esto último tiene más sentido por el tamaño del dispositivo.
Huellas. La pantalla es muy luminosa y reacciona perfectamente al tacto. Pero es inevitable que acumule huellas y se recomienda limpiarla a menudo.

Adaptado de: Carmen Fernández, *ADN*, 26/05/2010

12.b. A partir de la información que aparece en el texto anterior, redacta un texto de divulgación científica de unas 200 palabras sobre el iPad. He aquí algunas palabras relacionadas con la informática y la tecnología que te pueden resultar útiles. Añade algunas más y no olvides echarle un vistazo a las características generales de este tipo de texto.

Vocabulario relacionado con la tecnología: la accesibilidad; la actualización; la aplicación; la conexión; el cursor; el formato; la resolución; la transferencia de archivos, etc.

Actividad 13

13.a. En español existen cada vez más palabras que provienen del inglés. Aunque algunos de estos anglicismos se usan con frecuencia, es preferible utilizar el término equivalente. Encuentra el vocablo correspondiente en español.

término inglés	verbo derivado
1. feedback ⟶ *retroalimentación*	a. aparcamiento
2. hobby	b. vestíbulo
3. barman	c. existencias
4. best-seller	d. director
5. parking	e. monopolio
6. handicap	f. conmoción

7. hall	g. espectáculo
8. trust	h. aerosol
9. manager	i. camarero
10. shock	j. expositor
11. stock	k. superventas
12. show	l. contraseña
13. spray	ll. ~~retroalimentación~~
14. stand	m. desventaja
15. password	n. pasatiempo

13.b. También encontramos otros extranjerismos de diferentes lenguas que se han ido incorporando al idioma. En algunos casos se ha adaptado la ortografía de acuerdo con las normas fonéticas y ortográficas del español, ej. *kimono* = quimono. Clasifica las siguientes palabras según su origen. Hay cuatro palabras para cada categoría.

el kamikaze • el pantalón • el chocolate • el karaoke • el garaje • el leitmotiv • el piloto • la acequia • la guerra • el piano • el aguacate • el búnker • la novela • el arroz • el tomate • la croqueta • el alcalde • la tregua • el tatami • el puma • el hotel • el bonsái • el casino • la zanahoria

árabe	**francés**	**alemán**	**italiano**	**japonés**	**lenguas de América Latina**
la berenjena	*el rol*	*kitsch*	*el centinela*	*el futón*	*la cancha*

Actividad 14

Elige un descubrimiento nuevo en una rama de la ciencia que te interese y redacta un texto de divulgación científica de unas 500 palabras. Puedes hacer primero una pequeña investigación para recopilar información. Ten en cuenta todo lo que has aprendido en este capítulo y no olvides repasar las diferentes características de los textos científico-técnicos.

Capítulo 9
Consejos adicionales para escribir correctamente

En este capítulo encontrarás más información sobre cómo puedes mejorar tus técnicas de escritura. Debes tener en cuenta que escribir correctamente es un proceso en el que hay que seguir una serie de pasos que te detallamos a continuación.

1. El diario de aprendizaje, el borrador y la revisión

El borrador y la revisión de un texto constituyen dos pasos fundamentales para que el resultado final sea óptimo. Para ello:

1. Todo buen escritor tiene **un diario de aprendizaje** en el que apunta no solamente aquellos aspectos de la lengua que le funcionan y que le han dado buen resultado anteriormente, sino también los errores típicos. Por lo tanto, no olvides apuntar lo que vayas descubriendo en los diferentes borradores, ya que de esta manera irás consolidando también aquellos aspectos de la escritura que has ido mejorando. Los errores pueden ser de diferente tipo: de género, de número, de concordancia, de preposición, de conjugación, de modo indicativo o subjuntivo, la posición incorrecta de un elemento en la oración, una palabra incorrecta, etc. Aprender de los errores es una buena manera de afianzar diferentes aspectos gramaticales de una lengua que incluso a veces puede ser un proceso entretenido.
2. Recuerda **guardar siempre todos los borradores**. Numéralos y ponles fecha, y así podrás observar cómo ha ido mejorando tu texto de manera progresiva. Del mismo modo, los diferentes borradores te pueden proporcionar pistas sobre aquellos aspectos del texto que se pueden mejorar.
3. Asimismo, no olvides que una de las claves del proceso de la escritura es **saber repasar cada elemento de una oración** para ver que todo concuerda y, a la vez, comprobar que las ideas están bien expresadas.

Actividad 1

A continuación verás algunas erratas que han aparecido en diferentes periódicos en las que se indica dónde está el error. Tu tarea consiste en pensar cuál es la corrección más apropiada según el contexto para cada caso.

1

El hospital se verá afectado por el paro laboral a partir de mañana.

Mañana empieza la huelga de médicos y enfermos

Un total de 1.240 profesionales están llamados al paro

2

CONFIDENCIAL

Los cambios de Rudi

La presidenta del Congreso de los Diputados, **Luisa Fernanda Rudi**, ha impuesto un nuevo estilo en el gobierno de la Cámara. Por iniciativa suya, las veintinueve mujeres femeninas de las Cortes podrán lucir pantalones en su tradicional uniforme azul.

3

VALLADOLID

Absuelto el médico juzgado por desgarrar el bazo de una paciente

VALLADOLID. El Juzgado de lo Penal número 2 de Valladolid ha absuelto al cirujano Juan Antonio B.S., quien había sido juzgado por desgarrar el bazo a una paciente durante una operación de hernia de hiato realizada el 18 de mayo de 1999, tras la cual, debido a la hemorragia sufrida por la mujer, fue necesario extirparle el órgano dañado, según Ep.

El Ministerio Fiscal había atribuido al cirujano ahora absuelto una «mala práxis quirúrgica» y le había acusado de una falta de imprudencia por la que solicitó el pago de una multa de 601 euros y una indemnización de 4.207, mientras que la acusación particular pedía un año de cáncer y una indemnización de 12.020 euros.

4

jueves 26

Cielos con nubes y claros, con riesgo de alguna preocupación aislada. Las temperaturas iniciarán una ligera subida.

Máxima 17°
Mínima 7°

Ciudad de México

5

EL DATO

70

Holanda ha solicitado **70 enfermeros/as** españoles/as para la recogida de espárragos a través de la red europea de búsqueda de empleo EURES, dependiente del Instituto Nacional de Empleo (INEM). El **salario bruto mensual** oscilará entre los **1.787 y 2.410 €** para personas sin experiencia, y entre **2.039 y 2.738 €** para trabajadores especializados.

6

ES CABALLERO REAL

La reina Isabel de Gran Bretaña otorgó el título de Caballero a Roger Moore, quien ha hecho de James Bond en siete películas

Ayer la corona británica embistió al actor Roger Moore con el título de Caballero por su trabajo como embajador de buena voluntad del Fondo de las Naciones Unidas para la Infancia. "(La reina) me felicitó por mi trabajo… según dijo debe ser muy satisfactorio y también mencionó al agente 007", comentó Moore a Sky News. El ahora "Sir" británico

7

sociedad

número de monjas disminuy

ción crece en
entre los
os masculinos

El número de religiosas a descendió un 4.9% en- 2000, pasando de ser un 1.711 a 58.406 monjas, se- s del libro de la Confe- iscopal Española. Estadísti- ión 200". Sin embargo los religiosos experimentaron un ligero ascenso hasta alcanzar en 2000 la cifra de 5.326. Por lo que respecta al número de sacerdotes, en cambio, existe una tendencia estable, manteniéndose las cifras alrededor de los 20.000 ejemplares. La Iglesia resalta la presencia de altibajos en el número de seminaristas, cuyas cifras se sitúan entre 1996 y 2000 en 2.004, 2.115, 1.994, 2.025 y 1.981. El número de parroquias se ha mantenido prá- ticamente consta ro incremento de 1997 y 1999, de 2000.

Pese a esta cris nes religiosas, los mantienen por en 280.000 al año, crementado el nú zados con edades año. También los eclesiásticos han ando los 150.00

8

Admiten la revisión de la sentencia sobre el suelo de los funcionarios

MADRID. – La Sala III del Supremo, máxima instancia de lo Contencioso-Administrativo, confirmó ayer la admisión a trámite del recurso del que define la competencia d Audiencia Nacional – sino trasciende a una mera cuest de personal, puesto que ad a los Persupuestos General

9

DOMINGO 15 DE JUNIO DE 2003

Hillary y Bill Clinton airean sus miserias, como el famoseo español. La princesa Magdalena de Suecia vive con su novio de cuatro meses.

10

CEHEGÍN

Sufre varias facturas al caer en parapente

Una mujer sufrió ayer varias fracturas al precipitarse contra el suelo el parapente que manejaba en el paraje de Peña Rubia (Cehegín), siendo rescatada por un helicóptero de la Comunidad, debido a la dificultad que presentaba el paraje. Tras aterrizar, un médico y un ATS atendieron a la accidentada, que fue trasladada al Hospital Virgen de la Arrixaca con varias fracturas.

Actividad 2

2.a. La persona que ha escrito las siguientes frases ha cuidado el estilo, pero ha olvidado repasar la gramática y en cada una de ellas se esconde un error gramatical. Presta atención a la función que cumple cada elemento en la oración, subraya la parte donde creas que está el error y corrígelo. Si dudas en alguna frase, indica la parte de la oración donde creas que se encuentra el error y compruébalo en las respuestas.

1. En el transcurso de la vida, una persona debe aprender a conformarse con lo que tiene y, por lo tanto, no ~~deba~~ *debe* ansiar tener más de lo que le corresponde.
2. Por ejemplo, cuando habían elecciones presidenciales se podía percibir un gran interés por parte de la opinión pública británica que, desafortunadamente, se esfumó en cuanto se dieron a conocer los resultados.
3. Lo que los seres humanos elegimos a hacer ante una determinada situación, tiene que ver, entre otras razones, con nuestros deseos y también con nuestros instintos, pero indudablemente no se pueden utilizar estos dos argumentos para justificar la conducta de una persona.
4. Es claro que para comprender el origen del universo primero debemos preguntarnos de dónde venimos y a dónde vamos, aunque también deberíamos analizar

cuál es el rol que cumple la humanidad en la Tierra y si, realmente, cabe la posibilidad de que existan civilizaciones semejantes a la nuestra con las que en un futuro cercano podamos establecer algún tipo de contacto.

5. Aquí radica la clave, posiblemente, de porqué Ortega y Gasset afirmó que la metáfora es una entidad de vital importancia para el hombre que no solamente encontramos en la lengua sino que, quizás de manera abstracta para el intelecto, puede establecer igualmente una relación de significado entre dos seres.

6. Similarmente, aquellos políticos que todavía creen que el cambio climático no es una realidad tangible deberían seguir de cerca los desastres naturales que se han producido en los últimos años.

7. Posiblemente resultaría mucho más fácil de abordar este tema teniendo en cuenta lo que opina la mayoría de la gente, no obstante en nuestro análisis preferimos ofrecer diferentes puntos de vista que nos ayuden a sustentar la tesis del ensayo.

8. Aunque es comprensible que a algunas personas les cueste más hacerse a la idea, ya que los morales de un individuo se van adquiriendo paulatinamente a lo largo de toda una vida, siempre se debe hacer un esfuerzo por intentar entender la postura o la manera de pensar de otra persona.

9. Cabe preguntarse aquí si tales afirmaciones contribuyen a mejorar la situación de los inmigrantes que intentan llegar a Estados Unidos, ya de por sí complicada, o si por el contrario persigue otro tipo de cometido.

10. El lenguaje y la capacidad de comunicación constituyen una facultad innata en el individuo que se desarrolla en consonancia con sociales situaciones de carácter complejo y que, asimismo, es el resultado de multitud de experiencias vividas.

11. Otro argumento en favor de prohibir fumar en los espacios públicos es que, mediante esta medida, se conseguiría reducir de manera drástica el consumo del tabaco por parte de la población más joven.

12. En un futuro no muy lejano, es inevitable que el cine y la televisión llegasen a ejercer más influencia que la que han tenido los libros en la historia de la humanidad.

13. Tal fue el suceso del intento de crear una gramática del idioma por parte de Alfonso X El Sabio, que a partir de esa época se empezó a constituir una lengua castellana más homogénea.

14. Valga a modo de ejemplo que el cerdo es un animal de vital importancia en el tribu "Dani" de Papúa Nueva Guinea, ya que dicho animal convive en la misma cabaña que los habitantes del poblado.

15. Cualquiera que tiene un ápice de perspicacia se dará cuenta de que, en numerosas ocasiones, la clase política se afana por perseguir sus propios intereses más que intentar salvaguardar los intereses de los ciudadanos que los han elegido democráticamente en las urnas.

2.b. Ahora que ya has corregido todos los errores gramaticales de las oraciones, comenta de cuáles has aprendido y qué aspectos del estilo te han gustado. Apúntalos en tu diario de aprendizaje.

Actividad 3

3.a. Fíjate en la siguiente tabla sobre los aspectos gramaticales y ortográficos de la escritura y analiza si los has seguido a la hora de escribir un texto. Si no lo has hecho, aprovecha para incorporar las modificaciones pertinentes.

LOS ASPECTOS GRAMATICALES Y LOS ORTOGRÁFICOS	**Marca la casilla correspondiente** ✓
1. Los verbos están correctamente conjugados. Por ejemplo, ten especial cuidado con los verbos en el pretérito indefinido que terminan en "-cir", ej. produjo, no *~~produció~~.	
2. Las formas de "ser y estar" se han utilizado de manera correcta junto con los adjetivos que aparecen, ej. Es innegable el hecho de que...; Está claro que para comprender este tema...	
3. No hay un uso desmesurado de la voz pasiva; recuerda que en español se utiliza muy poco. Si todavía aparecen varios ejemplos en voz pasiva, es conveniente cambiar alguno a la voz activa.	
4. El uso del modo subjuntivo es correcto y has identificado todas las estructuras o los casos en los que se debe utilizar.	
5. La concordancia sujeto / verbo es la apropiada para todos los sujetos que aparecen.	
6. La concordancia de género: adjetivo/sustantivo, masculino/femenino, y la de número: singular/plural, es correcta para todos los sustantivos del texto.	

7. Los artículos determinados e indeterminados se han utilizado correctamente tanto ante un sustantivo como en frases hechas, ej. por primera vez (*for the first time*), no *~~por la primera vez~~.	
8. Los posesivos que aparecen se han utilizado de manera correcta y en concordancia con el uso habitual del español.	
9. El uso de las preposiciones es correcto, especialmente aquellas que acompañan a los verbos y que requieren una preposición diferente en español, ej. consistir en (*to consist of*).	
10. Los adverbios se encuentran situados en el lugar correcto de la frase y no demasiado lejos del verbo al que acompañan.	
11. Todas las palabras están correctamente acentuadas; por ejemplo, los monosílabos que son de tilde diacrítica, ej. si/sí, de/dé, aun/aún, o formas verbales que requieren acento ortográfico, ej. el pretérito indefinido, futuro, condicional.	
12. Las pausas se han insertado en un lugar adecuado y los signos de puntuación son variados; por ejemplo, el uso del punto y coma.	

3.b. ¿Qué cambios has realizado después de comparar la tabla con tu texto? Para que te sirvan de referencia, anótalos en tu diario de aprendizaje.

Actividad 4

4.a. Fíjate en la siguiente tabla sobre la estructura, el contenido, la expresión y el estilo, y analiza si has seguido todos los pasos a la hora de escribir un texto. Si no lo has hecho, aprovecha para incorporar las modificaciones pertinentes.

LA ESTRUCTURA, EL CONTENIDO, LA EXPRESIÓN Y EL ESTILO	**Marca la casilla correspondiente** ✓
1. El título se adecúa al tema, es interesante y original.	
2. La introducción, y el tipo de introducción, presenta de manera clara el tema principal del texto.	

3. Los párrafos, las ideas o los argumentos son coherentes en su planteamiento y están situados en el orden correcto.	
4. El léxico es variado y apropiado para el campo semántico del texto, y has utilizado un buen diccionario. (No olvides leer el apartado en este capítulo sobre los diferentes tipos de diccionarios.)	
5. Las expresiones cultas con sentido metafórico, frases hechas, etc., están bien utilizadas.	
6. Hay un uso variado de diferentes tiempos verbales del indicativo y del subjuntivo; de las estructuras sintácticas; así como del contraste de los principales tiempos del pasado (pretérito indefinido y pretérito imperfecto).	
7. El significado de los verbos es variado; por ejemplo, no aparecen demasiados verbos comodín, ej. tener, hacer, poner, decir, echar, haber.	
8. La conclusión del texto es clara y apropiada para el tema.	
9. Se ha tenido en cuenta la posición del adjetivo (antepuesto o pospuesto) en relación con el estilo, para expresar el punto de vista según el tipo de texto.	
10. La longitud de las frases es la apropiada; no son muy cortas, como ocurre a veces en inglés, pero tampoco son demasiado largas y sin pausas.	
11. La letra es legible, si el texto está escrito a mano, y los párrafos se hallan bien estructurados.	
12. Has hecho una lectura del texto en voz alta y has realizado algún cambio final para mejorar la puntuación.	

4.b. ¿Qué cambios has realizado después de comparar la tabla con tu texto? Para que te sirvan de referencia, anótalos en tu diario de aprendizaje.

2. La precisión en el uso del lenguaje

Aquí te damos algunos consejos que te pueden ayudar a la hora de planificar el lenguaje y el estilo de un texto.

1. **Asegúrate de que utilizas los sinónimos de manera correcta.** A veces asumimos que dos palabras cuyo significado se parece son sinónimas en cualquier contexto. Sin embargo, conviene verificar cuál es el sentido con el que las queremos utilizar.

Ej. "Servicial" no siempre es sinónimo de "amable".
Según el diccionario de la RAE:

Amable: "Afable, complaciente, afectuoso".

Servicial: "Que sirve con cuidado, diligencia y obsequio; pronto a complacer y servir a otros".

2. **Verifica que utilizas el término correcto.** Cuando se escribe un texto, hay que estar seguro de que se utiliza un término correctamente ya que, de lo contrario, se puede incurrir en el error de que la palabra elegida tenga más de una connotación, que el término resulte ambiguo, o que no se trate del significado que realmente queremos expresar.

Ej. No es lo mismo "libertad" que "libertinaje".
Según el diccionario de la RAE:

Libertad: "Facultad natural que tiene el hombre de obrar de una manera o de otra, y de no obrar, por lo que es responsable de sus actos". Adjetivo: "libre".

Libertinaje: "Desenfreno en las obras o en las palabras; falta de respeto a la religión". Adjetivo: "libertino".

3. **No utilices información innecesaria o redundante.** Hay que tener cuidado con el uso de determinados adjetivos o adverbios ya que, en lugar de contribuir a enriquecer la descripción, pueden proporcionar una información redundante, innecesaria y que ya aparece expresada en el sustantivo.

Ej. No subas.
Incorrecto: *No subas ~~arriba~~. ("Subir" ya implica el hecho de ir hacia arriba.)

Ej. Fue increíble.
Incorrecto: *Fue ~~muy~~ increíble. ("Increíble" ya expresa un grado máximo de algo que resulta "insólito".)

Ej. Reparten obsequios.
Incorrecto: Reparten obsequios ~~gratuitos~~. (Todos los obsequios son gratuitos.)

Ej. Se ha producido un robo.
Incorrecto: Se ha producido un robo ~~ilegal~~. (Todos los robos son ilegales.)

4. **Respeta las normas de ortografía.** Ten cuidado con aquellas palabras que por ejemplo en inglés duplican las consonantes: *possible* (posible), *different* (diferente), etc. También con el uso de la "b" y la "v", la "g" y la "j", la "r" y la "rr", etc. Ante cualquier duda lo mejor es que consultes la palabra en un buen diccionario. Ten cuidado también con los términos que se parecen y que no solemos consultar tan a menudo.

Ej. apropiado (*appropriate*)
Incorrecto: *~~apropriado~~

5. **Respeta las normas de acentuación y de puntuación.** Es conveniente tener presente que, al utilizar una ortografía diferente a la de tu lengua, hay que comprobar que se está utilizando correctamente. No sólo el uso de las mayúsculas, sino también los signos de puntuación así como de acentuación. Recuerda que el lector del texto confía en que todas las palabras están correctamente acentuadas. El acento también indica diferencias sintácticas, y en algunos casos el significado puede incluso hasta resultar ambiguo:

    Ej. continúo / continuo / continuó

    Ej. ¿Qué podemos hacer? / Que se haga lo que se pueda.

    Ej. En un supuesto como éste… / Este supuesto demuestra que…

    Ej. Se solucionará de una manera u otra. / Es importante que dé otro ejemplo para ilustrar la tesis.

6. **Procura no mezclar la variante de español en la que escribas.** En el discurso oral suele haber más diferencias entre las diversas variantes de los países hispanohablantes. Sin embargo, en los textos escritos, el uso de la lengua tiende a ser más uniforme. Aun así, es conveniente no mezclar las diferentes variantes. De esta manera, conseguimos que el texto sea homogéneo en su configuración. Es recomendable tener en cuenta, por ejemplo: el uso del pronombre "vos" que se utiliza sobre todo en la variante rioplatense y que afecta también a la conjugación de los verbos; el uso de aumentativos y diminutivos, ej. "ahorita"; el empleo en la sintaxis del pretérito indefinido en vez del pretérito perfecto o del pretérito perfecto compuesto, ej. "Fue un verdadero éxito… / Ha sido un verdadero éxito"; el uso de extranjerismos por influencia del inglés, ej. "rentar" en vez de "alquilar". Recuerda que también suele haber algunas diferencias de léxico en las palabras de uso diario, ej. "la ducha" en España, "la regadera" en Argentina, así como en el vocabulario gastronómico. Lo importante es intentar que el texto sea coherente en la medida de lo posible.

7. **Ten cuidado con el uso de extranjerismos.** Es preferible usar una palabra que exista en español en lugar de un extranjerismo. Por ejemplo, en español existen equivalentes para el término *pen drive* o *pendrive*: memoria externa, memoria USB, lápiz USB, lápiz de memoria o lápiz digital. A veces, no obstante, cuando un término extranjero se ha constituido en la lengua como un tecnicismo se utiliza directamente el de la lengua extranjera, pero aun así conviene asegurarse de cuál es la ortografía correcta en castellano, ej. "mánager", "récord", "búnker", "eslogan", "interviú".

8. **Ten cuidado con las interferencias de la lengua inglesa.** Cuando repases lo que has escrito tienes que hacerte la pregunta de si hay algún aspecto del texto cuyo uso destaca porque es demasiado similar a la estructura del inglés. Puede ser, por

ejemplo, el uso de una palabra que no se utiliza de la misma manera en español, la estructura de la oración, su longitud, los signos de puntuación, la posición de un adjetivo o de un adverbio.

– Algunas palabras que provienen del griego o del latín se parecen, pero se utilizan de manera diferente:

Ej. Tus expectativas son siempre optimistas. (*Your expectations are always positive.*) Incorrecto: *Tus ~~expectaciones~~
La palabra "expectación" significa "*anticipation*":

Ej. Había mucha expectación por ver al cantante. *(The fans were awaiting the singer's appearance with great anticipation.)*

– Los adverbios en español suelen ir justo después del verbo, mientras que en inglés, como ocurre con los adverbios de tiempo, muchas veces se sitúan al final de la oración:

Ej. El Presidente ha recibido hoy a la selección de fútbol. (*The President received the national football team today.*)

Ej. Le gusta mucho el chocolate. (*She likes chocolate a lot.*)

– Ten cuidado también con el uso de expresiones que son equivalentes en su significado, pero que no tienen el mismo número de elementos en su estructura:

Ej. Por primera vez / Por última vez (*For the first time / For the last time*)
Incorrecto: *Por ~~la~~ primera vez

Ej. En los (años) ochenta… y en los (años) noventa (*In the eighties… and in the nineties*) Incorrecto: *En los ~~ochentas~~

– También presta atención a aquellas palabras que requieren el uso obligatorio del artículo en español y que no lo necesitan en inglés, como por ejemplo un título de persona:

Ej. el Dr. Smith (*Dr. Smith*); el profesor Pérez (*Professor Pérez*)

Actividad 5

La Fundación Fundéu BBVA, cuyo principal objetivo es el buen uso del español en los medios de comunicación, hace una serie de recomendaciones sobre el uso de la lengua. Lee con atención la información e identifica a qué categoría de las que acabamos de mencionar corresponde cada consejo.

Categoría: *7, uso de extranjerismos*

A. Según el *Diccionario de la Real Academia Española*, el extranjerismo *stock* significa 'cantidad de mercancías que se tienen en depósito'; pero en la edición electrónica de ese mismo libro se indica que es probable que en la próxima edición ya no figure. La Fundéu BBVA considera innecesario su uso, pues en español, para referirnos a esas mercancías y a lo relacionado con ellas, tenemos las palabras *existencias*, *reservas*, *provisión*, *surtido*, *mercancías almacenadas*, *sobrantes*, *excedentes*, *almacenamiento*, *almacenaje* o *inventario*, según el contexto. Asimismo, las construcciones inglesas *to be in stock* y *to be out of stock* corresponden a las españolas 'estar en existencia' (o 'en almacén') y 'estar agotado'.

Adaptado de: *Donde dice*... 15, 2009, p. 22

Categoría: ....

B. La Fundéu BBVA vuelve a advertir de la tendencia, cada vez más frecuente en los medios de comunicación de habla hispana, a no utilizar el artículo delante de los nombres de países que tradicionalmente lo llevan en español, como es el caso del Tíbet. Los medios recogen estos días informaciones sobre las revueltas callejeras de los tibetanos contra las autoridades chinas que allí gobiernan y son muchos los que optan por escribir o decir *en Tíbet*, *desde Tíbet*, *de Tíbet* o *hacia Tíbet* cuando lo correcto y tradicional en español es *en el Tíbet*, *desde el Tíbet*, *del Tíbet* o *hacia el Tíbet*. También, según indica el *Diccionario Panhispánico de Dudas*, en español hay que anteponer el artículo a los topónimos que empiezan por una palabra que indica un tipo de división política (país, estado, etc.) o su forma de organización política (reino, república, etc.). Excepto en el caso de los Estados Unidos, en el que el uso ha hecho que puedan emplearse las dos formas, estos topónimos deben escribirse siempre con artículo: *los Países Bajos*, *la Confederación Helvética*, *los Emiratos Árabes Unidos*, *el Reino Unido*, *la República Dominicana*, *la República Checa*... Así pues, no sería correcto decir «La Cumbre se celebrará en República Dominicana el próximo mes» o «Reino Unido ha pasado lo peor de la crisis y volverá a un modesto crecimiento en la segunda mitad del 2010». La Fundéu BBVA recomienda, por otra parte, que aunque su uso sea opcional, se anteponga el artículo al nombre de aquellos países que, como en los casos de *la India*, *el Yemen*, *el Líbano*, *el Perú*, etc., lo llevan tradicionalmente en nuestro idioma.

Adaptado de: *Donde dice*... 12; 16, 2008 y 2009, pp. 21; 22

Categoría: ....

C. Cuando los ladrones entran en una casa esos allanamientos son siempre ilegales, por lo que hablar de *allanamiento ilegal* es hacer un uso redundante. En las noticias sobre robos en domicilios, comercios u oficinas es habitual ver escrito u oír *allanamiento ilegal*, y si el acto en sí del robo es ilegal, también lo es el de entrar en un sitio sin autorización. En la jerga jurídica, un «allanamiento de morada» es el delito que comete quien, sin habitar en ella, entra o se mantiene en morada ajena contra la voluntad de su ocupante. Queda claro, pues, que se trata de un acto ilegal. Sin embargo, en algunos países de América, el allanamiento es el 'registro policial de un edificio', y en ese caso se trata de un acto legal, por lo que en estos países, y solo en ellos, se podría, según el caso, calificar el allanamiento de legal o ilegal. Para el resto de países hispanohablantes, la Fundéu BBVA recomienda que siempre que se informe sobre tales acciones delictivas se use solo la palabra *allanamiento*, ya que el contexto nos indica que no se trata de un hecho legal.

Adaptado de: *Donde dice*... 17, 2010, p. 19

Categoría: ....

D. La Fundación del Español Urgente explica que en español, para nombrar los terremotos, existen dos palabras: *sismo y seísmo*; la primera es la que se utiliza en Hispanoamérica, mientras que la segunda es la más usada en España. En las noticias sobre terremotos aparecen muchas veces (para evitar la repetición del término *terremoto*) las palabras *seísmo*, en los medios de comunicación españoles, y *sismo*, en los de Hispanoamérica y los Estados Unidos. Ambas formas son correctas y están registradas en el *Diccionario* académico. De *sismo* derivan *sismógrafo* y *sismología*.

Adaptado de: *Donde dice*... 16, 2009, p. 18

Categoría: ....

E. Todos los pretextos son excusas pero no todas las excusas son pretextos. Un pretexto es 'una excusa falsa', 'una causa simulada que aparentemente se alega para hacer, o no hacer, algo'. Una excusa puede ser falsa o verdadera; 'es un motivo que se presenta como justificación para eludir una responsabilidad; pudiendo ser, o no, la justificación real de la disculpa'. A pesar de esto, en los medios de comunicación encontramos frecuentemente frases como: «Una nueva ola de ataques se utiliza como falso pretexto para endurecer la represión», «Las mujeres eran traídas a España con el *falso pretexto* de un contrato laboral...» o «La oposición acusa al Gobierno de haber encontrado en la crisis la excusa perfecta para retrasar los planes de...». Debe advertirse que, a tenor de las definiciones anteriores, en los dos primeros ejemplos la expresión *falso pretexto* es redundante (pues todos los pretextos son excusas falsas) y que en el tercer ejemplo hubiera sido preferible emplear el término *pretexto* y no *excusa* (puesto que la palabra *excusa* deja abierta la posibilidad de que la crisis sea, en efecto, la causa real del retraso).

Adaptado de: *Donde dice*... 17, 2010, p. 22

Categoría: ....

F. Con motivo del secuestro en aguas del océano Índico del pesquero español Alakrana muchos medios utilizaron como sinónimos los términos *pirata* y *corsario*. La Fundación del Español Urgente recomienda distinguirlos pues entre ambos existe una diferencia de sentido. Un pirata es la 'persona que, junto con otras de igual condición, se dedica al abordaje de barcos en el mar para robar'. Sin embargo, el corsario, aunque practique la misma actividad, lo hace protegido por una patente de corso (de ahí su nombre), una licencia concedida por un determinado Gobierno para saquear embarcaciones que se consideran enemigas. Por lo tanto, en las informaciones sobre el citado secuestro debió tenerse en cuenta que cuando se hablaba de corsarios se estaba dando a entender que actuaban con el aval –directo o tácito– del Gobierno de Somalia.

Adaptado de: *Donde dice...* 17, 2010, p. 14

Categoría: ....

G. La Fundación del Español Urgente recuerda que el término *Navidad*, como la mayoría de los relacionados con estas fechas, se escribe con inicial mayúscula. *Navidad* funciona como nombre propio, por lo que debe escribirse con mayúscula inicial, y también cuando se utiliza para referirse a los días que van desde el 24 de diciembre al 1 de enero, aunque en España estas fiestas se prolongan hasta la festividad de los Reyes Magos, el 6 de enero. *Nochebuena* o *Noche Buena* es la noche anterior a la Navidad y también es un nombre propio por ser el nombre de una fiesta, por lo que debe ponerse con inicial mayúscula, igual que *Nochevieja* o *Noche Vieja*, que es la última noche del año. Sus plurales son *Nochebuenas* y *Nocheviejas*. También debe escribirse con mayúscula *Año Nuevo*, cuyo plural es *Años Nuevos*. La última fiesta de las *Navidades* es el día de los *Reyes Magos*, palabras que deben escribirse con mayúscula, del mismo modo que *Reyes* en «el día de Reyes».

Adaptado de: *Donde dice...* 14, 2009, p. 19

Categoría: ....

H. El empleo del posesivo en inglés es distinto al uso en español. Por lo tanto, no debe decirse: «Le robaron su coche», «Me dolía mi pierna», «Sufría quemaduras en el sesenta por ciento de su cuerpo», sino «Le robaron el coche», «Me dolía la pierna», «Sufría quemaduras en el sesenta por ciento del cuerpo». Este anglicismo se observa, sobre todo, en las noticias deportivas: «El centrocampista resultó lesionado en su pierna derecha». En este caso debió decirse «El centrocampista resultó lesionado en la pierna derecha». La Fundéu BBVA advierte que al traducir el inglés literalmente al español se emplea el posesivo en lugar del artículo determinado y recomienda evitar este uso por ser ajeno a la gramática española.

Adaptado de: *Donde dice...* 16, 2009, p. 19

Actividad 6

6.a. Las siguientes oraciones son correctas desde el punto de vista gramatical, pero la expresión y el estilo de la información que aparece subrayada se puede mejorar. Sustituye las partes de la oración que te indicamos para que el significado sea más preciso y el estilo más apropiado.

> **Ej.** Como todo el mundo sabe, de toda experiencia, ya sea buena o mala, se puede sacar un aprendizaje que nos dé el conocimiento suficiente para saber enfrentarnos a otros tipos de vivencias similares.
>
> *Como se acostumbra a decir, de toda experiencia, ya sea buena o mala, se puede extraer un aprendizaje que nos proporcione el conocimiento suficiente para saber enfrentarnos a otros tipos de vivencias similares.*

1. Para llegar a comprender verdaderamente el significado de una corrida de toros, primero debo preguntarme qué es lo que pasa en la arena.

2. Se podía ver en el ambiente que todo el mundo estaba contento con el triunfo de la selección de fútbol; un evento que unió incluso a esos que se llaman a sí mismos "nacionalistas catalanes y vascos".

3. No es que el cine no esté pagando las consecuencias de la piratería ilegal, sino que no resulta fácil poner un límite a la libertad que nos da el ciberespacio.

4. Debido a la existencia de opiniones de muchos tipos sobre la democracia, nunca llegaremos a tener una misma idea sobre el tema.

5. Si no erradicamos el estereotipo que dice que la mujer debe quedarse en casa al cuidado de la familia, no podremos cambiar el rol de la mujer en la sociedad.

6. Numerosos animales son utilizados en experimentos clínicos sin que muchas veces lleguemos a saber si estos experimentos tienen un propósito en concreto.

7. Si los políticos quieren convencer a los votantes, lo que tienen que hacer en primer lugar es tener una estrategia en la que digan claramente de qué manera van a ayudar para solucionar algunos de los problemas sociales.

8. Es irónico pensar que hace unos años invertir en una vivienda parecía ser la mejor inversión y, sin embargo, después de que estallara la burbuja causada por la compraventa de pisos el ahorro parece ser la única opción rentable.

9. En fin, para llegar a saber cómo afrontar los retos que nos guarda el siglo XXI, primeramente tenemos que aprender de la historia reciente.

10. En los últimos años más de 30.000 mujeres han tenido que abandonar su trabajo por la discriminación en el lugar de trabajo.

11. A menudo pasa que una persona de una formación política discrepa de las ideas de su propio partido y, claro, no está de acuerdo con todos los planteamientos ideológicos.

12. Muchas religiones que existen ahora están basadas en un principio de armonía entre el hombre y la naturaleza.

13. No resulta sorprendente que compañías del sector tecnológico, como por ejemplo Google, quieran pagar importantes cantidades de dinero para que se pueda enseñar un anuncio publicitario de tan sólo unos segundos de duración.

14. De este razonamiento se saca que no hay un único tipo de poesía y que este arte, muchas veces, no está sujeto a unas normas escritas que fijan lo que es poético

6.b. Ahora que ya has mejorado el estilo de todas las oraciones, comenta qué aspectos de los que has aprendido te parecen más útiles. Apúntalos en tu diario de aprendizaje.

3. La acentuación y la ortografía

Es un requisito de cualquier texto escrito que todas las palabras estén bien acentuadas. A la hora de repasar un texto, se debe asimismo prestar especial atención a la ortografía, no solamente del uso de las mayúsculas, sino también de algunas combinaciones de consonantes que no existen en español, como *"ph"*. También no hay que cometer errores de ortografía por influencia de las consonantes dobles que solamente existen en inglés: *"dd"*, *"ff"*, *"mm"*, *"pp"*, *"ss"*, *"tt"*, etc. Recuerda que las únicas consonantes dobles que existen en español son las que se encuentran en el nombre propio CAROLINA, es decir, CC (acción), RR (correr), LL (llave), NN (innegable). Prestar atención a la acentuación y a la ortografía no solamente demuestra que el escritor de un texto ha cuidado todos los detalles, sino que además pone de manifiesto que domina las diferentes reglas y las respeta.

Actividad 7

7.a. Acentúa las siguientes palabras si lo necesitan. Ten en cuenta los diptongos y los hiatos (ej. hacia / hacía) a la hora de colocar el acento. Recuerda que debes pensar siempre cómo se pronuncia una palabra para saber si lleva o no tilde.

1. alheli ⟶ *alhelí*	12. vi
2. dio	13. Nuremberg
3. metodico	14. memorandum
4. clamor	15. oido
5. ireis	16. indole
6. pais	17. averiguais
7. alguien	18. logomaquia
8. acerrimo	19. paises
9. umbral	20. brezo
10. acrostico	21. alfeizares
11. asi	22. asimismo

7.b. Ahora clasifícalas según su acentuación.

Palabras esdrújulas (6)	**Palabras llanas** (7)	**Palabras agudas** (9)

✓ Recuerda que las palabras **esdrújulas** llevan el acento prosódico o de intensidad en la tercera (antepenúltima) sílaba y **siempre** se acentúan (ej. rá-pi-do, nú-me-ro, sí-la-ba).

Las palabras **llanas** llevan el acento en la segunda (penúltima) sílaba y se acentúan solamente **cuando no terminan** en **-n**, **-s** o vocal (ej. lá-pi**z**, fá-ci**l**, re-vól-ve**r** / ha-ce**n**, ha-ce**s**, ha-c**e**).

Las palabras **agudas** llevan el acento en la primera (última) sílaba y se acentúan solamente **cuando terminan** en **-n**, **-s** o vocal (ej. co-ra-zó**n**, in-glé**s**, can-t**é** / ca-ra-co**l**, ma-mu**t**, a-mo**r**).

Actividad 8

Encuentra el error ortográfico de cada oración e identifica la única frase que es completamente correcta.

1. El principal partido de la oposición ha puesto sobre la mesa una serie de medidas para mejorar el sistema sanitario que el Gobierno ha desestimado por considerarlas inviables e inapropriadas.
2. Si vas a Nueva York no olvides visitar la colección de pintura *The Frick Collection*, uno de los secretos mejor guardados de la ciudad, y cuando entres en las diferentes salas no olvides fijarte en las numerosas antiguedades.
3. Cabe la posibilidad de que para llegar hasta la cima tengamos que retroceder immediatamente y volver por la otra cara de la montaña porque se aproximan unos nubarrones que no tienen buena pinta.
4. De entre las diferentes culturas de Asia, los Japoneses destacan porque no suelen mostrar sus sentimientos en público aunque también es conocida su hospitalidad, educación y respeto por el prójimo.
5. *Rabos de Lagartija* es una de las mejores novelas que he leído nunca y pese a no ser una novela breve se me hizo bastante más amena que *El jinete polaco*.
6. Para algunas personas escojer un vestido para una boda constituye todo un quebradero de cabeza mientras que para otras no resulta tan difícil.
7. En Europa solamente se conduce por la izquierda en el Reino Unido, Irlanda, Malta y Chipre, pero sin embargo en Asia, África y Oceanía se conduce por la izquierda en multitud de países.
8. Nunca he entendido por qué, pero los búlgaros cuando affirman algo, o dicen que "sí", mueven la cabeza de lado a lado y cuando niegan algo, o dicen que "no", mueven la cabeza de arriba a abajo, justo al revés que en casi todas las culturas.
9. Trabaja en el ministerio de justicia y por esta razón tiene un horario ideal ya que puede ir a casa a comer y, por la tarde, ya no tiene que volver al trabajo.
10. Una comunidad de agricultores introdujo la marmota en Hawái para controlar la población de ratas y, increíblemente, no se dieron cuenta de que así como la marmota es un animal diurno, las ratas suelen ser animales nocturnos.
11. Los espaguettis aportan hidratos de carbono, vitaminas, sales minerales, proteínas y fibra, y suelen ser un elemento habitual en la dieta de los deportistas de élite.

12. El slogan "Tú país te necesita" ha sido uno de los más eficaces en la historia reciente, puesto que se han hecho numerosas adaptaciones tanto con fines políticos como publicitarios.

4. La puntuación

Los signos de puntuación se deben respetar en todo momento ya que, además de estructurar un texto, sirven para que el lector sepa cuándo tiene que realizar las diferentes pausas durante la lectura. Presta atención a cada uno de los signos de puntuación que se explican a continuación, y fíjate también en las referencias que hemos incorporado sobre las diferencias entre el español y el inglés.

El punto

El punto es el signo de puntuación que marca una pausa prolongada e indica la transición hacia una información complementaria o nueva. La información puede aparecer en unidades, en oraciones más bien breves o también en párrafos más extensos. El punto se utiliza:

- para indicar el final de una oración completa, de oraciones breves, frases hechas y de interrogaciones indirectas:

  Ej. Antes de analizar los pros y los contras de las medidas que se van a adoptar, valdría la pena hacer balance de cuál es la situación actual.

  Ej. No es oro todo lo que reluce.

  Ej. Pregúntale a Pedro.

- después de una abreviatura para mostrar que el término se halla abreviado:

  Ej. Sra. (Señora); Srta. (Señorita); Sr. (Señor); D. (Don); D.ª (Doña); Excmo. (Excelentísimo); Apdo. (Apartado de correos)

- para separar las horas de los minutos cuando se expresan con valores numéricos:

  Ej. 10.15h; 18.30h; 21.45h

- para separar los millares de una cifra numérica:

  Ej. 1.500; 32.950; 18.030.408

  Este uso contrasta con el inglés, ya que en esta lengua se utiliza una coma para separar los millares: *1,500; 32,950; 18,030,308.*

  A pesar de tratarse de números, no se utiliza el punto para separar años o fechas:

  Ej. El acto se celebró en 1998.

Ej. Visitaremos Bolivia en el 2015.

- A diferencia del inglés, en español se suele situar el punto después de las comillas y no antes:

  Ej. Se levantó y dijo: "Me parece que anoche llegaste más tarde de lo habitual".

La coma

La coma se utiliza para marcar pausas breves. Así como el punto tiene un uso más estructurado y fijo, el uso de la coma depende de diferentes factores, por ejemplo, de cómo queremos que se lea la información. Siempre es conveniente leer un texto en voz alta para saber dónde se han de colocar las comas. Se utiliza:

- en una enumeración o serie de palabras para separar los diferentes elementos que aparecen:

  Ej. Queremos plátanos, fresas, frambuesas, arándanos y un tarro de miel.

- para separar oraciones que son muy breves:

  Ej. "Pienso, luego existo" dijo Descartes.

- cuando queremos llamar la atención sobre un elemento en la oración, o dirigirnos a alguien de manera directa mediante un vocativo:

  Ej. Usted, venga aquí un momento, por favor.

  Ej. Juanito, haz el favor de abrir la puerta.

- para introducir una aposición, o una información secundaria a modo de clarificación, dentro de una misma oración:

  Ej. Tus primos, los que viven en el mismo barrio que yo, han venido esta mañana.

- para separar una oración principal de una oración subordinada:

  Ej. En cuanto suene el teléfono, te aviso.

- para separar dos oraciones que están coordinadas, aunque en este caso el uso no sea obligatorio:

  Ej. Algunos piensan que los precios de los pisos subirán, pero otros opinan que el mercado todavía sigue estancado por la burbuja inmobiliaria.

- para separar los números decimales, como por ejemplo en las cantidades que se indican en una moneda:

Ej. $8,95; £32,24; 80,15€; el 10,5% de la comunidad estudiantil

- para indicar que se ha omitido un verbo:

  Ej. Unos llegaron en coche, otros (llegaron) a pie.

- antes de algunas conjunciones como "y", "e", "o", "u" y "ni" cuando anteceden a una oración que no es parte de la anterior:

  Ej. El programa lo vimos todos juntos, los abuelos, los vecinos, y a todos nos gustó.

- después del uso de algunas expresiones, palabras introductorias, marcadores discursivos, adverbios, etc., especialmente cuando introducen una idea nueva (ej. generalmente, posiblemente, efectivamente, en realidad, en primer lugar, pero, sino, así que, de manera que, de modo que, pues, así pues, o sea, es decir, esto es, sin embargo, no obstante, finalmente, de hecho, por ejemplo).

  Ej. Por lo tanto, no es necesario que profundicemos más en el tema.

  Ej. Sin embargo, hay algunos ejemplos bastante claros sobre la situación.

  Ej. Finalmente, llegamos a la conclusión del ensayo tras haber hecho un recorrido histórico.

- en una oración interrogativa con coletilla:

  Ej. Te gusta bailar, ¿no?

- en una oración preposicional para indicar que se ha invertido el orden habitual de los elementos de la oración:

  Ej. Sin cebolla, nunca te saldrá la tortilla como a mí. (Nunca te saldrá la tortilla como a mí sin cebolla.)

- cuando una oración subordinada antecede a la oración principal:

  Ej. Una vez que vuelvas, llámame en seguida.

- Recuerda que como norma general nunca se puede separar el sujeto y el verbo mediante una coma. Solamente se puede utilizar una coma entre el sujeto y el verbo cuando la oración es muy larga y, por lo tanto, se necesita hacer una pausa, o cuando se trata de un inciso:

  Ej. Aquellas personas que todavía no hayan tenido la gentileza de pasar a recoger sus maletas, deberán hacerlo en las próximas horas.

  Ej. Mis amigos, a pesar de la incesante lluvia, han decidido ir de excursión.

- Para separar las dos partes de un refrán o de un proverbio:

Ej. "A rey muerto, rey puesto".

- Entre el lugar desde el que se escribe una carta y la fecha, o entre el nombre de la calle y el número de la casa:

  Ej. La Habana, 15 de junio de 2011; Calle María Moliner, 25

El punto y coma

El punto y coma es de gran utilidad, pero cada vez se tiende a utilizar menos porque a veces la coma o el punto pueden cumplir la misma función. No obstante, se recomienda utilizarlo siempre y cuando contribuya a que las pausas que aparecen en un texto sean más variadas. Como norma general, el punto y coma marca una pausa más intensa que la coma. Al utilizar el punto y coma, el escritor también deja constancia de que sabe cómo puntuar y que lo hace de manera consiciente. Se utiliza:

- para separar dos oraciones completas:

  Ej. Llevaremos dos botellas de vino blanco; mal que le pese.

- para separar dos oraciones que están relacionadas entre sí:

  Ej. No paraba de llover; llegué hecho una sopa.

- antes de una oración que resume las implicaciones que se derivan de lo que se acaba de decir:

  Ej. El portero automático no funciona, no llevamos las llaves, y no tengo batería en el móvil; todo apunta a que tendremos que pasar la noche en un hotel.

- para separar oraciones en las que aparecen comas:

  Ej. Los viajeros, una vez que atracó el barco, descendieron por la pasarela hasta el puerto; a pesar de la lluvia, tenían ganas de visitar los diferentes mercados.

Los dos puntos

Los dos puntos introducen una información nueva y además se utilizan:

- antes de una enumeración:

  Ej. Los puntos cardinales son cuatro: norte, sur, este y oeste.

- en una carta, después de la frase introductoria:

  Ej. Estimado cliente:

Le comunicamos que ha sido usted agraciado con el primer premio del sorteo de Navidad.

Recuerda que en inglés se suele usar una coma en las cartas, aunque también se utilizan los dos puntos en las cartas formales.

- para dirigirse a alguien por escrito de manera directa:

  Ej. Mis ilustres invitados:
  En primer lugar, gracias por asistir al evento…

- para introducir o reproducir una información en estilo directo:

  Ej. Y un tipo raro que tenía al lado me dijo: ¿me sujeta usted este maletín?

- en el lenguaje jurídico o administrativo después de algunas expresiones:

  Ej. El director del XXV curso de cine "El cine en el aula de español" CERTIFICA:
  Que D. Héctor Gutiérrez Bombín ha asistido a todos los módulos del curso y que, asimismo, ha completado satisfactoriamente todos los requisitos.

- antes de una cita:

  Ej. Como dijo Gandhi: "Ojo por ojo, y el mundo terminará ciego".

- para cerrar una enumeración que indica las consecuencias de lo que se ha dicho anteriormente:

  Ej. En la rifa me tocó un viaje, un coche y un televisor: creo que era mi día de suerte.

Los puntos suspensivos

Los puntos suspensivos introducen una información que, como su propio nombre indica, expresa cierto suspense de cara al lector. Se utilizan:

- para dejar una oración inconclusa:

  Ej. Hombre precavido… (vale por dos).

- para mostrar que el hablante habla de manera intermitente:

  Ej. Claro… pero… lo que yo quería decir… si usted me lo permite…

- a modo de efecto dramático para indicar duda, inseguridad, miedo o sorpresa:

  Ej. En realidad… es probable… bueno…

- para mostrar cómo podría seguir una enumeración:

  Ej. En el barco conocimos a muchos latinoamericanos: peruanos, argentinos, uruguayos, chilenos, guatemaltecos…

- cuando se omite algún fragmento en una cita literal de un texto, se indica con unos puntos suspensivos entre corchetes:

  Ej. "Es menester advertir que el relato que va a leerse ha sido establecido bajo una documentación extremadamente rigurosa que no solamente respeta la verdad histórica de los acontecimientos, los nombres de los personajes –incluso secundarios–, de lugares y hasta de calles, sino que oculta, bajo su aparente intemporalidad, un minucioso cotejo de fechas y de cronologías. Y sin embargo [...] todo resulta maravilloso". (Alejo Carpentier, *El reino de este mundo*)

Los signos de interrogación y de exclamación

Recuerda que siempre hay que utilizar el signo de apertura y el de cierre, ya sea para una interrogación (¿ ?) o una exclamación (! ¡).

Ej. ¿De dónde vienes?

Ej. ¡Qué ganas tenía de verte!

Muchas veces los signos interrogativos y exclamativos se suelen situar al comienzo y al final de una pregunta o de una exclamación y, por lo tanto, no tienen por qué estar situados al comienzo o al final de toda la oración:

Ej. Desde tu punto de vista, ¿qué harías en mi lugar?

Ej. Si me hicieras caso, siempre te iría bien, ¡qué paciencia!

Ej. Estaba usted antes en la cola, ¿no?

Ej. Creo que han llamado al timbre, ¡ahora mismo abro!

Recuerda que después de los signos de interrogación o exclamación no se suele utilizar el punto.

Los signos de interrogación se utilizan:

- después de preguntas directas:

  Ej. ¿Dónde vives?

- cuando se trata de una oración interrogativa indirecta no se utilizan los signos de interrogación:

  Ej. Me pregunto por qué no hay nadie en casa.

  Ej. Todavía no sé cuándo va a llegar el cartero.

Los signos de exclamación se utilizan:

- en una oración introducida por un pronombre exclamativo:

  Ej. ¡Qué suerte!

- con una interjección:

  Ej. ¡Oh! Me has dejado impresionado.

- en una oración con valor imperativo:

  Ej. ¡Ven pronto!

Las comillas

Las comillas se utilizan para enmarcar algún tipo de información. Existen tres tipos de comillas, las que se denominan españolas o latinas (« »), las inglesas (" ") y las simples (' ').

Las comillas españolas e inglesas se utilizan, por ejemplo:

- para enmarcar textualmente una cita en estilo directo:

  Ej. El Ministro de Economía dijo: «Todas las comunidades autónomas tendrán que hacer un esfuerzo económico».

- para indicar que se trata de una palabra de otra lengua, aunque también se utiliza la cursiva para este propósito:

  Ej. No podemos hacer nada, "c'est la vie". / No podemos hacer nada, *c'est la vie*.

- para indicar el título de un artículo o de un poema, de una canción, y los nombres de barcos, aviones, teatros, instituciones, etc. (A veces también se utiliza la cursiva, sobre todo en los títulos de obras literarias.)

  Ej. Acaban de publicar una colección de poemas monegrinos titulada "Bandolero".

  Ej. Llegó a Cuba a bordo del barco «Sobieski».

- para introducir un diálogo:

  Ej. "Perdone, ¿no es usted el vecino del quinto?"

Las comillas simples se utilizan cuando se hace referencia a un término:

Ej. El término 'mozalbete', que se utilizaba antiguamente para referirse a un chico joven, ha caído en desuso.

El guión y la raya

El guión se utiliza como norma general para dividir palabras. Se utiliza:

- en palabras compuestas, como por ejemplo adjetivos:

  Ej. Trabaja para una compañía hispano-italiana.

- para unir diferentes fechas:

  Ej. Fernando Lázaro Carreter (1923-2004)

- para relacionar elementos que normalmente se utilizan con una preposición:

  Ej. El diálogo empresa-patronal está dando sus frutos. (El diálogo entre la empresa y la patronal)

La raya, o guión doble, se utiliza:

- para enmarcar un comentario o una explicación en una frase:

  Ej. Una de las frutas con más potasio –según dicen los expertos en nutrición– es el plátano.

- en un diálogo para separar las palabras de la persona que habla de las del narrador:

  Ej.
  –¿Cómo te llamas?
  –Juan Valiente –contestó el jovencito.
  –Y, ¿a qué has venido desde tan lejos? –le preguntó el mago.
  –A aprender el secreto de la magia.

  Solamente se utiliza una raya si la oración después concluye con un punto final:

  Ej. Hay que buscar la manera de incrementar el número de socios –ha afirmado el presidente de la asociación.

  Con otros signos de puntuación, como por ejemplo una coma, un punto o dos puntos, se utilizan las dos rayas o guión doble:

  Ej. ¿Estas seguro de eso? –le dije sorprendido–, y me miró con cara de póquer.

- para introducir en líneas independientes diferentes elementos que están relacionados. Se acostumbra a dejar un espacio en blanco entre la raya y el texto. Se puede cerrar cada uno de los enunciados con un punto y coma, excepto el último, que se cierra con un punto. Si los elementos son simples, se puede prescindir de la puntuación:

Ej. Para poder hacer uso de la piscina, el bañista deberá llevar:
– bañador de competición;
– gorro de baño;
– gafas de bucear;
– chancletas;
– toalla.

El paréntesis

El paréntesis muestra una información que se omite parcialmente con el objetivo de que aparezca en un segundo plano, o para realizar una observación. Se utiliza:

- para aislar comentarios o clarificaciones en un texto; también se puede utilizar la raya con esta función:

  Ej. Los dos tipos de energía a la que nos hemos referido (la eólica y la solar) se consideran energías renovables. / Los dos tipos de energía a la que nos hemos referido –la eólica y la solar– se consideran energías renovables.

- para intercalar algún dato importante o precisar el significado:

  Ej. Se fueron a vivir a Pernambuco (Brasil).

- para indicar que se trata de una traducción:

  Ej. *A picture is worth a thousand words.* (Una imagen vale más que mil palabras.)

- para expresar una opinión:

  Ej. Con su música (en mi opinión) llegará muy lejos.

- para hacer referencia a una página de un artículo, un libro, etc.

  Ej. (Consúltese el capítulo 4 sobre el texto argumentativo.)

Los corchetes

Los corchetes se usan en el lenguaje matemático, y en la lengua se utilizan cuando se transcribe un texto y se omite información de una cita literal:

Ej.
PLEBERIO. [...] Levántate de aý; vamos a ver los frescos ayres de la ribera. Alegrarte as con tu madre; descansará tu pena.
MELIBEA. Lucrecia, amiga, muy alto es esto; ya me pesa por dexar la compañía de mi padre; baxa a él y dile que se pare al pie desta torre, que le quiero decir una palabra que se me olvidó que hablasse a mi madre. [...]

MELIBEA. [...] Era tanta su pena de amor y tan poco el lugar para hablarme, que descubrió su passión a una astuta y sagaz mujer que llamavan Celestina. La qual, de su parte venida a mí, sacó mi secreto amor de mi pecho; descobría a ella lo que a mi querida madre encobría.

Fernando de Rojas, *La Celestina*

Con un corchete de apertura se indica en poesía que las últimas palabras de un verso no caben en la línea anterior:

Ej.
Dos atletas saltan de un lado a otro de mi alma
lanzando gritos y bromeando acerca de la vida:
y no sé sus nombres. Y en mi alma vacía escucho
[siempre
cómo se balancean los trapecios. Dos
atletas saltan de un lado a otro de mi alma
contentos de que esté tan vacía.
Y oigo
oigo en el espacio sonidos
una y otra vez el chirriar de los trapecios
una y otra vez.
del uno al otro confín.

"El circo", Leopoldo María Panero

Actividad 9

Inserta los signos de puntuación en las siguientes oraciones. Te puede ayudar leerlas en voz alta antes de poner los signos correspondientes. En algunos casos puede haber más de una opción.

1. La persona elegida tímida y sonriente no sabía dónde colocarse en el escenario cuando pronunciaron su nombre
2. La República Dominicana con el apoyo de Estados Unidos Puerto Rico y Canadá expresó su desacuerdo con la resolución de las Naciones Unidas
3. Tú manolarga deja que el pastel se enfríe y recuerda que estás a régimen
4. Me han llamado del concurso de la tele No me lo puedo creer Vendrás conmigo
5. Los restaurantes en Oaxaca son una delicia las fachadas de las casas multicolores y decoradas con originales detalles arquitectónicos los mercados abarrotados de gente y pintorescos
6. Será mejor que el Gobierno y los sindicatos se pongan de acuerdo si no nos espera

un mes de incertidumbre y posiblemente con numerosas huelgas en los servicios públicos

7. Internet y las redes sociales la televisión los videojuegos el teléfono móvil cada vez nos aislamos más en un mundo en el que como no hagamos algo terminaremos por vivir incomunicados pese a estar más comunicados que nunca

8. Creo que eso que te pasa a ti en alemán se llama Schadenfreude es decir el sentimiento que uno tiene cuando se alegra de la infelicidad de otra persona y aunque en nuestra lengua no exista un término para expresar el mismo concepto creo que desafortunadamente es un defecto que tienen muchas personas

9. Los medios de comunicación nunca le han hecho muy buena prensa porque había trabajado anteriormente como periodista la opinión pública no obstante parece no verse influenciada por las acusaciones infundadas que se han vertido sobre él

10. Apreciado cliente
    Le adjuntamos los folletos de nuestro balneario en Maribor Eslovenia y confiamos en poderle ofrecerle nuestros servicios que como ya sabe por su estancia del verano pasado son de la más alta calidad
    Indíquenos si es tan amable
    Su número de pasaporte
    Su número de la tarjeta de crédito incluya por favor la fecha de caducidad
    El número exacto de personas incluya el número de niños y en su caso mascotas
    Le saluda muy atentamente
    Consuelo Galván
    Dept de Ventas
    P D Si no recibimos contestación suya en el plazo de un mes entenderemos que no desea formalizar la reserva

Actividad 10

Lee el siguiente texto y, empezando por el título, inserta todos los signos de puntuación necesarios. Al colocar los puntos tendrás que poner también las mayúsculas. Una vez que lo hayas hecho, no olvides leerlo en voz alta, ya que te ayudará a verificar si has utilizado la puntuación correcta. En algunos casos puede haber más de una opción.

La Universidad de Pensilvania un excelente modelo de educación superior

La Universidad de Pensilvania es el alma máter de numerosos empresarios que triunfan hoy en día en el mundo de los negocios se encuentra situada casi en el corazón de la ciudad de Filadelfia una de las ciudades de la costa este americana más prósperas de los últimos años la universidad ha tenido un impacto muy positivo en la ciudad ya que en la década de los años setenta Filadelfia era una de las ciudades con mayor índice de criminalidad de todo el país poco a poco el área metropolitana se ha ido transformando y ahora se ha convertido en una ciudad moderna preparada para los desafíos del siglo XXI

El sistema americano de universidades basado en un modelo privado aunque también con parte de financiación pública es muy distinto del europeo que tradicionalmente se ha visto sustentado únicamente por el modelo público cuando una persona visita un campus de una universidad americana uno de los primeros detalles que le llaman la atención es que la mayoría de sus edificios tienen nombre propio esto se debe a que en toda universidad americana existe un sistema de donaciones de ex alumnos que han estudiado allí con el que se recaudan grandes cantidades de dinero y a cambio la universidad designa mediante el nombre de uno de sus filántropos uno de los edificios en los que transcurre la vida universitaria este sistema es altamente rentable ya que de esta manera se asegura que la universidad dispondrá de fondos para innovar e investigar así como para seguir creciendo y ocupar uno de los puestos de prestigio en el ámbito internacional de la educación superior un ejemplo del éxito que ha supuesto este sistema es la *Wharton School of Economics* que es en la actualidad una de las escuelas de negocios más importantes del mundo y así lo confirmó el último *ranking* de los mejores programas de MBA puesto que la Universidad de Pensilvania ocupó el primer lugar de la clasificación

Estos datos son sólo un ejemplo que demuestra que los pasos que se han seguido en esta universidad así como en otras universidades norteamericanas durante todos estos años han dado su fruto y que pese a que la educación terciaria o universitaria deba estar también fundamentada en un modelo público el capital privado es a su vez de una gran ayuda para consolidar el liderazgo de instituciones de prestigio que aspiran a ofrecer una educación de calidad

5. Tipos de diccionarios y otros recursos para la escritura

El diccionario es uno de los recursos que se pueden utilizar para planificar la escritura de un texto, puesto que nos proporciona información sobre cuándo debemos utilizar un término en concreto. Además del diccionario convencional, existen otros tipos de diccionarios y recursos de gran ayuda. Te indicamos los principales para que te familiarices con los que te resulten más útiles.

- **Diccionario de la Real Academia Española**
  http://buscon.rae.es/diccionario/drae.htm
  Es el diccionario normativo, es decir, el que estipula el uso correcto de las palabras. También ofrece la posibilidad de ver la conjugación completa de cualquier verbo.

- **Diccionario panhispánico de dudas**
  http://buscon.rae.es/dpdI
  También es un diccionario normativo, pero es el resultado del trabajo conjunto

de las 22 academias de la lengua española que existen en el mundo. Es un diccionario de gran utilidad para consultar dudas sobre el uso de la lengua en la actualidad. Es recomendable echarle un vistazo a los diferentes apéndices:

- Apéndice 1: modelos de conjugación verbal
- Apéndice 2: lista de abreviaturas
- Apéndice 3: lista de símbolos alfabetizables
- Apéndice 4: lista de símbolos o signos no alfabetizables
- Apéndice 5: lista de países y capitales, con sus gentilicios

- **Diccionario combinatorio del español contemporáneo REDES**
  Con este diccionario convencional, se pueden consultar las diferentes maneras de combinar un mismo término así como comprobar de qué palabras suele ir acompañado en las diferentes categorías gramaticales. Proporciona ejemplos que son muy claros sobre el uso del vocabulario, puesto que explica la relación que existe entre el significado de una palabra y cómo se utiliza en contexto. Por el momento, no existe versión electrónica.

- **Diccionarios del periódico *El Mundo* (definiciones, sinónimos, antónimos y términos médicos)**
  http://www.elmundo.es/diccionarios/
  En estos diccionarios se pueden consultar la definición de un término, traducirlo a diferentes lenguas o buscar sinónimos y antónimos. Incluye además un diccionario de términos médicos.

- **Diccionario etimológico María Moliner**
  Es un diccionario que explica el uso del español, proporciona la etimología u origen de una palabra y en el que también aparecen numerosas frases hechas.

- **Corpus del español con 100 millones de entradas**
  http://www.corpusdelespanol.org
  Permite buscar una palabra en contexto, por lo que resulta muy útil para observar cómo se combina un término en diferentes contextos, así como las diferentes implicaciones de su significado. También permite comprobar la frecuencia de uso de una determinada palabra.

- **Banco de datos del español – CREA y CORDE**
  CREA: http://corpus.rae.es/creanet.html
  CORDE: http://corpus.rae.es/cordenet.html
  El banco de datos del español está dividido en dos grandes conjuntos documentales: CREA y CORDE. El CREA (Corpus de Referencia del Español Actual) contiene ejemplos de los últimos 25 años del idioma. El CORDE (Corpus Diacrónico del Español) abarca ejemplos desde los orígenes del español hasta el límite cronológico con el CREA.

El diseño del Corpus de Referencia del Español Actual (CREA) responde a la intención de ofrecer a los investigadores de esta lengua y a los interesados en ella una muestra representativa y equilibrada del español estándar que se utiliza actualmente en el mundo. Con el fin de permitir la mayor flexibilidad posible en la obtención de datos, el CREA está estructurado en diferentes módulos, lo cual hará posible que las consultas vayan referidas a la totalidad de los textos o bien únicamente a aquellos que poseen unas determinadas características geográficas, temáticas, temporales, etc. Esa estructura compleja se consigue a base de cruzar una serie de criterios diversos, cuya reunión traza la configuración general del CREA:

– Cronológicos: los últimos veinticinco años (1975-1999)

– Geográficos: textos españoles y americanos distribuidos al 50%

– Medios: textos publicados en libros, revistas, periódicos, transcripción oral

– Temáticos: ciencia, política, vida cotidiana, economía, ficción, etc.

– Buscando el equilibrio entre la obtención de la mayor cantidad posible de datos.

- **Diccionarios monolingües – inglés**
  http://www.oxforddictionaries.com/
  http://merriam-webster.com/
  http://collinslanguage.com/

- **Diccionarios bilingües – inglés-español español-inglés**
  http://www.spanishdict.com/
  http://wordreference.com/

- **Otros recursos**

  – Página web del Instituto Cervantes: http://www.cervantes.es/
  Con multitud de recursos sobre la lengua, destacamos las secciones "morderse la lengua", con recortes de periódicos en los que aparecen divertidas erratas, y "el museo de los horrores", donde encontrarás diferentes historias sobre el uso correcto de la gramática e información sobre errores típicos.

  – Página web www.elcastellano.org: http://www.elcastellano.org/
  Con diversos recursos sobre la lengua, artículos y enlaces con diccionarios de vocabulario técnico.

  – Fundéu BBVA (Fundación español urgente): http://www.fundeu.es/
  La Fundación Fundéu BBVA se dedica a preservar el buen uso del español en los medios de comunicación para lo que hace una serie de recomendaciones sobre el uso de la lengua.

  – Portal Todoele: http://www.todoele.net/

Todoele (ELE: "español lengua extranjera") es un portal creado por profesores de español con numerosas actividades, ejercicios y recursos para mejorar cualquier aspecto de la lengua. En él puedes encontrar desde información sobre libros de gramática y bibliografía, hasta vídeos y canciones que te pueden ayudar a mejorar tu nivel de español.

Actividad 11

Consulta las siguientes palabras en un diccionario combinatorio. Fíjate en los elementos con los que se asocian, contesta a los enunciados y escribe una frase con la expresión que te indicamos debajo. Te puede ayudar pensar en sinónimos y antónimos. Si no dispones de este tipo de diccionario, puedes consultar el CREA.

1. **Verbo: "abordar"**
   a. Escribe 5 sustantivos con los que se combina.
   abordar un tema / una tarea / un problema / …
   b. Escribe 5 adverbios con los que se combina.
   abordar un tema directamente / abiertamente / con franqueza / …
   c. Escribe una frase con la expresión: "abordar algo sin tapujos".

2. **Sustantivo: "afirmación"**
   a. Escribe 5 adjetivos con los que se combina.
   una afirmación clara / rotunda / contundente / …
   b. Escribe 5 verbos con los que se combina.
   hacer / formular / proferir / … *una afirmación*
   c. Escribe una frase con la expresión: "una afirmación tajante".

3. **Adjetivo: "tácito"**
   a. Escribe 5 sustantivos con los que se combina.
   un acuerdo / un contrato / un pacto / … *tácito*
   b. Escribe una frase con la expresión: "una condición tácita".

4. **Adverbio: "indefinidamente"**
   Escribe 5 verbos con los que se combina.
   continuar / durar / alargar / … *indefinidamente*

Actividad 12

12.a. El diccionario combinatorio también es una buena fuente de vocabulario para aprender expresiones hechas o locuciones adverbiales que poseen una misma estructura. Piensa en la relación lógica que existe entre cada adjetivo y sustantivo, y forma las siguientes expresiones. En el diccionario combinatorio también podrás ver otras expresiones del mismo tipo.

1.	negro... ⟶ *m.*	a.	como una roca.
2.	listo...	b.	como la cera.
3.	alegre...	c.	como una tapia.
4.	gordo...	d.	como una tumba.
5.	duro...	e.	como una cuba.
6.	pálido...	f.	como un arado.
7.	limpio...	g.	como un cangrejo o como un tomate.
8.	loco...	h.	como un día sin pan.
9.	borracho...	i.	como unas castañuelas.
10.	fresco...	j.	como un roble o como un toro.
11.	bruto...	k.	como una vaca.
12.	firme...	l.	como una cabra.
13.	sordo...	ll.	como el agua.
14.	callado...	m.	~~como el carbón o como el azabache.~~
15.	rojo...	n.	como una rosa o como una lechuga.
16.	largo...	ñ.	como un fideo.
17.	fuerte...	o.	como el hambre o como un zorro.
18.	claro...	p.	como un reloj.
19.	delgado...	q.	como el cemento o como el acero.
20.	preciso...	r.	como los chorros del oro.

12.b. Haz lo mismo que en el ejercicio anterior y fíjate también en la relación lógica que existe entre los dos elementos. En este caso puedes pensar en que la acción del verbo está relacionada con el sentido metafórico y con el significado de la expresión.

1.	venir... ⟶ *p.*	a.	como una ostra.
2.	tratar...	b.	como una Magdalena.
3.	venderse...	c.	como moscas.
4.	acabar...	d.	como una esponja o un cosaco.
5.	subir...	e.	como un carretero.
6.	conocer o saberse algo...	f.	como un burro, una mula o un animal.
7.	acudir...	g.	como una bomba.
8.	caer...	h.	como un libro abierto.
9.	hablar...	i.	como la seda.
10.	beber...	j.	como churros o rosquillas.
11.	llorar...	k.	como una cotorra, un loro o un descosido.
12.	aburrirse...	l.	como un lirón, un bendito o un tronco.

13.	explicarse...	ll.	como a una reina o a un rey.
14.	fumar...	m.	como un enano.
15.	dormir...	n.	como una lima (+) como un pajarito (–)
16.	disfrutar...	ñ.	como el rosario de la aurora.
17.	trabajar...	o.	como la espuma.
18.	guardar	p.	como agua de mayo.
19.	marchar...	q.	como la palma de la mano.
20.	comer...	r.	como oro en paño.

Actividad 13

Como acabamos de explicar, el principal banco de datos del español se divide en dos grandes conjuntos documentales: el CREA y el CORDE. Busca las siguientes locuciones adverbiales, fíjate en cómo se usan en contexto e intenta explicar en español su significado.

1. a grandes rasgos
2. a trancas y barrancas
3. en ayunas
4. en un pis pas
5. de buenas a primeras
6. de cabo a rabo
7. ni fu ni fa
8. ni tanto ni tan calvo
9. con pelos y señales
10. con propiedad
11. sin comerlo ni beberlo
12. sin ton ni son

Actividad 14

Los siguientes verbos se parecen en su forma, pero poseen significados muy distintos. Busca un ejemplo en uno de los dos bancos de datos CREA o CORDE y observa la diferencia de significado en contexto. Después escribe una frase con cada una de las formas verbales.

conferir • diferir • inferir • interferir •
preferir • proferir • referir(se) • transferir

6. Marcadores discursivos y expresiones útiles

La siguiente tabla recoge las principales expresiones y marcadores discursivos clasificados según su función comunicativa. Recuerda que son una guía y que no se trata de llenar un texto, de manera innecesaria, con un gran número de estas expresiones, sino de utilizarlas correctamente en el lugar donde deben ir para enriquecer la expresión y el estilo. Ten en cuenta que aunque algunos marcadores aparezcan bajo la misma categoría, ya que pueden cumplir la misma función comunicativa, no siempre se pueden utilizar en un mismo contexto por lo que hay que decidir cuál es el más apropiado en cada momento. También hemos indicado con el signo (*) aquellos marcadores o expresiones que suelen ir seguidos del modo subjuntivo.

Tabla de marcadores discursivos y expresiones útiles

Función comunicativa	Marcadores discursivos y expresiones		
1 Aclarar el contenido	Como he (hemos) mencionado Con esto quiero (queremos) decir Dicho de otra manera (de otro modo) Dicho en otros términos En otras palabras	Es decir Es necesario recalcar que Esto es Lo anterior no quiere decir que (*) Lo dicho hasta aquí supone que	Nada de lo expuesto hasta aquí significa que (*) No me referiré (nos referiremos) a Todo esto parece confirmar
2 Añadir información o introducir un aspecto nuevo del tema	A continuación Además Ahora puedo (podemos) decir Ahora veamos Antes de examinar Así pues Asimismo Como se afirmó arriba Con respecto al primer punto Consideremos ahora	Dicho lo anterior Empezaré (Empezaremos) por considerar Examinaremos brevemente ahora Hay que mencionar además Habría que decir también Hecha esta salvedad Llegados a este punto Lo que es más Luego No sólo... sino también	Otro rasgo de Por lo que se refiere a Por otra parte Por otro lado Prosigamos nuestro análisis Se debe agregar que También Todavía cabe señalar Volviendo al tema que nos ocupa

Función comunicativa	Marcadores discursivos y expresiones		
3 Cambiar de perspectiva o mostrar que un aspecto está relacionado con otro	A su vez Acerca de Al mismo tiempo Algo semejante ocurre (sucede) con Con respecto a De igual modo (manera)	El siguiente aspecto trata de En cuanto a En relación con Igualmente Mientras tanto Por lo que se refiere a	Por otra parte Por otro lado Todas estas observaciones se relacionan también con
4 Expresar causa	A causa de Como Con motivo de Considerando que Dado que	Debido a En vista de que (Visto que) Gracias a que Porque Pues	Puesto que Teniendo en cuenta que Ya que
5 Comenzar o introducir el tema principal del texto	A modo de introducción cabe señalar que El objetivo principal de El propósito de este ensayo es En lo que sigue voy a	Este texto trata de La finalidad de este escrito es Me propongo (Nos proponemos) exponer Mi (Nuestro) propósito al escribir este ensayo es	Voy a plantear
6 Concluir o expresar la consecuencia de algo	Así que Como resultado De ahí que (*) De donde se infiere que De manera que De modo que En conclusión	En consecuencia En definitiva Es así que Es por esto que Finalmente Para concluir Para finalizar	Por consiguiente Por esto Por lo cual Por (lo) tanto Por todo esto Pues Razón(es) por la(s) cual(es)

Función comunicativa	Marcadores discursivos y expresiones		
7 Expresar condición	A condición de que (*) A menos que (*) A no ser que (*) Con que (*)	Con tal de que (*) En caso de que (*) Si aceptamos que Si... entonces	Si esto es así Siempre que (*) Siempre y cuando (*)
8 Contrastar un aspecto del texto u objetar algo	A pesar de que (*) Ahora bien Al contrario Antes de continuar voy a responder a unas probables objeciones Aun (+ gerundio) Aunque (*) Con todo	Desde otro punto de vista En cambio En contraste con lo anterior No se trata tan sólo de No obstante Para quienes piensan que Pero Por el contrario	Por más que (*) Quienes refutan esta idea (posición) sostienen que Se podría objetar que... sin embargo Si bien Sin embargo
9 Expresar conformidad o semejanza	Acorde con Asimismo Conforme a De acuerdo con De igual manera (modo)	De la misma forma De manera análoga De manera semejante Del mismo modo En consonancia con	Igualmente Lo que es lo mismo
10 Detallar información o ejemplificar	Así, por ejemplo, Baste, como muestra, Comenzaré (comenzaremos) dando un ejemplo de De manera puntual me refiero (nos referimos) a El siguiente ejemplo sirve para En concreto	En el caso de En particular Este ejemplo basta para que ilustremos lo dicho con Exploremos un poco la idea de que Para comprender mejor Para ilustrar mejor Para ser más específicos	Pongamos por caso Por ejemplo Será preciso mostrar que Sirva de ejemplo (de modelo)

Función comunicativa	Marcadores discursivos y expresiones		
11 Enfatizar o destacar ciertos aspectos del texto	Definitivamente Deseo (Deseamos) subrayar que En efecto En particular	En realidad Hay que destacar (tener en cuenta) Indiscutiblemente Lo más importante	Lo peor del caso Por supuesto que Precisamente Sobre todo
12 Expresar finalidad	A fin de que (*) Con el fin de que (*) Con el objetivo de que (*)	Con el propósito de que (*) Con la finalidad de que (*) Con la intención de que (*)	Con miras a que (*) En vistas a que (*) Para que (*)
13 Expresar hipótesis o probabilidad	A lo mejor Admitamos por el momento Consideremos la siguiente hipótesis: Es posible que (*)	Es probable que (*) Parto (Partimos) de la siguiente hipótesis: Planteo (Planteamos) como hipótesis Posiblemente (*)	Quizás (*) Supongamos Tal vez (*)
14 Ordenar cronológicamente las ideas en el texto	A continuación Antes de examinar Después En primer lugar	En segunda instancia En segundo lugar En último lugar (término) Finalmente	Luego Para concluir Para empezar Para terminar
15 Recapitular, resumir o sintetizar información	A modo de resumen (Dicho) brevemente En conclusión En definitiva En pocas palabras	En resumen En resumidas cuentas En síntesis En suma Finalmente	Podemos condensar lo dicho hasta aquí Recapitulando Sintetizando, pues, diré (diremos) para terminar que

(*) Los marcadores discursivos y expresiones que aparecen con este signo suelen ir seguidos del modo subjuntivo, por lo que se recomienda consultar su uso.

7. Las 10 reglas de oro del buen escritor

Por último te proponemos las 10 reglas de oro que siempre debe tener presente un buen escritor. Si has completado todas las actividades del libro, y sigues las diferentes recomendaciones al pie de la letra, estás listo para escribir cualquier tipo de texto.

Regla 1. Piensa en el tipo de texto al que te enfrentas.

Piensa en cuál es el propósito del texto y a quién va dirigido. Si se trata de una carta, recuerda que hay unas normas preestablecidas que debes respetar: cómo comenzarla y terminarla, los signos de puntuación, etc.; si se trata de un texto jurídico o técnico, utiliza la terminología propia de este ámbito; si se trata de un texto periodístico, aunque prime la función informativa, no olvides abordar el tema desde una perspectiva concreta; si se trata de un texto académico hay que cuidar el estilo en todo momento, pero también es importante seleccionar bien los argumentos que se van a utilizar.

Regla 2. Elige un buen título, aunque sea provisional.

Uno o varios títulos te ayudarán a encuadrar el tema. Si se trata de un texto expositivo, argumentativo, de un artículo de opinión, etc., piensa que el título es el conjunto de palabras que sirven de carta de presentación. Intenta que sea un título que capte la atención del lector. En el caso de que tu texto no necesite uno, siempre se lo puedes poner para que te ayude a sintetizar la tesis principal.

Regla 3. Planifica siempre lo que vas a escribir por breve que sea el texto.

¿Tienes toda la información que necesitas? Haz una lluvia de ideas para planificar la organización textual; un mapa mental o un esquema que te ayude a desarrollar las ideas principales. Asegúrate de que los argumentos se hallan dispuestos en el orden correcto. ¿Crees que lo que has expuesto cumple el propósito del texto?; en el caso de un ensayo, ¿defiendes los argumentos de manera convincente?; en el caso de una carta, ¿queda claramente expuesto lo que solicitas o lo que expones?

Regla 4. Consulta tu diario de aprendizaje y revisa la gramática.

Todo buen escritor tiene un diario de aprendizaje donde apunta aquellos aspectos de la lengua con los que debe tener cuidado, como los errores típicos, o que le han funcionado bien en otros textos. Repasa la concordancia y las estructuras gramaticales. Sobre todo, verifica la concordancia (sujeto + verbo; ser y estar + adjetivo; concordancia de género, de número, etc.). Piensa en otras diferencias gramaticales que no existen en tu lengua, o que no se utilizan de la misma manera, para ver si las has utilizado correctamente; reflexiona sobre cuáles son los aspectos de la lengua que te resultan más difíciles y repásalos. Consulta tu diario de aprendizaje en todo momento y no olvides apuntar lo que descubras.

Regla 5. Selecciona bien aquellas palabras y expresiones que consideres imprescindibles.

Recuerda lo útiles que resultan los marcadores discursivos y las frases hechas para la introducción, el desarrollo de un texto y la conclusión, y para guiar al lector durante la lectura.

Regla 6. Si es posible, deja reposar lo que has escrito durante unos días.

Es preferible volver a repasarlo todo al día siguiente, o en unos días, en lugar de esforzarse por terminarlo todo de una sola vez. Recuerda que siempre hay algún aspecto del texto que se puede mejorar. Por pequeño que sea el cambio, el lector percibirá por qué has seleccionado esa opción dentro del conjunto textual. Antes de dejarlo reposar, subraya aquellos aspectos del texto que no te terminen de convencer.

Regla 7. Vuelve a repasar fijándote ahora en el estilo.

Una vez que tengas la primera versión del texto, piensa en cómo puedes enriquecer el lenguaje, por ejemplo, mediante el empleo de verbos que concretan más el significado en lugar de utilizar verbos comodín. Presta atención a los adjetivos, a su posición, antepuesta o pospuesta, y comprueba si realmente expresan lo que quieres decir y si las implicaciones que tienen en el significado son las que buscas.

Regla 8. Añade los últimos retoques con la ayuda de un buen diccionario.

Verifica aquellas palabras en el diccionario sobre las que no estés completamente seguro de su uso. Si el diccionario no te saca de dudas, no olvides consultar un corpus de textos de español donde podrás ver ejemplos de las palabras en contexto. Tampoco, no te olvides de la ortografía, de los acentos y de la puntuación. Recuerda que "el punto y coma" también existe y que, a veces, es de una gran utilidad en lugar de la coma o del punto.

Regla 9. Cualquier texto que escribas, léelo en voz alta.

Sólo así verás realmente si las pausas que has insertado en el texto son las necesarias y si realmente hay algo que no te suena bien. Decide cuál va a ser el título final si es que el texto lo necesita.

Regla 10. Si es posible, busca una segunda opinión.

Siempre y cuando no se trate de un texto que va a ser evaluado por tu profesor, asegúrate de que otra persona lee lo que has escrito y te da su opinión. No olvides preguntarle qué le parece el título. No todos escribimos igual, ni todos poseemos el mismo repertorio léxico o gramatical. Piensa que, al fin y al cabo, aprender a escribir es un proceso continuo a partir de un cúmulo de experiencias lingüísticas. Pero, por esta misma razón, recuerda que tú debes decidir qué cambios deseas incorporar en tu texto.

Soluciones

Capítulo 1

Actividad 1

1.a. 1. microrrelato; 2. chiste; 3. cómic; 4. receta de cocina; 5. anuncio; 6. carta; 7. canción; 8. noticia; 9. prospecto médico; 10. guión de cine; 11. un serial radiofónico; 12. novela; 13. relato histórico.

1.b. Todos los textos son narrativos excepto el anuncio, la receta de cocina y el prospecto médico. La información está organizada según una cronología. Utilizan recursos lingüísticos propios de la narración: oraciones temporales, adverbios y conjunciones de tiempo, formas verbales (presente histórico, pasados).

Actividad 2

2.a. El cómic relata la historia de la escritura a través de los tiempos. Desde las primeras pinturas en la pared hasta el uso del ordenador, pasando por la escritura sobre el papiro, el origen del libro y la imprenta, la máquina de escribir. Este cómic muestra cómo las imágenes también relatan una historia, y no solamente los textos llamados literarios. (La última viñeta es de respuesta libre.)

2.b. Actividad libre.

2.c. Texto 8. Espacio: una joyería en la calle Serrano de Madrid; Tiempo: el pasado 7 de septiembre; Personajes: el joyero y los ladrones; Acción: el robo de la joyería.

Texto 13. Espacio: el Nuevo Mundo; Tiempo: 19 de noviembre de 1493 y quince años después, en 1508; Personajes: Conquistadores como Cristóbal Colón, el príncipe Don Juan, Juan Ponce de León, Fray Nicolás de Ovando; Acción: la exploración del Nuevo Mundo.

Actividad 3

3.a. 1. C; 2. I; 3. J; 4. G; 5. B; 6. D; 7. F; 8. A; 9. E; 10. H.

3.b. La entrevista a la escritora Espido Freire narra el proceso de creación del libro *Soria Moria*. Hace alusión a la inspiración, las referencias personales y documentales que están en la elaboración de esta novela.

Actividad 4

4.a. 1. F; 2. F; 3. F; 4. V; 5. V; 6. F; 7. V; 8. F; 9. F; 10. V.

4.b. Cuidar el estilo y revisar la gramática.

4.c. 1. Porque es un idioma en el que mucha gente lee. Entre España y América hay 450 millones de lectores; 2. El mundo al que pertenece el futuro escritor en el que coexisten diversas culturas que se enriquecen entre sí; 3. El lenguaje es la herramienta limpia y eficaz para escribir. El estilo es tan sólo un 'burladero de vacíos charlatanes', es decir, de lo que se habla mucho pero no se dice nada; 4. Porque aunque se escribió a principios del siglo XVII aún hoy en día consigue ser moderno; 5. Respuesta libre.

Actividad 5

5.a. 1. estructura cronológica o lineal; 2. circular; 3. *in medias res*; 4. de contrapunto.

5.b. El microrrelato comienza *in medias res*, por lo tanto, con el nudo de la historia.

La línea argumental son los acontecimientos: *encendió el televisor; los ojos se le inundaron de inesperadas lágrimas; pasó toda la noche despierto; se lavó la cara; se dirigió al cuarto: tiró del asa del primer cajón; sacó un mechero; prendió fuego al carné de policía secreta.*

El fondo argumental es la información relacionada con los sentimientos de los personajes, como la descripción de las lágrimas; la descripción de su posición (*tumbado boca arriba en la cama*); la evocación o el recuerdo (*había dejado de compartir*).

El escenario informa sobre el espacio y el tiempo: *hacía años; amplio y soleado cuarto; diploma adornado con la hoz y el martillo enmarcado en la pared; imponente escritorio de roble macizo.*

Actividad 6

6.a. Desde los ventanales de la sala VIP / Entra en el baño. / Atraviesa chocolaterías, cafeterías, pastelerías y licorerías / llega a la frontera con la terminal A / las puertas de embarque para vuelos intercontinentales / se acerca al cristal / Contempla el paisaje. Del otro lado de la pista de aterrizaje están construyendo otra terminal. / frente a unas casetas de migración / pasa la caseta, y luego las bandas de equipaje / sale al exterior por la puerta giratoria / toma un taxi para cubrir los 300 metros que lo separan de la terminal C / cruza una puerta automática / Objetos perdidos.

6.b. Actividad de libre interpretación. Probablemente el ejecutivo se siente tan perdido en su vida que finaliza simbólicamente su recorrido en Objetos perdidos.

6.c. Actividad libre.

Actividad 7

1. *flashback*; 2. *flashforward*; 3. *flashback*; 4. *flashback*.

Actividad 8

8.a. 1. había quedado; 2. pensábamos; 3. dirigí; 4. acercó; 5. he podido; 6. había detenido; 7. encontré; 8. sentaba; 9. he dicho; 10. era; 11. temía; 12. ponía; 13. recibí; 14. he cumplido; 15. informó.

8.b. 1. pretérito perfecto simple o indefinido; 2. pretérito perfecto compuesto; 3. pretérito pluscuamperfecto; 4. pretérito imperfecto.

8.c. contesté, pregunté, contó, añadió, exclamé, ordenó, grité, respondí, me justifiqué, replicó, interrumpí, inquirió, expliqué, comunicó, informó.

8.d. aquella tarde, después, cuando, días después, de nuevo, en ese momento, las semanas siguientes, una mañana, al poco rato.

8.e. miró, trataba, eran, bastó, se aproximaba, se despejaba, devolvió, suspiró, hacía, recogió, salió, esperaba, pensó, regresó, abrió, pulsó, apartó, había, cogió, pensó, salió, parecía, apretó, servía, rechazó, esperaba, pidió, se dispuso, trataba, iban, tenían, parecía.

Actividad 9

9.a. A media tarde el hombre se sentó ante su escritorio, cogió una hoja de papel en blanco, la puso en la máquina y empezó a escribir. La frase inicial le salió enseguida. La segunda también. Entre la segunda y la tercera hubo unos segundos de duda.

Llenó una página, sacó la hoja del carro de la máquina y la dejó a un lado, con la cara en blanco hacia arriba. A esta primera hoja agregó otra, y luego otra. De vez en cuando releía lo que había escrito, tachaba palabras, cambiaba el orden de otras dentro de las frases, eliminaba párrafos, tiraba hojas enteras a la papelera. De golpe retiró la máquina, cogió la pila de hojas escritas, la volvió del derecho y con un bolígrafo tachó, cambió, añadió, suprimió. Colocó la pila de hojas corregidas a la derecha, volvió a acercarse la máquina y reescribió la historia de principio a fin. Una vez que había acabado, volvió a corregirla a mano y a reescribirla a máquina. Ya entrada la noche la releyó por enésima vez. Era un cuento. Le gustaba mucho. Tanto, que lloró de alegría. Era feliz. Tal vez fuera el mejor cuento que había escrito nunca. Le parecía casi perfecto. Casi, porque le faltaba el título. Cuando encontrara el título adecuado sería un cuento inmejorable. Meditó qué título ponerle. Se le ocurrió uno. Lo escribió en una hoja, a ver qué le parecía. No acababa de funcionar. Bien mirado, no funcionaba en absoluto. Lo tachó. Pensó otro. Cuando lo releyó también lo tachó.

Al amanecer se dio por vencido: no había ningún título suficientemente perfecto para ese cuento tan perfecto que ningún título era lo bastante bueno para él, lo cual impedía que fuera perfecto del todo. Resignado (y sabiendo que no podía hacer otra cosa), cogió las hojas donde había escrito el cuento, las rompió por la mitad y rompió cada una de esas mitades por la mitad; y así sucesivamente hasta hacerlo pedazos.

9.b. 2. El cuento narra el proceso de creación de un cuento.

Actividad 10

10.a. 1. segunda persona; 2. tercera persona; 3. primera persona.

10.b. 1. exterior; 2. exterior; 3. interior; 4. interior.

Actividad 11

11.a. 1. Don Quijote: descripción física, de gustos (la caza), se le asocia con su caballo/rocín, se da el sobrenombre, la edad; 2. Los deseos de Tristana nos llevan a una mujer del siglo XIX con ideas modernas: quiere ser libre, no quedarse a coser en casa, quiere estudiar, aprender…; 3. Se habla de su físico, del carácter, de su ocupación; 4. Intuimos que es un niño el que habla, la edad de alguien que va al colegio y que destaca por un objeto: unas enormes gafas por la cuales se ha ganado el mote de gafotas.

11.b. Actividad libre.

Actividad 12

12.a. 1. monólogo; 2. estilo indirecto libre; 3. diálogo y estilo directo; 4. estilo indirecto.

12.b. Actividad libre, posible solución:

Reinaldo: Mamá. No crea que lo que le he contado es mentira.

Madre de Reinaldo: Sí, lo es. Mírate, estás enfermo, delirando.

Reinaldo: No, no piense que porque tengo un poco de fiebre y a cada rato me quejo del dolor en las piernas, estoy diciendo mentiras, porque no es así.

Madre: No puedo creerte.

Reinaldo: Si usted quiere comprobar si fue verdad, vaya al Puente, que seguramente debe de estar todavía, en medio de la calle, sobre el asfalto, la torta grande y casi colorada, hecha de chocolate y almendras, que me regalaron las dos viejitas de la dulcería.

Madre: Sigo sin poder creerte, Reinaldo. Me cuesta.

12.c. Actividad libre, posible solución: Tengo miedo de hablar con mi mamá. En esta casa es imposible la comunicación y se va a enojar muchísimo, seguro. ¿Pero qué puedo hacer? Pedro está decidido a venir a pedir mi mano y yo también lo deseo. ¿Por qué por ser la hija pequeña tengo que cuidar de mi mamá? ¿Quién ha escrito estas estúpidas leyes? ¿Es que hasta la muerte de mi madre no podré ser feliz?

Actividad 13

1. Job; 2. Matusalén; 3. Don Juan; 4. Celestina; 5. Magdalena; 6. Calleja; 7. Hércules; 8. Caín; 9. Judas; 10. Aquiles; 11. Adán; 12. Edipo; 13. Damocles; 14. Barba Azul; 15. Pandora.

Actividad 14

14.a. Texto 1. Espacio: estación de tren, viaje a París; Tiempo: se utiliza el pasado; Punto de vista: narrador en tercera persona; Personaje: una niña de doce años.

Texto 2. Espacio: el país de Belisa Crepusculario; Tiempo: sucesos en pasado; Punto de vista: tercera persona; Personaje: Belisa Crepusculario.

Texto 3. Espacio: gabinete de un dentista; Tiempo: un lunes al amanecer y sin lluvia; Punto de vista: narrador en tercera persona; Personaje: Don Aureliano Escovar.

14.b. A. texto 3; B. texto 1; C. texto 2.

Actividad 15

15.a. Microrrelato 1. –Son para... ¡comerte mejor! –dijo la niña, se lanzó sobre el lobo y lo devoró entero, igual que había hecho con la abuelita.

Microrrelato 2. Sin embargo, gracias a esta casualidad, o apaño histórico, pudimos escapar a tiempo y hoy te puedo escribir estas palabras.

Microrrelato 3. El cursor parpadea desesperadamente sobre una hoja en blanco. ¿Volveré mañana?

15.b. Actividad libre.

Actividad 16

16.a. Aparece una intertextualidad cinematográfica.

16.b. 1. Sabú. Fue un actor cinematográfico de origen hindú que en la década de los 40 intervino en películas como *El ladrón de Bagdad* o *El libro de la selva*. 2. Tarzán. Es un personaje de ficción creado por el escritor Edgar Rice Burroughs. Esta novela cuenta las aventuras de un niño que queda huérfano en África y es adoptado por los monos de la selva. 3. Charlot. Se trata de uno de los personajes que más fama dio al actor Charles Chaplin, que interpreta a un vagabundo caracterizado por una estrecha chaqueta, unos pantalones anchos y unos zapatos muy grandes. Además, llevaba un sombrero bombín, un bastón y un bigote. Simbolizaba la alienación humana. 4. Quasimodo. Es uno de los personajes del escritor Víctor Hugo y de su novela *Nuestra señora de París*. Es un joven deforme y jorobado que se encarga de las campanadas de la catedral de Nôtre-Dame. 5. Sherezade. Es la narradora de los cuentos árabes de *Las mil y una noches*. Con su narración, consigue que el sultán no la mate y ser su esposa.

Actividad 17

1. El ritmo precipitado de la vida, corriendo sin parar un momento y olvidando lo que es el cariño de la familia y de los amigos.
2. El tiempo externo del relato se refiere a los sucesos tal y como los observa el ejecutivo y tal y como están contados en el texto. El tiempo interno alude a referencias que ya han sucedido antes (*La gente que llega aquí nunca estuvo demasiado lejos*; *El ejecutivo se imagina un lugar donde guardan todo lo que desaparece en los aviones*) o después (*Podría estar en cualquier parte*). Hay un predominio del presente de indicativo.
3. Narrador interior en tercera persona. Se aproxima al narrador testigo.
4. El principal protagonista, el ejecutivo, no tiene una descripción física concreta, sólo sabemos que no es muy alto por el comentario: *Se ve obligado a atravesar un muro*

de alemanes. Se siente enano entre ellos. Por lo demás, tenemos una descripción externa del personaje convencional de un ejecutivo: alguien que pasa mucho tiempo en los aeropuertos y que termina sin saber dónde está; con un portátil, diarios en tres idiomas; que muestra indiferencia.

Otro personaje es el empleado del aeropuerto que quiere hacer bien su trabajo e indica al ejecutivo adónde tiene que dirigirse. Y por último, los pasajeros de las distintas terminales. En una, *los abrazos de reencuentro no son especialmente efusivos*, *una mujer duerme extendida sobre las butacas*, *Una chica apoya la cabeza en el regazo de su novio*; en la otra, *Hay menos pieles blancas y más acentos*, *Aquí sí, los recién llegados reciben muchos abrazos*.

5. Todo en estilo indirecto excepto el diálogo con el empleado.
6. Respuesta libre.
7. Respuesta libre.

Actividad 18

Actividad libre.

Capítulo 2

Actividad 1

edificio: académico, civil, industrial, militar, multiusos, prefabricado, privado, señorial, universitario, polivalente, etc.; **amigo**: verdadero, excelente, buen amigo / amigo bueno, apreciado, admirado, fiel, incondicional, íntimo, inseparable, querido, etc.; **gesto**: afirmativo, espontáneo, natural, delicado, amable, cálido, efusivo, cordial, brusco, amenazador, etc.

Actividad 2

2.a. honrado: adecuado, provechoso, virtuoso, honesto, oportuno, benévolo, agradable, amable, conveniente, favorable, ventajoso; **afable**: servicial, sensible, compasivo, bondadoso, humanitario, sabroso, saludable, inocente, comprensivo, tierno, bonachón.

2.b. 1. comprensivo, amable, tierno, servicial, agradable, etc.; 2.conveniente, adecuado, saludable, provechoso, agradable, etc.

Actividad 3

3.a. importante: notable, destacado, primordial, vital, trascendental, eminente; **caliente**: candente, canicular, sofocante, abrasador, caluroso, cálido; **fácil**: asequible, comprensible, obvio, elemental, evidente, sencillo.

3.b. 1. b; 2. c; 3. c; 4. a; 5. c; 6. c; 7. b; 8. c; 9. b; 10. a.

Actividad 4

4.a. 1.c. metálico; 2.c. torcida; 3.b. carnívora; 4.b. salada; 5.d. atroz.

4.b. 1. un estudiante responsable, constante, universitario; 2. una noticia fresca, candente, imparcial; 3. un perro callejero, rabioso, lazarillo; 4. una novela rosa, detectivesca, fascinante; 5. un secreto hermético, inconfesable, íntimo.

4.c. Actividad libre.

Actividad 5

5.a. 1. enero-febrero: a. húmedos; b. esférica; c. rojo; d. similar; e. tersa; f. agrio; 2. marzo-abril: a. tradicional; b. rojizo; c. característico; d. nutricionales; e. frescas; f. exquisitos; 3. mayo-junio: a. rojizo; b. negruzco; c. dulce; d. pesadas; e. suave; f. frescas; 4. julio-agosto: a. tropicales; b. verdoso; c. amarillenta; d. gelatinosa; e. intenso; f. madura; 5. septiembre-octubre: a. gruesa; b. escarlata; c. translúcidas; d. rubí; e. nutricional; f. digestivos; 6. noviembre-diciembre: a. mediterránea; b. nutricional; c. similar; d. inferior; e. frágil; f. depurativa.

5.b. 1.c; 2.f; 3.b; 4.d; 5.a; 6.e.

5.c. (-áceo) violáceo, grisáceo, rosáceo; (-uzco) blancuzco, negruzco; (-izo) rojizo; (-ecino) blanquecino; (-ento) amarillento; (-ado) azulado, rosado, anaranjado; (-oso) verdoso.

5.d. Actividad libre.

Actividad 6

6.a. y 6.b. *small*: Ella llevaba un bolso pequeño (*small in size*) / *little*: Ella llevaba un pequeño bolso (*cute and also small in size*)

Actividad 7

7.a. 1. a. monótono; b. penal; c. policíaca; d. joven; e. brillante; f. aficionado; g. bella; h. inevitable; i. astuto; j. trágico; 2. a. salmón; b. grandes; c. triste; d. joven; e. cuarentón; f. privada; g. herida; h. enferma; i. bella; j. intensa; k. rusa; l. insospechado; 3. a. pequeño; b. nuevo; c. cruel; d. franquista; e. últimos; f. republicana; g. recónditos; h. viejo; i. valiente; j. extraña; k. increíble; l. mágico; ll. arriesgadas; m. llena.

7.b. La mayoría de los adjetivos de las reseñas son pospuestos por lo que la descripción se percibe de manera más objetiva, sin embargo aparecen también algunos adjetivos antepuestos que añaden matices de subjetividad a la descripción. Ej. antepuestos: lujoso, aburrida, monótono, bella; ej. pospuestos: ruso, penal, policíaca, secreto.

7.c. Actividad libre.

Actividad 8

1. Ha llegado la profesora que sustituye a la anterior / Hay una persona más en la lista; 2. Nos has metido en un gran lío / Pon unos trozos pequeños; 3. No encuentro nada, ni siquiera un bolígrafo / La película no tiene un final feliz; 4. Tuvo varios motivos para hacerlo / Es otro dialecto; 5. El avión lo pilotó el presidente mismo / Es una costumbre típica; 6. Fue todo un éxito / No es un cuadro falso; 7. Mi tío vive en su edificio / Tan real como lo es la vida; 8. Un postre que está muy bueno / Países con recursos económicos; 9. Costura de alto nivel / Un jarrón que no es bajo; 10. Solamente hay un inconveniente /

Es un artista inimitable; 11. Una especie poco común / Es un tipo extraño; 12. Solamente me queda la mitad / El ciudadano común.

Actividad 9

9.a. auricular inalámbrico; mansión dieciochesca; ciudad inglesa; ambiciosos adolescentes; enseñanza superior; consultora londinense; último examen; jóvenes clientes; numerosas trampas; jóvenes europeos; excelente instrucción; distinguidos ex alumnos; Grandes bancos; famosas firmas; clases medias; escuelas estatales; camino labrado; codiciados pupitres; mentores españoles; varias carreras; estudiantes latinos; inglés suficiente / suficiente inglés; apego familiar; conocido consultor; enseñanza superior; empresas familiares.

9.b. 1. Un traje a/de: topos (lunares), cuadros, rombos; 2. dirigir; 3. papeleta (*ballot paper*) (papel en el que figura cierta candidatura o dictamen, y con el que se emite el voto en unas elecciones), papeleo (*paperwork*, *red tape*) (exceso de trámites en la resolución de un asunto), papelón (*spectacle*), hacer un papelón (*to make a fool of oneself, to be left looking ridiculous*) (actuación deslucida o ridícula de alguien); 4. darse cuenta, percatarse, advertir (el significado más habitual es: "arreglar"); 5. serenidad; 6. ej. los zapatos; 7. licenciatura (4-5 años de estudio); posgrado (1-2 años después de terminar la licenciatura); 8.estima (ej. Le tiene mucho apego a esta ciudad.).

Actividad 10

10.a. frío / gélido; obvio / evidente

10.b. 1. cerrado; 2. maloliente; 3. mustio; 4. ilustre; 5. astuto; 6. inesperado; 7. alegre; 8. insignificante; 9. verdadero; 10. callado; 11. amable; 12. limpio; 13. prestigioso; 14. inofensivo.

Actividad 11

11.a. macizo; resplandeciente; claro; oscura; exhaustos; certero; añorada; desgastadas; diversas; saladas; sosegado; tímido; imperceptible; uniforme; espumosas.

11.b. 1. cemento <u>macizo</u> (compacto); 2. su <u>resplandeciente</u> (deslumbrante) blancura; 3. el <u>claro</u> (nítido) día; 4. la <u>oscura</u> (sombría) noche; 5. los marineros <u>exhaustos</u> (extenuados); 6. el camino <u>certero</u> (seguro); 7. la <u>añorada</u> (ansiada) orilla; 8. unas <u>desgastadas</u> (erosionadas) rocas; 9. sus <u>diversas</u> (diferentes) formas; 10. las aguas <u>saladas</u> (salinas); 11. El <u>sosegado</u> (plácido) mar ; 12. un <u>tímido</u> (modesto) barco; 13. de manera casi <u>imperceptible</u> (inapreciable); 14. el color <u>uniforme</u> (liso); 15. las <u>espumosas</u> (burbujeantes) olas.

Actividad 12

Actividad libre.

Actividad 13

Posible solución:
1. El **misterioso** <u>reloj</u> que le habían regalado albergaba más <u>secretos</u> **inconfesables** de los que uno pueda imaginar. Las **diminutas** <u>piezas</u> que se veían eran de <u>oro</u> **macizo** y la **perfecta** <u>maquinaria</u>, la había diseñado en Suiza un <u>relojero</u> **alemán**.

2. Me miró con sus **tristes** ojos a través de la **hermética** ventanilla y no abrió su **delicada** boca para decir ni una **sola** palabra. El **interminable** tren empezó a moverse lentamente por las **oxidadas** vías; el **molesto** ruido aumentaba al mismo tiempo que yo intentaba despegar mi **sudorosa** mano del **pulcro** cristal, sin saber si volvería a ver esa **tímida** sonrisa.

Actividad 14

a. descripción cinematográfica; b. etopeya; c. topografía; d. retrato; e. écfrasis; f. hipotiposis; g. prosopografía; h. caricatura.

Actividad 15

15.a. y b. Actividades libres.

Capítulo 3

Actividad 1

1.a. y b. Actividades libres.
1.c. "La publicidad, ¿ayuda o es nociva?"

1. Introducción
    1.1. Definición de la publicidad
    1.2. Tipos de publicidad (general, subliminal, sexista, solidaria, etc.)
2. Ventajas de la publicidad
    2.1. Ejemplificación: la publicidad solidaria, de la DGT (Dirección General de Tráfico), contra las drogas, etc.
3. Desventajas de la publicidad
    3.1. Ejemplificación: la publicidad sexista, la publicidad subliminal, los valores que se transmiten, etc.
4. Conclusiones

Actividad 2

2.a. Texto 1 presenta el tema e indica la estructura; Texto 2 sólo presenta el tema; Texto 3 presenta el tema, expone los objetivos e indica la estructura.

2.b. Actividad libre.

Actividad 3

3.a. 1. Cerrada. Se refiere a las ideas anteriores; 2. Cerrada. Se refiere a las ideas anteriores; 3. Abierta. Se plantean cuestiones que se dejan sin responder.

3.b. "Para concluir"; "Para finalizar" (consultar el capítulo 9).

Actividad 4

1.C (introducción); 2.F (desarrollo); 3.D (desarrollo); 4.B (desarrollo); 5.A (desarrollo); 6.E (conclusión).

Actividad 5

5.a. 1. H; 2. F; 3. D; 4. C; 5. A; 6. G; 7. E; 8. B.

5.b. 1. deductivo; 2. conceptual; 3. de transición; 4. de introducción; 5. de conclusión; 6. cronológico; 7. inductivo; 8. de enumeración; 9. de comparación; 10. causa-efecto.

Actividad 6

[En la actualidad, las redes sociales están presentes en nuestra sociedad, de un modo que no se podía imaginar nadie... A continuación describiremos algunas de ellas.]

[En primer lugar, Tuenti es una de las redes de más reciente creación... se puede compartir mensajes a tiempo real con los amigos.]

[En segundo lugar, Facebook fue elaborado por Mark Zuckerberg... Tuenti, es decir, compartir fotos y comentarios con amigos, contactar con gente que hace tiempo que no se ha visto, hacer tests, etc.]

[Y por último y a modo de ejemplo, podemos citar la red social Twitter que aparece en marzo de 2006... es la más utilizada entre personas de veinte a treinta años.]

[El inconveniente mayor que acarrea este tipo de redes sociales son los peligros... puede hacer que perdamos el rumbo de la vida real.]

[Sin embargo, en mi opinión, las ventajas son mucho mayores y más satisfactorias que los inconvenientes. ... y sus asignaturas y desde sus páginas se puede acceder a apuntes o soluciones y solicitar ayuda.]

[En definitiva, las redes sociales mejoran la forma de comunicarnos,... ¿qué habría pasado si no hubiéramos acogido otros inventos como el teléfono, la radio o la televisión?]

Actividad 7

7.a. Incoherencia sintáctica: Por un lado (no está relacionado con "por otro lado"), tengan (error de concordancia, el sujeto es "una persona"), no sólo en mi labor académica y en lo personal (falta la segunda parte de la correlación, "no sólo... sino también"); Uso inadecuado del gerundio: siendo, buscando; Empleo incorrecto de las preposiciones: pertenezco y colaboro en estas redes sociales (pertenecer a / colaborar con); Abuso de adverbios: conjuntamente y rápidamente (de manera rápida).

7.b. Texto reescrito: El Facebook, elaborado por Mark Zuckerberg, surge como un sitio para estudiantes de la Universidad de Harvard, pero en la actualidad está abierto a cualquier persona que tenga una cuenta de correo electrónico. Esta red social provoca más interés entre los jóvenes de unos veinte años, pero se ha convertido en una de las redes sociales más utilizadas mundial e internacionalmente, y su enorme éxito es reconocido entre gente de todas las edades. Básicamente, permite hacer las mismas cosas que Tuenti, es decir, compartir fotos y comentarios con amigos, contactar de manera rápida con gente y amistades que hace tiempo que no se ven o con los que no se ha hablado por teléfono, hacer tests, etc. Una de las curiosidades de esta red es que deja enviar unos detallitos llamados regalos (*gifts*), que son unos pequeños iconos con un mensajito; algunos cuestan dinero y otros son totalmente gratis. Pertenezco a estas redes sociales, colaboro con ellas y busco siempre la manera de que sean útiles no sólo en mi labor académica sino también en lo personal.

Actividad 8

8.a. 1. produce; 2. ha gozado de; 3. ha alcanzado; 4. fijarme; 5. dispone de; 6. consta de; 7. padece; 8. desempeñe; 9. contraer; 10. adopte; 11. profesara; 12. he sentido; 13. ha surtido; 14. estableció; 15. conciba.

8.b. 1. preste; 2. Proyectan; 3. han fijado; 4. instaló; 5. sirven; 6. monte; 7. Estampó; 8. sintoniza; 9. han asignado; 10. levantarle; 11. extender; 12. has vestido; 13. colocaras; 14. hemos escrito; 15. Supongamos.

8.c. 1. ha contado; 2. pronuncia; 3. Expón; 4. precisar; 5. profirió; 6. indicarme; 7. has expresado; 8. mencionar; 9. revelaras; 10. Recitó; 11. declaró; 12. ruego; 13. advirtió; 14. insinuó; 15. anunciaron.

Actividad 9

9.a. El tema que he escogido trata de si la publicidad es nociva o ayuda. Lo he elegido porque me parece una cuestión importante que me afecta directamente como consumidor y que es además un asunto candente.

9. b.

1. Por un lado la publicidad ayuda al consumidor a decantarse por un producto u otro y a conocer mejor las características y cualidades que tiene lo que va a comprar. Por ejemplo, si se quiere comprar un producto farmacéutico, la publicidad que acompaña al producto indica qué efectos tiene, si se tiene que consultar con un médico antes, si se tiene que tomar o no, si tiene efectos alérgicos, etc.

Por ejemplo, si se quiere adquirir un medicamento, la información que acompaña a éste indica qué efectos puede producir, si se debe consultar con un médico antes, si es recomendable tomarlo o no, o si puede causar algún tipo de alergia, etc.

2. En cambio, la publicidad puede ser nociva para los consumidores porque les pueden confundir a la hora de elegir un producto o servicio, ya que a veces ponen cosas que luego no son ciertas del todo. Por ejemplo, el anuncio de un coche pone el precio más bajo del coche y luego ponen el modelo más superior de gama, para que quede más bonito y llame más la atención. Otro ejemplo puede ser también un viaje que pone el precio muy económico pero no ponen las tasas de avión o alguna otra cosa. Estos métodos pueden llegar a confundir al consumidor.

ponen cosas… ⟶ ofrecen artículos que luego no son ciertos; pone el precio más bajo del coche ⟶ garantiza el precio más bajo de éste; ponen el modelo ⟶ encontramos el modelo; Otro ejemplo ⟶ Otro caso; un viaje que pone el precio… pero no ponen las tasas… ⟶ la propuesta de un viaje muy económico pero sin incluir las tasas del avión

Actividad 10

10.a. 1. V; 2. V; 3. V; 4. F; 5. V; 6. F; 7. F; 8. F; 9. V; 10. F.

10.b. 1. *subject* (tema); 2. *sensible* (sensata); 3. *to quit* (dejar); 4. *to move* (mudarse); 5. *topic* (tema); 6. *demonstration* (manifestación); 7. *carpet* (alfombra); 8. *embarrassed* (avergonzada); 9. *conductor* (director); 10. *to realize* (darse cuenta de); 11. *success* (éxito); 12. *question* (pregunta); 13. *dessert* (postre); 14. *actually* (realmente, en realidad); 15. *comprehensive* (completo); 16. *to introduce* (presentar); 17. *lecture* (conferencia); 18. *gangs* (bandas); 19. *to play a role* (actuar, interpretar); 20. *eventually* (finalmente, al final).

Actividad 11

11.a. En el texto 2, porque se presenta la información de forma clara con el apoyo de los marcadores discursivos.

11.b.

1. Otro tema muy peligroso en Internet es el de la privacidad. ¿Es seguro hablar por Internet? ¿Es seguro confiar las contraseñas de banco, de chat, etc.? En teoría, sí, lo es. No obstante, como comentaré a continuación, existe gente capaz de acceder a la intimidad, que es uno de los derechos del hombre, y daría miedo pensar que dicha intimidad pueda desparecer por confiar en un programa informático.

2. No hay que fiarse jamás de aquello que nos descarguemos o nos envíen puesto que podría contener virus informáticos. Estos virus son como los que nos producen enfermedades, solo que estos afectan a nuestros ordenadores, los infectan y los hacen funcionar erróneamente. Los *hackers* saben cómo crearlos y emplearlos, así que debemos andar con mucho cuidado. Lo mejor es contar con un buen antivirus, un antiespía, un *firewall*, etc., que detectan su presencia, los bloquean y los eliminan para proteger al ordenador.

Actividad 12

1. asequible; 2. accesible; 3. adoptar; 4. adaptar; 5. alude; 6. eludas; 7. adicción; 8. adición; 9. actitud; 10. aptitud; 11. compite; 12. compete; 13. espirad; 14. expiró; 15. especie; 16. especias; 17. estática; 18. estética; 19. exhaustivo; 20. exhausto; 21. infracciones; 22. inflación; 23. perjuicios; 24. prejuicios; 25. ha prescrito / prescribió; 26. han proscrito / proscribieron; 27. surtirá; 28. surgieron; 29. visionar; 30. visualizando.

Actividad 13

13.a. 1. En concreto; 2. por ejemplo; 3. Es decir; 4. por cierto; 5. Además; 6. En pocas palabras.

13.b. Actividad libre.

Actividad 14

Actividad libre.

Capítulo 4

Actividad 1

1.a. 1. introducción aseverativa; 2. retórica; 3. comparativa; 4. con cita; 5. anecdótica; 6. de síntesis.

1.b. 2. Ej. "Cada uno que crea lo que quiera: la religión, una cuestión personal"; 3. Ej. "Legalizar algunas drogas no tiene por qué tener un efecto nefasto para nuestra sociedad"; 4. Ej. "La sociedad española: modelo de integración y de adaptación a los nuevos tiempos"; 5. Ej. "El tren de alta velocidad en Inglaterra: ¿realidad tangible o reto inalcanzable?"; 6. Ej. "Las cámaras de seguridad: ¿nos protegen o nos vigilan?"

Actividad 2

2.a. 1. *ad personam*; 2. de autoridad; 3. de causa; 4. racional; 5. de ejemplificación; 6. por analogía; 7. deductivo; 8. por definición.

2.b. Actividad libre.

Actividad 3

3.a. 1.aseverativa o mediante afirmaciones; 2.con cita; 3.de carácter retórico; 4.de carácter comparativo; 5.de síntesis; 6. de carácter anecdótico.

3.b. 1. La cuestión de la que nos hemos ocupado en este ensayo; 2. Para llevar a término el presente análisis; 3. Vemos, pues, que es difícil adivinar a ciencia cierta; 4. Todos los argumentos mencionados aquí apuntan a la misma conclusión; 5. En conclusión, a partir de los diferentes ejemplos que hemos expuesto a lo largo de este ensayo; 6. De esta manera ponemos fin al presente ensayo preguntándonos.

Actividad 4

4.a. 1. El autor defiende que no se ponga en práctica la ley que prohíbe fumar en todos los espacio públicos. Argumenta a favor de esta idea para que el lector reflexione y lleve a cabo un "ejercicio de comprensión", y entienda cómo puede afectar dicha medida al fumador. 2. La tesis principal es que también se debería tener en cuenta a los fumadores. 3. Se trata de una introducción retórica, dado que el texto comienza con oraciones interrogativas en las que se plantean diferentes aspectos que se dejan sin responder. 4. a. Argumento por analogía; b. Argumento de causa; c. Argumento de ejemplificación; d. Argumento deductivo; e. Argumento *ad personam*; f. Argumento por analogía. 5. Se trata de una conclusión de síntesis, ya que se termina recapitulando sobre el conjunto de ideas, o aseverativa, por las diferentes afirmaciones con las que se concluye el texto.

4.b. Actividad libre.

Actividad 5

5.a. 1. En otras palabras; 2. Todavía cabe señalar; 3. En relación con; 4. Dado que; 5. El propósito de este ensayo es; 6. De ahí que; 7. Con tal de que; 8. No obstante; 9.

Asimismo; 10. Para ser más específicos; 11. Hay que destacar (tener en cuenta); 12. Con el propósito de; 13. Posiblemente; 14. En segunda instancia; 15. En conclusión.

5.b. 1. Indiscutiblemente; 2. en otras palabras; 3. Asimismo; 4. En cuanto a / Con respecto a; 5. dado que; 6. El propósito; 7. de manera que; 8. a no ser que; 9. no obstante; 10. de manera análoga; 11. en concreto; 12. a fin de que; 13. Posiblemente; 14. a continuación; 15. En resumidas cuentas.

Actividad 6

6.a. y 6.b.
Tema: El tren de alta velocidad

Título: El tren de alta velocidad en Inglaterra: ¿realidad tangible o reto inalcanzable?

Introducción: Una actitud muy extendida hoy en día es la de hacer promesas electorales antes de las elecciones, aunque se sepa a ciencia cierta que puede que sea muy difícil cumplirlas. La semana pasada asistimos expectantes al proyecto de alta velocidad desde la capital del imperio británico, aunque sin que nos llegaran a desvelar una fecha concreta para el comienzo de las obras. El evento, que congregó a numerosas autoridades así como a políticos interesados en hacerse la foto de rigor, tuvo lugar curiosamente a muy pocas millas de donde se empezó a construir la primera locomotora de vapor. No deja de ser una paradoja que Inglaterra, país inventor de este medio de transporte, no tenga todavía ningún tren de alta velocidad en circulación. Y aunque todo apunta a que esta vez va en serio, son muchos los interrogantes que se han dejado en el aire, ya sea por la falta de información o de presupuesto.

Tesis principal: El tren de alta velocidad ha demostrado ser el único medio de transporte capaz de competir con el avión y es ya una realidad en la mayoría de las grandes potencias. Sin embargo en Inglaterra, pese a tener una red de ferrocarril muy desarrollada, continúa siendo una asignatura pendiente.

Argumento 1: Cabe destacar, en primer lugar, que este medio de transporte se ha impuesto como el único sistema viable que respeta el medio ambiente y que es rentable a medio y largo plazo.

Contraargumento: No obstante, construir toda la infraestructura necesaria para que un tren de alta velocidad pueda entrar en circulación, requiere un elevado coste y un esfuerzo económico muy importante por parte de la administración pública, aunque también son muchas las ventajas de este medio de transporte.

Argumento 2: Baste, como muestra, que ciudades del norte del país como Birmingham, Liverpool o Mánchester, o del sur como Oxford, Cambridge y Londres, podrían estar conectadas entre sí en menos de treinta minutos, lo que constituiría un eje de comunicaciones de pasajeros y mercancías fundamental para todo el territorio.

Argumento 3: Indiscutiblemente, otra de las ventajas del tren de alta velocidad es la puntualidad, puesto que en su circulación no influirían el exceso de tráfico aéreo ni la meteorología, y también el pasajero tardaría menos tiempo en desplazarse ya que a diferencia de los aeropuertos, que se hallan ubicados a las afueras de una ciudad, las estaciones de ferrocarril se encuentran normalmente en el centro de las ciudades o dentro del perímetro metropolitano.

Contraargumento: Sin embargo, no resultaría barato desplazarse en alta velocidad dado que el precio del billete reflejaría también la amortización de la inversión llevada a cabo y, por lo tanto, convendría buscar mecanismos para que el ya de por sí caro sistema de transportes británico, el más caro de Europa, no estuviera tan sólo al alcance de las clases más pudientes.

Argumento 4: De la misma manera, la posibilidad de viajar en alta velocidad en Inglaterra tendría un impacto muy positivo sobre el medio ambiente ya que mucha gente optaría por este medio de transporte en vez de utilizar el coche a diario, lo cual reduciría notablemente la emisión de gases de efecto invernadero.

Contraargumento: En cambio, hay que ser realista puesto que establecer la red de alta velocidad por todo el país sería un proceso lento que tendría numerosas fases y que se podría prolongar décadas, por lo que los efectos positivos sobre el impacto medioambiental de otros medios de transporte convencionales no se haría notar tan rápidamente.

Conclusión: Por último, sólo falta añadir que el tren de alta velocidad dista de ser una realidad tangible en Inglaterra a corto plazo. Tal y como reza el dicho: "las cosas de palacio van despacio", todos los grandes proyectos requieren una atención especial, mucha burocracia y un esfuerzo adicional, y efectivamente parece que este tema no está entre las prioridades del nuevo gobierno, cuyos miembros se han atrevido a calificar del proyecto de "capricho del consumidor". Sólo el tiempo confirmará si en realidad se trata de un mero antojo de aquellos que desean poder disfrutar de un medio de transporte de primera categoría o de una necesidad que llega con mucho retraso, y de si Inglaterra será uno de los últimos países del espacio europeo en subirse al tren de la alta velocidad.

6.c. 1. h; 2. ñ; 3. o; 4. p; 5. w; 6. t; 7. l; 8. a; 9. m; 10. e; 11. u; 12. s; 13. b; 14. v; 15. i; 16. g; 17. c; 18. q; 19. ll; 20. n; 21. j; 22. d; 23. k; 24. f; 25. r.

6.d. 1. h; 2. j; 3. k; 4. c; 5. e; 6. p; 7. w; 8. b; 9. q; 10. g; 11. d; 12. ll; 13. n; 14. o; 15. r; 16. v; 17. ñ; 18. l; 19. t; 20. u; 21. i; 22. m; 23. s; 24. a; 25. f.

Actividad 7

Actividades libres.

Actividad 8

8.a. 1. entablar; 2. elabores; 3. interpretará; 4. confeccionó; 5. formularle; 6. cometerás; 7. celebren; 8. cumplimentar; 9. rodar; 10. ha construido; 11. cursaras; 12. tramitar; 13. fabrican; 14. han grabado; 15. han aprobado.

8.b. 1. asistirá; 2. concurren; 3. aconteció; 4. se esconde; 5. se celebra; 6. se exponen; 7. convivieron; 8. reinaba; 9. se oyó; 10. figura; 11. se convocarán; 12. queda; 13. acecha; 14. cuelguen; 15. persisten.

8.c. 1. regalar; 2. rendirle; 3. propinaron; 4. impartiendo; 5. otorgaron; 6. esgrimir/aducir; 7. pasarme; 8. facilite; 9. acarreará/causará; 10. han arrojado; 11. causó/transmitió; 12. transmitirle; 13. repartir; 14. Han aducido/Han esgrimido; 15. inspira/transmite.

Actividad 9

9. a. Actividad libre.

9. b. ~~Yo creo que~~ Para restringir el tráfico en el centro de Buenos Aires, en primer lugar, tendría que existir un buen sistema de transporte público que garantizara que los habitantes se pudieran desplazar sin ningún problema hasta el epicentro de la capital. ~~Veo que~~ Muchas veces cuando ~~voy~~ una persona va por las plazas del centro no ~~puedo~~ puede pasear y, al instante, ~~me viene a la cabeza~~ no resulta difícil acordarse de una de esas estampas de principios de siglo, que desafortunadamente ya han caído en el olvido, en la que unas elegantes damiselas con sombrilla paseaban alegremente disfrutando del espacio público sin tener que soportar la constante algarabía de vehículos. ~~Conozco~~ Pongamos, por ejemplo, la medida que se ha puesto en práctica en Londres y que se denomina en inglés "*congestion charge*", en la que cada coche que circula por el centro de la ciudad, y cuyo propietario que no sea residente en la zona, tiene que pagar una tasa a modo de impuesto por cada día de circulación. ~~Sé~~ Está claro que esto aporta dinero a las arcas públicas y que también le obliga indirectamente al ciudadano de a pie a utilizar el transporte público, pero quizás habría que ir más allá y convertir más calles en espacios peatonales.

Aunque a una parte de la opinión pública quizás le resultara un tanto extraño que se restringiera la circulación y que se recuperara este espacio para los habitantes de la ciudad –~~conozco~~ dado el carácter bonaerense ~~y~~ al principio les parecería que echan de menos el ruido diario de motores–, ~~estoy convencido~~ no cabe duda de que esta medida revitalizaría el centro de la ciudad. Lo convertiría en un espacio abierto al público en el que se podría disfrutar más de la ciudad y de su tranquilidad. ~~Estoy seguro de que~~ Seguramente se crearían puestos de trabajo y se abrirían más comercios, restaurantes, espacios para el ocio, y también habría actividades culturales que atraerían a una gran cantidad de habitantes. ~~Tengo la confianza de que~~ Con toda certeza, si algún candidato electoral a la alcaldía de la ciudad porteña propone una medida similar, se verá seguramente respaldado en las urnas por los ciudadanos, puesto que dicha medida serviría para recuperar un espacio público del que con el paso del tiempo se han ido adueñando los automóviles.

Actividad 10

10.a. 1. pero; 2. No obstante; 3. lo que es lo mismo; 4. es decir; 5. siempre y cuando; 6. por consiguiente / por lo tanto; 7. con tal de que; 8. por lo tanto / por consiguiente; 9. Sin embargo; 10. De ahí que; 11. puesto que; 12. Asimismo; 13. a su vez; 14. Ahora bien; 15. ya que; 16. por consiguiente; 17. Con todo; 18. de manera análoga; 19. a causa del; 20. En pocas palabras.

10.b. 1. Se trata de un estilo culto, pero que a la vez se sirve de ejemplos del ámbito popular y de información anecdótica. Además de ser un texto argumentativo podría ser también un texto periodístico de opinión. 2. El título es un juego de palabras que se apoya en la semejanza fónica entre "medios", que se refiere a "los medios de comunicación", y el "miedo" que experimenta el autor al comprobar cómo la televisión domina la manera de pensar de gran parte de la sociedad, y cuyo miedo compara con el que se siente al ver algunas películas de terror. 3. La tesis es que hay que combatir la pasividad e intentar que la televisión no domine nuestra vida diaria; 4. a. asemejarse a;

b. proporcionar; c. suceder; d. emular; e. combatir; f. opinar; g. deambular; h. zafar; 5. Actividad libre; 6. a. Es una latinismo que significa llamar la atención; b. Que uno pueda hacer lo que quiera, como los corsarios o los piratas; c. Significa conceder, otorgar el permiso o tener la licencia para hacer algo; d. Evadirse o huir mentalmente de la realidad; e. Es una comparación con el personaje histórico. Juana de Arco fue condenada por herejía, por defender sus ideales, y murió en la hoguera. Mediante la comparación, el autor explica que no es necesario llegar hasta esos límites.

Actividad 11

11.a. Texto A. La literatura gótica es una "literatura de sensaciones" que, al adentrar al lector en el espacio psicológico de los protagonistas, pone en la narración un plano descriptivo más cercano al lector que normalmente. El género gótico cuenta historias y leyendas que han estado en la cultura popular como inexplicables. También, la historia se ambienta en un ambiente de acción lleno de elementos típicos que ayudan a enmarcar lo sobrenatural. Lo gótico es oscuridad, pero una oscuridad hecha intencionadamente con imágenes, cosas, animales e historias, haciendo con todos estos ingredientes una sopa literaria que confunde al lector. Lo que se busca es llevar al lector del texto hasta el más absoluto desconcierto de las cosas, pero siempre augurando un mal desenlace de la acción. Para que la mezcla narrativa tenga efecto, se tiene que dejar el espacio interno de la novela oscuro, descalificar cualquier acción sensorial y, así, confundir al lector-personaje.

11.b. Texto B. La literatura gótica se caracteriza por ser una "literatura de sensaciones" que, al adentrar al lector en la dimensión psicológica de los protagonistas, incorpora en el entramado narrativo un plano descriptivo más cercano al lector de lo habitual. El género gótico revive historias y leyendas que han permanecido en la cultura popular como inexplicables. Por esta razón, la trama se ambienta en un *locus* de acción cargado de elementos arquetípicos que contribuyen a enmarcar lo sobrenatural. Lo gótico es oscuridad, pero una oscuridad construida intencionadamente a partir de imágenes, objetos, animales e historias, creando con todos estos ingredientes un caldo literario que desorienta al lector. El efecto buscado es llevar al receptor del texto hasta el más absoluto desconcierto de los hechos, aunque siempre augurando un nefasto desenlace de la acción. Para que la mezcla narrativa surta efecto, se tiene que dejar el escenario interno de la novela en penumbra, descalificar cualquier acción sensorial y, así, desconcertar al lector-personaje.

1. Precisión en el uso de los verbos: han estado ⟶ han permanecido; cuenta ⟶ revive; ayudan a ⟶ contribuyen a; confundir ⟶ desconcertar.
2. Evitar el uso de verbos comodín: hecha ⟶ construida; haciendo ⟶ creando; tenga efecto ⟶ surta efecto.
3. Precisión en el uso de los sustantivos: la narración ⟶ el entramado narrativo; la historia ⟶ la trama; una sopa literaria ⟶ un caldo literario; cosas ⟶ objetos.
4. Precisión en el uso de los adjetivos: mal ⟶ nefasto.
5. Precisión en el uso de los marcadores discursivos: pero ⟶ aunque.
6. Evitar las repeticiones: lector del texto ⟶ receptor del texto; de las cosas ⟶ de los hechos; el espacio interno ⟶ el escenario interno; confunde ⟶ desorienta.

7. Cambio de estructuras: con ⟶ a partir de; Lo que se busca ⟶ El efecto buscado; oscuro ⟶ en penumbra.

Actividad 12

Actividad libre.

Capítulo 5

Actividad 1

A. 3; B. 7; C. 2; D. 4; E. 6; F. 1; G. 5.

Actividad 2

1. Han detenido y han esposado a una niña de 12 años por escribir en su pupitre; 2. Alexa González, una niña latina de 12 años residente en Nueva York; 3. Alexa González escribió una serie de mensajes en una mesa de su escuela; 4. El 1 de febrero de 2010, se supone que durante el transcurso de una clase; 5. En la escuela Forest Hills del condado de Queens, en la ciudad de Nueva York; 6. Se da a entender que según las normas de la escuela escribir en un pupitre constituye una actividad ilegal. Sin embargo en la noticia se cuestiona si, al tratarse de una niña de 12 años, se trata realmente de un delito y se ha hecho un uso desmesurado de la fuerza ya que ha sido detenida y esposada.

Actividad 3

3.a. 1. c; 2. g; 3. a; 4. j; 5. b; 6. f; 7. e; 8. i; 9. h; 10. d.

3.b. 1. Internacional; 2. Política; 3. Sociedad; 4. Salud; 5. Curiosidades; 6. Deportes; 7. Cultura; 8. Turismo y viajes; 9. Gente; 10. Economía y empresas.

3.c. Actividad libre.

Actividad 4

1. En el titular se explica que la empresa juguetera española 'Famosa' ha pasado a manos de un fondo de inversión estadounidense. Por esta razón, se menciona metafóricamente que las muñecas de esta empresa ahora tendrán que hablar inglés.
2. Se alude a la expresión "apretar el gatillo" y se hace un juego de palabras con la palabra "cuerpo", que hace referencia al "cuerpo de policía", y el adjetivo "fácil", que pone de manifiesto la alarmante corrupción que se le achaca en la actualidad al cuerpo policial en la sociedad argentina.
3. La noticia explica que la empresa petrolera española Repsol ha realizado inversiones de gas en Bolivia (país rico en este combustible) y en Brasil (país de donde procede la samba y donde la petrolera ha empezado a cotizar en el mercado de valores), y ha comprado una empresa de biotecnología en algas. El titular, en clave de humor, se asemeja a lo que podría ser una frase típica de un bar o de un restaurante en la que se pide "Más pan, más agua y una ración de una comida (por la noticia, posiblemente algún tipo de marisco)".

Actividad 5

1. anecdótica; 2. de cita; 3. retórica; 4. descriptiva; 5. sensacionalista; 6. de datos.

Actividad 6

6.a. Ejemplos: 1. Una universidad rechaza a un alumno por el olor de pies; 2. Un ludópata demanda al casino; 3. Besa a 111 mujeres en un minuto; 4. McDonald's promociona carne suiza con vaca austríaca; 5. Sobrevive a una caída libre de 3.000 metros; 6. Miles de embarazadas para no ser despedidas; 7. 9.771 intentos en el examen teórico del carné de conducir; 8. Un mendigo no paga un hotel de lujo de París.

6.b. Actividad libre.

Actividad 7

7.a. 1. El jarrón de porcelana china lo rompieron los niños / Los niños rompieron; 2. se las comieron los pájaros / Los pájaros se comieron; 3. se vio a dos personas / vieron a dos personas; 4. se han subastado; 5. lo/le empujó; 6. se homenajeará / homenajearán; 7. Al presidente lo agredieron / Un manifestante... ha agredido; 8. se ha creado / han creado; 9. se han vendido; 10. se le ha preguntado / le han preguntado; 11. la llevará un famoso deportista / un famoso deportista... llevará la antorcha; 12. que se ha armado / que han armado.

7.b. 2. Hospitalizan en Cleveland a un ex presidente de EEUU; 3. Colocarán esculturas color magenta a lo largo de varias calles de Chicago; 4. Acusan a un oficial de aceptar sobornos para dejar cruzar la frontera a inmigrantes ilegales; 5. Encuentran vivo a un senderista desaparecido después de 6 días en el Parque Nacional Joshua Tree; 6. Utilizan un virus informático para robar cuentas bancarias; 7. El desfile de los Elfos de Miami se salva de los recortes de presupuesto; 8. Un periodista californiano gana el Premio Pulitzer.

Actividad 8

8.a. Actividad libre.

8.b. 1. titular más neutral y objetivo; 2. titular más irónico; 3. titular sarcástico.

8.c. 1. "Gordon Brown es un hombre justo"; 2. "Gordon Brown puede haberse despedido ya del todo en su deseo de reelección"; 3. "Se puede decir que Gordon Brown hoy ha firmado su sentencia de muerte política".

8.d. 1. Se presenta a Gordon Brown como a una persona que sabe reconocer sus errores; 2. Como alguien consciente de lo que ha pasado y que intenta remediarlo desesperadamente; 3. Lo retrata como que este hecho ha sido lo peor que le podría ocurrir ya que está "hundido en las encuestas".

Actividad 9

9.a. 1. chinos: "Los chinos son famosos por comunicarse diciendo las cosas sin decirlas"; 2. españoles: "Los españoles gritan y gesticulan al hablar, pero eso no es señal de arrogancia"; 3. franceses: "A los franceses no les cuesta nada criticar pero hay que ser pacientes con ellos"; 4. brasileños: "es mejor no hablar de cosas personales como la edad"; 5. japoneses: "Tienden a sonreír cuando están furiosos, avergonzados, tristes o decepcionados"; 6. mexicanos: "No es adecuado hablarles de pobreza"; 7. árabes: "Les molesta que les digan lo que tienen que hacer y les encanta que les demuestren un cierto conocimiento de su cultura"; 8. canadienses: "No le llames americano a un canadiense"; 9. portugueses: "Son nostálgicos, tolerantes, acostumbrados a enfrentarse a otras culturas y es difícil ofenderles"; 10. alemanes: "No pierdas los nervios delante de un alemán porque es señal de debilidad".

9.b. Según su organización, se trata de un reportaje de acontecimiento, ya que reproduce los hechos con la intención de informar. Según su contenido se trata de un reportaje informativo y de investigación.

Actividad 10

10.a. 1. F (Los vascos son los más trabajadores); 2. F (Comparten el mismo deseo de independencia); 3. V; 4. F (No sale en el texto); 5. F (No suelen llegar tarde a una cita de negocios); 6. V; 7. V; 8. F (Como norma general es recomendable llevar vino o flores y unos regalos para los niños); 9. F (Hay que tener cuidado incluso con la gente que va vestida de policía ya que algunos ladrones utilizan este truco); 10. V; 11. V; 12. V.

10.b. 1. b; 2. c; 3. b; 4. c; 5. a; 6. c; 7. a; 8. b; 9. a; 10. c; 11. a; 12. c; 13. b; 14. c; 15. a.

Actividad 11

11.a. 1. G; 2. I; 3. E; 4. B; 5. F; 6. A; 7. D; 8. H; 9. C.

11.b. 1. Cuando empezó no había libertades en España; 2. Le hiere que se le asimile con el fenómeno de la telebasura; 3. Que está haciendo mucho daño, pero cree que se impondrá el sentido común; 4. Porque hay que ser a veces demasiado atrevido o intrépido, pero el periodista también cumple una función social muy importante; 5. Dice que la objetividad absoluta no existe. Respuesta libre; 6. Que muchos periodistas jóvenes no se dan cuenta de la función social que cumple el periodista y que le gusta que tomen la iniciativa en vez de preguntar qué es lo que deben hacer; 7. Dice que uno se vuelve menos airado y más templado, que ha cambiado la ira por la ironía, y que este cambio ha incrementado la calidad de lo que escribe; 8. Que nunca le han reprochado nada de lo que ha escrito porque literalmente nunca le han hecho cambiar ni una sola coma de sus escritos; 9. No, porque dice que ha trabajado en diferentes medios con diferentes ideologías, *La Razón*, "RNE", "Antena 3", pero siempre ha podido expresar su opinión; 10. Es un libro de poesías que considera un capricho. Dice que es muy ingenuo porque algunos de los poemas los escribió cuando tenía solamente 15 años.

Actividad 12

12.a. 1. casado; 2. suegros; 3. pasar; 4. gran; 5. segunda; 6. perspicaz; 7. espectador; 8. desencadenan; 9. metraje; 10. reinventar; 11. toque; 12. feroz; 13. abuelita; 14. enganchados; 15. mágico; 16. regenta; 17. sentimental; 18. miel; 19. inseparable; 20. Príncipe Azul; 21. beso; 22. tándem; 23. reconquistar; 24. moviendo; 25. suceder.

12.b. Directores y actores: el vestuario y el maquillaje, el reparto, el extra o el figurante, el tipo de plano (general, primer plano, a cámara lenta, etc.), la cámara, la trayectoria cinematográfica; Película: la sinopsis, el suspense, la escenografía o la puesta en escena, el metraje, los efectos especiales, el desenlace; Distribución: el tráiler, la recaudación, el estreno, el cartel, la publicidad, el éxito de taquilla; Espectador: el cinéfilo, la taquilla, la cartelera, la entrada, la butaca, el aplauso.

12.c. 1. *El hotel de los líos*; 2. *Lo que el viento se llevó*; 3. *Con faldas y a lo loco*; 4. *Desayuno con diamantes*; 5. *Sonrisas y Lágrimas*; 6. *Los caballeros de la mesa cuadrada (y sus locos seguidores)*; 7. *Tiburón*; 8. *La guerra de las galaxias*; 9. *Aterriza como puedas*; 10. *La loca historia de las galaxias*; 11. *Tu madre se ha comido a mi perro*; 12. *Soñando, soñando... triunfé patinando.*

12.d. Actividad libre.

Actividad 13

Otros ejemplos: referencias que tienen que ver con la actualidad del momento en el que se escribe el artículo: el texto comienza con una anécdota sobre un programa de televisión; porcentajes a modo de argumento para plantear una cuestión: "Un 28% de los jóvenes viven en pareja sin casarse, y un 30% de los hijos lo son de madre soltera"; una sucesión de preguntas; referencias cronológicas y comparaciones: "el otro día", "en la España de hace cincuenta años"; expresiones impersonales: "es increíble"; extranjerismos y coloquialismos: "friki, puta, etc."; la posición de algunos adjetivos: "aplastante naturalidad", "la rígida Inglaterra victoriana", "la gloriosa diversidad del ser humano"; verbos que concretan el significado: "Es increíble comprobar cómo la homofobia continúa instalada en el inconsciente social" (se utiliza el verbo "instalar" con un sentido metafórico).

Actividad 14

Actividad libre.

Capítulo 6

Actividad 1

1.b. Emisor: una mujer que compra la crema Eucerin; **Receptor:** para toda la familia, sin distinción de género; **Objetivo:** que una familia entera compre esta crema, ya que sirve para diferentes momentos del día; **Canal:** una revista; **Mensaje:** es una crema práctica porque la puede utilizar toda la familia y sirve para distintas partes del cuerpo (manos, cara o zonas que estén deshidratadas). Además, viene recomendada por el consejo del médico.

Actividad 2

2.b. Estereotipos: El anuncio se dirige a un público muy específico que está acostumbrado a tomar este tipo de productos antioxidantes. Además, es un público especializado y culto, por los tecnicismos empleados y por el uso del inglés. Puede ir dirigido también hacia aquellos que se preocupan por su salud. **Tópicos:** Apela a la tradición "usadas tradicionalmente por las tribus amazónicas desde hace cientos de años".

Actividad 3

3.a. Se trata de un brandy llamado Espléndido, de la marca Garvey.

3.b. Los tópicos son los que se asocian habitualmente a cada una de las regiones de España. Miguel Hernández y la adaptación del anuncio radiofónico escogen tópicos asociados al carácter de la gente de las distintas comunidades o a algo relacionado con el paisaje (la lluvia de Galicia, la huerta de Murcia y su fruta). Por ejemplo, de los vascos se dice que son gente ruda, fuerte; de los andaluces que están todo el día alegres y cantando; de los gallegos que son pausados; de los catalanes que son firmes en sus decisiones, y de los aragoneses que son gente honrada. En cuanto a **los estereotipos**, el anuncio se dirige a un grupo de gente que vive en España (no importa de la zona que sea) y al que le gusta la tradición.

3.c. La parte final, desde "Lo dijo Miguel Hernández" hasta "de Garvey", no pertenece al poema, ya que aquí se introducen las palabras que no dijo textualmente el poeta. En el anuncio se invita a beber y comprar este brandy porque es espléndido, tanto la marca como la gente que lo toma lo son.

Actividad 4

4.b.

1. Mensaje explícito: bebe Coca-Cola. Mensaje implícito: Si quieres que todos tus deseos se cumplan, bebe Coca-Cola, conseguirás lo que te propongas.
2. Mensaje explícito: las mejores chaquetas para no pasar frío, son las Rocneige, cómpralas. Mensaje implícito: No vas a notar que hace frío cuando vayas a la nieve, porque con las chaquetas Rocneige, parece que estás siempre en verano.
3. Mensaje explícito: bebe este whisky de tradición irlandesa. Mensaje implícito: La mejor forma de sociabilizar es tomar este whisky con tus amigos, reunidos en un pub.

Actividad 5

5.b.

1. Argumentos instintivos: se dirige a aquellas personas acostumbradas a moverse por instintos, a hacer lo que uno quiere y a ser la envidia de los demás.
2. Argumentos racionales inductivos: se parte de un caso concreto que es la cita de Lao Tzu sobre la belleza y la armonía para compararlo (argumento racional análogo) con lo que sentirá la persona que compre este coche.
3. Argumentos racionales analógicos (se compara al escultor que da forma a la belleza) e instintivos ("Ahora la inspiración también se puede conducir"): algo que no es tangible se logra con la posesión de este coche.

Actividad 6

6.a. 1. institucional 2. comercial 3. institucional.

6.b.

Texto 1. Destinatario: sobre todo a la persona que se ocupa de hacer la compra en una familia y la que va a cocinar. Mensaje explícito: comprar y comer pescados azules porque son los más sanos. Mensaje implícito: es salud para toda la familia. Argumentos: racionales analógicos (comprar pescado azul es comprar salud para toda la familia), emocionales (son económicos y fáciles de cocinar).

Texto 3. Destinatario: de nuevo es un anuncio que se dirige a toda la población. Mensaje explícito: los champiñones no pueden faltar en la dieta habitual. Mensaje implícito: con todas las aportaciones que tiene, sabrás que te sientes mejor al comerlos. Argumentos: racionales inductivos (se parte de un caso particular, todas las características favorables para el organismo que tienen los champiñones).

Actividad 7

La chispa de la vida / Un refresco de cola; Vamos al futuro, ¿subes? / viajar en tren; Un gran tentempié / una bebida de chocolate; Usa tus alas / viajar en avión; Frescor sin azúcar / un chicle de menta; Símbolo del descanso / un colchón; El secreto está en la masa / una pizza.

Actividad 8

8.a. La cara del niño muestra que está gritando pero para dar un mensaje NO HAGAS RUIDO!!! (se transmite por la forma silenciosa del cartel). Se destaca, para que su grito y su mensaje se hagan oír con más fuerza, por el altavoz que lleva en una de las manos. En la parte izquierda del cartel se da la normativa que se establece contra el ruido y las sanciones que puede tener una persona si las infringe. Los logotipos indican que es una campaña avalada por distintas instituciones, lo que confiere seriedad al cartel. Por último, las mayúsculas utilizadas, el distinto tamaño de la letra y el color dan al mensaje la idea de querer destacar la erradicación del ruido como sea. Se ve que se triplican los signos de exclamación para llamar aún más la atención.

8.b. En este anuncio se hace publicidad de la marca Coca-Cola a partir del eslogan: "Hay razones para creer en un mundo mejor". Para ello se utiliza a una pareja joven que aparece abrazada en medio de un campo con las montañas al fondo. Este contexto es importante, ya que de manera implícita se presenta la marca Coca-Cola como una bebida sana y natural. Este hecho se muestra a modo de paralelismo con la reacción espontánea de los jóvenes. No vemos las caras de la pareja pero, por el abrazo que se dan, entendemos que se sienten felices, que quizás están celebrando algo, y que les une el sentimiento de quererse al hecho de compartir una Coca-Cola o de abrirla, como se sugiere en uno de los logotipos de la parte inferior con una botella abierta. El otro logotipo de la marca aparece en el extremo superior a la derecha como si fuera una especie de "sol" que ilumina a la pareja en ese día feliz. El hecho de que la chica vaya descalza contribuye a la idea de naturalidad, libertad. La forma de vestir del chico muestra la actualidad, la modernidad. La felicidad, la razón para creer en un mundo mejor es, entre otros pequeños momentos de la vida cotidiana, el poder disfrutar también de esta bebida. El anuncio publicitario conmemora además los 125 años de existencia de Coca-Cola como marca.

Actividad 9

9.a. 1. Que el cliente tenga una tarifa diaria Europa de Movistar si está viajando, ya que le saldrá mucho más económico hablar. 2. Las dos se dirigen a gente joven que viaja por Europa. 3. El protagonista que tienen en común es Alberto. En ambas cartas está de viaje (en Irlanda del norte y en Grecia), y en las dos situaciones a Alberto se le presenta un problema que resuelve gracias al móvil y a tener la tarifa que esta compañía promociona. En las dos narra una anécdota. En la segunda carta, a partir de la postdata, Alberto da un consejo; en la carta 1, no. 4. Respuesta abierta.

9.b. Actividad de creación libre.

Actividad 10

1. Se dirige a un público que realiza búsquedas con Google en Internet y a aquellos a los que les interesan los progresos de Google, en este caso su futuro en TV (público más especializado). 2. Anunciar la posible intervención del buscador Google en la televisión. 3. Argumentos racionales en los que se dan los pros y los contras de la intervención de Google en TV; por ejemplo, el hecho de que se constate con cifras que se pasan más horas en Internet que viendo la TV.

Actividad 11

11.a. Utiliza expresiones que inician los cuentos ("Érase una vez una mujer normal…") y los finalizan ("colorín, colorado"). Sería un formato narrativo.

11.b. Actividad de creación libre.

Actividad 12

12.b. 1. Invitar y llamar la atención ("¡Celebra tu éxito!"). En el resto del anuncio se dan consejos o hacen sugerencias. 2. Animar a la acción ("Apadrina a un niño"). Invitar/ofrecer ("Contribuye…"). 3. Invitar, hacer una sugerencia.

Actividad 13

13.a.

paralelismos	**expresiones idiomáticas**	**juegos fónicos y rimas**	**frases nominales**	**estructuras condicionales**
2, 3	8, 10	1, 4	6, 9	5, 7

13.b.

Morfosintácticos	• Usos del infinitivo • Paralelismos (Sabe a descubrir,… sabe a estar atados…)
Léxico-semánticos	• Metonimias (¿A qué sabe Asturias en Gijón?) • Contraposiciones (a ganar sin perder) • Juegos de palabras (sabe a saber saborear)
Ortográficos	• Uso de signos de interrogación
Fónicos	• Paronomasias (sabe a saber saborear)

Actividad 14

14.a. 1. h; 2. b; 3. l; 4. c; 5. k; 6. j; 7. g; 8. a; 9. e; 10. f; 11. d; 12. i.

Actividad 15

15.a. Con un diamante.

15.b. 1. el sol de la playa = alegría; 2. tiempo = oro (importante); 3. Cucal = guerra ganada con las cucarachas; 4. vida = no juego (Se utiliza la expresión "la vida no es un juego" para decir que cuando se conduce, hay que estar muy atento.); 5. ron = oro negro (caro, preciado).

Actividad 16

16.a. 1. La boca del metro; 2. Los dientes de una sierra; 3. Las patas de una mesa.

16.b. 1. patas; 2. el ojo; 3. cuello; 4. el ojo; 5. la piel; 6. las lenguas; 7.una lengua; 8. mano; 9.lengua; 10. El diente; 11. El ala; 12. los ojos; 13. la piel; 14. una boca.

Actividad 17

Actividad libre.

Capítulo 7

Actividad 1

1. Acta; 2. Certificado; 3. Contrato; 4. Circular; 5. Demanda; 6. Edicto; 7. Instancia; 8. Ley; 9. Recurso; 10. Sentencia.

Actividad 2

Texto1. Acta de vecinos. Elementos subrayados: orden del día, asuntos, propietario, firma de un presidente y de un secretario.

Texto 2. Instancia. Elementos subrayados: en el cuerpo de la carta los verbos "expone" y "solicita".

Texto 3. Ley. Elementos subrayados: preámbulo, disposición final, entrada en vigor.

Actividad 3

1.C (título); 2.A, 3.D y 4.B (cuerpo de la carta); 5.E (cierre).

Actividad 4

4.a. Rasgos léxicos y pragmáticos: uso específico del léxico administrativo (promulgar, regir, regular, marco legal / marco normativo vigente, disposición adicional, transitoria, derogatoria, entrar en vigor, tribunales, autoridades); latinismos (*de facto*).

4.b. 1. j; 2. ñ; 3. b; 4. e; 5. a; 6. l; 7. n; 8. f; 9. c; 10. k; 11. d; 12. h; 13. m; 14. i; 15. g; 16. h; 17. d;18. n; 19. a; 20. j; 21. b; 22. f; 23. k; 24. g; 25. c; 26. i; 27. m; 28. e; 29. ñ; 30. l.

4.c. 1. sine qua non; 2. modus vivendi; 3. Grosso modo; 4. in fraganti ; 5. statu quo ; 6. cum laude; 7. per capita; 8. déficit; 9. mea culpa; 10. ergo.

Actividad 5

El "saluda" es uno de los géneros textuales administrativos para saludar o invitar a un determinado colectivo a algo, en este caso, a un concierto de música y a un cóctel por motivo de la inauguración de un curso académico en la Universidad. El "saluda" va dirigido a los profesores y la expresión de la cortesía ya se manifiesta en el propio acto de invitar. Se utilizan sobre todo verbos: "tiene el placer de invitarles", "les agasajaremos".

Actividad 6

6.a. 1. d; 2. b; 3. i; 4. a; 5. f; 6. c; 7. j; 8. h.

6.b. Cláusula 2: El propietario muestra su acuerdo en el alquiler de la vivienda al inquilino. Éste último está obligado a cumplir todo lo escrito en el contrato.

Cláusula 3: El plazo del contrato de arrendamiento es de un año.

Cláusula 4: El contrato se puede ampliar hasta cinco años y después de este plazo podría prolongarse hasta tres años más si ambas partes están de acuerdo.

Cláusula 5: Se pagarán 1.000 euros al mes por el alquiler durante los siete primeros días del mes correspondiente.

Cláusula 6: Se deberá pagar en concepto de fianza la cantidad de 1.000 euros, que se devolverá si una vez que el arrendatario deje el piso no hay desperfectos.

Cláusula 7: El arrendador pagará los gastos generales y el arrendatario los individuales.

Cláusula 8: Las reparaciones necesarias para mantener la vivienda en buen estado, las debe pagar el arrendador, no aquellos desperfectos causados por el arrendatario.

Actividad 7

Expone:
Que con motivo de la realización de un curso de inglés en la localidad de Brighton (Reino Unido) durante el mes de julio de 2010, gasté un total de 1.200 euros en el pago de dicho curso, en el que me inscribí para seguir formándome como profesor de inglés en el instituto de secundaria en el que trabajo en Toledo.
Por lo que,
Solicita:
Que los gastos del curso sean abonados por la Consejería de Educación de la Comunidad de Castilla-la Mancha dentro del programa de financiación para formar a profesores en el extranjero.
A la espera de una respuesta, les saluda atentamente,
Fecha XXXX
Fdo.: XXXX

Actividad 8

8.a. En la carta se le informa al cliente del cambio de algunas de las condiciones de su tarjeta bancaria. La finalidad de estos cambios tiene que ver con una reciente normativa europea. Se adjunta el nuevo contrato de la tarjeta con las condiciones antiguas y se detallan las nuevas. Si el cliente no está conforme, tiene derecho a rechazar el nuevo contrato sin coste alguno, pero si no lo comunica antes de la fecha indicada se entenderá que acepta el nuevo contrato. El banco aprovecha para anunciar diferentes promociones así como otras ventajas de la nueva tarjeta, aunque para disfrutar de las mismas el cliente se tiene que suscribir.

8.b. 1. V; 2. V; 3. V; 4. F (disfrutará de un 10% de devolución, con un importe máximo de 20 euros por cliente); 5. F (porque hay que estar suscrito al programa privilegio).

8.c. El encabezamiento: el membrete (Ibercaja), la dirección a la que se dirige la carta (Andrés Paúl Muñoz, etc.), la fecha (junio de 2010); no aparece el número de la carta enviada y sí hay una referencia en este caso después de la fecha (016527 PM70 O7507). El cuerpo de la carta: el saludo ("Estimado Sr. Paúl Muñoz:"), el cuerpo (desde "Me dirijo a usted..." hasta "estaremos encantados de atenderle", la despedida ("Atentamente"). El final o cierre: la firma del remitente de la empresa (Enrique Arrufat Guerra) y el cargo que ocupa (Director de Marketing).

Actividad 9

9.a. Actividad libre. Posibilidades en la sección "Hoteles": Categoría del hotel inferior a la contratada, Falta de condiciones mínimas de higiene; en la sección "Agencias de viajes": Omisión de notificación del cobro de gastos de gestión, Falta de asistencia durante el viaje ante algún problema de los viajeros; en la sección "Aerolíneas": Trato descortés prestado por el personal, Intoxicación por la comida; en la sección "Alquiler de coches": Mal estado del vehículo al inicio del viaje; y en la sección "Restaurantes": Falta de condiciones de higiene mínimas.

9.b. Actividad libre.

Actividad 10

10.a. 1. Funcional; 2. Cronológico; 3. Funcional; 4. Funcional; 5. Cronológico.

10.b. Mixto.

10.c. Actividad libre.

Actividad 11

11.a. La carta 1 es idónea porque especifica a quién va dirigida (al señor James Moore), ya que estos datos se facilitan tanto en el anuncio como en el saludo. Además, en el cuerpo de esta carta se menciona que la candidata ha impartido cursos específicos de fonética.

11.b. Actividad libre.

Actividad 12

Actividad libre. Posible solución:
Estimado Señor:
Soy profesor del departamento de Literatura de la Universidad de Oxford, donde llevo trabajando más de veinte años. Mi alumno, Matthew Barber, está cursando en estos momentos el último año de la carrera y desea trabajar como investigador en la Universidad Central de Venezuela dentro de su programa de Literatura Hispánica.
Matthew Barber es un estudiante excelente que ha destacado siempre por su capacidad de investigación y análisis, prueba de ello es su colaboración en numerosos proyectos que nuestro departamento ha llevado a cabo con diferentes instituciones de reconocido prestigio, como ustedes podrán apreciar en su currículum.
Se ha mostrado a lo largo de la carrera académica como un alumno brillante y aventajado en muchas de las asignaturas relacionadas con el proyecto que ustedes están impulsando en su universidad y en varios de sus artículos publicados.
Por todo ello, la persona que firma la presente carta hace constar que Matthew Barber es digno merecedor de recibir la beca que ustedes ofrecen y de poder participar en su programa.
Le agradezco de antemano su atención. Reciba un cordial saludo,
Donald Draper
Profesor de Literatura Hispánica
Universidad de Oxford

Capítulo 8

Actividad 1

1.a. Actividad libre.

1.b. 1. A consumir productos naturales que contienen un buen número de elementos saludables para el organismo y que son anticancerígenos, etc., o tienen otras propiedades que ayudan a combatir enfermedades; 2. El consumo de polifenoles (un tipo de antioxidantes) se ha asociado con la disminución de la inflamación y del colesterol, que mejoran la salud cardiovascular, con un menor crecimiento de algunos tumores, con mejorías en la degeneración macular, el envejecimiento de la piel, las infecciones de orina e, incluso, el deseo sexual femenino; 3. En el texto se apunta a que aunque algunos productos se dice que contienen polifenoles, el contenido es mínimo y no es tan beneficioso como los polifenoles que se encuentran en los productos en su estado natural; 4. Cuando se trata de té enlatado, el contenido de antioxidantes es casi anecdótico. Mientras que una taza de té contiene entre 50 y 150 mg de polifenoles, las versiones 'lista para consumir' tienen, de media, una cantidad inferior (unos 37 mg), y en algunos casos no supera los 10 mg. De forma que para obtener algún beneficio habría que "consumir botella tras botella"; 5. Los polifenoles son amargos y astringentes, es decir, estriñen, y por esta razón los fabricantes de estas bebidas optan por reducir el contenido de estas sustancias para obtener un sabor más agradable; 6. Las ventas de esta infusión se han cuadruplicado en EEUU. Este crecimiento se ha dado en paralelo al reconocimiento de las propiedades beneficiosas de esta bebida. El consumidor no puede saber qué productos contienen más polifenoles porque no se exige informar en las etiquetas sobre su presencia.

Actividad 2

2.a. 1. Botánica: clorofila, tallo; 2. Física: aceleración, campo magnético; 3. Química: ácido, molécula; 4. Arquitectura: arco, bóveda; 5. Ingeniería: asfalto, grúa; 6. Economía: transacción, año fiscal; 7. Informática: disco duro, memoria RAM; 8. Astronomía: enana blanca, constelación; 9. Biología: cromosoma, ADN; 10. Geología: falla, erosión; 11. Medicina: diagnóstico, síntoma; 12. Matemáticas: ecuación, raíz cuadrada.

2.b. clorofila (*chlorophyll*); tallo (*stem*); aceleración (*acceleration*); campo magnético (*magnetic field*); ácido (*acid*); molécula (*molecule*); arco (*arch*); bóveda (*vault*); asfalto (*asphalt*); grúa (*crane*); transacción (*transaction*); año fiscal (*fiscal/tax year*); disco duro (*hard drive*); memoria RAM (*RAM memory*); enana blanca (*white dwarf*); constelación (*constellation*); cromosoma (*chromosome*); ADN (*DNA*); falla (*flaw/fault*); erosión (*erosion*); diagnóstico (*diagnosis*); síntoma (*symptom*); ecuación (*equation*); raíz cuadrada (*square root*).

Actividad 3

3.a. 1. visitas, horario; 2. habitación, limpio; 3. salud, colaboración; 4. adulto, pacientes; 5. comidas, bebidas; 6. flores, ramos; 7. valor, custodia; 8. puerta, cerrada; 9. sofá, sábanas; 10. salir, autorización; 11. volumen, molestias; 12. cafetería, exclusivo; 13. emergencia, seguridad; 14. vigilancia, instrucciones; 15. médica, enfermería.

3.b. 1. Traumatología; 2. Oftalmología; 3. Psicología y Psiquiatría; 4. Medicina general; 5. Otorrinolaringología; 6. Oncología; 7. Cardiología; 8. Dermatología; 9. Medicina interna; 10. Pediatría; 11. Nefrología; 12. Urología.

Actividad 4

1. Propiedades; 2. Composición; 3. Dosificación y modo de empleo; 4. Contraindicaciones; 5. Efectos secundarios; 6. Intoxicación y su tratamiento; 7. Precauciones y advertencias especiales; 8. Condiciones para su conservación.

Actividad 5

5.a. El cartel indica que los pacientes deben tener expedido "el volante" o "la autorización" actualizada del médico o de la enfermería si necesitan que se les haga una "cura" o "un tratamiento" o se les administren "inyecciones". Si no se conoce el significado médico de estas palabras el enunciado puede ser ambiguo, ya que "cura" también significa "sacerdote" y "volante" es el aparato circular que utiliza el conductor de un coche para girar las ruedas.

5.b. 1.o; 2.j; 3.f; 4.m; 5.a; 6.ll; 7.l; 8.n; 9.r; 10.i; 11.ñ; 12.q; 13.c; 14.p; 15.e; 16.k; 17.b; 18.g; 19.d; 20.h.

5.c. 1. enfermar, padecer; 2. curar, sanar; 3. recetar, prescribir; 4. vacunar, inocular; 5. aliviar, paliar; 6. operar, intervenir; 7. contagiarse, transmitir; 8. sudar, transpirar; 9. toser, expectorar; 10. respirar, inhalar; 11. delirar, desvariar; 12. explorar, auscultar; 13. herirse, lesionarse; 14. constiparse, acatarrarse; 15. agravarse, empeorar.

Actividad 6

6.a. espiral, triángulos, óvalos, arcos, círculos, cuadrados, arquitectura orgánica, zigurat, piramidal, escalonado, invertido, ascendente, lucernario cenital, galerías, etc.

6.b. Actividad libre.

Actividad 7

7.a. 1. La gente se dedica a hacer otras cosas u ocupa su tiempo con otro tipo de actividades; 2. Los chicos empezaron a hacerse este tipo de operaciones que solía ser más común entre las mujeres; 3. Se han ido aficionando poco a poco; 4. Cada vez hay más clínicas de este tipo y es fácil encontrarlas en cualquier lugar; 5. Pueden encontrar allí el mejor lugar para realizar este tipo de actividades.

7.b. 1. p; 2. q; 3. k; 4. m; 5. r; 6. n; 7. a; 8. p; 9. d; 10. g; 11. b; 12. f; 13. c; 14. h; 15. e; 16. i; 17. l; 18. ll; 19. j; 20. ñ.

Actividad 8

1. b; 2. c; 3. a; 4. c; 5. a; 6. b; 7. a; 8. b; 9. c; 10. a; 11. c; 12. c; 13. c; 14. b; 15. a; 16. b; 17. c; 18. b.

Actividad 9

1. c; 2. b; 3. b; 4. b; 5. c; 6. b; 7. a; 8. b; 9. b; 10. a; 11. c; 12. b; 13. c; 14. a; 15. a; 16. c; 17. b; 18. a; 19. b; 20. c; 21. b; 22. a; 23. a; 24. c; 25. b; 26. b; 27. a; 28. c.

Actividad 10

10.a. 1. Porque es algo que se acostumbra a decir y además, según el artículo, casi un cuarto de millón de personas han dicho 'no a los exámenes' en Facebook: más de 100.000 personas afirman que los odian y otros 175.000 piden su desaparición; 2. El método más común consiste en repetir una palabra para aprenderla, pero no suele ser el mejor método ya que la información se suele olvidar; 3. El aprendizaje es el proceso mediante el cual adquirimos nuevos conocimientos y la memoria almacena esos conocimientos que se traducen en un cambio de comportamiento. Ambos fenómenos están estrechamente relacionados porque de ellos dependen todos o casi todos los procesos cerebrales, como por ejemplo las emociones; 4. Por ejemplo, fraccionar un número de nueve dígitos en grupos de tres. Aprender algo acompañado de música y/o ritmo, como se suele hacer durante los primeros años de enseñanza. Crear reglas mnemotécnicas o tender puentes de significado entre palabras; 5. Son asociaciones que se establecen entre la nueva información y lo que ya se sabe, y su función consiste en facilitar el aprendizaje; 6.Que los mediadores que se activan para facilitar el proceso de aprendizaje son más efectivos durante un examen que durante el estudio.

10.b. 1. El cerebro; 2. Los sentidos; 3. Las caras; 4. La memoria personal; 5. Recordar lo que es coherente; 6. La memoria compartida; 7. Recordar sin pensar; 8. La memoria flash.

10.c. Actividad libre.

Actividad 11

11.a. 1. V; 2. F (explica cómo solicitar trabajo en el extranjero, impartir una conferencia o preparar un artículo en inglés para publicarlo); 3. F (un gaditano, de Cádiz, que trabaja en el Hospital Reina Sofía de Córdoba); 4. V; 5. F (Creía tener un buen nivel de inglés, pero se dio cuenta en seguida de que lo que sabía no era suficiente); 6. V; 7. F (Tuvo el asesoramiento de nativos); 8. F (Hace falta dominar el inglés para poder entender el libro); 9. V; 10. F (No se dice claramente, sólo se compara el número de ponencias en un congreso); 11. V; 12. V; 13. V; 14. F (La diferencia en el nivel de inglés entre médicos jóvenes y veteranos puede ser percibido como una amenaza en vez de como una oportunidad); 15. F (No es la mayor parte de la terminología, sino que aproximadamente el 50% de la terminología en inglés es grecolatina, pero aun con todo los médicos españoles tienen problemas para pronunciar lo que es fácil de leer).

11.b. Prefijos de origen griego: 1. acrópolis; 2. antropología; 3. autobiografía; 4. biblioteca; 5. biología; 6. ciclomotor; 7. cinemática; 8. cosmopolita; 9. criptograma; 10. cromosoma; 11. cronología; 12. dactilar; 13. década; 14. demografía; 15. dermatólogo; 16. dinamismo; 17. gastritis; 18. geotermia; 19. ginecólogo; 20. helioterapia; 21. hemorragia; 22. heterosexual; 23. homogéneo; 24. iconografía; 25. macroeconómico; 26. microoondas; 27. paranormal; 28. periscopio; 29. pirotecnia; 30. políglota.
Sufijos de origen griego: 1. anglofilia; 2. xenofobia; 3. audífono; 4. monogamia; 5. telegrama; 6. lacrimógeno; 7. psicólogo; 8. cartomancia; 9. piromanía; 10. termometro; 11. telepatía; 12. metrópoli; 13. telescopio; 14. mnemotecnia.

11.c. 1. hidrofobia, claustrofobia; 2. cronómetro, dinamómetro; 3. cleptomanía, melomanía; 4. crucigrama, pentagrama; 5. podólogo, biólogo; 6. sinfonía, megafonía; 7. halterofilia, bibliofilia; 8. estetoscopio, microscopio.

11.d. Prefijos de origen latino: 1. absorber; 2. adjuntar; 3. bisexual; 4. desgranar; 5. exponer; 6. extramuros; 7. ilegible; 8. intercultural; 9. intravenoso; 10. multimillonario; 11. omnívoro; 12. posponer; 13. prefijo; 14. redistribuir; 15. retrospectiva; 16. submarino; 17. superponer; 18. transplante; 19. ultraconservador; 20. vicepresidente.

11.e. 1. hemorragia; 2. autobiografía; 3. intravenosas; 4. cosmopolita; 5. microondas; 6. políglota; 7. paranormales 8. antropología; 9. década; 10. criptogramas; 11. dactilares; 12. ciclomotores; 13. pirotecnia; 14. iconografía; 15. telepatía.

11.f. 1. la alarma; 2. la firma; 3. el fantasma; 4. la diadema; 5. la norma; 6. el clima; 7. la lima; 8. la víctima; 9. la rama; 10. la esgrima; 11. la broma; 12. la cama.

Actividad 12

12.a. Apple, iPad, conectividad, tableta, Internet, Wi-Fi, tarjeta SIM, red inalámbrica móvil, portátil, pantalla táctil, etc.

12.b. Actividad libre.

Actividad 13

13.a. 1. ll; 2. n; 3. i; 4. k; 5. a; 6. m; 7. b; 8. e; 9. d; 10. f; 11. c; 12. g; 13. h; 14. j; 15. l.

13.b. **árabe:** alcalde, zanahoria, arroz, acequia; **francés:** pantalón, croqueta, garaje, hotel; **alemán:** leitmotiv, guerra, tregua, búnker; **italiano:** novela, piano, piloto, casino; **japonés:** karaoke, kamikaze, tatami, bonsái; **lenguas indígenas:** tomate, chocolate, puma, aguacate.

Actividad 14

Actividad libre.

Capítulo 9

Actividad 1

1. errata: médicos y enfermeros; 2. información redundante: mujeres femeninas; 3. errata: un año de cárcel; 4. errata: alguna precipitación aislada; 5. errata: 70 jornaleros españoles; 6. errata: invistió (del verbo "investir"); 7. error léxico: el sustantivo "ejemplar" no se utiliza para personas sino para cosas; 8. errata: el sueldo de los funcionarios; 9. errata: desde hace 4 meses; 10. errata: sufre varias fracturas.

Actividad 2

2.a. 1. debe; 2. había; 3. elegimos hacer; 4. Está claro; 5. por qué; 6. Igualmente / De la misma manera / Del mismo modo; 7. resultaría mucho más fácil abordar; 8. los valores morales; 9. persiguen; 10. situaciones sociales; 11. argumento a favor / en contra; 12. lleguen; 13. éxito; 14. la tribu; 15. Cualquiera que tenga.

2.b. Actividad libre.

Actividad 3

3.a. y b. Actividades libres.

Actividad 4

4.a. y b. Actividades libres.

Actividad 5

A. 7; B. 4; C. 3; D. 6; E. 1; F. 2; G. 5; H. 8.

Actividad 6

6.a. 1. debemos preguntarnos, sucede, el ruedo; 2. percibir / notar, aquellos, se denominan; 3. la piratería, establecer, nos otorga; 4. opiniones de diversa índole / opiniones diversas, con respecto a, perspectiva; 5. estipula, permanecer, femenino; 6. Se utilizan numerosos animales para experimentos clínicos, dichos, cumplen; 7. adoptar, manifiesten, contribuir; 8. Resulta, se consideraba, inmobiliaria; 9. En conclusión / A modo de resumen / Recapitulando, depara, en primer lugar; 10. su empleo / su puesto de trabajo, debido a, el ámbito laboral; 11. sucede / ocurre, un miembro, por lo tanto; 12. Un gran número de las / La mayoría de las, hoy en día / en la actualidad, se basan, el ser humano; 13. estén dispuestas a pagar, sumas, emitir; 14. se deduce, existe, se ve, determinan, se considera.

6.b. Actividad libre.

Actividad 7

7.a. 1. alhelí; 2. dio; 3. metódico; 4. clamor; 5. iréis; 6. país; 7. alguien; 8. acérrimo; 9. umbral; 10. acróstico; 11. así; 12. vi; 13. Núremberg; 14. memorándum; 15. oído; 16. índole; 17. averiguáis; 18. logomaquia; 19. países; 20. brezo; 21. alféizares; 22. asimismo.

7.b. Esdrújulas: metódico, acérrimo, acróstico, Núremberg, índole, alféizares; **llanas:** alguien, memorándum, oído, logomaquia, países, brezo, asimismo; **agudas:** alhelí, dio, clamor, iréis, país, umbral, así, vi, averiguáis.

Actividad 8

1. inapropiadas; 2. antigüedades; 3. inmediatamente; 4. japoneses; 5. Rabos de lagartija; 6. escoger; 7. (correcta); 8. afirman; 9. Ministerio de Justicia; 10. e increíblemente; 11. espaguetis; 12. eslogan.

Actividad 9

1. La persona elegida, tímida y sonriente, no sabía dónde colocarse en el escenario cuando pronunciaron su nombre. 2. La República Dominicana, con el apoyo de Estados Unidos, Puesto Rico y Canadá, expresó su desacuerdo con la resolución de las Naciones Unidas. 3. ¡Tú, manolarga! deja que el pastel se enfríe y recuerda que estás a régimen. 4. ¡Me han llamado del concurso de la tele! ¡No me lo puedo creer! ¿Vendrás conmigo? 5. Los restaurantes en Oaxaca son una delicia; las fachadas de las casas, multicolores y decoradas con originales detalles arquitectónicos; los mercados, abarrotados de gente y pintorescos. 6. Será mejor que el Gobierno y los sindicatos se pongan de acuerdo; si no, nos espera un mes de incertidumbre y posiblemente con numerosas huelgas en los servicios públicos. 7. Internet y las redes sociales, la televisión, los videojuegos, el teléfono móvil: cada vez nos aislamos más en un mundo en el que, como no hagamos algo, terminaremos por vivir incomunicados pese a estar más comunicados que nunca. 8. Creo que eso que te pasa a ti en alemán se llama "Schadenfreude", es decir, el sentimiento que uno tiene cuando se alegra de la infelicidad de otra persona y, aunque en nuestra lengua no exista un término para expresar el mismo concepto, creo que desafortunadamente es un defecto que tienen muchas personas. 9. Los medios de comunicación nunca le han hecho muy buena prensa porque había trabajado anteriormente como periodista; la opinión pública, no obstante, parece no verse influenciada por las acusaciones infundadas que se han hecho sobre él. 10. Apreciado cliente: / Le adjuntamos los folletos de nuestro balneario

en Maribor (Eslovenia) y confiamos en poderle ofrecer nuestros servicios que, como ya sabe por su estancia del verano pasado, son de la más alta calidad. / Indíquenos si es tan amable: / –Su número de pasaporte; / –Su número de la tarjeta de crédito (incluya por favor la fecha de caducidad); / –El número exacto de personas (incluya el número de niños y, en su caso, mascotas). / Le saluda muy atentamente, / Consuelo Galván / Dept. de Ventas. / P.D. Si no recibimos contestación suya en el plazo de un mes, entenderemos que no desea formalizar la reserva.

Actividad 10

La Universidad de Pensilvania: un excelente modelo de educación superior

La Universidad de Pensilvania es el "alma máter" de numerosos empresarios que triunfan hoy en día en el mundo de los negocios. Se encuentra situada casi en el corazón de la ciudad de Filadelfia, una de las ciudades de la costa este americana más prósperas de los últimos años. La universidad ha tenido un impacto muy positivo en la ciudad ya que, en la década de los años setenta, Filadelfia era una de las ciudades con mayor índice de criminalidad de todo el país. Poco a poco, el área metropolitana se ha ido transformando y ahora se ha convertido en una ciudad moderna, preparada para los desafíos del siglo XXI.

El sistema americano de universidades, basado en un modelo privado aunque también con parte de financiación pública, es muy distinto del europeo que, tradicionalmente, se ha visto sustentado únicamente por el modelo público. Cuando una persona visita un campus de una universidad americana, uno de los primeros detalles que le llaman la atención es que la mayoría de sus edificios tienen nombre propio. Esto se debe a que, en toda universidad americana, existe un sistema de donaciones de ex alumnos que han estudiado allí con el que se recaudan grandes cantidades de dinero y, a cambio, la universidad designa mediante el nombre de uno de sus filántropos uno de los edificios en los que transcurre la vida universitaria. Este sistema es altamente rentable, ya que de esta manera se asegura que la universidad dispondrá de fondos para innovar e investigar, así como para seguir creciendo y ocupar uno de los puestos de prestigio en el ámbito internacional de la educación superior. Un ejemplo del éxito que ha supuesto este sistema es la *Wharton School of Economics* que es, en la actualidad, una de las escuelas de negocios más importantes del mundo, y así lo confirmó el último *ranking* de los mejores programas de MBA, puesto que la Universidad de Pensilvania ocupó el primer lugar de la clasificación.

Estos datos son sólo un ejemplo que demuestra que los pasos que se han seguido en esta universidad, así como en otras universidades norteamericanas durante todos estos años, han dado su fruto y que, pese a que la educación terciaria o universitaria deba estar también fundamentada en un modelo público, el capital privado es, a su vez, de una gran ayuda para consolidar el liderazgo de instituciones de prestigio que aspiran a ofrecer una educación de calidad.

Actividad 11

1. a. abordar un reto, una causa, una reforma, un cambio, una obra, un proyecto, un estudio, un asunto, una cuestión, una situación, un debate, un acuerdo, una negociación, etc.; b. abordar frontalmente, de frente, a cara descubierta, sin tapujos, satisfactoriamente, coherentemente, políticamente, etc.; c. abordar algo sin tapujos = sin esconder nada o sin tener ningún tipo de reservas; ej. La corrupción en la esfera política es un tema que los periodistas deberían abordar sin ningún tipo de tapujos, independientemente del periódico para el que escriban; 2. a. una afirmación tajante, categórica, taxativa, contundente, lapidaria, irrebatible, sólida, sin reservas, discutible, rebatible, desencaminada, equivocada, etc.; b. lanzar, soltar, verter, expresar, manifestar, introducir, insertar, publicar, compartir, reiterar, recalcar, recordar, etc. una afirmación; c. ej. Empezaré con una afirmación tajante: si quieres encontrar un buen trabajo necesitas tener un buen dominio del inglés; 3. a. una alusión, una alianza, una tregua, un consenso, un compromiso, una aceptación, un reconocimiento, una aceptación, etc. tácito,-a; b. una condición tácita = la que, aunque expresamente no se ponga, virtualmente se entiende puesta; ej. En el colegio a los niños se les impone el respeto por los demás como una condición tácita, aunque luego en la realidad no siempre se dé el caso; 4. esperar, permanecer, mantener, recordar, aplazar, dilatar, prolongar, detener, suspender, eximir, perdonar, etc. indefinidamente.

Actividad 12

12.a. 1. m; 2. o; 3. i; 4. k; 5. q; 6. b; 7. r; 8. l; 9. e; 10. n; 11. f; 12. a; 13. c; 14. d; 15. g; 16. h; 17. j; 18. ll; 19. ñ; 20. p.

12.b. 1. p; 2. ll; 3. j; 4. ñ; 5. o; 6. q; 7. c; 8. g; 9. k; 10. d; 11. b; 12. a; 13. h; 14. e; 15. l; 16. m; 17. f; 18. r; 19. i; 20. n.

Actividad 13

a grandes rasgos (*in bold strokes*); a trancas y barrancas (*with great difficulty*); en ayunas (*fasting*); en un pis pas (*in a trice*); de buenas a primeras (*suddenly*); de cabo a rabo (*from beginning to end*); ni fu ni fa (*neither one thing nor the other / neither fish nor fowl*); ni tanto ni tan calvo (*neither one extreme nor the other*); con pelos y señales (*with all the details*); con propiedad (*[to express oneself] precisely / [to use words] properly*); sin comerlo ni beberlo (*without having anything to do with it*); sin ton ni son (*without any purpose*).

Actividad 14

Actividad libre.

Bibliography

Please see chapter 9 for more information about online dictionaries.

Agencia DPA. "Las noticias más absurdas del año 2009," *El Mundo*, 25 Nov. 2009.

Agencia EFE. "Vuelve a subastarse en eBay un sándwich 'divino' tras haber sido vetado en el sitio," *El Mundo,* 18 Nov. 2004.

Agencia EFE. "Detenida y esposada una niña de 12 años en Nueva York por escribir en su pupitre," *El Mundo*, 05 Feb. 2010.

Alchazidu, Athena; Yolanda Pérez Sinusía and Paula Gómez González. (2004) *Esbozo de la historia de la literatura española*, Brno: AP Publishers.

Allende, Isabel. (1989) *Diez cuentos de Eva Luna*, Barcelona: Plaza & Janés.

Alvar Ezquerra, M. (2003) *La enseñanza del léxico y el uso del diccionario*, Madrid: Arco libros.

Álvarez, Miriam. (1994) *Tipos de escrito II: Exposición y argumentación*, Madrid: Arco libros.

Álvarez, Miriam. (1995) *Tipos de escrito III: Epistolar, administrativo y jurídico*, Madrid: Arco libros.

Amenós, José; María Luisa Pascual Vallejo and Yolanda Pérez Sinusía. (2010) *Agencia ELE 2. Cuaderno de Ejercicios*, Madrid: SGEL.

Arenas, Reinaldo. (1972) *Con los ojos cerrados*, Montevideo: Arca.

Asturias, Miguel Ángel. (2005) *El señor presidente*, Madrid: Alianza Editorial.

Batchelor, R.E.; and Miguel Ángel San José. (2010) *A Reference Grammar of Spanish*, Cambridge, England: Cambridge University Press.

Berazaluce, Iñaki. "Aspirina, Donuts, Celo... son marcas que han dado nombre a una gama de productos," *20 Minutos,* 25 Sep. 2006.

Baroja, Pío. (2004) *El árbol de la ciencia*, Madrid: Cátedra.

Borges, Jorge Luis. (1970) *El informe de Brodie*, Buenos Aires: Emecé Editores.

Bosque, Ignacio; María Victoria Escandell, Manuel Leonetti, Cristina Sánchez, Francisco Rico, Gonzalo Pontón and Domingo Ródenas. (2006) *Lengua castellana y literatura, Bachillerato 2*, Madrid: Santillana.

Bosque, Ignacio. (2004) *Diccionario combinatorio del español contemporáneo*, Madrid: SM.

Blasco, Emili J. "El «patinazo» de Brown," *ABC*, 28 April 2010.

Brea, Irene. (2001) *Por favor, sea breve. Antología de relatos hiperbreves*, Madrid: Páginas de Espuma.

Brookes, Arthur; and Peter Grundy. (1990) *Writing for study purposes: a teacher's guide to developing individual writing skills*, Cambridge, England: Cambridge University Press.

Bustamante, Leticia; and Miguel Ibáñez de la Cuesta. (2004) Cuaderno *de escritura I y II para la ESO*, Madrid: Santillana.

Butt, John; and Carmen Benjamin. (2004) *A New Reference Grammar of Modern Spanish*, London: Arnold.

Cascón Martín, Eugenio. (2004) *Manual del buen uso del español*, Madrid: Castalia.

Cassany, Daniel. (1999) *La cocina de la escritura,* Barcelona: Ariel.

Cassany, Daniel. (2005) *Expresión escrita en L2/ELE*, Madrid: Arco libros.

Castellón Alcalá, Heraclia. "Elementos comunicativos del lenguaje administrativo," http://angarmegia.com/cortesia.htm (accessed August 2010).

Castellón Alcalá, Heraclia. (2001) "Un aspecto pragmático del lenguaje administrativo: la cortesía," *Revista de Investigación en Lengua Española* 4.2: 5-19.

Castellón Alcalá, Heraclia. (2001) *El lenguaje administrativo*, Granada: Comares.

Cela, Camilo José. (1989) *La colmena*, Madrid: Cátedra.

Cervantes, Miguel de. (2005) *El ingenioso hidalgo don Quijote de la Mancha*, Madrid: Cátedra.

Chamorro Guerrero, María Dolores. (2008) "La enseñanza de la expresión escrita: de la teoría a la práctica de clase," http://www.difusion.com/files/file/articulos/5-Lola-Chamorro.pdf (accessed March 2010).

Constenla, Tereixa. "España, ese tópico," *El País*, 17 August 2008.

"Contrato de arrendamiento de vivienda," www.madrid.org (accessed August 2010).

Cortázar, Julio. (1995) *Final de juego*, Madrid: Aguilar.

Delibes, Miguel. (1966) *Cinco horas con Mario*, Barcelona: Destino.

Donde dice... Revista de la Fundación del Español Urgente (2008-2010) pp. 12, 14, 16, 17. http://www.fundeu.es.

Donoso, José. (1971) *Cuentos*, Barcelona: Seix Barral.

Esquivel, Laura. (2003) *Como agua para chocolate*, Barcelona: Debolsillo.

Fernández, Carmen. "El iPad llega a España," *ADN*, 26 May 2010.

Ferraz Martínez, Antonio. (1993) *El lenguaje de la publicidad*, Madrid, Arco libros.

Fuentes, Carlos. (1962) *Aura*, México: Ediciones Era.

Fuentes Rodríguez, Catalina. (2009) *Diccionario de conectores y operadores del español*, Madrid: Arco libros.

Gallegos, Rómulo. (1958) *Obras completas*. Madrid: Aguilar.

García del Toro, Cristina; Isabel García Izquierdo and Esther Monzó. (2003) "El género y la traducción de textos administrativos español-catalán," *Traducción y comunicación*, vol. 4, http://www.gentt.uji.es/Publicacions/GarciadeToro.pdf (accessed August 2010).

García Jambrina, Luis. "Quid pro quo," *El País*, 21 July 2009.

García Márquez, Gabriel. (1982) *Narrativa hispanoamericana 1816-1981: historia y antología. La generación de 1940-1969*, Vol. 4, Madrid: Siglo XXI.

García Márquez, Gabriel. (1987) *Cien años de soledad*, Madrid: Cátedra.

García Márquez, Gabriel. (1999) *Crónica de una muerte anunciada*, Barcelona: Mondadori.

Gómez Torrego, Leonardo. (1989) *Manual de español correcto*, Madrid: Arco libros.

Gómez Torrego, Leonardo. (2002) *Gramática didáctica del español*, Madrid: Ediciones SM.

Gómez Torrego, Leonardo. (2006) *Hablar y escribir correctamente*, Madrid: Arco libros.

González, José Luis. (1976) *Literatura y sociedad en Puerto Rico: de los cronistas de Indias a la generación del 98*, México: Fondo de Cultura Económica.

González Martínez, Dolores. (2000) *Gramática lola,* Madrid: Elebooks.

Gutiérrez Araus, María Luz; Manuel Esgueva, Mario García-Page, Paloma Cuesta Martínez, Ana-Jimena Deza, Ángeles Estevez Rodríguez, María Antonieta Andión Herrero and Pilar Ruíz-Va Palacios. (2005) "Los lenguajes específicos: literario, científico, jurídico-administrativo, periodístico y publicitario," *Introducción a la lengua española*, Madrid: Editorial Universitaria Ramón Areces.

Laforet, Carmen. (2001) *Nada*, Barcelona: Editorial Destino.

Lakoff, G.; and M. Johnson. (1968) *Metáforas de la vida cotidiana*, Madrid: Cátedra.

Lázaro Carreter, Fernando. (1979) *Curso de lengua española*, Madrid: Anaya.

Lindo, Elvira. (2002) *Manolito Gafotas*, Madrid: Alfaguara.

López Elire, Antonio. (1998) *La retórica en la publicidad*, Madrid: Arco libros.

Luesma Gazol, Héctor. "El periodista está perdiendo mucha independencia," *El Día de Cuenca*, 05 Nov. 2003.

Luesma Gazol, Héctor. "Shrek conoce a sus suegros," *El Día de Cuenca*, 10 July 2004.

Manual de normalización de documentos administrativos, Canarias, http://www.ulpgc.es/hege/almacen/download/6/6265/Manual_normalizacion.doc (accessed August 2010).

Manual de estilo del lenguaje administrativo. (1990) Madrid: Ministerio de las Administraciones Públicas.

Mansilla, Lucio Victorio. (1993) *Una excursión a los indios ranqueles*. Madrid: Instituto de Cooperación Iberoamericana, Ediciones de Cultura Hispánica.

Marías, Javier. "Que no me entero," *El País*, 8 Nov. 2009.

Marías, Javier. "Un ejercicio de comprensión," *El País Semanal*, 7 Feb. 2010.

Marsé, Juan. (2003) *Rabos de lagartija*, Barcelona: Debolsillo.

Marsé, Juan. (2005) *Últimas tardes con Teresa*, Barcelona: Seix Barral.

Marsé, Juan. (2009) *El embrujo de Shanghái*, Barcelona: Lumen.

Martos, Cristina de. "Los beneficios del té se pierden al embotellarlo," *El Mundo*, 23 Aug. 2010.

Martos, Cristina de. "Examinarnos nos hace más inteligentes," *El Mundo*, 4 Oct. 2010.

Matute, Marta "Un asesor para entrar en Oxford y en Cambridge," *Cinco Días,* 14 Oct. 2008.

Maza de Pablo, Celia. "Brown, un «pecador arrepentido» tras llamar «fanática» a una votante," *La Razón*, 28 April 10.

Medem, Julio. (1997) *Tierra. Mari en la tierra*, Barcelona: Planeta.

Méndez, Daniel. "¡Socorro! ¡Quiero escapar de mi red social!", *XLSemanal*, 26 Dec. 2009.

Mendoza, Eduardo. (2002) *Sin noticias de Gurb*, Barcelona: Seix Barral.
Mendoza, Eduardo. (2005) *La verdad sobre el caso Savolta*, Barcelona: Crítica.
Merino, José María. (2007) *La glorieta de los fugitivos*, Madrid: Páginas de Espuma.
Ministerio de Educación. CNICE Página web: http://recursos.cnice.mec.es/media/publicidad/bloque2/index.html (accessed July 2010).
Montero, Rosa. "La normalidad no existe," *El País Semanal*, 25 Jul. 2010.
Montolío, Estrella. (coord.) (2000) *Manual práctico de escritura académica*, Vols 1, 2, 3, Barcelona: Ariel Practicum.
Monzó, Quim. (1994) *El porqué de las cosas*, Barcelona: Anagrama.
Muñoz, Ramón. "Google quiere reinar en la tele," *El País,* 13 Jun. 2010.
Muñoz-Basols, Javier. (2003) "Sangre, tambores y vudú: convergencia del prólogo y la narración como alegoría de lo real maravilloso en *El reino de este mundo*," Texas Tech University, *Céfiro* 3.2: 44-53.
Muñoz-Basols, Javier. (2003) "La recreación del género gótico a través de la percepción sensorial: la construcción de la hipotiposis en *Aura* de Carlos Fuentes," Universidad de Puerto Rico en Mayagüez, *Atenea* 23.2: 73-86.
Muñoz-Basols, Javier. (2006) "La crítica literaria: ¿Realidad crítica o escepticismo literario?," The City University of New York, *Hybrido* 8: 36-38.
Muñoz-Basols, Javier. (2008) "La mirada del dandi desde el discurso hegemónico: reflexiones sobre la representación del género en la obra de Lucio Victorio Mansilla," Universidad de Puerto Rico en Mayagüez, *Atenea* Special Issue on Men and Masculinities 28.1: 9-22.
Muñoz-Basols, Javier; Marianne David and Olga Núñez Piñeiro. (2009) *Speed Up Your Spanish. Strategies to Avoid Common Errors*, London and New York: Routledge.
Muñoz-Basols, Javier. (2010) "Más allá de la dicotomía del *sic et non*: *inventio*, *dispositio* y *elocutio* en el *Libro de buen amor*," University of Liverpool, *Bulletin of Hispanic Studies* 87.4: 397-413.
Muñoz-Basols, Javier. (2010) "Los grafiti *in tabula* como método de comunicación: autoría, espacio y destinatario," *Revista de Dialectología y Tradiciones Populares*. Madrid: CSIC (Consejo Superior de Investigaciones Científicas) 65.2: 389-426.
Muñoz Molina, Antonio. (2002) *Beltenebros*, Barcelona: Seix Barral.
Oppenheimer, Walter. "También Gordon Brown tiene un mal día," *El País,* 28 April 2010.
Oppenheimer, Walter. "Guía de estereotipos para 2012," *El País*, 15 Aug. 2010.
Palomino, María Ángeles. (1997) *Técnicas de correo comercial*, Madrid: Edelsa.
Pardo Bazán, Emilia. *Obras completas, VII (Cuentos)*, Madrid: Fundación José Antonio de Castro,2003. Edición y prólogo de Darío Villanueva y José Manuel González Herrán.
Pérez Galdós, Benito. (2008) *Tristana*, Madrid: Cátedra.
Pérez Reverte, Arturo. "Carta a un joven escritor (I)," *XLSemanal*, 27 Jul. 2010.
Pérez Reverte, Arturo. "Carta a un joven escritor (II)," *XLSemanal,* 2 Aug. 2010.
Pérez Sinusía, Yolanda. (2001) "El cuento literario español en el siglo XX: José María Merino y su concepto de la literatura," *Études Romanes de Brno* 22: 45-53.
Portillo, J. "El Ibex salva los 10.700 puntos pese al desafío alcista del euro," *Cinco Días*, 9 Oct. 2010.

Puig, Manuel. (2006) *El beso de la mujer araña*, Barcelona: Seix Barral.

Real Academia de la Lengua. (1999) *Ortografía de la lengua española*, Madrid: Espasa.

Real Academia de la Lengua. (2001) *Diccionario de la lengua española*, Madrid: Espasa.

Real Academia de la Lengua. (2009) *Nueva gramática de la lengua española*, Vols 1, 2, Madrid: Espasa.

Real Academia Española: Banco de datos (CORDE) [en línea]. Corpus diacrónico del español. http://www.rae.es [05-05-10].

Real Academia Española: Banco de datos (CREA) [en línea]. Corpus de referencia del español actual. http://www.rae.es [05-05-10].

"Reglas para escribir un buen currículum," http://www.modelocurriculum.net/lo-que-debes-evitar.html (accessed 14 Aug. 2010).

Reyes, Graciela. (1998) *Cómo escribir bien en español*, Madrid: Arco libros.

Rivas, Rosa. "Cuando él esculpe su cuerpo," *El País*, 10 April 1994.

Rivera, Maica. "Entrevista a Espido Freire," *Aquí y Ahora*, 06 Nov. 2007.

Rodríguez, Sergio. (2009) *Busque, compare y, si encuentra un libro mejor, ¡cómprelo! Los anuncios que se quedaron en nuestra memoria*, Barcelona: Random House Mondadori.

Rodríguez-Vida, Susana. (1999) *Curso práctico de corrección de estilo*, Barcelona: Octaedro.

Roncangliolo, Santiago. "Última llamada," *El País*, 16 Dec. 2007.

Ruiz Gurillo, Leonor. (2001) *Las locuciones en español actual*, Madrid: Arco libros.

Rulfo, Juan. (1965) *Pedro Páramo*. México: Fondo de Cultura Económica.

Rulfo, Juan. (1969) *El llano en llamas*. México: Fondo de Cultura Económica.

Sacristán, Pedro Pablo. "La princesa de fuego," http://cuentosparadormir.com/infantiles/cuento/la-princesa-de-fuego (accessed October 2010).

Sánchez Lobato, Jesús; Ángel Cervera Rodríguez, Guillermo Hernández García and Coronada Pichardo Niño. (2006) *Saber escribir*, Madrid: Instituto Cervantes y Santillana.

Sánchez Vidal, Agustín. (2005) *La llave maestra*, Madrid: Suma de Letras.

Sánchez Vidal, Agustín. (2008) *Nudo de sangre*, Madrid: Espasa-Calpe.

Sánchez Vidal, Agustín. (2010) *Esclava de nadie*, Madrid: Espasa-Calpe.

Sanz Pinyol, Glòria; and Alba Fraser. (1998) *Manual de comunicaciones escritas en la empresa. 71 modelos de consulta*, Barcelona: Interactiva.

Sarmiento González, Ramón. (1997) *Manual de corrección gramatical y estilo*. Madrid: SGEL.

Sebastián González, Juan, (2009) *100 cartas personales*, Barcelona: De Vecchi.

Seco, Manuel. (1961) *Diccionario de dudas y dificultades de la lengua española*, Madrid: Espasa-Calpe.

Serafini, María Teresa. (2007) *Cómo se escribe*, Madrid: Paidós.

Tardón, Laura. "Los médicos españoles tienen pánico a hablar en inglés en los congresos," *El Mundo*, 24 Dec. 2009.

Zuleta, Rodrigo. "El peligro de llamarse Kevin," *El País*, 25 Aug. 2010.

#0442 - 050916 - C0 - 246/174/21 - PB - 9780415590839

Developing Writing Skills **in Spanish**

Developing Writing Skills in Spanish provides intermediate and advanced level students with the necessary skills to become competent and confident writers in the Spanish language.

With a focus on writing as a craft, *Developing Writing Skills in Spanish* offers a rich selection of original materials, including narrative texts, expository essays, opinion pieces and newspaper articles.

Each chapter covers a specific kind of writing and is designed to help tackle the material in small units. The book aids students in crafting clear, coherent and cohesive manuscripts by means of guided practice and step-by-step activities.

Key features:

- Guidance on how to structure a variety of texts: narrative, descriptive, expository, persuasive, academic, journalistic, legal and scientific.
- Sequenced exercises on style, writing conventions, word choice, syntax and grammar.
- Reference lists and tables with specialized vocabulary, transition words and other useful expressions.
- Strategies and tips for planning manuscripts, brainstorming ideas, vocabulary enrichment, editing and proofreading.
- Includes original samples, as well as fragments from newspapers, well-known literary works and essays by notable Hispanic authors and journalists.
- Website with additional activities to reinforce the content of each chapter and a teacher's guide with valuable support materials.

Designed as a classroom text, self-study material or simply as a resource on writing, *Developing Writing Skills in Spanish* is the ideal supplement for all intermediate to advanced students of Spanish.

Javier Muñoz-Basols is an Instructor in Spanish at the University of Oxford.

Yolanda Pérez Sinusía teaches at the Official School of Languages and at the Universidad Carlos III in Madrid.

Marianne David teaches Spanish at Trinity School in New York.

Other titles in the **Developing Writing Skills** series

Developing Writing Skills in Chinese
Boping Yuan and Kan Qian

Developing Writing Skills in French
Graham Bishop and Bernard Haezewindt

Developing Writing Skills in German
Annette Duensing

Developing Writing Skills in Italian
Theresa Oliver-Federici

Developing Writing Skills **in Spanish**

Javier Muñoz-Basols,
Yolanda Pérez Sinusía
and Marianne David

LONDON AND NEW YORK

First published 2012
by Routledge
2 Park Square, Milton Park, Abingdon, Oxon OX14 4RN

Simultaneously published in the USA and Canada
by Routledge

711 Third Avenue, New York, NY 10017

Routledge is an imprint of the Taylor & Francis Group, an informa business

British Library Cataloguing in Publication Data
A catalogue record for this book is available from the British Library

Library of Congress Cataloging in Publication Data
A catalog record for this book has been requested

ISBN: 978-0-415-59082-2 (hbk)
ISBN: 978-0-415-59083-9 (pbk)

Typeset in Helvetica Neue
by Bookcraft Ltd, Stroud, Gloucestershire